| 社会工作知识普及读本 |

社会工作基础与实务

SHEHUIGONGZUO JICHU YU SHIWU

主 编 江 涛
副主编 吴秋鸿 邓明国 周昌祥

中国社会出版社
国家一级出版社 · 全国百佳图书出版单位

图书在版编目（CIP）数据

社会工作基础与实务／江涛主编．—北京：中国社会出版社，2016.10

ISBN 978－7－5087－5479－6

Ⅰ.①社…　Ⅱ.①江…　Ⅲ.①社会工作—基本知识　Ⅳ.①C916

中国版本图书馆 CIP 数据核字（2016）第 247959 号

书　　名：社会工作基础与实务
主　　编：江　涛

出 版 人：浦善新
终 审 人：李　浩
责任编辑：杨　晖　张　杰　杨　非　孙武斌
责任校对：潘　瑜　高　文

出版发行：中国社会出版社　邮政编码：100032
通联方法：北京市西城区二龙路甲 33 号
电　　话：编辑室：（010）58124815
销售部：（010）58124853
（010）58124849
网　　址：www.shcbs.com.cn
shcbs.mca.gov.cn

中国社会出版社天猫旗舰店

印刷装订：中国电影出版社印刷厂
开　　本：185mm×260mm　1/16
印　　张：21
字　　数：450 千字
版　　次：2016 年 10 月第 1 版
印　　次：2018 年 1 月第 2 次印刷
定　　价：58.00 元

中国社会出版社微信公众号

>>> 前言

2006 年，在党的十六届六中全会提出建设宏大的社会工作人才队伍战略部署的指引下，各地陆续开展了社会工作专业培训。十多年来，社会工作专业人才在实践中“坐而论道”，城乡基层村（居）民自治组织、社区服务组织、公益服务类事业单位、公益慈善类社会组织、基层社会服务部门相关人员积极参与。伴随着 2008 年全国社会工作者职业水平考试开考，推进了社会工作专业化培训的进程。过去的几年，社会工作培训内容日趋丰富、形式更加多样，社会工作从理论研究、教育培训到实践发展，推进了社会工作专业人才成长和社会工作服务发展。同时，也为建成一支数量充足、结构合理、素质优良的社会工作专业人才队伍奠定了坚实的基础。

普及社会工作基本概念和基础知识，有助于广大基层工作者强化以人为本的服务理念，掌握科学的为民服务方法，提高为广大人民群众服务的专业能力。为此，我们组织了市内高校和实务领域的专家共同编写这本社会工作知识普及读本，供大家学习参考。

本书由江涛任主编，副主编为吴秋鸿、邓明国、周昌祥。本读本各章的分工：第一章胡晓芳，第二章张恒，第三章徐迎春，第四章陈纬，第五章袁琳，第六章李飞虎，第七章周绍宾。

本书编撰过程中，经过专家学者多次论证，数易其稿，但因时间和水平有限，不足和谬误之处敬请广大读者批评指正。

编　者

2018 年 1 月 1 日

>>> 目录

第一章　社会工作是什么

本章学习要点

◇ 社会工作的基本含义、基本要素和基本特点。
◇ 社会工作的总体目标、个体层面的目标、社会层面的目标。
◇ 社会工作对个体的功能、对社会的功能。
◇ 社会工作的主要服务对象和服务领域。
◇ 社会工作者的基本概念、一般特征和具体形式。
◇ 社会工作者的直接角色、间接角色和综合角色。

2006 年，党的十六届六中全会审议通过的《中共中央关于构建社会主义和谐社会若干重大问题的决定》明确提出要“建设一支宏大的社会工作人才队伍”；2010 年，《国家中长期人才发展规划纲要（2010—2020 年）》强调培养造就一大批职业化、专业化的社会工作人才，充分发挥高层次人才在经济社会发展和人才队伍建设中的引领作用；2011 年，中央组织部、民政部等 18 个部门和组织联合发布的《关于加强社会工作专业人才队伍建设的意见》指出，培养造就一支高素质的社会工作专业人才队伍，为加强和创新社会管理、构建社会主义和谐社会以及巩固党的执政基础提供有力的人才支撑，是当前一项重大而紧迫的战略任务。2012 年，中央组织部、民政部等 19 个部委和群团组织联合发布的《社会工作专业人才队伍建设中长期规划（2011—2020 年）》明确要求培养造就一支数量足、结构优、能力强、素质高的社会工作专业人才队伍。可见，推进社会工作职业化和专业化受到党和国家的高度重视，社会工作的发展成为一种必然趋势。2013 ~ 2015 年，民政部及相关部委发布了一系列文件，就加快推进社区社会工作、社会救助领域社会工作及民办社会工作服务机构发展提出了意见。近年来，民政部先后公布了《社会工作者职业道德指引》《儿童社会工作服务指南》《老年人社会工作服务指南》《社会工作服务项目绩效评估指南》。本章主要介绍社会工作作为一门专业和一种职业的基本含义和特点、社会工作服务的目标与功能、社会工作服务的对象和领域、社会工作者的构成要素及其角色。

第一节　社会工作的含义与特点

我国正处于经济社会发展的重要战略机遇期，又处于社会矛盾凸显和社会风险加大期，社会问题已成为影响社会和谐稳定和可持续发展的重要因素。社会工作作为应对和解决社会问题的一门学科，对于化解社会矛盾、促进社会和谐具有重要意义。社会工作产生的目的就是运用科学的理论、专业的方法来解决个人、家庭、社区和社会面临的问题，最终促进社会公平正义。

一、社会工作的产生和发展

“社会工作”是一个舶来词，它是由英文“Social Work”直接翻译而来。在西方社会，社会工作从萌芽到发展成为一个专业，经历了漫长的过程。社会工作是应对社会变迁和社会转型的产物，已经有 200 多年的历史。如今，社会工作已经成为世界上许多国家维护社会稳定的安全制度和解决社会问题、促进社会和谐与发展的主要职业之一。

（一）社会工作的起源与发展

广义的社会工作的起源，可谓是源远流长。在人类文明早期，人们对于照顾贫困者、病人、残疾人有着各种各样的尝试，其中有很多都是依靠家庭、邻里和宗教解决的。在古代中国，就有给老年人、病人及穷人居住的避难所，有让贫困家庭孩子上学的免费学校，由社会组织为穷苦人的婚嫁和丧葬负担费用。社会工作起源和宗教息息相关，印度佛教盛行之后，大量的宗教活动与向乞讨者布施有关；犹太教投入大量精力，致力于慈善事业和帮助有困难的人们以满足其需要；在中世纪，教堂在施舍救济和帮助不幸的人们方面扮演着重要的角色。

18 世纪 60 年代，英国首先完成工业革命，随后美国、法国、德国等国家先后完成产业革命。这些国家在生产力极大发展的同时，也产生了巨大的社会变革。一是资产阶级和工人阶级日益对立，贫富差距日趋悬殊；二是大规模的城市化进程冲击农村的经济结构和社会结构；三是资本主义的金钱关系损害了传统的道德和价值体系；四是伴随产业革命涌现出大量的社会问题，如贫穷、失业、犯罪、酗酒、吸毒等。

面对这些社会问题，宗教人士希望通过慈善事业，为社会上的贫困群体提供力所能及的帮助；改良主义者试图通过修改社会政策，实施社会救济的方式来补救和协调失衡的社会关系；马克思主义者则站在社会发展的高度，主张通过社会革命建立无产阶级的统治。这些解决社会问题的不同尝试，为社会工作萌芽与发展创造了有利条件，宗教慈善事业提供了人道主义的精神源泉，改良主义者提供了改善社会制度的背景，马克思主义者则提供了追求社会公平正义的不懈动力。通过 1601 年英国伊丽莎白女王颁布《济贫法》，1788

年德国汉堡制、1852 年德国爱尔伯福制的社会救助活动的经验积累，1869 年在英国建立的慈善组织会社开展了大量个案社会工作服务的实践，1884 年兴起的睦邻组织运动等事件，使社会工作从早期的零散无序的萌芽状态，逐步演变成为国家实施救助的制度安排。为达到有效地解决社会问题的目标，社会服务必须具有科学的和专业的支持。1896 年美国纽约慈善学院开始社会服务方面的培训，随之而来的是荷兰阿姆斯特丹社会工作学院的成立。一个服务体系系统化、服务方式精细化、服务人员专业化、追求服务效果的专业社会工作逐步形成。

我国的社会工作起源于 20 世纪初，最早由一些西方传教士在我国开展服务。20 世纪 20 年代，一些大学开始从事社会服务教学并开展服务实践活动，我国现代意义上的社会工作开始出现。1925 年，燕京大学建立社会学与社会服务系，可视为我国社会工作发展的重要标志。一些在西方受过正规教育，同时又受西方文化影响的知识分子，为了救国救民开始从事农村发展活动，其中以晏阳初倡导并极力推行的华北平民教育运动最为典型。这是我国知识界施行的、具有一定专业性质的社会工作实践活动，对我国社会工作的发展具有重要意义。

中华人民共和国成立后，由于对社会学、社会工作的错误理解，1952 年我国决定在大学的教育体系中取消社会学、社会工作和相关学科的办学资格，社会工作专业发展因此而中断。1987 年，民政部召开社会工作教育发展论证会，重新确认了社会工作专业的学科地位，为社会工作专业教育在中国的恢复和发展奠定了基础。2004 年，国家颁布了《社会工作者国家职业标准》，社会工作作为一种职业得到正式的承认。2006 年，国家建立了社会工作者职业水平评价制度，并纳入全国专业技术人员职业资格证书制度统一规划。同年 10 月，党的十六届六中全会提出要“建设一支宏大的社会工作人才队伍”的目标，在我国社会工作发展历程中具有里程碑的意义。

（二）社会工作的职业化和专业化

社会工作起源于慈善救济，因此，社会工作从其诞生开始，就是以助人为本质特征的。在现代社会，如何才能真正地帮助一个人呢？这不但需要有利他主义的精神，还需要有明辨是非的能力；不但需要有了解分析人的需求和心理的知识，还需要有鼓励人们行动的能力；不但需要有面向不同群体服务的能力，还需要具备针对个体服务的技巧；不但需要有助人者的主动援助，还需要有受助者的接纳和参与；不但需要助人者有利他主义的爱心和情怀，还需要国家和社会能够提供相应的岗位和薪酬；不但需要助人一时，还需要助人自助；助人不但需要发动个人以及家庭的改变和参与，更需要来自社区、国家和社会的制度改变。

可见，助人不但是一种善行、一种美德、一门艺术，更需要经过专业训练的人去做。人们对社会工作的特征有不同理解，有人认为社会工作是一种研究助人规律的科学，拥有系统的专业助人方法；有人认为社会工作是一门个性化的助人艺术，拥有一套精细的流程；有人认为社会工作是一个助人的职业，具有崇高的信念和操守。总而言之，我们可以这样认为：社会工作就是秉持利他主义的理念，在一定的社会福利制度框架下，运用科学的知识、方法和技巧去帮助有困难的人或群体走出困境的职业活动。

（三）对社会工作的不同理解

在实务操作层面上，各个国家的社会工作性质及其领域大致相同，但在理论层面上，人们对社会工作的认识却是仁者见仁，智者见智。归纳起来，学者们对“社会工作”的界定大体有五种不同的视角：把社会工作当作一种“活动”，把社会工作看作一种“专业”，把社会工作看作一种“学科”，把社会工作看作一种“职业”，把社会工作看作一种助人的“制度”。

在我国，社会工作日益受到社会的关注和认同，但是依然有人认为社会工作是本职工作以外的社会活动。因此，澄清当前对社会工作的不同理解，有助于我们更好地认同专业社会工作的理念。

第一类是非正式的社会工作，指的是在机关单位和社会上的在职及离退休人员在本职工作之外所从事的、不计报酬的服务性或公益性工作，相当于志愿服务性质的工作。如单位的兼职工会干部、文体委员、兼职调解员、离任干部担任关心下一代工作委员会委员、离退休人员担任校外辅导员等。这种口语上所说的社会工作与专业社会工作是有区别的。

第二类是实际上的社会工作，指的是在政府部门、企事业单位以及社会组织中，专门从事职工福利、社会救助、思想工作、慈善帮扶、就业辅导等工作的助人活动。这些活动有的面向全社会（包括民政部门的最低社会保障、灾害救助、老人社会福利和青少年帮扶的工作），有的面向本单位成员（如企事业单位中的工会帮扶、医疗救助以及帮助困难职工的工作）。目前大多数从事这些工作的人员没有接受系统的社会工作理论和方法的学习，但他们从事的是实际的社会工作。

第三类是专业性的社会工作，也是本书所说的社会工作。这是由受过社会工作专业教育或培训的人开展的职业化的、专业化的助人服务活动，自 1988 年北京大学开始招收社会工作与管理专业本科生以来，中国社会工作专业教育的发展非常迅猛。迄今为止，全国已有 260 多所高等院校招收社会工作专业本科生，有 104 所高校招收社会工作专业硕士生，每年培养一万多名专业的社会工作毕业生，一旦他们从事社会工作服务，便可称之为专业社会工作。另外，我国社会工作的培训和继续教育也在深入地开展，那些从事实际社会工作服务的人员，经过系统的专业培训并通过相应的社会工作职业水平考试，也可实现向专业社会工作人才的转变。

（四）社会工作相关概念

与社会工作相关的概念有社会问题、社会保障、社会福利、社会治理等，这些概念和社会工作具有十分密切的关系。

1. 社会问题

社会工作的主要任务和目标就是要解决各种各样的社会问题，对社会问题的理解有两种。社会学认为社会问题就是社会上影响着大多数人正常生活，并需要加以改变的社会现象或公共问题。它强调了该问题有较大的影响范围和对人们正常生活产生较深程度的影响。当某一问题影响面比较大而且对人们正常生活的影响比较严重时就成为社会问题。社会工作认为，社会问题就是那些非纯生理性的问题，即与社会因素有关的问题，它包括政治、经济、文化、社会等各种原因而产生的问题。社会问题的存在不利于人们的正常生活和社会的健康发展。

2. 社会保障

社会保障是国家为保障社会成员的基本生活而设立的一种社会制度，其目的是保障社会成员不会因为基本生活受损而招致危险，通过保障公民的基本生活而达到社会的稳定。社会保障是一种国家和政府的行为，通过国家立法来加以保证，它包括社会保险、社会福利、社会救助及优抚安置四个部分。

社会工作与社会保障关系密切。社会保障的许多具体内容主要依靠社会工作者来加以执行和落实。因此。社会保障的具体落实和执行离不开社会工作，而社会保障也是社会工作发展的重要的制度基础。

3. 社会福利

社会福利有广义和狭义之分。广义的社会福利涵盖了大众的福祉和利益，包括了民众生理上、教育上、心智上、情绪上、精神上和经济上的需要；狭义的社会福利是指对生活能力较弱的儿童、老人、母子家庭、残疾人、慢性精神病人等的社会照顾和社会服务。上述社会保障内容中的社会福利属于狭义的社会福利。与此相关的老年福利院、儿童福利院、残疾人康复机构、精神病院以及特殊教育学校等都属于狭义的社会福利范畴。社会工作既重视促进全体社会成员福祉提升，又致力于维护社会公平正义，帮助与促进各类弱势群体的改变，并形成了不同的服务领域，如儿童社会工作、青少年社会工作、老年社会工作、家庭社会工作、残疾人社会工作等。

4. 社会治理

社会治理主要是政府和社会组织为促进社会系统协调运转，对社会系统的组成部分、社会生活的不同领域以及社会发展的各个环节进行组织、协调、监督和控制的过程。现代社会治理是一个以政府为主导、非营利组织为中介、基层自治为基础、公众广泛参与的互动过程。只有将服务寓于治理之中，才能提高社会治理的实效。因此，社会治理与社会工作相辅相成，要充分借鉴社会工作“柔性化管理、个性化服务、社会化运作”的优势；要加强社会工作专业人才队伍建设，大力发展社会工作专业服务机构，通过科学化、专业化、精细化和规范化的为民服务，提高社会治理的质量和水平。

二、社会工作的基本要素

任何事物都是一个系统，系统是由内在各个要素组成的，要素之间的互动状况决定了系统运行的质量。社会工作是一个专业的服务系统，它是由如下要素构成的：

（一）服务对象

服务对象是社会工作者直接服务或帮助的对象，是生活遇到困难、需要别人提供帮助的个人或群体，也称为受助者、案主或服务对象，是社会工作服务的客体。它包含了个人、家庭、小组、社区、组织以及机构等多个层面。社会工作最初的服务对象主要集中在弱势群体（如穷人、失业者、老人、残疾人、儿童以及服刑人员等），随社会的发展，服务对象逐渐扩大到普通人群的一般性问题。服务对象是社会工作服务的基本要素。

理论上讲，所有有需要的人和群体都可以成为社会工作的服务对象，但实际上并不是所有的人和群体都能够得到合适的社会工作服务，这可能是因为他们找不到社会工作服务，也可能是因为不符合社会工作服务对象的资格，还有可能是因为不愿意成为社会工作的服务对象。因此，社会工作既需要积极寻找服务对象；也需要对服务对象进行评估；还有可能需要帮助服务对象提升其接受服务的意愿。

（二）社会工作者

在我国，有许多需要帮助的弱势群体，如留守儿童、空巢老人、流浪儿童、吸毒人群等，要促使他们回归正常的生活轨道，就需要通过社会工作者等专业人士提供支持。所谓社会工作者，就是那些接受过社会工作专业教育或训练并持有相应职业资格，正在从事社会工作服务、管理或研究的人员。社会工作者通过了解、评估服务对象的困难与需要，去设计和实施助人活动。社会工作者将价值伦理作为社会工作服务的灵魂，将专业技术作为社会工作服务的手段，通过寻求社会支持并与服务对象相互配合与合作，达到助人的目的。

在现代社会，由于大部分的社会工作者从属于社会工作机构，并代表机构开展社会服务活动，因此，社会工作者不只是一个个体概念，更是一个团队概念，即从事社会工作的不只是单个的社会工作者，更是他们的团队和所在的工作机构。更多时候，社会工作者在团队和机构的直接支持下开展工作。社会工作机构既可以是政府推行的各类服务机构和部门，如各类老年福利院、儿童福利院、社会救助中心等；也可以是属于企事业单位下属的公益性社会组织，如各类青少年服务中心等；还可以是各类基层自治组织的服务单元，如各类民办社会工作机构等。这些机构都是我国社会福利体系的重要组成部分。

（三）社会工作价值观

社会工作的价值观就是社会工作者在开展服务过程中所持有的助人理念，是社会工作“德”的部分。它根基于人道主义和社会主义核心价值观，集中表现为服务大众的首要任务，践行社会正义的宗旨，强调服务对象个人的尊严和价值，注重服务中人与人之间关系的重要性，待人真诚守信，注重能力培养和再学习。具体表现为对服务对象、专业实践、服务机构、公共福利发展以及社会发展与进步的价值认同。社会工作的价值观不但是社会工作服务的灵魂和动力，更是社会工作者专业意识和职业道德的重要体现。

（1）价值观是社会工作服务的灵魂。社会工作服务的出发点和目的都是来自于对个人价值的尊重和接纳，社会工作者首先只有尊重服务对象的价值和尊严并接纳他们，才能够建立一个相互信任、良性互动的服务关系，在服务过程中具体情况具体分析，尊重服务对象自我决定意愿，并遵循为服务对象保密的原则。唯有如此，社会工作才能真正实现助人自助的目标。

（2）价值观是社会工作服务的动力。只有在牢固树立利他主义价值观前提下，社会工作者才会自觉、持久、快乐地开展工作，为服务对象谋取最大的福利。这里的利他主义是一个互助互利的过程，社会工作者以自己的行动去帮助有需要的人，不但从服务过程和服务对象那里获得助人的快乐，更从国家和社会获得相应的报酬和认可。通过这样的互助互利过程，促进利他主义价值观的传递和延续。

（3）价值观是社会工作者专业意识的一部分。社会工作者不但要具备服务的意识，更需要具备改善社会环境以促进个人成长的视野。在我国，做好社会工作服务必须要在以人为本的基础上回应社会需求，要在追求和谐的过程中促进发展，要在平等待人的氛围中促进民众参与，要在协助个人发展的同时开展能力建设，真正实现个人潜能提升和社会和谐发展的相辅相成。

（4）价值观还是社会工作者个人修养和职业道德的具体体现。有效地社会工作服务，依赖的不仅仅是社会工作的价值伦理，更与社会工作者的个人品格、修养和气质分不开，是否表里如一、诚实守信、开放积极等也成为社会工作价值观的一部分。

（四）专业的助人方法

作为社会工作的基础，专业的助人方法就是社会工作促进个人改变和成长的方法、技术和措施，是社会工作“才”的部分，也是社会工作的核心组成部分。有相当多的社会工作者认为社会工作最重要的就是有一套系统的助人方法。特别是在以临床社会工作为主的美国，方法和技术的学习成为社会工作的主要内容。大致来看，社会工作的专业助人方法包括基本方法、主要技术、具体技巧几个层面。

（1）社会工作的基本方法是逐渐发展和完善的。20 世纪初，在慈善组织会社长期实践的基础上，美国学者玛丽·芮奇蒙（Mary E · Richmond）最早总结归纳出个案工作方法。20 世纪 40 年代，随着有同类问题的个体越来越多，小组工作也被接纳为一种专业方法。20 世纪 60 年代，社会工作者发现社会问题的诸多根源在于社区的衰落和变迁，由此发展出社区工作方法。20 世纪 70 年代后，为应对福利削减所带来的挑战，社会行政作为一种间接的方法被接受。社会政策则是希望从国家政治的高度来协助个人、群体和社区问题的解决。

（2）社会工作的主要技术因所依赖的理论背景的不同而有所区别。精神分析理论主要强调的是对个体意识和潜意识的心理分析；认知理论强调的是对个体认知结构、认知过程以及理性和非理性认知的改变；行为主义理论则重在对行为方向、数量的塑造和改变；生态系统理论则强调对个体生命周期、家庭及其社会生态系统的分析。结构视角的社会工作更多的是关注不平等和压迫、注重倾听边缘人群的声音，采取倡导、赋权、正常化、集体化这样的技术策略；女性主义社会工作的具体干预技术则集中在意识觉醒、社会行动、性角色分析、权力干预、重新命名以及自我暴露等方面。

（3）社会工作的具体技巧和策略也呈现出丰富性和多元性，需要社会工作者结合服务对象的具体情况适时运用相应技巧。以人际沟通与互动技巧为例，其包括了聆听及提升动机技巧（如表达专注、复述、查证、鼓励及支持、邀请等）、引领技巧（包括澄清、对焦、摘要等）、反映技巧（包括内容、感受及经验的反映等）、影响技巧（包括建议、教育、自我披露、演绎、对质等）。除此之外，还有评估技巧、收集资料技巧、小组讨论技巧、小组活动技巧、与居民接触技巧、会议技巧等。

（五）助人活动

助人活动是社会工作者依据其价值观向服务对象提供帮助或服务的活动，也是社会工作者与服务对象的互动及合作的过程。它是社会工作者与服务对象相互之间传递角色、语言、信息、文化、情境以及活动的行动体系，更是相互配合、协调以及相互影响和建构的过程。社会工作助人活动包括知悉受助者的需要、初步界定需要、考虑提供服务的适切性、资料搜集及预估、订立工作计划及选取方法、检讨及评估、结案等。

三、社会工作的主要特点

社会工作的主要特点具体来说，包含以下几个方面：

（一）投身社会改良，促进社会公平和正义

社会工作起源于对工业革命所引起的社会问题的关注，并从宗教慈善事业、社会改良运动以及马克思主义吸收了不同的思想源泉。因此，社会工作自始至终都对社会结构、社会功能以及社会资源的分配有积极的关注和兴趣。社会工作需要改变的对象不应只局限于个人、家庭及小组，而应扩展至社区乃至整个社会，对社会适当地改变和发展是专业社会工作责无旁贷的任务。在现代社会，医生所关注的主要是技术的进步和病人的康复，而社会工作所关注的不仅仅是服务对象个体身心以及社会功能的恢复，同时也关心服务对象所处的社会制度和成长的社会环境，并尝试去改变不合理的社会政策和环境。社会工作服务的目的是通过社会改良促进社会公平正义的实现。社会工作一方面关怀那些在社会生活中易受挫折与已遭遇挫折的人们，为他们获取更多的社会资源和机会；另一方面更注重从政策和制度上改善社会资源的公平分配和机会均等，最终实现社会的和谐与稳定。

（二）树立整体观念，强调人与社会环境的统一性

首先，社会工作强调将个体的问题放到一个宏观的社会环境中去分析，认为个体的生存和发展很大程度地受到其家庭、同辈、社区、职业、文化以及社会制度的影响，并从这些社会环境中找到问题产生的原因。比如，对于小王的网络成瘾问题的分析，社会工作并不一定将主要的精力放在考察小王的生理、心理的成瘾状况，而可能更多地去挖掘小王的家庭关系和家庭结构，发现该问题是由于其父母忙于生意而导致的缺乏教养和孤独所致的；也可能会去考察小王所在的社区与学校教育状况，发现小王由于在学校成绩落后多次受到教导主任的不当教育而产生破罐子破摔的心理，最终选择网络游戏。从这个角度来看，社会工作所关注的不仅仅是青少年网络成瘾问题，而更多的是寻找家庭关系变迁、教育制度落后的问题。

其次，社会工作强调社会问题的解决不能仅仅局限于对个体进行改变，而同时也要进行社会环境的改善以及社会制度的改革。针对有劳动能力的低保人员再就业问题，社会工作一方面着手针对不同的低保户开展个案工作，以增强他们自力更生的能力和意识，并为他们组织适当的职业训练小组以增强其就业的技巧；同时，社会工作也应重视低保人员再就业相关政策的研究，不断完善鼓励低保人员再就业的政策。

（三）增进服务对象的社会功能

在现实生活中，医学关心的是个体的生理功能的恢复，心理学关注的是个体的心理功能的恢复，法学关注的是个体和社会原有法律关系的恢复，社会工作所关注的则是个体社会功能的恢复。所谓个体社会功能，就是个体以适当的行为方式应对社会的需要。如果借鉴社会学的社会角色和角色扮演的含义，就可以将社会功能表达为个体在适当的情境中顺利完成角色扮演的能力，也就是人类行为与社会环境达到一定的平衡。但是当个体能力或者社会环境发生变迁的时候，这种平衡就会被打破，个体的社会功能就面临着危机和挑战。社会工作的主要任务就是增强个体有效应对社会环境变迁和社会需要的能力。

一种情况是，社会工作通过改善个体意识、潜意识、情绪、认知、行为或者态度的方式来促进个体的成长，以有效应对社会环境的挑战。比如，对因刚刚进入大学而难以适应的新生而言，社会工作需要促进其认识大学生活的特征、掌握有效的学习方法、提升社会交往的技巧，协助其适应新的大学生活。对于那些刚刚结婚就想离婚的青年男女，社会工作需要协助他们了解家庭的含义及其生命周期，夫妻沟通的技巧，认识到自己为人夫、为人妇的角色和责任，让他们能够顺利地适应婚姻和家庭生活的需要。

另一种情况是，社会工作在协助个体成长之后，仍然难以获得个人行为与社会环境的协调，并且社会环境存在诸多歧视或障碍。此时，社会工作需要考虑改变社会环境、改革社会制度，使社会环境具有更大的包容性。比如，以前进城农民工的子女就学问题，无论

如何改善农民工及其子女的社会认知和行为，都难以改变其在城市难以获得就学机会的事实。此时，社会工作就需要考虑如何促进城市教育制度的变革，促使城市中小学面向农民工子女开放，促进国家教育管理体制改革以允许更多的民间力量办学，并给予农民工子弟学校平等的待遇甚至更优惠的扶助政策。

（四）明确的实务取向

从历史上看，社会工作是“做出来”的，是先有实践再有理论的专业。从学科属性上看，社会工作属于应用性社会科学，强调的是助人服务的实践。社会工作的实践和实务取向，不但要求社会工作者有对社会实践的敏感性，更要有理论联系实际的能力，还要有根据实际情况的变化而促进专业不断发展的能力。具体来说，社会工作明确的实务取向可以通过以下三方面来体现：

（1）从理论层面看，社会工作虽然尚不具备一整套独特的、逻辑严密的宏大理论体系，但社会工作充分借鉴其他社会科学的知识和理论，在不断的社会服务实践过程中加以检验和提炼，发展出多样性的社会工作实践理论。比如，社会工作虽然没有像心理学那样发展出精神分析理论、认知理论和人本主义理论，但可以充分运用心理学的理论指导社会工作的具体实践。

（2）从实践层面看，社会工作积极响应不同时代的社会变迁及社会发展的需要，针对不同的社会问题开展介入和服务，发展出了个案工作、小组工作以及社区工作等方法；针对不同人群发展出残疾人社会工作、青少年社会工作、妇女社会工作、老年社会工作等；针对不同的机构和组织的需要发展出学校社会工作、医院社会工作、企业社会工作、家庭社会工作等领域。这些都充分体现了社会工作的实务取向和特征。

（3）从技术层面看，社会工作虽然强调服务成效的评估，注重以证据为本的社会工作拓展，强调通过预估、评估等多种方式来达成服务效果的确认，以真正体现服务的价值和意义。但与此同时，社会工作更注重在服务过程中与服务对象的互动和沟通过程，注重服务过程中服务对象的意识改变和能力增长，以实现助人自助的终极目标。这些充分体现了社会工作对实务、实践和行动的兴趣和投入。

（五）多样性

由于社会问题的多样性和复杂性，社会工作必须以多元化的服务来满足不同群体的差异性需求。因此，多样性也成为社会工作区别于其他职业和专业的一个重要特征。具体来说，社会工作的多样性，主要表现为以下四个方面。

1. 服务群体的多样性

在现代社会，随着竞争的加剧和风险因素的增加，任何群体都可能成为弱势群体，都可能成为社会工作的服务对象。比如，儿童、青少年、青壮年、中年、老年、妇女、男人、贫民、残障者、劳工、吸毒人士、移民、受灾群众、性工作者、农民、农民工、服刑人员以及各类学生等。这些群体分布在不同的社会组织、机构以及地域范围内，对社会工作服务的需求也各不相同。

2. 服务方法和技巧的多样性

因为社会工作服务群体及其需求的多样性，要求社会工作必须以多元化的服务知识、理论、方法和技巧加以应对。在工作方法上，针对个别学业不佳学生的辅导可以采用个案工作；针对遭受家庭暴力的女性而言，采取小组工作方法则可能更为有效；针对某个社区环境脏乱差的现象可以采取社区宣传和教育的社区工作方法。我们必须针对不同群体的需要提供不同的服务方法和技术，才能事半功倍。

3. 服务形式的多样性

社会工作最终目标是帮助个体脱离困境。因此，用什么方式来帮助个体实现成长就成为一门艺术。对于那些处于极度困难并可能发生生命危险的个体或群体而言，第一时间必须提供紧急物质援助和危机干预；对于社区中有劳动力的低保人员，可以提供有针对性的职业技能培训以及开发社区就业岗位等；对于那些空巢老人或孤寡老人而言，社会工作服务的具体形式为情感支持服务。

4. 团队合作的多样性

在社会工作服务中，注重通过资源链接和团队建设方式来实现服务的创新。因此，在不同的服务领域，针对不同的服务群体，社会工作会参与到不同的服务团体中，以多元化的服务整合来适应社会需要。例如，在特殊教育领域，社会工作就必须要和特殊教育老师、物理治疗师、心理学家、医护人员以及行政管理人员一道，为特殊儿童及其父母提供适切的服务；若是需要帮助失业人员再就业，社会工作者就要与本机构中的同事、社会工作者、劳动部门的工作人员等不同人士合作，共同解决问题。

（六）注重专业价值

伴随服务对象需求的日益多元化，社会工作服务的方式和方法也日益丰富，但社会工作始终秉持着基本价值观，即以解决社会问题、增进人民福利为己任，以追求社会公正和社会进步为理想。首先，专业价值成为社会工作服务的出发点和落脚点在于对人性的彰显和对社会不公正的改良。其次，专业价值本身就成为社会工作的重要力量源泉，一个坚守专业价值的社会工作者，本身所具备的人格魅力会产生出了巨大的治疗效果，能够带给服务对象以心灵的震撼和无形的感召，促进服务效果的实现。再次，专业价值也是社会工作服务的最终目的。社会工作服务不一定能够给予足够的物质支持，也不一定就能够直接改变个体的行为或社会制度，但在服务过程中所透露出的接纳、尊重、个别化、同感、自决、责任等理念却会深远地影响服务对象和相关的人群，真正实现助人自助和潜能激发的目标。

社会工作坚持“助人自助”的专业理念。所谓“助人自助”，强调的是通过社会工作的服务和帮助，增强服务对象的独立性，使其能够在以后的生活中遇到类似的挫折和困难时可以独立自主地加以解决。因此，在助人过程中，社会工作一方面要相信任何一个服务对象都有自我发展的潜能和优势，站在服务对象的立场考虑问题，维护其应有权利；另一方面，社会工作要提供物质和精神、内在和外在的资源来协助服务对象发挥潜能，最终达到自我超越，使案主实现由“助人”到“自助”过程的转变。

第二节　社会工作的目标与功能

在我国，自古有“清官难断家务事”之说，对于夫妻之间的纠纷甚至家庭暴力，往往很难做出恰当的处理。面对类似婚姻家庭问题，社会工作发展出专门的家庭社会工作服务领域，一方面需要协助遭受暴力的妇女增强自我保护的意识，并寻求亲戚、妇联以及政府的帮助；另一方面还需要积极改变社区中重男轻女、家丑不可外扬的观念，增强对受暴力妇女保护的制度力量。社会工作的这种多元性体现在其目标上，即不仅要改变所服务的个体和家庭，更需要改善社会的各项制度环境，最终达成个体与社会的和谐共处。因此，社会工作的功能就必然体现出对服务对象个体的功能、对社会发展的功能两个方面。

一、社会工作的目标

如上面所述，社会工作在服务遭受暴力妇女时，其目标可以是遭受暴力的妇女本人、其丈夫、家庭其他成员，也可以是相关的社区、文化媒体以及救助机构等，但最终目标是促进遭受暴力妇女有适当的应对家庭暴力的策略，社会制度又能够更加具有包容性并能及时响应遭受暴力妇女的需求。这就是人类行为与社会环境的相互平衡和适应，也是社会工作的总体目标。

（一）人类行为与社会环境的关系

我们每一个人都是社会的组成元素，又是社会发展的产物，个体成长离不开社会发展的影响。正如人的身高和脾气，一方面是个人营养、锻炼和修炼的结果，但也必然受到父母遗传、家庭经济状况以及社会发展水平的影响。那么，人类个体的行为与社会环境到底有什么样的关系呢?

1. 人类行为

人类行为就是由生理、价值、态度、感受、行动等各种要素合成的综合表现，是社会工作所关注的非常重要的一个方面。社会工作的诸多干预措施无非在于改变个人的所思所想、言行举止。人类行为既是多种多样的、善于变化的、动态发展的，同时又是可以训练和控制的、多种因素影响的产物，并且具有很强的可塑性和适应性。

对于人类行为的判断，最常用的就是“正常/异常说”，包括统计规律、社会规范、行为适应性、个人主观感受性四个标准。其一，将那些与众不同的言行称为异常，这是一种统计规律的标准。比如2012年凤凰卫视报到的三峡广场的一个“棒棒（重庆挑夫的别称）”，别人都在做苦力，他却在看书，就被同行认为是异类。其二，将那些不符合当时当地的社会规矩的行为称为异常，这是一种社会规范标准。再比如前面的那个“棒棒”，总喜欢在做工的时候跑去看书，甚至挑东西到一半有了灵感也会跑回家写下来，难以照顾家庭生计，便会被人称为“神经兮兮”。其三，如果仅仅以个人是否觉得合适为先决条件，则是一种个人主观感受的标准。当记者采访这个“棒棒”时，他认为做人要有梦想，自己的梦想就是当平民作家，只要有书看就会感到快乐和幸福，所以他自认为是“最幸福的人”。其四，将那些不能适应社会发展的行为称为异常，这是社会适应标准。当这个“棒棒”自己编写、自己主演的几个小故事被拍成微电影而接受采访后，有了一定的知名度，并带来了更好的生意，马上就被周围同行称为“能人”而不是“异类”了，这就是用自己的努力适应社会发展的结果。如此看来，这个“棒棒”的“怪异”行为便算不得异常了。可见，人类个体的行为，虽然要考虑个体的感受，但还是要受到更多社会环境的制约。

2. 社会环境

前面的诸如统计规律、社会规范、行为适应性，都是讲的社会环境。所谓社会环境就是影响个体的心理和活动及其社会过程的社会系统，包括家庭、邻里、学校、团体、组织、社区、社会、文化等。社会环境是多种多样、千变万化的，正如人们说的“世界是个万花筒”。最为关键的是，社会环境对个体有着非常重要的影响，“人在江湖、身不由己”表达的就是这个意思。其中，家庭是个人最亲密和第一接触的社会环境，家教如何对个体的影响至关重要。伴随社会分工的发展，许多小孩自小开始就被送入幼儿园开始接受教育，学校教育对个体的影响也变得越来越重要，甚至决定个人的前途命运。因此，许多家长削尖脑袋送孩子进各种名校。当然，社区和社会的影响也是一个重要方面，“孟母三迁”讲的就是选择一个好的生活环境对个体的影响至关重要。一个在吸毒成瘾、网吧遍地的社区生活的青少年，其所受到的不良熏陶是非常严重的。另外，社会风气、大众传播媒体对个体影响甚大，许多青少年罪犯的暴力手段都是从电视中学来的。由此，我们也可以看出重庆卫视改版，对于提升整个地方社会的“精、气、神”，促进青少年健康成长大有裨益。

3. 个人行为与社会环境的关系

虽然我们这个社会越来越强调“以人为本”，这里面的“人”绝不是“个人主义”，而是社会整体的人。因此，无论是微观的心理学理论还是宏观的社会学理论，都十分重视个人行为与社会环境的关系。这也是社会工作的基本工作视角，我们称之为“人在环境中”或“人在情境中”。这是社会工作描述问题、分析问题、解决问题的基本框架和视角，是社会工作最有特色的理论体系之一。具体来说，这一视角包含以下四个方面的含义：

（1）个人必须适应环境。我们作为人，首先是一个社会性动物，每个人都有能力改变自己的行为，并学习社会环境中所赞许的行为和规范。我们有做自己想做的事情的权利，但也有做我们应该做的事情的义务。

（2）社会环境影响个人行为。一个人，哪怕遗传条件再好，如果没有社会环境的配合，也是难以发挥作用的。任何年龄的个人，都或多或少受到社会环境的影响，年龄越小、人格未充分定型、社会化未完成者受到的影响越大。

（3）个人会对社会环境有一定影响。虽然社会环境很大程度地影响人，但并非起决定性作用。个人的主观潜能越大、行动力越强，并且能够顺应社会发展的总体方向，那么个人反作用于社会环境的效果越明显。

（4）人类行为与社会环境相互影响的力度并不对等。相比而言，大多数情况下，对大多数人而言，社会环境的力量要大得多，对人类行为的影响也要大得多。

（二）社会工作的具体目标

综上所述，社会工作一手抓个人行为，一手抓社会环境，最终目的就是促进人类行为与社会环境相互促进、平衡和谐。所以社会工作的目标就分为个人层面的目标和社会层面的目标两个方面。

1. 个人层面的目标

（1）解救危难，应对的是当个体的生理受到严重损伤、基本生活能力受到严重削弱，致使其自身生存受到严重威胁以致生命遭遇危机的状态。社会工作的基本目标就是寻求资源（包括为物质资源和社会资源），支持并帮助他们走出困境。当服务对象是遭遇地震、泥石流等自然灾害时，社会工作者主要提供衣食住行的救助以及危机干预工作；当服务对象是由于工伤事故而导致残疾时，社会工作者就必须第一时间提供医疗救助和心理干预；当服务对象由于种种原因而流浪乞讨时，社会工作者最先想到的应该是流浪救助服务。除此之外，对于那些极度贫困者、精神崩溃者、有自杀倾向者、吸毒成瘾者，社会工作的目标首先就是解救危难。

（2）缓解困难，应对的是当个体在生理、心理以及社会关系方面产生困惑，并难以独自应对困境的时候。一方面，当个体遇到的是人生过程中都会遇到的困惑和困难的时候，社会工作往往通过协助的方式来转变个体对自我与社会的认知、感受、态度以及情绪来加以化解。如面对大龄未婚的单身“剩男剩女”，社会工作者主要是改变个体对婚姻、家庭的恐惧，树立正确的婚姻和家庭观念；而面对那些由于离家过远而难以适应大学生活的新生而言，社会工作的目标则是帮助大学生厘清亲子关系、同辈关系，并增强自我生活的能力。另一方面，当个体遇到的困难比较严重，力不从心时，社会工作会通过资源联结来获取政府、学校、非营利组织等机构的帮助。比如，社会工作者在帮助青少年走出网络成瘾、解决家庭纠纷和矛盾、帮助流浪儿童、帮助留守儿童、开展就业辅导等工作的时候，就必须联络其他资源。

（3）促进发展，应对的是当个体暂时没有问题，只是希望从不同的方面提高自己的社会适应能力，以预防将来会出现的问题的时候。尤其是在现代社会，社会工作如何帮助个体增加知识和技能、增强个体克服不利因素的能力、提高个人与社会协调的能力，都属于促进发展之列。比如，青少年素质拓展训练营、大学生自我认知与人际沟通技巧训练、针对大中学生开展的艾滋病预防教育等。

2. 社会层面的目标

社会工作的职业特征非常强调社会性，这种社会性充分体现在解决社会问题、促进社会公正以及推动社会进步等方面。

一方面，社会工作认为，社会问题就是与社会因素有关的问题，包括因经济、政治、文化、社会关系等各种原因造成的问题。比如失地农民问题、留守儿童问题、空巢老人问题、农民工子女读书问题、青少年犯罪问题、艾滋病问题等。社会工作的首要任务和目标就是要解决这些社会问题。

另一方面，社会工作认为社会问题产生的原因是由于社会资源有限并且分配不公、社会制度不健全。归纳而言，就是社会的不公正性，这表现为个体获得社会资源的机会不公正、个体分配资源的过程不公正、个体得到资源的结果不公正，最终体现为腐败、投机取巧、诚信缺失以及贫富分化等。因此，追求和实现社会公正，就成了社会工作的基本目标，也是社会主义制度的发展目标。

二、社会工作的功能

所谓功能，就是作用和意义的意思。有正功能和负功能之分。比如，最低生活保障制度对改善贫困群体的生活具有积极的作用，但在现实生活中可能会导致“养懒汉”“吃低保是本事”“攀比吃低保”的现象，甚至造成了一定程度的社会矛盾。

社会工作的功能，就是社会工作服务对个体和社会的作用和意义。这种作用和意义在目前主要体现为积极的一方面，包括促进个体的发展以及促进社会的进步两个方面。

（一）社会工作对个体的功能

1. 预防

所谓预防，就是社会工作根据对人及社会的相关科学知识及发展规律的认识，通过开展相关的工作，防止相应群体陷入困境。社会工作之所以能够预防问题的产生，是依赖于对人的不同发展阶段和不同群体的了解和认识，依赖于对社会发展规律的掌握，依赖于对社会现象的敏感和关注。

比如在社区开展的针对孕妇的产前筛查、针对新生儿的疾病筛查、针对艾滋病高危人群开展的宣传教育工作、针对春节后可能出现的儿童青少年及老年人的节后抑郁症所做的宣传教育、针对老年人可能出现的安全问题所做的社区排查等工作，都体现了社会工作的预防功能。

2. 恢复社会功能

所谓恢复，就是社会工作促进服务对象能够正常生活。随着社会竞争的愈加激烈，一个人在社会中都会面临这样或那样的问题，使得自己的生活被打乱，并由此影响个人的生产和生活。社会工作的一个重要功能就是帮助个体改善生理、情绪、认知、行为、家庭关系、社区环境以及社会资源的状况，让个体能够重新获得生活的平衡感、融入社会生活，并能够独立自主、自力更生。

比如，帮助因工伤而残疾的人士接受现实、安装假肢、获得自信、融入社会；帮助离婚后的单亲妈妈树立忘记过去、努力面前、开创一片新天地的信心；帮助退休后倍感忧郁的老年人寻找到生活的乐趣等。

3. 发展

所谓发展，就是通过协助个体解决目前的问题，深入挖掘个人的潜能，培养出应对未来可能出现问题的能力和信心，达到助人自助的目标。所谓“授人以鱼，不如授人以渔”，与其不断地帮助个体解决问题，不如让个体有不断适应社会发展的自我行动能力。这也就是社会工作“助人自助”精神的高度体现。

比如，在扶贫工作中，与其不断地给贫困地区拨款造房，不如通过地区发展模式提高当地社区民众的自我组织的能力，大力开展适宜的技能培训，通过示范带头作用促进地区发展。

（二）社会工作对社会的功能

近年来，党和国家颁布了一系列政策和文件提倡大力发展社会工作以及社会工作人才队伍，究其原因，就是看到社会工作在解决社会问题、促进社会公正、维护社会稳定、构建和谐社会中的独特优势和重要作用，无论是在低保救助、减灾救灾、儿童福利、老年照顾，还是在司法矫正、教育辅导、职工帮扶、医疗纠纷调节中都发挥了重要的作用。

1. 解决社会问题

社会在不断发展，同时也在不断地产生新的问题，所以社会发展也是在解决社会问题中实现的。我们以经济建设为中心，搞改革开放，但实现经济增长并不是唯一目标，如果不注重化解发展和改革过程中的矛盾，妥善解决社会问题，不仅会直接危及经济发展，国家也不可能长治久安。所以，以解决社会问题为根本宗旨的社会工作，就是经济建设和社会发展所必不可少的保障。社会充分证明，社会工作专业人才在提高社会服务水平、解决群众困难、化解社会矛盾、减少不和谐因素等方面作用日益显现。

2. 维持社会秩序

社会秩序是社会各部分关系协调、社会稳定的状态，它是社会发展的重要目标。社会秩序的对立面是社会失范甚至是社会动乱，而社会失范的根源是社会矛盾。社会工作通过参与社会管理、提供社会服务、解决社会问题，可以有效地化解社会矛盾，从而维持一定的社会秩序。和传统的行政管理相比，社会工作具有“柔性化管理、个性化服务、社会化运作”的优势。社会工作侧重通过自下而上的、具体的服务实践、人本化的服务理念，充分考虑不同群体的特征和需要，不但强调社会秩序的重要性，也强调不合理的社会结构和制度环境的弊端，强调维护社会持续的双向性。

维持社会秩序的功能，是社会工作解决社会问题功能的自然延伸，但在实际操作过程中，仍然需要技巧和策略。如果方法不得当，也可能会导致“越帮越贫、越扶越困”的现象，甚至由于社会服务的不均衡导致新的社会矛盾。如汶川地震灾后对慈善捐款的怀疑，就是很好的教训。目前各地颇为严峻的拆迁纠纷和信访处理，社会工作一方面要尽量调适当事人个体的过激情绪、认知、行为和思想，做好安抚和缓解的工作，维护整个社会的安定团结；另一方面又要维护社会弱势群体的权益，通过政策调整和沟通，尽量为他们争取最大的利益。其中最关键的就是要站在一个相对中立的立场，促进个体利益和社会利益的平衡，发挥好“减压阀”和“润滑剂”的功能。

3. 促进社会和谐

和谐社会是一个“民主法治、公平正义、诚信友爱、充满活力、安定有序、人与自然和谐相处”的社会，也是社会主义现代化建设的一个重要目标。构建社会主义和谐社会需要在国家的发展战略，在有关社会事业、社会保障与社会福利的制度建设方面做出更多努力，也需要在解决人民的具体问题方面做细致有效的工作。社会工作所擅长的、面对面的、深入人心的、人性化的服务在构建和谐社会中具有传统行政方法所不可替代和无法比拟的作用。

社会工作具体如何促进和谐社会的建设呢？物质文明建设和精神文明建设是促进和谐社会的两大重要内容，社会工作一方面通过开展各种社会救助和社会福利服务活动，确实解决了民众基本的生存问题；另一方面，社会工作可以通过心理辅导、纠纷调解、社区宣传教育、社会倡导等工作帮助弱势群体发出声音，伸张正当权益，维护社会公正，可以降低民众的相对剥夺感、提升民众参与度，最终实现了社会的和谐状态。

第三节　社会工作的对象与服务领域

社会工作是一个以助人为宗旨的专业和职业。一方面，社会中有各种形形色色的人，只要他们由于个人及社会的原因而处于弱势境地，都属于社会工作的服务对象。社会工作将那些具有类似问题和需求的个体归类为某一类群体，从而便于更科学地、有效地开展服务，并发展出针对该群体的服务方法和理念。至今，社会工作已发展出专门针对儿童、青少年、老年、妇女、残疾人、服刑人员、军人、贫民、工人等群体的服务方法和理念。社会中的个体分别属于不同的组织和场域，社会工作根据他们的不同需要发展出不同的社会工作领域。这些领域包括家庭、社区、农村、医院、监狱、学校、军队、企业。

一、社会工作的服务对象

社会工作是服务人与社会的专业和职业。从社会工作的发展历史可以看出，社会工作最初主要是以那些基本物质生活遭遇严重困难的个人为主，包括孤儿、无依无靠的老人、极度贫困者等。后来社会工作服务的范围逐渐扩大到残疾人、问题青少年、受家暴妇女、医院的病人等弱势群体。近年来，社会工作对象进一步扩大到许多有争议但却有需求的群体，如服刑人员、施暴者、艾滋病感染者、同性恋人群等。

（一）社会工作的基本对象

早期的慈善家们最初帮助的是城市中的流浪者、失依儿童和老人、极度贫困者等无法生存者。这也就决定了社会工作最初的工作是救助穷人，其对象是物质生活最困难、最边缘、最需要帮助的人群。具体包括：

1. 孤儿、无依无靠的老人和残疾人

他们因为生理机能受损或先天不足而成为社会工作义不容辞的服务对象。当前，全国登记孤儿有 52.3 万人，其中有 9.2 万人集中供养孤儿，43 万社会散居孤儿①。在重庆，有 169.4 万残疾人，贫困和低收入老年人约 77.14 万人，失能及半失能老人约 121.78 万人②，他们都是社会工作的基本对象。

2. 精神病患者

由于心理上、精神上患有疾病，他们难以自理，其家庭也难以照顾他们，往往流落街头，甚至沦为器官买卖的对象，急需社会的帮助。中国精神卫生中心数据显示，中国现有超过 1.8 亿人患有精神疾病，最常见的精神疾病与焦虑、情绪、滥用药物及精神紊乱有关。截至 2014 年底，全国登记在册的严重精神障碍患者达到 429.7 万人。这些都需要社会工作参与预防、治疗和康复。

3. 因失业而沦为生存困难者

在激烈的市场竞争中，有些人由于工厂倒闭、工伤事故以及其他原因失业而难以养活自己和家人，需要社会帮助。国家针对这一群体，专门设立了最低生活保障制度，体现了政府和社会对贫困者的责任。截至 2014 年 8 月底，重庆市有城市低保对象 42.17 万人，占非农业人口的 3.26%；农村低保对象 52.16 万人，占农业人口的 2.72%，支出城乡低保资金 18.85 亿元③。

---

① 数据来源于《2015 年社会服务发展统计公报》。

② 数据来源于重庆市老龄办发布的《2013 年老年人口信息和老龄事业发展状况报告》。

③ 重庆市民政局 2014 年数据，重庆商报 2014 年 10 月 15 日发布。

4. 各类遭遇灾害者

随着社会风险的日益增多，各类由于天灾人祸而导致基本生活失去依靠的人群，需要来自国家和社会的紧急支援。

（二）社会工作对象的扩大

随着社会问题的复杂化和多元化以及社会福利制度的发展，社会工作的对象也不断扩大。这主要表现为从帮助物质生活上最困难的人逐步扩展到所有基本生活遇到困难、难以自拔而需要帮助的人，从贫困的个体和家庭到有问题、欠发展的社区，从困难民众到一般公众。

1. 生活困难者

随着贫富差距的扩大和生活成本的提高，社会上出现了很大一部分生活不是极度贫困，但一旦遭遇疾病、失业、物价上升后容易陷入极度贫困状态的人群。为了防止他们由于社会原因而陷入极度贫困，社会工作也将其纳入服务对象。这包括低收入者、有残障人士的家庭、病人及其家属、受到虐待的妇女和单亲妈妈、老年人等，他们在出现问题后进一步融入社会、适应社会的能力受到限制，社会工作的协助有助于他们免于陷入绝境。

2. 遭遇困境者

指的是社会中那些虽然没有生存问题、也暂时不会陷入绝境，但遇到生理、心理和社会关系困扰的人群。他们往往遭遇的是情绪困扰、行为不良、社会关系失调以及成就受挫等问题，社会功能急需恢复。这包括学业出现困境的中小学生、遭遇外遇的夫妻、不良的亲子关系、忧郁症患者、网络成瘾青少年、药物滥用者等。

3. 社会一般成员

随着社会的发展，社会工作的对象在不断扩大，不仅包括社会上公认的弱势群体，也可能涉及所有的社会成员。社会工作不但面对困难群体、弱势群体进行社会服务，而且面对社会开展公共服务。如平时针对社会大众开展宣传教育、预防以及促进发展的工作等。当出现严重社会问题、公共危机时，社会工作以自己的专业方法和技术，帮助社会大众了解真相、克服恐惧、面对困难、渡过危机。如“非典事件”“禽流感事件”“天原化工厂氯气泄漏事件”以及历次突发社会事件中，社会工作都直接面向大众开展服务。

（三）社会工作对象的未来趋势

社会工作对象的扩大必然受到诸多因素的影响，主要取决于社会的经济发展水平、政治制度和文化道德水平。一方面，由于经济发展水平、政治制度、社会结构以及福利意识形态方面的差异，不同国家社会工作的实际服务对象往往有所不同。比如，在发达国家往往将大部分遭遇自身难以克服困难的人群甚至是社会全体成员纳入社会工作服务对象，以提高整个社会的福利水平。而大多数发展中国家的社会工作只惠及那些生存极为困难的人群，选择的是最基本的服务对象，并随经济和社会发展而逐步扩大。另一方面，随着社会文明程度的提升，社会工作也逐渐接纳企业员工、退伍军人家属、失独家庭、受暴男士、同性恋人群、社区发展等作为自己的服务对象。

二、社会工作的服务领域

每一种专业都有其发挥作用的领域，社会工作有其工作领域，并据此有不同类型的社会工作。社会工作领域又称社会工作的范围，是指社会工作在社会生活中实施并起作用的范围。社会工作的领域十分宽泛，主要由社会问题的出现和社会工作者对其的认识及有意识的干预来确定。

（一）社会工作领域的主要分类

按照社会工作服务人群的生理和社会特征分，包括：儿童社会工作、青少年社会工作、妇女社会工作、老年社会工作、残疾人社会工作、贫困救助社会工作、优抚安置社会工作等。

按照社会工作所服务的机构和场所分，包括：家庭社会工作、社区社会工作、学校社会工作、企业社会工作、医务社会工作、军队社会工作、企业社会工作、矫治社会工作等。

目前大多数国家将社会工作分为以下 17 个实施领域，包括：公共救助、社会保险、家庭服务、儿童服务、保健服务、心理卫生服务、矫治服务、青少年闲暇服务、退伍军人服务、就业服务、住宅服务、社区福利服务、老人服务、工业服务、乡村社会工作、少数民族服务、军人社会工作。

中央组织部、民政部等 18 部委联合发布的《关于加强社会工作专业人才队伍建设的意见》指出，社会工作包括社会福利、社会救助、慈善事业、社区建设、婚姻家庭、精神卫生、残障康复、教育辅导、就业援助、职工帮扶、犯罪预防、禁毒戒毒、矫治帮教、人口计生、纠纷调解、应急处置等领域。

除此之外，社会工作还有按照工作方法、社会问题性质、工作方式、服务方式、主办机构、服务对象来源等多种分类方式。

（二）社会工作的服务领域

鉴于本书的实务篇将要对儿童社会工作、青少年社会工作、老年社会工作、妇女社会工作、残疾人社会工作、家庭社会工作、学校社会工作、企业社会工作、矫正社会工作、救助社会工作以及优抚安置社会工作进行专门的介绍，故而本章仅介绍以下三个领域的社会工作服务。

1. 就业服务

就业服务是对有就业困难的人士提供的专业化服务。针对现代社会失业严重和失业频繁的特点，社会工作通过就业训练、职业辅导、职业保障以及再就业服务，着力帮助有需要的人就业。这不但能够促进其获得适当的经济收入以维持个人和家庭的需要，更有利于促进劳动者的社会生产和社会参与。社会工作在这方面的服务内容包括：帮助求职者明确自己的要求以实现与就业市场需求的良好衔接；对求职人员进行知识和技能培训；向求职者进行就业政策辅导和生涯发展规划；为求职者提供适当的职业介绍和职业联系；与劳动就业管理部门、用人单位、求职者建立三方通畅沟通的渠道，实现求职与招聘的有效沟通；与政府相关部门合作，推动就业政策的实施和就业权益的保障；最终实现求职者的顺利就业。

2. 社区服务

社区服务也可以理解为一个实务领域，即社会工作者针对某一个目标社区，一方面运用各种专业方法，如个案工作、小组工作、社区工作、社会行政、社会工作研究等提供多元化服务，综合运用实践模式（如地区发展、社会策划、社区照顾等），通过科学的工作过程，采用系列专业技巧，处理社区问题，推动社区发展；另一方面社会工作者还协助社区居民建立友善的邻里关系，提高居民社会意识，鼓励互相照顾和关怀，协助居民运用社区资源，满足社区需求，实现社区和谐。其基本内容包括城市基层社会管理、面向各类弱势人群的社会服务、面向小区普通居民的便民便利服务、社区就业服务和就业培训、外来人口管理和群防群治工作、社区文化宣传和社区教育、社区救助和扶贫服务等。

3. 医务服务

医务服务即医务社会工作，是现代医疗卫生服务系统的有机组成部分之一，有广义和狭义两层含义。狭义的医务社会工作是指医疗保健机构中围绕疾病的诊断、治疗与康复过程所展开的社会工作专业服务，其内容主要包括协助病人及其家属解决与疾病相关的情绪问题、获取更多的资源以及对医疗过程的适应等。从广义来说，医务社会工作不仅协助病人及其家庭解决与疾病相关的社会、心理问题，而且也注重对影响健康的社会心理因素的探索和开发，并且利用社区与社会的资源，推进医疗保健与社会福利的整合，促进对疾病的预防，保护公众健康。虽然狭义医务社会工作的内容目前依然是医务社会工作的主要内容，但在发达国家，广义医务社会工作的内容与实践正获得越来越多的认可和发展。

医务社会工作的主要内容包括医院、公共卫生和精神健康三个领域的社会工作内容。医院社会工作主要从医院、病人和医患关系三个方面来开展社会工作的服务；公共卫生社会工作则主要从预防、保健、宣传和疾病控制的角度来开展服务；精神健康社会工作的主要内容包括收集与患者发病相关的社会资源，对患者的咨询辅导，直至治疗等过程的服务。

第四节　社会工作者及其角色

“有困难、找社工”，这里说的社工，就是社会工作者的代称。可见，要维护社会工作的专业地位和社会形象，必须有合格的社会工作者才能保证其质量。因此，明确社会工作者的基本含义、基本条件及其主要角色就显得十分重要。在许多国家和地区，都有专门的法律法规对社会工作者进行规范。

一、社会工作者的基本要件

（一）社会工作者的定义

社会工作者是社会工作活动的主体。在已经建立了完备社会工作制度的国家和地区，社会工作者的身份比较容易确定。这些人一般受过社会工作专业的高等教育和训练，他们在社会福利机构专门从事针对有困难、有需要人群的社会服务，并被社会工作专业组织所认可。一些国家和地区实行社会工作注册制度，那些具备专业条件并进行注册的被称为注册社会工作者。在美国，专业的社会工作者需要有社会工作硕士学位，并有两年以上的、受到适当督导的工作经验。

根据我国的具体国情，我们将那些取得社会工作大专以上学历或通过社会工作相关职业水平考试，遵循社会工作的价值准则，运用社会工作专业方法，从事社会服务职业的人员称为社会工作者。

（二）社会工作者的一般特征

1. 认同并遵循社会工作价值准则

社会工作者的一个最基本的特征是遵循社会工作的伦理准则，尊重服务对象的个人尊严和价值，追求社会的公平和正义。因此，社会工作者从本质上是福利服务工作者，以助人为目的，不从服务对象那里谋取私利。

2. 从事社会福利服务的相关实践

社会工作是社会福利的有效传递机制，社会工作者重视参与社会福利服务实践，通过直接服务来满足人们的需求，同时通过督导、政策咨询、社会行政以及调查研究来指导福利实践的开展和福利政策的完善，从不同的角度促进社会问题的解决。

3. 掌握一定的社会工作专业方法

社会工作者开展服务靠的不仅仅是个人经验，更要充分学习和吸收关于服务对象、服务过程、服务方法、国家政策法规的相关知识，用专业的方法去达成服务效果。那些仅仅依靠个人经验，而没有专业工作方法的社会服务人员，虽然服务效果非常明显，但由于缺乏科学的保证，其服务效果也难以持久。

4. 在一定的组织框架内开展服务活动

社会工作服务一旦开始，在社会工作者与服务对象之间就形成了一种心理契约和权利义务关系。为最大限度地保障服务对象的利益，社会工作者必须以服务机构或者服务团队的名义开展工作。因此，社会工作者需要加入专业组织，并受到组织规范的约束。即使是独立开展工作的社会工作者，也必须受到该专业相关组织的监督和考核。

5. 接受社会工作专业训练或通过职业水平考试

要想成为社会工作者，需要接受相关的社会工作学历教育、继续教育或者考取社会工作职业资格证书。随着社会工作专业化和职业化的推进，对社会工作服务人员素质的要求也越来越高，没有接受社会工作学历教育但有志于从事社会工作服务的人士，可以参加相应级别的社会工作者职业水平考试，获得通过并参加注册，可获得相应的社会工作员、助理社会工作师、社会工作师的职业资格。

（三）社会工作专业人才

社会工作者如果获得相应水平的职业资格、或者获得社会工作大专以上学历，并从事社会工作服务、督导、机构管理等实际工作，就成为了社会工作专业人才。《国家中长期人才发展规划纲要（2010—2020年）》将社会工作专业人才作为与党政人才、企业经营管理人才、专业技术人才、高技能人才和农村实用人才相并列的第六支主体人才，并提出相应的推进措施和策略。2012年，中央组织部等19个部委和群团组织联合发布的《社会工作专业人才队伍建设中长期规划（2011—2020年）》提出，到2015年，我国一线社会工作专业人才总量增加到50万人，其中具有社会工作师职业水平证书或达到同等能力素质的中级社会工作专业人才达到5万人，具有高级社会工作师职业水平证书或达到同等能力素质的高级社会工作专业人才达到1万人。到2020年，我国一线社会工作专业人才总量增加到145万人，其中中级社会工作专业人才达到20万人、高级社会工作专业人才达到3万人。《重庆市社会工作人才发展规划（2010—2020年）》明确到2020年，社会工作人才总量增加到13.3万人，其中社会工作专业人才达到1万人，高层次社会工作人才达到1000人。目前我国社会工作专业人才队伍发展时间较短、总量较小、地区发展也不均衡。

中央组织部等18个部委和群团组织联合发布的《关于加强社会工作专业人才队伍建设的意见》中，提出了当前及今后一个时期加强社会工作专业人才队伍建设的目标任务：要大规模开展专业培训，大幅度提升现有从事社会服务人员的专业素质和职业能力，逐步扩大社会工作专业人才队伍规模；深化社会工作专业教育改革，完善社会工作专业培训体系，初步形成适合我国国情的社会工作专业人才培养模式；逐步建立社会工作专业人才培养、选拔、使用、流动、评价、激励等方面的政策法规体系；着力加强中国特色社会工作专业人才理论研究和宣传普及，提升社会工作专业人才的认知度和认可度；加大社会工作专业人才使用力度，形成各地各部门共同推进社会工作专业人才队伍建设的总体态势。到2020年，建立较为完善的社会工作专业人才队伍建设运行机制和工作格局，使社会工作专业人才队伍的数量、结构和素质能力适应构建社会主义和谐社会的需要，满足广大人民群众不断增长的服务需求。

二、社会工作者的角色

在构建和谐社会的进程中，社会工作对解决社会问题、应对社会风险、促进社会和谐、推动社会发展具有重要基础性作用。归根到底，这依赖于社会工作者在社会服务过程中发挥困难救助、矛盾调处、人文关怀、心理疏导、行为矫治、关系调解的多样性角色。综合归纳来说，社会工作者具有两方面的角色。

（一）社会工作者的直接角色

社会工作的最大优势在于深入的、具体的、人性化的服务。因此，社会工作者需要直接地、面对面地为服务对象提供物质、心理以及社会关系的帮助。在这样直接面对服务对象的过程中，社会工作者扮演着直接服务的角色，具体包括：

1. 服务提供者

社会工作者主要面对在物质、精神和社会关系方面有特殊困难和紧急需求的人群。为困难人群提供力所能及的物质帮助、劳务支持和心理慰藉，帮助他们渡过经济难关、缓解生活困境是社会工作者的首要职责。这些救助工作不是施舍和怜悯，而是在平等和关爱的基础上提供的社会福利服务。社会工作者所提供的服务内容可能来自社会工作者、其他服务对象，更多地来自于政府、社会组织等各类机构，包括提供物质帮助、劳务服务、心理辅导、信息沟通以及政策咨询等。

比如，救助社会工作者给那些在大街上露宿而不愿进驻救助站的流浪人员分发食品和清洁饮用水，这属于物质帮助；老年社会工作者利用自身的专业知识为社区内的老年人开展康乐小组活动，并帮助社区孤寡老人清理家居，这属于劳务服务；针对地震灾后青少年的创伤心理，社会工作者通过游戏治疗、绘画治疗以及心理陪伴等帮助他们渡过心理危机，这属于心理辅导；社会工作者深入了解了鼓励青年创办微型企业的相关政策，并给社区内的失业青少年进行详细的解答和咨询，这属于政策咨询；社会工作者发现社区内许多青年人没有精力照顾小孩，而社区内又有许多有照顾小孩经验的妇女失业在家，于是将这些信息告诉社区的失业妇女，帮助他们找到工作，这属于信息沟通。

2. 心理支持者

面对服务对象的需求，社会工作者一方面要提供直接服务帮助其渡过难关，另一方面帮助服务对象树立自强自立、自我决策、自己解决问题的信心，增强他们自我行动的动机。尤其是当社会工作者通过评估发现服务对象的主要问题不在于物质资源的缺乏，而更多地在于缺乏自信、缺乏动机、缺乏克服困难的信息。此时，社会工作者最重要的任务和角色就是心理支持和权能激发，具体包括提供情绪疏导、动机激发、心理支持以及言语鼓励，最终实现服务对象的潜能的激发。

比如，社会工作者针对汶川地震灾后当地丧亲失依儿童的恐惧以及哀伤情绪，所提供的心理危机干预和安慰，这就属于情绪疏导；对进入大学三年级找不到学习方向却因为失恋而痛不欲生的大学生而言，社会工作者通过分享该大学生过去的辉煌成绩、未来的美好前途以及收听积极乐观的歌曲来克服消极厌世情绪，这就属于动机激发；针对社区的空巢老人，社会工作者通过每天一个电话慰问老年人生活状况的方式，让老年人觉得并不孤单，从而帮助其积极融入社区生活，这属于心理支持；社会救助站的社会工作者通过每天早晨组织站内流浪儿童晨读积极向上的短文，并给每个儿童一句肯定的话语，鼓励他们忘记过去，面向未来，这属于言语鼓励。无论如何，社会工作者希望通过心理支持来帮助服务对象发现其内心里面有一个积极向上、充满活力、自己喜欢的自我，让他们发现自己存在的价值和梦想。

3. 行动倡导者

俗话说得好"知易行难"，认识到自己的优点和价值不难，难的是如何行动起来以改变命运。当服务对象树立了积极的生活态度，但没有动力行动起来的时候，社会工作者就必须扮演倡导者的角色，引导和鼓励服务对象采取积极的行动，并指导他们付出实践。如果心理支持者的目的是让服务对象发现自己、喜欢自己，那么行动倡导者的目的就是让服务对象把"心动变成行动"。当然，倡导是在对服务对象能力和意愿评估后提供的建议，而不是诱导或强迫服务对象接受。

行动倡导直接服务内容包括案主倡导和原因倡导。案主倡导主要是鼓励和促使服务对象采取某种行动。如对于处于"冷战"中的夫妻双方，当丈夫想主动道歉却拉不下面子的时候，社会工作者可以主动帮忙丈夫打电话给妻子，以促进其双方的沟通。原因倡导则重在让服务对象了解事情真实的原因，从根本上改变服务对象行动的方向。如针对滥用药物的服务对象，社会工作者可以告知他们滥用药物对身体的危害，并通过小组活动引导其形成积极健康的生活方式。社会工作者还可以采取呼吁立法和行政倡导的方式，通过建立法律法规，完善服务程序，保障服务对象的权益。

4. 关系协调者

为更好地为服务对象提供服务，社会工作者有时需要面对不同个人、不同群体之间矛盾或冲突。这时，社会工作者就需要承担起调解纠纷和缓解矛盾的任务。社会工作者在关系协调中要不断改变冲突双方的认知、情绪、态度和行为策略，最终达成一致的利益诉求。其中，直陈法、暗示法、迂回法、对比法、角色换位法、宣泄法、冷却法、感化法、榜样激励法、期望激励法等都是可以灵活采用的策略。如社会工作者在调解夫妻矛盾的过程中，充分利用倾听的技巧让妻子和丈夫都能够将自己压抑的情绪和想法尽情表达出来，并用同感来获得双方心底对社会工作者的信任，通过角色扮演等多种方式进行角色互换，增加对彼此难处的理解，通过多次的劝说和告知利弊关系，最终使双方在理性和宽容的氛围中达成和解；在矫治社会工作中，社会工作者的关系协调者角色会更加难以扮演，既要对矫正对象有充分的尊重、信任和支持，又要充分考虑到国家法律法规以及社区居民的看法，尤其是当矫正对象和社区居民发生冲突时，关系协调的角色就更加突出和重要。

（二）社会工作者的间接角色

社会工作者为服务对象提供直接服务的效果最为明显，但所提供的服务内容和程度会受到社会制度以及社会支持水平的限制。因此，为了更好地提供直接服务，社会工作者需要发挥间接服务的角色，这包括更好地管理社会服务机构、更高效地组织社会工作服务实施、更广泛地联络社会服务资源、更高层面的影响政策和法规以及更科学理性地开展调查研究和理论总结。

1. 组织管理者

社会工作服务过程是一个科学而复杂的过程，包括了服务的流程、服务人员的素质、服务经费预算、服务成效评估等诸多内容，需要有专门的高级社会工作者对其进行设计、组织、指挥、协调和控制，保证优质高效、便利可行的服务传递。为此，社会工作者同时还需要扮演组织管理者的角色，具体包括指定服务的方向与宗旨、招聘并督导合格的社会工作服务人员、服务程序的控制、服务成效的监控等。如社会工作者为了满足社区外来流动人口的服务需求，对现有服务人员的工作进行调整，专门抽调三名社会工作者负责流动人口生殖健康和艾滋病防治工作；针对癌症晚期病人不但拒绝接受医院社会工作者的服务，反而对社会工作者进行了言语攻击的现象，医务社会工作部的督导主动找到社会工作者了解情况，安慰其情绪，并与之探讨如何对待特殊病人的技巧，这些都属于组织管理的角色。

2. 资源联络者

由于社会工作服务范围的越来越广泛，所需要的社会资源也越来越多。社会工作者必须充分发挥自己的专业优势：一是助人自助的能力建设，可以实现由“授人以鱼”向“授人以渔”的转变，充分利用和挖掘个体内在的力量和资源；二是联络资源的社会策略，这可以帮助社会工作者向外获得更多的社会支持和资源，真正实现利用社会的力量来解决社会问题。社会工作者扮演好资源联络者角色至关重要，一方面要联络的资源内容包括物资、劳务、心理支持、社会关系支持以及政策支持等；另一方面联络的资源方向包括政府有关部门、福利服务机构的负责人及其同事、各类民间社会组织、志愿者及其组织以及广大的社会大众。如针对社区里面某大学毕业生不但几年不就业，反而在家迷恋网络游戏，甘当“啃老族”，社会工作者可以通过个案工作方法，激发该大学生的责任意识和就业动机，帮助该大学生走出自我封闭的状况顺利实现就业；针对农村留守儿童比较多，生存比较艰难的状况，社会工作者可以动员社会力量，采取“一对一”帮扶方式，促进留守儿童健康成长；针对部分空巢老人生活孤独的问题，可以联系大学生开展见习实习工作，或者以志愿者的方式去不间断地看望老年人等。

3. 政策影响者

社会工作是一个实现和落实社会福利政策的途径和体系。因此，社会工作的诸多服务、资源以及程序都依赖于社会政策的颁布、实施和完善。但考虑到我国社会发展的现状，许多社会问题还没有得到社会政策的响应，已经颁布的社会政策也有许多不尽合理之处。鉴于这种状况，社会工作者在长期服务基层民众的过程中，既需要不断地了解和学习政策、宣传和解释政策、贯彻和落实政策，同时也要积极发现现有社会政策存在的问题和缺失，尽可能地向有关部门提出建议，促进政策的制定、修订和完善，最终使社会大众获得更好的福利。此时，社会工作者就扮演着政策影响者的角色，主要工作内容可以包括推动新的社会政策议程、影响社会政策的设计和制定、评估现有政策的成效、反映现有政策的局限、推动社会政策的修改和完善等。如针对目前大部分青少年假期“无处可去、无伴可玩、无事可做”的问题，通过一定的方式建议相关政府部门在社区设立青少年服务中心，开展青少年的教育和康乐服务。

4. 科学研究者

社会工作致力于社会服务的理论研究和实践经验总结，能够通过调查研究发现新的社会问题，并在不断实践经验积累的基础上，探索社会服务的规律，总结和形成各种服务理论，这是社会工作者的科学研究者角色。如社会工作者通过实地调查和分析归纳出中年女性遭遇离婚后的心理状态的几个阶段，并成功找出当事人最容易接受的建议和实现转变的时机，不仅为中年女性正确处理婚变提供了应对之策，而且丰富了家庭社会工作的具体内容。

（三）社会工作者的综合角色

以上的分类只是一种理论上的需要，事实上只要有利于服务对象问题解决的角色，都需要整合，即社会工作者的综合角色。因此，社会工作不仅仅是一门职业、一门专业、更是一门灵活的助人艺术。

案例 1－1

老王50岁，由于年轻的时候参与打架斗殴导致手脚残疾不便，儿女已婚，自身经济条件比较差，一直靠经营一辆助残三轮摩托车来维持生活。近期，市政府考虑到该片区已经规划为主干道，故准备取缔三轮摩托车的运营，老王失去了生活的来源。为此，老王十分气愤，认为社会不公，让自己生活毫无指望，于是纠结一批人找到社区、街道办事处以及区政府去吵架、闹事，造成不良社会影响。

针对此事，社会工作者要发挥直接服务者的角色，帮助老王获得必需的生活保障；发挥心理支持者的角色缓解老王仇恨社会的心理和情绪；发挥协调者的角色，协调其与社区、街道以及相关人员的关系；发挥关系协调者的角色，帮助其树立重新寻找生计的信心；发挥政策影响者的角色，评估老王是否符合享受低保的条件，如果具备条件，协助申请低保救助；发挥资源联结者的角色，为老王提供相关的就业培训，帮助老王寻找新的就业岗位，等等。可见，在实际的社会工作服务过程中，社会工作者的角色往往具有综合性的特征。

本章小结

社会工作就是秉持利他主义的理念，在一定的社会福利制度框架下，运用科学的知识、方法和技巧去帮助有困难的人或群体走出困境的职业活动。通常指在国家和政府政策法规认可的范围内，由具备社会工作职业水平或相应学历的人，运用科学的、专业化的方法和技巧所从事的具有社会服务性质的职业化助人活动。社会工作是一个专业化、职业化的助人服务过程，需要具备服务对象、社会工作者、社会工作价值观、专业助人方法和助人服务活动五大要素。

与一般的助人服务活动相比，社会工作有许多独特性，包括投身社会改良，促进社会公平和正义；增进服务对象的社会功能；明确的实务取向；多样性；注重专业价值。

"人在环境中"是社会工作的基本分析视角。促进人类行为与社会环境的相互平衡和适应，是社会工作的总体目标。这一总体目标具体通过对服务对象和社会服务两个层面来体现，在服务对象层面的目标是解救危难、缓解困难、促进发展；在社会层面上的目标是解决社会问题、促进社会公正以及推动社会进步。

社会工作的功能，就是社会工作服务对个体和社会的作用和意义。对个体服务对象而言，社会工作发挥了预防、恢复与发展三大功能；对社会层面而言发挥了解决社会问题、维持社会秩序、促进社会和谐三大功能。

社会工作虽然一直以孤儿、无依无靠的老人和残疾人、精神病患者、因失业而沦为生存困难者、各类遭遇灾害者等极端困难的弱势人群为基本对象，但后来也发展到包括生活困难者、遭调困境者以及社会一般成员。发展至今，社会工作的主要服务领域包括了家庭服务、儿童青少年服务、老人社会服务、妇女社会服务、残障人士康复服务、社会救助、就业服务、心理健康服务、医疗社会工作、学校社会工作、矫治社会工作、军队社会工作、企业社会工作等。随着社会的变迁和发展，社会工作的领域在进一步扩大。

社会工作者是那些取得社会工作大专以上学历或通过社会工作相关职业水平考试，遵循社会工作的价值准则，运用社会工作专业方法，从事社会服务的人员。他们共同的特征是认同并遵循社会工作价值准则、从事社会福利服务的相关实践、掌握一定的社会工作专业方法、在一定的组织框架内开展服务活动、接受过社会工作专业训练或通过职业水平考试。

社会工作者虽然在服务过程中，综合运用各种角色，但依旧可以大致分为直接服务角色和间接服务角色。直接服务角色包括服务提供者、心理支持者、行动倡导者、关系协调者等；间接服务角色包括组织管理者、资源联络者、政策影响者、科学研究者等。

参考文献：

[1] 王思斌. 社会工作概论（第二版）[M]. 北京：高等教育出版社，2006.

[2] [美] O. 威廉·法利，等. 社会工作概论（第十一版）[M]. 北京：中国人民大学出版社，2010.

[3] 王思斌. 社会工作综合能力（初级）[M]. 北京：中国社会出版社，2010.

[4] 李迎生. 社会工作概论（第二版）[M] 北京：中国人民大学出版社，2010.

模拟题

一、单项选择题（每小题列出的四个备选项中，只有一个最符合题目要求，错选、多选或未选均无分）

1. 社会工作是（　　）。

A. 以利他主义价值观为指导，以科学的知识为基础，运用科学方法助人的服务活动

B. 有组织的慈善活动

C. 有策划的公益活动

D. 管理人、控制人的行政活动

2. 社会工作坚持（　　）的理念。

A. 助人为乐　　B. 助人自助　　C. 助人助人　　D. 助人解困

3. 社会问题是（　　）。

A. 纯生理性问题　　B. 纯心理性问题　　C. 纯家庭性问题　　D. 综合性问题

4. 社会工作在分析弱势群体的困难和问题时的基本观点是（　　）。

A. 人在群体之中　　B. 人在环境之中　　C. 人在社会之中　　D. 人在家庭之中

5. 在本职工作之外从事的、不计报酬的服务性或公益性工作，可称为（　　）。

A. 非正式的社会工作　　B. 行政性社会工作

C. 福利性社会工作　　D. 专业性社会工作

6.（　　）是指人们的正常生活受到严重影响，但尚未达到危及生命的状况。

A. 困难　　B. 危难

C. 贫困　　D. 危险

7. 当人们遇到困难通过自身能力的增强而克服困难，此项目标是社会工作的（　　）。

A. 缓解困难的目标　　B. 促进发展目标

C. 解救危难的目标　　D. 促进社会公正的目标

8. 以下对于社会工作维持社会秩序这一功能的正确说法是（　　）。

A. 与一般行政管理相似　　B. 运用行政力量来解决问题

C. 解决社会问题是它的直接目标　　D. 通过服务化解矛盾达到维持社会秩序

9. 在出现严重的社会问题、公共危机时，（　　）将成为社会工作的服务对象。

A. 社区　　B. 家庭

C. 个人　　D. 社会公众

10. 以下有关受助者的正确描述是（　　）。

A. 社会工作者是社会工作的基本要素

B. 受助者仅仅指当事人自己

C. 受助者是被动接受帮助的人

D. 受助者是有潜能的人

二、多项选择题（每题备选项中，有2个或2个以上符合题意，错选、少选不得分）

1. 社会工作具有多元化的含义，具体可以说是（　　）。

A. 一个专门的职业领域　　B. 一种职业

C. 一种职业性的、专业化的助人活动　　D. 一个学科

E. 一种服务

2. 从个体层面分析，社会工作的目标包括（　　）。

A. 解救危难　　B. 缓解困难

C. 促进发展　　D. 解决社会问题

E. 促进社会公正

3. 社会工作对社会的功能包括（　　）。

A. 促进服务对象的正常生活　　B. 促进人与社会环境的相互适应

C. 解决社会问题　　D. 维持社会秩序

E. 促进社会和谐

4. 社会工作者促进服务对象的正常生活就是指（　　）。

A. 给予他们物质的帮助　　B. 防止相应群体陷入困境

C. 恢复他们的社会功能　　D. 挖掘个人的潜能

E. 促进他们生活于其中的社会环境的改善，使他们能像别人那样正常地生活

5. 社会工作在助人过程中，希望促成人与社会环境的良性互动，包括（　　）。

A. 改变环境，使环境适应人

B. 通过解决问题和增强能力使服务对象有能力应对环境的压力和挑战

C. 通过调动环境中的资源和改善环境，向人们提供更多支持

D. 通过解决问题和增强能力使服务对象能够改变环境

E. 通过整合环境中的资源，向人们提供更多支持

6. 社会工作者主要分为（　　）。

A. 一线的社会工作者　　B. 社会政策制定者　　C. 社会政策执行者

D. 社会行政人员　　　　E. 社会工作督导

7. 社会工作者要扮演好自己的角色，就要具备一定的知识，主要包括（　　）。

A. 学科知识　　B. 政策知识　　C. 法律知识　　D. 文化知识

E. 历史知识

8. 社会工作的主要服务领域主要包括（　　）。

A. 城乡社区发展　　　　B. 就业服务

C. 儿童及青少年社会工作服务　　　　D. 社会救助服务

E. 妇女社会工作服务

9. 所谓专业价值是指社会工作者在从事社会服务时所遵循的（　　）。

A. 理念　B. 知识　C. 指导思想　D. 伦理　E. 责任

10. 以下对于社会问题的理解，正确的是（　　）。

A. 社会问题是指社会上大多数人遇到的某种问题

B. 社会问题是与社会因素有关的问题

C. 社会问题是一种客观存在的与人们的希望相违背的现象，与人们对它的认定无关

D. 解决社会问题，消除其不利因素和影响，在某种意义上就是增进了人们的社会福利

E. 社会问题是一种消极现象

参考答案

一、单项选择题

1. A　2. B　3. D　4. B　5. A　6. A　7. B　8. D　9. D　10. D

二、多项选择题

1. ABCD　2. ABC　3. CDE　4. BCDE　5. BCE　6. AE　7. ABCD

8. ABCDE　9. ACD　10. ABD

第二章　社会工作者的素质要求

本章学习要点

✧ 社会工作价值观及其操作原则，社会工作专业伦理、伦理困境及其处理方法。

✧ 认知行为理论，生态系统理论，社会支持理论及增能理论的基本假设，治疗技巧和治疗特点。

✧ 我国社会福利发展的基本政策，特定人群的社会政策法规、特定领域的社会政策法规。

✧ 社会工作调查方法、社会工作沟通与会谈技巧、社会工作项目设计及项目评估。

怎样才能成为一个合格的社会工作者？这是摆在每一个社会工作者面前的重要问题。社会工作作为一种以助人为目的的专业和职业，它有自己明确的专业价值观和职业伦理，这是每一个社会工作者都应该理解和领悟的。有了价值观的指引和伦理的要求，明确了社会工作的服务方向，社会工作者还需要了解一些理论知识，这些知识可以帮助社会工作者理解服务对象，找到工作的方向。技巧也是非常重要的，在沟通与会谈技术、项目设计、调查研究、项目评估等方面，前人总结了一些非常有用的技巧，帮助社会工作者快速上手。当然，在我国开展社会工作服务必须要了解一些我国的法律法规与政策，本章对此做了基本介绍。

第一节　社会工作者应遵循的价值伦理

每个人在工作和生活中都带着一些经验和假设，这些假设就构成了人们的价值观。面对同样的问题，不同的价值观会导致不同的处理方式。比如，同样是不会做作业，有的家长会勃然大怒："你怎么这么笨，这道题都不会？"而有的家长会说："这道题不简单，你需要多练习才会做。"这里就存在两种不同的假设，前者的假设是"不会做题的孩子太笨”，后者的假设是“孩子都不笨，只是做题需要多练习”。两种不同的假设就导致了两种不同的处理结果，前者可能将孩子贬得一无是处，后者则可能激发孩子的兴趣和潜能。

社会工作作为一种助人的专业和职业，它对“人”和“人的处境”有自己的看法和假设，也就是有一套专业的价值观，社会工作者需要领悟和理解这套价值观，并在实务过程中遵照执行。

一、价值观与社会工作价值观

价值观是关于事物价值的判断，它表现为人们所秉持的信念、信仰和理想，也就是人们相信什么、要什么、追求什么的问题。价值观没有什么优劣，比如，有的人相信“工作才能体现人的价值”，因此时时刻刻把工作摆在第一位；而有的人相信“健康才是最大的价值”，因此时时刻刻将健康放在第一位。但我们无法证明这两种选择谁更好。

社会工作价值观，就是在社会工作专业和职业范围内形成和发展起来的一整套对人、对事和对专业的总体判段和核心信念。社会工作价值观以人道主义为基础，充分体现了热爱人类、服务人类、促进公平、维护正义以及改善人与社会环境关系的理想追求，激励和指导着社会工作者的具体工作。

（一）社会工作价值观的作用

1. 保护服务对象的权益

社会工作本质上属于道德实践。一名合格的社会工作者，会将服务对象的利益放在首要位置，热爱人类，同情、支持弱势群体，相信人有改变的可能性，相信人有巨大的潜能，相信社会工作的专业能力和价值，这样才能让社会工作者克服工作中的困难，完成助人使命。

社会工作价值观规范了社会工作者的服务实践，指引社会工作的服务方向。在社会工作服务过程中，社会工作者在价值观和职业伦理的指引下，最大限度地承担关心人、服务人和促进人全面发展的责任，进而在各方面保护服务对象的权益。这些权益主要包括基本生存的满足、免于贫困的影响和暴力的侵害、促进人际沟通与交往、扩大就业机会以及更好地融入社会生活。

2. 帮助社会工作者解决伦理难题

通过社会工作专业伦理标准，社会工作价值观可以指导社会工作者的实践。社会工作者在服务过程中，常常面临专业责任与义务之间发生冲突的伦理难题，如遭受家暴的妇女选择回家，一方面要尊重服务对象的自决权，另一方面要遵守国家反家暴的相关法律法规。社会工作价值观帮助社会工作者厘清专业责任和义务，从而做出正确的应对。可以说，社会工作专业价值观是社会工作服务专业性的保证。

3. 促进专业健康发展

社会工作价值观和伦理守则对社会工作者的服务进行了规范，指引着社会工作者的服务实践，保证了专业服务的品质。失去伦理规范的服务是危险的，可能导致服务对象受到伤害，甚至让社会工作者陷入险境。在价值观的指引下，社会工作者遵守伦理规范，通过科学的方法和技术开展专业服务，维护专业形象，扩大专业影响力，促进社会工作专业的健康发展。

4. 维护社会公平正义

社会工作的核心使命就是维护社会的公平正义，社会工作者在开展服务实践的时候要谨记这一条，努力帮助各类困难人群克服和预防生活困境，增强其适应环境和自立自强的能力，增进服务对象平等参与社会的机会。社会工作不仅强调对个人的责任，还强调推动社会中不同群体之间的互信互融、共同发展。

（二）社会工作界的核心价值观

1. 服务大众

社会工作者应当将服务社会中有需要的人群，特别是困难人群作为自己的首要任务，要为社会大众提供专业的社会服务。

2. 践行社会公正

社会工作作为一种以助人为目的的专业和职业，它追求社会的公平和正义。社会工作者应从改革和发展的角度努力推动社会变革，与服务对象一起努力，了解他们的问题和需要，在社会政策的推行过程中倡导和寻求积极的社会变革。

3. 强调服务对象个人的尊严和价值

社会工作者对每一位服务对象都给予关心和尊重，充分认识和理解服务对象个体在生理、心理和社会文化等各方面存在的差异，同时对文化和种族的多元性保持开放与敏锐的意识。

4. 注重服务中人与人之间关系的重要性

社会工作是处理人的问题的工作，涉及人与人的沟通和互动行为。因此，社会工作者应充分认识到人与人之间关系的重要性，包括设身处地为他人着想（即换位思考）、建立积极和良性的沟通关系、帮助服务对象建立良好的人际网络，学会彼此分享和相互帮助。

5. 待人真诚和守信

社会工作者应坦诚地对待服务对象，并敢于认识到自身的不足，真诚地分析服务对象的问题和需要，坚持专业的使命、价值观、伦理原则与标准，并有效地运用它们开展社会服务。

6. 注重能力培养和再学习

社会工作者要不断地提升自我的专业能力，并保持一种开放的心态和好学的精神，坚持在实践中再学习和再教育的理念，不断改进观念，更新知识，掌握新技能，从而提升专业实践的效率与效果，改善服务对象和社会大众的福祉。

二、社会工作价值观的操作原则

社会工作的核心价值观是每一位社会工作者应当终身追求的理想，社会工作者应当首先领悟和内化这套价值观，从内心建立起对社会工作价值观的认同，并在社会工作中践行它。在操作层面，也就是具体的社会工作服务中，社会工作者要做到以下五点。

（一）接纳

在专业服务过程中，社会工作者要从内心接纳服务对象，将他们看作是工作中的重要伙伴，对服务对象的价值偏好、习惯、信仰等都应保持包容与尊重的态度，不能因为服务对象的生理、心理、种族（或民族）、性别、年龄、职业、社会地位、信仰等因素对他们有任何歧视，更不能因为上述原因而拒绝为服务对象提供服务。

接纳是无条件的。但是接纳不等于认同，它是社会工作者对服务对象的价值观与个人背景特征等的一种包容，也是专业社会工作者对社会大众统一的服务态度，是建立专业助人关系的重要前提。社会工作者应坚信，这个世界是多样的，面对同样的状况，每个人的选择一定会有不同。

案例 2－1

大明是一名监狱社会工作者，监狱里有一名吸毒的罪犯阿亮。阿亮从小父母离异，他被判给父亲，后来父亲去世，他又被继母赶出家门，四处流浪，他认为这个世界对他不好，而吸毒就是为了报复。大明表示同情阿亮的遭遇，也明白他现在这些想法是由于他个人的不幸遭遇造成的，但并不认同阿亮吸毒的做法。

（二）尊重

对社会工作专业来说，尊重不仅是一种思想上的认知，还是一种道德上的实践。尊重服务对象首先要尊重对方的价值观，在服务过程中，社会工作者不应将自身的价值观强加于服务对象，更不应指责和批判服务对象的言行和价值观，也不能向服务对象发泄自己的负面情绪。社会工作者可以和服务对象分享自己的经验和想法，也可以提供解决问题的建议，但社会工作者不得直接或间接迫使服务对象接受提出的意见或建议。很多时候，服务对象会根据自己的处境做出选择，尽管社会工作者觉得这个选择并不是最优的，但却可能是符合服务对象需要的。

尊重还表现为对服务对象文化、生活习性等存在方式的不批判。如尽管婚姻法规定我国实施的是一夫一妻制，但走婚是摩梭人的文化风俗，我们应对这种民族习俗给予必要的尊重；尽管世界上大多数人都是异性恋，但也有少数人选择同性做恋人，这是他们的权利，我们也不能强行干涉。

（三）个别化

世界上每个人都是独特的个体，每个人的生活方式也都不一样。社会工作服务应该照顾人们之间的差异性，相信每个人都可以发展个性及实现自我价值，尊重服务对象的个体差异，要充分考虑到服务对象在性别、年龄、职业、社会地位、政治信仰、宗教以及精神或生理残疾状况等方面存在的价值差异，及其与社会主流价值之间可能存在的冲突，在提供服务的时候，尽量根据服务对象的个体特征，照顾到个体的不同需求。

比如，一提到老人，许多人都觉得他们固执守旧、活动能力弱。实际上每个老人的具体情况是不同的，有的老人可能思想比较开明，有的老人可能擅长运动。所以社会工作者在提供服务的时候，应考虑服务对象的具体情况，不能想当然地开展千篇一律的活动。

（四）自我决定

所谓自我决定，就是在面对选择和决策的时候，应当由服务对象自己做出选择和决定。社会工作者的义务是向服务对象提供必要的信息，让服务对象在充分知情的情况下做出选择。如果服务对象没有能力进行选择和决策（比如服务对象是幼儿或者正处在精神病发病期），社会工作者应根据法律或有关规定由他人（如监护人）代行选择和决策权利。

自我决定是展现服务对象能力和价值的关键，社会工作的目标之一就是协助个体发展能力，发掘服务对象的潜能，最终让服务对象能够独立自主的生活，而不是长期依赖社会工作者或者其他人。

（五）保密

社会工作者应当保护服务对象的隐私。未经服务对象同意或允许，社会工作者不得向第三方透露涉及服务对象个人身份资料和其他可能危害服务对象权益的隐私信息。

但是，保密不是绝对的，而是相对的。可以放弃保密原则的情形包括服务对象的生命处在危险边缘时；服务对象问题涉及刑事案件时；服务对象未满 16 周岁又是受害者时；服务对象有犯罪意向，或社会工作者评估服务对象会危及自身或社会时；服务对象心理失常时；服务对象有自杀倾向时。社会工作者向服务对象声明保密原则的时候，需要同时声明保密原则的相对性，这是出于保护服务对象及相关人群的目的。

特别情况下必须透露有关信息时，社会工作者应向机构或有关部门报告，并告知服务对象有限度公开隐私信息的必要性及采取相关保护措施。在紧急情形下，打破了保密原则又来不及提出报告时，社会工作者应当在事后提供相关的说明并补办手续。

三、社会工作专业伦理的主要内容

（一）社会工作伦理与价值观的联系和区别

社会工作专业伦理是从社会工作专业价值观中推导出来的，必须与价值观协调一致。两者不同的地方在于，价值观关注的是理想的东西，而伦理关注的是实现理想过程中行为的正确与否或善恶问题。伦理主要通过个人自觉自律和社会舆论来进行监督和约束，表现形式主要是强化人们的荣誉感或羞耻感。社会伦理是人们在社会交往中所持有的共同的、最基本的行为期望。一般来说，专业伦理是以社会伦理为基础，结合行业本身的特点，形成特定的群体行为规范。

（二）社会工作专业伦理的主要内容

社会工作专业伦理是社会工作专业价值观的具体化，它是一整套指导社会工作者正确履行责任和义务并预防道德风险的行为规范。它包括实际工作步骤的一般规则与标准，规定了社会工作者“应该做什么”和“不应该做什么”。

目前，内容最丰富的社会工作专业伦理体系是美国社会工作者协会 1999 年颁布的《社会工作伦理守则》。该守则包括 6 个大项、51 个小项、155 条细则。综合欧美国家和部分亚洲国家以及我国香港、台湾地区的社会工作伦理守则，可以发现，社会工作界对伦理守则应包含的基本内容是具有共识的。不过在细则方面，由于各个国家和地区的社会工作发展水平不同，法律法规和社会制度各异，以及文化传统不同，伦理守则之间有一些差异。

社会工作专业伦理可以概括为如下一些方面：

1. 社会工作者对服务对象的伦理责任

（1）对服务对象的义务。因为服务对象需要帮助，才有了社会工作这个专业和社会工作者这个职业，因此开展的服务内容要征得服务对象的同意，当发生利益冲突时，应将服务对象的利益放在首位。

（2）保密。社会工作者要通过学习努力提升自己的服务技能，在服务过程中要注意保护服务对象的隐私和秘密。

（3）知情同意和案主自决。当服务对象面临选择时，社会工作者应当详细地告诉服务对象各种选择的可能性及后果，然后让服务对象自己决定如何选择。

2. 社会工作者对同事的伦理责任

（1）尊重。社会工作者要尊重同事，相信同事的专业判断。

（2）合作、保密与咨询。在工作中，应多与同事合作，并注意保护同事的隐私和秘密，当同事有疑难问题的时候，适当的提供咨询。

（3）转介。社会工作者应了解自己和同事擅长的服务领域，以便在有自己或同事无法处理的案件时可以转介服务对象。

3. 社会工作者对工作机构的伦理责任

（1）遵循督导和辅导。社会工作者要听从机构的管理，接受机构指派的督导。

（2）教育和培训。社会工作者要积极参加机构安排的辅导和培训。

（3）管理服务对象。在日常的工作中，社会工作者要做好服务对象的档案管理、转介工作等方面的服务。

4. 社会工作者作为专业人员的伦理责任

（1）增强自己的实践能力。为了更好地提供专业服务，社会工作者要不断学习，夯实自己的理论知识，在服务过程中不断反思和总结经验，提升自身的专业能力和水平。

（2）个人道德要求。遵守社会工作伦理规范和机构管理制度，增强道德自律。

5. 社会工作者对社会工作专业的伦理责任

作为一名专业人员，要热爱社会工作，严格按照专业实务的要求开展服务，以保证专业服务的完整性；在服务过程中，不断总结服务经验，开展专业研究，凝练服务成果，为推动专业的发展贡献力量。

6. 社会工作者对全社会的伦理责任

社会工作者要牢记推动社会发展、促进社会公平的使命，增进民众的福祉。在工作方法上，要让民众广泛参与，以增进民众的权利意识和参与能力。

四、社会工作者的伦理困境及其处理

（一）伦理困境

一位未婚的手机销售员，看上一位非常帅气（或漂亮）的顾客，他们可以发展成为恋人吗？但如果一位未婚的社会工作者，看上了一位非常帅气（或者漂亮）的案主，他们又可以发展成为恋人吗？

手机销售员只要到了成熟的年龄，与顾客发展恋情是他（她）的权利，别人无权制止；但相同条件下的社会工作者却不能与服务对象发展恋情，这是社会工作伦理所不允许的。同样，手机销售员可以接受顾客赠送的鲜花项链，以答谢他（她）非常周到贴心的服务，但社会工作者却被限制接受服务对象赠送的礼物。那么，是不是所有东西都不能接受呢？比如一个苹果，收了似乎不太好，不收又有点不近人情，那又该怎么处理？

尽管社会工作专业价值观和专业伦理标准可以在书面上表述得准确无误，但在实践中，如何应用这些价值标准来指导专业服务并非易事。原因在于：一方面，社会工作专业伦理与社会伦理、个人伦理并不完全一致。社会工作强调要以服务对象的利益优先，照顾弱势群体的利益，但社会规则往往遵从“少数服从多数”的原则，弱势群体往往成为被牺牲的群体，因此社会工作者需要多方权衡。另一方面，人的行为并不能总是与其价值观保持一致。比如，大多数人都觉得遵守公德是每个人应尽的义务，但事到临头又往往以“大家都这么做”为理由为自己找借口。很多时候社会工作者的知识和能力的不足也会影响专业伦理的遵守。同时，人的非理性行为也会与社会工作专业价值和伦理相冲突。

常见的社会工作伦理困境有以下几个方面：

1. 保密的相对性

社会工作者有责任和义务保护服务对象的隐私，使其不受伤害，这是社会工作伦理的基本原则。而在实践中，这一原则有时并不容易把握。通常，按照服务对象利益优先原则，你不能透露对服务对象不利的信息，但有时不透露会带给服务对象更大的伤害，甚至与社会伦理相违背。因此，社会工作者很可能陷入困境。除此之外，在行政干预、司法干预、研究需要等方面，都可能存在着让社会工作者难以决断是否应当透露服务对象隐私资料的情境。

案例2-2

医务社会工作者小黄，为一位受癌症折磨数年的老太太服务。某天晚上，这位老太太告诉小黄，她已经无法忍受病痛的折磨，找来一些药物准备结束自己的生命，这是她已经决定好了的事情。她说她非常感谢小黄这几个月的悉心照顾，并希望小黄不要干涉她的行动。小黄该怎么办呢？

这个例子说明了保密原则实施的复杂性。不保密的话，社会工作者可能会失去服务对象的信任；保密的话，却又会陷入“见死不救”的指责，可能面临服务对象家人甚至法庭的指控。因此，向服务对象申明保密的相对性，是非常有必要的。

2. 人情、法制及规定的冲突

中国是一个人情社会，更是一个关系社会，人与人之间的关系在日常生活中异常重要。社会工作者在处理家庭、邻里矛盾时，往往会遇到情、理、法之间的纠葛，如何正确和有效地区分人情、法制与规定的影响及后果，常常使社会工作者陷入困境。

案例2-3

流浪儿童小林，在流浪过程中经常被人虐待、殴打，常常吃不饱饭穿不暖衣，任何人看着都觉得可怜。社会工作者大伟非常同情他，每当小林来到社会工作服务站，大伟都会陪他玩，带他去吃肯德基，带他回家玩自己的电脑。可是小林在流浪过程中养成了偷盗的不良习惯，有一天他偷走了大伟的手机，拿去卖了几百块钱，同事们都劝大伟报警，这让大伟很为难，报警吧，前功尽弃；不报警，又不知道接下来该怎么处理。如果你是社会工作者，你会怎么做呢？

3. 多重关系

为保证服务的公正性和提高服务效能，社会工作伦理要求社会工作者不应与服务对象存在一种以上的社会关系，也就是说，除了专业关系外，社会工作者不应与服务对象有约会、交易或生意上的往来。多重关系会影响社会工作者的专业判断，也可能导致社会工作者滥用权限，剥削和利用服务对象。

然而，现实社会生活中，要避免双重关系却并不容易，尤其是在我国，人们遇到问题首先是找关系亲近的人帮忙解决。在求助过程中，人们也乐于与施助者搭上关系，这就增加了社会工作者提供帮助的难度和复杂性，有改变专业服务性质的风险。

案例2－4

阿力在一所高中做学校社会工作，一位高三的女生非常喜欢阿力，凡是阿力开展的活动她都积极参加，有一天她给阿力写了一封情书，表达了自己心中的爱慕之情。阿力其实对这位女孩也心仪已久，但伦理要求社会工作者不能与服务对象发生专业服务关系之外的关系，这让阿力陷入了两难境地。

4. 社会工作者个人利益与职业责任的冲突

社会工作者也是普通的人，也有普通人的需求，同样也会遇到问题和困难。一般来说，社会工作者应将职业服务与个人生活尽量分开，但有时候，两者很难兼顾。当工作与个人利益发生冲突时，社会工作者应尽可能找到冲突的平衡点，减少因二者冲突带来的不利影响。

案例2－5

一个周末，社会工作者小王正在医院看望病重的父亲，突然接到机构通知，他的服务对象出现紧急状况，需要立刻赶去处理。因为这个服务对象只有小王在跟进，其他同事完全不了解情况，也不知道该怎么处理，去还是不去，这让小王陷入了困境。

5. 自决的难题

社会工作实践中强调社会工作者尽力鼓励服务对象自我决定，目的是发挥服务对象的潜能，使服务对象在自助中成长和变化。然而，在一些特定情形下，社会工作者却要面对特殊的服务对象，由于生理、心理和其他原因，他们难以对自身的处境做出清晰的判断，只能在他人帮助下才能做出决定。

有的时候，服务对象明知道后果严重却仍然坚持对自己不利的决定，也会让社会工作者陷入两难。比如，家庭暴力的受害者决定不离开可能继续对他施暴的配偶。面临这些情景，社会工作者会陷入纠结，阻止服务对象似乎没用，但又担心他们受到伤害。

（二）处理原则

社会工作在处理伦理难题的时候，有一个优先秩序，按重要性排列如下。

1. 保护生命原则

任何时候保护生命原则都高于其他所有原则。社会工作者不仅要保护服务对象的生命安全，也应保护其他人员的生命安全。比如，服务对象谈到曾计划过谋害第三方，社会工作者有义务将相关信息知会第三方利益相关者，做好防范措施。

2. 差别平等原则

弱者应当受到适当的照顾，这种照顾并不是破坏公平，而是一种差别平等。比如，向富人征税，而为无劳动能力的人提供最低生活保障，这种照顾体现的就是一种差别化平等。

3. 自主自由原则

社会工作服务要注重发展服务对象的自主能力，在做选择的时候应尊重服务对象自己的决定，这样才符合社会工作“自助”的理念。

4. 最小伤害原则

在不管怎样都会有人受到伤害的情况下，选择伤害最小的方案。

5. 改善生活质量原则

社会工作者应当帮助服务对象改善和提高生活质量。

6. 隐私保密原则

为服务对象保密，但不能违背社会伦理规范，更不能伤害其他人。

7. 真诚原则

社会工作者与服务对象应当坦诚相待。

社会工作者在考虑解决伦理困境的方案时，应当逐一检查是否符合以上原则。当然，社会工作者在使用这些原则和方法的时候，也应当照顾当时当地的文化，结合专业服务的进程来判断和决定下一步的处理方式。有些处理比较简单，比如在案例 2-2 中，社会工作者小黄面临的是一个想要结束自己生命的服务对象，根据上述伦理优先秩序，保护生命为社会工作者的第一要务，因此社会工作者应该向服务对象申明保密的相对性，告诉服务对象自己基于专业伦理保护生命的要求不能为她保密。

但有些处理可能并不容易，比如有的服务对象因为感激社会工作者，会要求与社会工作者拜把子、认干亲。特别是在中国这种关系文化中，人们普遍比较认可这种行为，这就给社会工作者提出了难题，拒绝服务对象的要求可能会破坏已经建立的良好关系，有的服务对象还会直接说“你不认我这个兄弟我就不来了”；同意服务对象的要求则会面临其他服务对象的质疑，因为这层关系很可能会让社会工作者变得不公正。因此社会工作者应当谨慎面对服务对象提出的关系要求，实在不能避免双重关系，也要避开利益关系的纠纷，至少在专业服务结束之后再考虑建立其他关系。

第二节　社会工作者应掌握的主要理论

社会工作理论是关于社会工作理念、社会工作实践的系统化的观点，它为社会工作者理解服务对象及其生活提供了依据，也是社会工作者开展服务的指南。理论知识是社会工作的要素之一，在社会工作体系中占据重要地位。本节主要介绍认知行为理论、生态系统理论、社会支持理论和增能理论等四个社会工作服务中较常使用的理论。

一、认知行为理论

认知行为理论是由行为主义和认知学派整合而来的。行为主义理论的一个基本取向，就是将心理与行为分离开来，关注人的外显行为。行为主义者认为，人类的大多数行为，都是通过学习获得的，因此人类可以学习新的行为、改变旧的行为。

认知学派源自阿尔弗雷德·阿德勒（Alfred·Adler）。在阿德勒看来，人的行为是由个人整体生活形态所塑造的，它包括个人对自我的认识、对世界的看法，个人的信念、期待等，在这个过程中，认知起着至关重要的作用。

班杜拉的社会学习理论，是认知行为理论的又一个理论高峰。班杜拉认为，人的行为特别是人的复杂行为是后天习得的，是通过观察其他人或从学习中得来的。

在认知理论脉络中，贝克首先提出了认知治疗模式，艾利斯则发展出了理性情绪治疗模式，德莱顿发展出了理性情绪行为治疗模式。而本章主要介绍比较有影响力的理性情绪治疗模式，它是由美国著名心理学家阿尔伯特·艾利斯（Albert·Ellis）于20世纪50年代创立。

（一）基本假设

理性情绪治疗模式立足于人本主义价值立场，对人的信念、情绪和行为之间的关系进行了深入细致的分析。它关于人性的基本假设是：

（1）人的存在是有价值的。这种价值不是由他的身份、能力或才智等决定的，也不会因为遭受挫折、能力欠佳或他人的贬抑而降低，这是人的一种先天固有的本性，使人趋向于成长和自我实现。

（2）快乐原则。对于人来说，追求快乐是生活的主要目标，这种快乐应该是长期的，而不是短期的。

（3）人同时存在理性与非理性的两种倾向。在人的内心有两种倾向，一种倾向是好的，发展出理性、健康的生活方式；另一种是不好的，发展出非理性的信念，如过分概括化、易受暗示、逃避成长和追求完美等，容易造成不良的生活方式，产生心理失调。

（4）信念决定结果。人的情绪不是由某一诱发性事件的本身所引起，而是由经历了这一事件的人对这一事件的解释和评价所引起，也就是人对事件的观点影响了情绪。

理性情绪治疗模式对服务对象心理失调的原因和机制进行了深入细致的研究，并将研究的结果概括为ABC理论，它是构成认知理论的重要组成部分。

在ABC理论体系中，A代表一个事实、一个事件或一个个体的行为或态度，B是个体的观念，C是个体情绪和行为的结果或反应，这一反应可以是健康的，也可以是不健康的，但 A（诱发性事件）并不必然导致 C（情绪结果）。B（个体关于 A 的观念）在很大程度上导致了情绪反应 C。如图 2－1 所示：

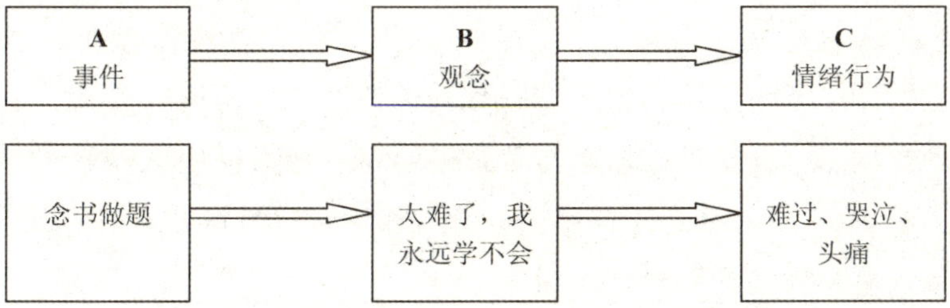

图 2－1　ABC 情绪理论模式

某种程度上说，人不是被事件本身所困扰，而是被他对事件的非理性信念所困扰。如果进行干预，就需找出不合理的信念，进行质疑，并发展出新的合理信念，进而产生不一样的情绪行为。在图 2－1 中，要找出"太难了，我永远学不会"这个非理性信念，对它进行质疑，可以反问："难道有人天生就会做吗？""难道这道题不会我就一无是处吗？"然后发展出新的合理信念，"没有人天生就什么题都会做，这题太难了，我可能要多花点时间才能学懂。"进而释然，找寻突破的方法，最终解决难题，建立自信。

简单来说，认知是治疗的焦点，要改变错误认知，建立正确认知，以达到改变人的情绪和行为的目的。

（二）助人过程

认知行为学派的助人过程以帮助服务对象改变非理性信念为中心，形成了一套比较完整、明确的辅导方法。它主要包括五个方面的内容：明确辅导要求、检查非理性信念、与非理性信念辩论、学会理性生活方式、巩固辅导效果。

1. 明确辅导要求

从第一次接触开始，社会工作者就要向服务对象说明理性情绪治疗模式的理论和方法，让服务对象明白，其情绪和行为的困扰不是由某个事件所导致，而是由他自己的非理性信念所导致。需要注意的是，社会工作者应根据服务对象的理解水平和爱好，提供符合实际的说明，也就是要用服务对象听得懂的语言跟他沟通。

2. 检查非理性信念

社会工作者鼓励服务对象探讨其情绪和行为困扰背后的非理性信念，帮助服务对象认识和理解其非理性信念与困扰之间的关系。

3. 与非理性信念辩论

社会工作者帮助服务对象与非理性信念进行辩论，指出它们的不合理和不切实际之处，让服务对象认识到它们的危害，并鼓励服务对象摒弃这些非理性信念，采取积极行动改变目前的生活状况。社会工作者在此阶段需要运用一些理性情绪治疗模式的辅导技巧，比如质疑、辨析和语言精确法等，帮助服务对象改变和消除非理性信念。

4. 学会理性生活方式

社会工作者帮助服务对象找出合适的、理性的情绪和行为反应方式，运用现实的理性信念去替代非理性信念，并把理性信念与合适的情绪、行为反应连接起来，形成理性的生活方式。比如，图2－1中，社会工作者可以用“正因为题目很难，做出来才有成就感”，来帮助服务对象建立积极的情绪和行为模式。

5. 巩固辅导效果

理性情绪治疗模式的最后一个方面是帮助服务对象把所学到的理性生活方式运用到实际生活中。

（三）社会工作者的角色

社会工作者运用认知行为学派的理论开展助人服务需扮演两个角色：一个是教育者，一个是陪伴者。作为教育者，社会工作者要训练服务对象应用认知行为理论与技巧，来检验自己的认知，修正其不当行为；作为陪伴者，社会工作者要陪伴服务对象一起探讨其思维方式，讨论其错误认知，确定行为修正的目标与策略，并协助其学习正确的行为，规划自己的生活方式。

二、生态系统理论

生态系统理论强调社会工作实务的干预焦点应将个人置于其生活的场域中，重视人的生活经验、发展时期、生活空间与生态资源分布等有关个人与环境的交流活动，并从生活变迁、环境特性与调和度三个层面的互动关系来引导社会工作的实施。

（一）基本假设

（1）“人在情境中”。生态系统理论认为人生来就有与环境和其他人互动的能力，人与环境的关系是互惠的，并且个人能够与环境之间形成良好的调和度。

（2）每个行动都有目的。人类遵循着适者生存的法则，个人意义是环境赋予的，因此要理解个人的行动，就必须将其置于环境之中理解其目的与意义。

（3）个人的问题产生于生活。个人问题是生活过程中的问题，对个人问题的理解和判定也必须在其生存的环境中进行。

在社会工作实务中，系统理论强调要理解个人在家庭、团体、组织及社区中的社会生活功能，社会工作者应该从生活环境中不同层次的系统之间的关联处入手。一般认为个人所生活的系统可以分为四个层次，即微观系统、中介系统、外在系统和宏观系统。微观系统是指亲密关系中的人际关系形态和角色扮演；中介系统是指两个以上的情境间发生的关联及其历程；外在系统是指两个以上的关联情境，并在同一个间接的外在情境中发生的关联；宏观系统是指各个系统层次在一个更大的文化环境、民族团体中发生的关联。不论求助者的需求表现在哪个层次系统，其背后都与各个系统有着不可分割的联系。因此，要求社会工作者对所有相关系统予以关注。如图2－2所示。

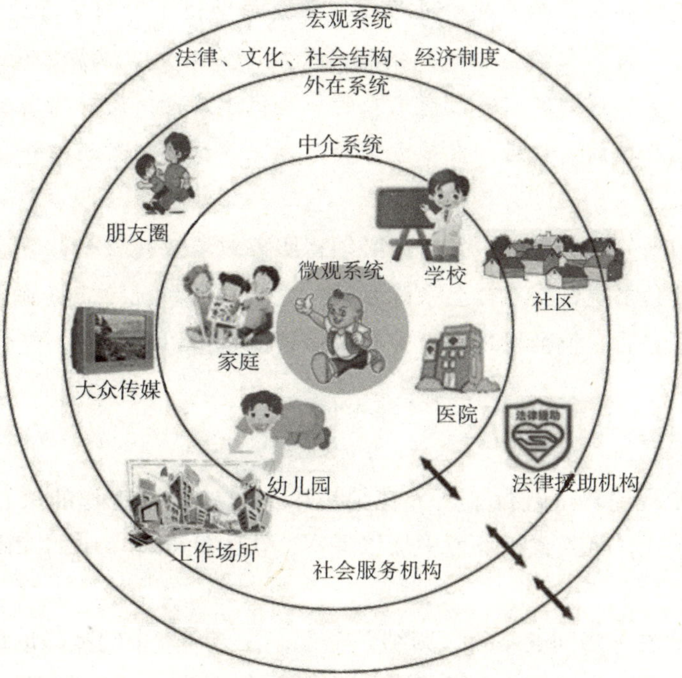

图2－2　个体社会生态系统图

（二）治疗技巧

生态系统理论下的社会工作任务是，协助人们使用和提升自己的能力以解决问题；建立人与资源系统之间的新的联系；协助或改善人与资源系统之间的互动；改善资源系统内的人与人之间的互动；协助建构和改变社会政策，提供实质性的帮助。

生态系统视角的干预初期，社会工作者应帮助服务对象陈述问题。任何问题都包括三个部分的陈述：有问题的社会境遇、问题境遇中的人以及这个境遇存在的问题。社会工作者帮助服务对象分析自身所处的系统，在与服务对象接触之后，分析与服务对象的相关系统，如家庭、社区建立联系，形成治疗的行动系统，这个系统可能是“服务对象＋社会工作者”“服务对象＋家庭＋社会工作者”“服务对象＋社会工作者＋其他机构”。

当建立干预目标之后，社会工作者与服务对象及其系统一起，帮助服务对象提升自身能力、应对环境压力，并动员服务对象的家庭及其他相关系统的力量，共同解决服务对象的困境。

案例2-6

王某下岗后，家庭关系开始恶化。孩子在学校表现不好，学习成绩下降，同学关系变得疏离，家庭生活出现危机。面对种种变化，王某一筹莫展，他把自己关在家里，不知道该怎么办。社会工作者在帮助王某的过程中，首先帮助他了解国家有关下岗工人的政策，了解街道和社区对下岗工人的具体照顾措施，并鼓励王某走出家庭，进入大的社会系统。走出家庭以后，王某了解到国家对下岗工人的一些优惠政策，同时街道和社区也为他提供了一些免费的再就业培训。最后，在多方努力下，王某找到了新的工作。

社会工作者为服务对象提供服务时，必须将服务对象放在整个社会系统中去看待。鼓励服务对象走进社会系统，并与社会系统互动，充分利用系统中的资源。如案例2-6中，服务对象走出家庭之后，就会发现社区中有很多资源是可以利用的，能够帮助自己解决所遇到的问题。

（三）治疗特点

（1）生态系统理论真正践行了“人在情境中”这一社会工作的核心理念，它摆脱了社会工作的医学模式，将人置于环境中加以考察，认为社会环境中的障碍是导致问题产生的重要因素。

（2）生态系统理论将问题不仅仅归结于个人，社会环境中的障碍也是导致个人发生困境的重要因素，因此社会工作者在帮助服务对象的时候，也不能将着眼点仅仅放在个人身上，要从个人所处的不同社会系统中分析和着手。

（3）服务对象与各个系统之间的关系是动态的，社会工作者必须不断地对服务对象与环境的关系做出新的判断，并把他们的问题放在不同层面的系统中去解决。

（四）社会工作者的角色

1. 教育者

让服务对象意识到其所面临的问题并非全是自身的，而是存在于人与环境的互动中，这就需要对服务对象进行一定的意识提升教育。

2. 促进者

社会工作者要推动服务对象走进社区、走进社会，重新审视生活环境，建立对生活的信心。

3. 中介者

社会工作者要洞察服务对象及其问题产生的系统层面，并在不同的系统中去寻找资源，以帮助服务对象改善与环境的互动。

三、社会支持理论

自从有了人类社会，人们之间的相互支持就已存在。支持作为一个基本概念对人们来说并不陌生。但是，社会支持（Social Support）作为一个科学的专业术语被正式提出来则在20世纪70年代。

美国20世纪70年代至80年代期间，社区支持计划（Community Support Program）得到了迅速发展。针对精神病患者离开治疗机构回归社区的要求，社会工作者帮助患者学习社交技巧和参与休闲活动，帮助他们真正回归社区。1987年，美国国家心理卫生组织强调患者要在社区网络中而非治疗机构中康复，其最终目标是使患者自然地回归社区。在这种形势下，社会支持理论得以发展。

（一）基本假设

社会支持网络是指一组个人之间的接触，通过这些接触，个人得以维持社会身份并且获得情绪支持、物质援助、服务和新的社会接触。依据社会支持理论的观点，一个人所拥有的社会支持网络越强大，就越能应对各种来自环境的挑战。个人所拥有的资源又可以分为个人资源和社会资源。个人资源包括个人的自我功能和应对能力，社会资源是指社会网络中的人所能提供的社会支持。社会工作者可以通过干预个人的社会网络来改变其在个人生活中的作用。

1. 社会支持与社会支持网络

社会支持是由社区、社会网络和亲密伙伴所提供的、感知的和实际的工具性或表达性支持。

工具性支持是指运用人际关系作为手段以实现某种目标，如找工作、借钱或帮忙照看孩子等；表达性支持既可以是手段也可以是目的，它涉及分享感受、发泄情绪和挫折、寻求对问题或议题的了解、肯定自己和他人的价值与尊严等。工具性支持包括引导、协助、有形支持与解决问题的行动等；表达性支持包括心理支持、情绪支持、自尊支持、情感支持和认可等。

社会支持网络就是一组由个人之间的接触所构成的关系网，通过这些接触（关系网），个人得以维持其身份，并获得情绪支持、物质援助、服务、讯息和新的社会接触等。

2. 影响社会支持程度的因素

社会工作者影响服务对象对社会支持因素的判断，是提供有效服务的一个重要前提。一般来说，影响个人社会支持程度的因素有三个方面，即发展因素、个人因素、环境因素。

（1）发展因素。从发展的观点来看，个人对关系的看法是由个人的内在特质和外在环境交互作用的结果。对关系的不同看法会直接影响着个人以后的关系的建立。从发展的观点来看社会支持，其关键问题在于过去的经验如何影响其今后的社会生活。从治疗的角度来看，则在于如何改变个人过去生活中的负面经验或弥补个人生活经验的不足，以改变个人生活中所出现的问题。比如，一个曾受过爱情伤害的人，可能对亲密关系表现出失望和害怕，这对他将来重新走入亲密关系是不利的，社会工作者需要帮助他认识上一段亲密关系所带来的影响和经验。

（2）个人因素。个人因素主要是指个人的人格因素对发展和使用社会支持的影响。一般来讲，低自尊对于建立关系是一个不利的因素，而高自尊可能获得较高的社会支持。一个对自我评价高的人，更容易被人们接受，因而可能获得更多的社会支持；社会性高者倾向于利用更多的社会资源以满足自己的要求，因此就可能建立更广泛的社会支持网络；而自主性高者则倾向于自己解决问题，利用社会资源网络的倾向不高。

（3）环境因素。在开放的社会环境中，个人更容易建立起社会支持网络，也更倾向于利用支持网络；而在封闭的社会生活环境中，个人对社会支持网络的利用就会相对减少。

总的来说，发展因素、个人因素以及环境因素对个人社会支持网络的形成有着重要的影响。而对于每个人社会支持网络的形成来说，这三个因素都会有不同的组合。因此，这就导致每个人的社会支持网络是不同的。另外，每个人对社会支持网络的利用也是不同的。因此，最终社会支持网络对于个人的意义是什么，还有赖于个人对社会支持网络的认知与运用。

（二）治疗技巧

社会支持网络理论的干预模式可以分成两个部分：一是对服务对象的社会支持网络进行评估；二是拟订具体的帮助计划，实施帮助。

1. 对服务对象的社会支持网络进行评估

社会支持网络评估包括结构和内容两个方面。社会支持网络的结构是指网络的组成，包括人数、网络中的人员类型（职业和领域）、网络中人们之间的距离等。社会支持网络的内容则是指网络所发挥的功能，大致可以分为工具性支持和表达性支持。

另外，评估又可以在个人和社区两个层面进行。个人层面的评估首先要确定网络所包括的人员的生活领域，以及彼此之间的关系，最重要的是这些人员对于服务对象的重要性的评估。社区层面的评估可以是针对具体某个服务对象所生活的社区进行评估，也可以是一般性地对社区内的社会支持网络进行评估。但是无论如何，主要是评估社区中有哪些正式与非正式的社会支持网络资源以及二者之间的关系和现有资源能够解决哪些问题。

2. 拟订具体的帮助计划，实施帮助

社会支持网络是个人生命过程的组成部分，每个人都拥有自己一定的社会支持网络。能够为服务对象提供帮助的社会支持网络通常可以分为两种：正式的社会支持网络（如政府、社会工作组织）和非正式的社会支持网络（亲属、朋友等）。社会工作服务作为一种正式的社会支持网络，其应该发挥两方面的作用：一方面是以其掌握的社会资源为服务对象提供直接的帮助，以满足服务对象比较紧迫的需求，也就是将服务对象引入社会网络；另一方面是帮助服务对象补足和扩展其非正式的社会支持网络，也就是帮助服务对象建立、扩大和利用好社会支持网络。

社会工作者可以协助服务对象完善自身的社会支持网络，如与家庭、亲戚、朋友、邻

里、同事和其他可能的援助者建立和维系关系，分析网络中存在的资源和提供协助的意愿，进而建立个人的支持系统；同时，如果服务对象的问题是一个特殊需求，也可以协助有共同需求的人建立互惠的支持网络，如戒酒互助小组网络、家暴支持网络等；此外，社会工作者也可以在社区中强化网络建设，将社区中的不同支持系统形成一个交互的社区支持网络，提升居民的生活质量。

（三）治疗特点

社会支持理论立足于“人在情境中”的假设，它可以为服务对象提供非常及时的帮助。

社会支持理论让社会工作者看到服务对象不仅有正式的社会支持网络，也有非正式的社会支持网络，非正式社会持网络可以弥补正式资源的不足，减低服务成本。

在运用社会支持网络时需要注意，社会支持网络本身也是工作的对象。专业人员不仅要对社会支持网络进行评估，更重要的是如何利用和改变社会支持网络，以使之能够帮助服务对象满足需要，解决问题。

（四）社会工作者的角色

1. 资源链接者

社会工作者引入相关的社会资源，将服务对象的需求与现存的资源有效链接，帮助服务对象解决实际问题。

2. 促进者

社会工作者推动服务对象建立和改善自身的社会支持网络，从网络规模、方向、资源分析等不同层面提供协助。

3. 服务提供者

社会工作者本身也是服务对象社会支持网络中的一部分，应为服务对象提供适当的直接服务。

四、增能理论

增能（empowerment）的思想在 19 世纪就已经存在。但是，社会工作真正进入“增能时代”是在 20 世纪 80 年代。在这个时期，增强权能的观点无论在理论上还是在社会工作实务中的影响都迅速扩大。这个时期社会工作强调尊重服务对象，帮助其增强能力，让他们自己对问题和需要做出判断，鼓励有相同处境的人建立互助团体，在团体中促进个体意识的觉醒，摆脱无力感，建立自尊心，共同推动社会公平与正义。

（一）基本假设

增能取向的社会工作认为，个人需求的不足和问题的出现是由于环境对个人的压迫造成的，社会工作者为服务对象提供帮助应该着重于增强受助者的权能，以对抗外在环境和优势群体的压迫。增能观点的基本假设有以下几点：

（1）个人的无力感是由于环境的排挤和压迫而产生的。社会中的弱势群体之所以会处于弱势地位，并非他们自身有缺陷，而是由于他们长期缺乏参与机会所导致。造成无力感的根源有三个：一是弱势群体的自我负向评价；二是弱势群体与外在环境互动过程中形成的负面经验；三是宏观环境的障碍使他们难以有效地在社会中行动。

（2）环境的障碍可以改变。社会环境中存在着直接和间接的障碍，使人无法发挥自己的能力，但是这种障碍是可以改变的。

（3）服务对象有解决问题的能力。每个人都不缺少能力，个人的能力是可以通过社会互动不断增强的。

（4）服务对象的能力不是社会工作者给予的。社会工作者的作用在于通过共同的活动帮助服务对象去除环境的压制和他们的无力感，使他们获得能力，并能正常发挥他们的社会功能。

（5）社会工作者与服务对象的关系是一种合作性的伙伴关系。社会工作者关注的焦点在于服务对象与环境之间是否能够实现有效互动，从而实现自我。

（二）治疗技巧

增强权能社会工作反对传统社会工作扮演施恩者的角色，认为重要的是帮助服务对象消除环境的障碍，鼓励服务对象自己确定自己的生活目标，帮助他们确立自信，增强能力。而如何增强权能，主要着手于以下四个方面：

1. 与服务对象建立伙伴关系

社会工作者要与服务对象建立平等的合作关系，并让服务对象意识到其自身才是解决问题的主体，社会工作者是他的合作伙伴。通过与服务对象合作而不是教育服务对象，不仅能更好的帮助服务对象摆脱困境，同时更能增强其解决问题的能力。

2. 协助服务对象学习解决问题的知识和技巧

服务对象可以解决自身的问题，他们需要学习一些知识和技巧，这需要由社会工作者提供一定的支持。但要注意社会工作者并不是教育者，只是在背后提供学习的支持者。

3. 挖掘服务对象潜能，提高其自信心

协助服务对象确认改变自己的工具掌握在自己手里，自己才是改变自己的关键所在。也就是要让服务对象意识到，自己有足够的资源和能力去应对当下的问题，即便问题无法立即解决，也是可以通过自身的探索和努力去改善的。

4. 改变无力感

服务对象常常不清楚自己的需要，在面临困难时常常都有无力感，甚至认命。这就需要社会工作者协助服务对象认识到自身的不足，同时看到这种无力感带来的消极影响，从而协助服务对象建立责任感，树立解决问题的信心。

（三）治疗特点

（1）服务对象是“缺乏能力”状态的人群。增能理论认为，服务对象面对问题时，不是无法面对，只是暂时性的不具备解决问题的能力。

（2）与服务对象建立协同平等的伙伴关系。这是增能理论非常重要的一个基本因素，因为只有在平等合作的基础上，服务对象才能不断提升自己的能力，并感受到增能过程的效果。

（3）重视服务对象的能力而非缺陷，视助人过程为分享能力的过程。因为通过分享，可以使服务对象获得更多的能力，在积极的互动过程中人们的能力才能不断增强。社会工作者不应将注意力放在服务对象的缺陷上，这会导致服务对象进一步的“失能”，把焦点放在增强服务对象的正向能力上，服务对象就可以慢慢克服自身的缺陷。

（4）维持人与环境这两个工作焦点。增能理论看到了服务对象个人的能力，但同时也将其放在社会环境中进行考察，认为人的“失能”很多时候是社会制度的不公正导致的，需要让服务对象认识到这一点。

（5）确认服务对象是积极的主体，社会工作者应告知其应有的权利、责任、需求及申诉渠道。

（四）社会工作者的角色

1. 合作者

社会工作者是服务对象的合作伙伴。

2. 顾问

社会工作者更像是服务对象的专业顾问，而非教育者和指导者，是服务对象的背后支持者。

第三节　社会工作者应了解的政策法规

法律、法规与政策为社会工作者开展服务提供了一个框架，社会工作者必须首先了解其服务领域的法律法规与相关政策，必要的时候，社会工作者也可以扮演政策倡导者的角色。本节主要介绍我国社会福利发展的基本政策、我国特定人群的基本政策和法规及我国特定领域的基本政策和法规。

一、我国社会福利领域的基本政策

（一）我国社会福利发展变化状况

广义的社会福利是指国家和社会为实现社会成员的福利状态所作的各种制度安排，狭义的社会福利是指国家通过物质和服务保障社会成员的基本生活。在我国当前阶段，社会福利是一个狭义的制度概念，它从属于社会保障制度体系，专指由民政部门主管的，以“扶老、助残、救孤、济困”为宗旨，为保障老年人、残疾人和孤残儿童等特殊群体的基本生活权益而提供的福利服务。

长期以来，我国社会福利由国家和集体包办，存在资金不足、福利机构少、服务水平较低等问题，难以满足人民群众对福利服务需求日益增长的需要。社会福利事业的改革与发展，已经引起党和政府及全社会的广泛关注。

（二）我国社会福利发展的基本方向

1. 社会福利由补缺型向适度普惠型转变

我国的传统社会福利制度实际是一种补缺型的救助制度。随着世界经济全球化、一体化进程的快速推进，以及我国经济、社会的飞速发展，补缺型的福利制度已经不适应我国的发展形势，更不利于社会矛盾的解决。中共中央第十六届六中全会作出“逐步建立覆盖城乡居民的社会保障体系”的战略决策，从补缺型福利向适度普惠型福利过渡成为我国社会福利发展的核心问题。

2. 社会福利社会化

为改变我国社会福利存在的问题，推动社会福利事业发展，2000 年 2 月 27 日，国务院下发了《国务院办公厅转发民政部等部门关于加快实现社会福利社会化意见的通知》，确定了社会福利社会化的发展方向，并指出：要立足我国社会主义初级阶段的基本国情，在供养方式上坚持以居家为基础、以社区为依托、以社会福利机构为补充的发展方向，探索出一条国家倡导资助、社会各方面力量积极兴办社会福利事业的新路子，建立与社会主义市场经济体制和社会发展相适应的社会福利事业管理体制和运行机制，促进社会福利事业健康有序地发展。

3. 法制化、专业化和标准化相结合

我国已经制定了《老年人权益保障法》《妇女权益保障法》《未成年人保护法》《残疾人保障法》等一系列的法律法规，围绕这些法律制定了一系列的实施办法来保障服务对象的权益，部分社会福利不仅仅限于特定人群享受，而是朝公众化方向发展。

在社会福利服务专业化方面，劳动和社会保障部已经出台了《社会工作者国家职业标准》，民政部会同原人事部于 2006 年发布了《社会工作者职业水平评价暂行规定》，开启了我国社会工作者职业化、专业化制度建设的进程，逐步提升服务人员的专业水平和服务能力。

民政部在 2008 年倡导成立了全国社会工作标准化技术委员会，目前正在展开社会工作服务标准化研究与建设，将对各分支社会工作领域分别出台对应的服务标准。截至 2016 年，民政部已经发布《社会工作者职业道德指引》《社会工作服务项目绩效评估指南》和《儿童社会工作服务指南》《老年社会工作服务指南》两个分支社会工作领域的服务标准。

二、我国社会工作发展的基本政策

（一）我国社会建设的政策法规

党的十六届六中全会及《中共中央关于构建社会主义和谐社会若干重大问题决定》指出，和谐社会的目标包括人民安康、社会安定、国家充满活力三个维度。党的十七大首次将社会建设纳入全面协调可持续发展的总体格局。党的十八大进一步确认社会建设的重要地位，提出经济建设、政治建设、文化建设、社会建设、生态文明建设五位一体的发展格局。

党的十八届三中全会及《中共中央关于全面深化改革若干重大问题的决定》提出要“加快形成科学有效的社会治理体制”的要求，从社会管理到社会治理，体现了执政党执政理念的进步。

（二）我国规范和促进社会工作发展的政策法规

我国启动社会工作立法的时间不长，最早的全国性社会工作政策，可以追溯到2003年《民政部办公厅关于加强社会工作队伍专业化建设的通知》。2004年《社会工作者国家职业标准》的出台，意味着我国正式承认了社会工作者这一职业。

2006年，《中共中央关于构建社会主义和谐社会若干重大问题的决定》第一次在中央文件中提出要构建一支“宏大的社会工作人才队伍”，充实公共服务和社会管理部门，配备社会工作专门人员，完善社会工作岗位设置，通过多种渠道吸纳社会工作人才，提高专业化社会服务水平。自此以后，社会工作开始走上快速发展的轨道。

2006年，民政部、人事部联合发布了《社会工作者职业水平评价暂行规定》《助理社会工作师、社会工作师职业水平考试实施办法》两个文件，社会工作者纳入全国专业技术人员职业资格证书体系。2008年，我国开展了第一次全国社会工作者职业水平考试。

2009年，民政部出台了《民政部关于促进民办社会工作机构发展的通知》，提出要通过5到10年努力，逐步使民办社会工作机构数量、结构、规模、服务和管理水平适应社会需要。

2010年中共中央、国务院发布的《国家中长期人才发展规划纲要（2010—2020年）》进一步将社会工作专业人才提升为与党政人才、企业经营管理人才、专业技术人才、高技能人才和农村实用人才相并列的第六支主体人才地位。

2011年，中央组织部、中央政法委、民政部等18个部委联合出台了《关于加强社会工作专业人才队伍建设的意见》《社会工作专业人才队伍建设中长期规划（2011－2020）》，提出到2015年社会工作专业人才总量增加到50万人，其中具有社会工作师职业水平证书或达到同等能力素质的中级社会工作专业人才达到5万人，具有高级社会工作师职业水平证书或达到同等能力素质的高级社会工作专业人才达到1万人。到2020年，社会工作专业人才总量增加到145万人，其中中级社会工作专业人才达到20万人、高级社会工作专业人才达到3万人。

在青少年社会工作服务领域，共青团中央、民政部等6部门于2014年出台了《关于加强青少年事务社会工作专业人才队伍建设的意见》。

为支持边远贫困地区、边疆民族地区和革命老区社会工作的发展，民政部于2012年出台《边远贫困地区、边疆民族地区和革命老区人才支持计划社会工作专业人才专项计划实施方案》，并于2013年开始在全国开始实施，首批派驻1000名社会工作专业人员到国家确定的中部和西部地区集中连片特殊困难地区覆盖的县、国家扶贫开发工作重点县和省级扶贫开发工作重点县以及新疆生产建设兵团困难团场提供专业服务，同时为这些困难地区培养500名社会工作专业人才。

为进一步推动社会工作服务的发展，2012年民政部、财政部共同出台了《关于政府购买社会工作服务的指导意见》，重点围绕城市流动人口、农村留守人员、困难群体、特殊人群和受灾群众的个性化、多样化社会服务需求，组织开展政府购买社会工作服务。

为发挥民办社会工作服务机构在吸纳使用社会工作专业人才，提供专业化、个性化社会工作服务，创新社会治理方面的重要作用，民政部于2014年签发《民政部关于进一步加快推进民办社会工作服务机构发展的意见》，提出到2020年，在全国发展8万家管理规范、服务专业、作用明显、公信力强的民办社会工作服务机构，有效承接政府社会服务职能，满足人民群众专业化、个性化的社会工作服务需求。

我国政府非常重视推动专业社会工作发展，2015年政府工作报告提出要“发展专业社会工作、志愿服务和慈善事业”，2016年政府工作报告进一步提出：“支持专业社会工作，志愿服务和慈善事业发展，完善社会信用体系，切实保障妇女、儿童、残疾人权益，加强对农村留守儿童和妇女老人的关爱服务，开展法治宣传教育，做好法律援助和社区矫正工作，完善国家网络安全保障体系，创新社会治安综合治理机制，增强人民群众的安全感，改进信访人民调解工作，有效化解矛盾纠纷，促进社会平安祥和。”

（三）重庆市社会工作发展相关的法律法规

1. 社会工作人才队伍建设方面的法律法规

重庆市委人才工作领导小组于2008年印发《重庆市基层人才队伍建设工程实施方案》，提出实施万名社会工作人才培养计划，规定了目标任务和主要措施。

2011年，重庆市民政局、重庆市人力资源和社会保障局联合印发了《关于印发〈重庆市社会工作员职业水平评价暂行规定〉和〈重庆市社会工作员职业水平考试实施办法〉的通知》，将社会工作员作为专技人才纳入全市职业水平评价制度的统一规划和管理，在全国率先实施社会工作员职业资格评价制度，该举措被中国社会工作协会评为“2012年度全国社会工作领域十大事件”。

2011年11月30日，中共重庆市委组织部、重庆市民政局联合印发《重庆市社会工作人才队伍建设中长期规划（2010—2020年）》，提出到2020年，全市社会工作人才总量达到13.3万人，其中社会工作专业人才达到1万人，高层次社会工作人才达到1000人，使社会工作人才队伍的数量、结构和素质能力适应构建社会主义和谐社会的要求，逐步满足人民群众日益增长的服务需求。

2012年2月14日，中共市委组织部、重庆市民政局等18部门印发《关于加强社会工作专业人才队伍建设的实施意见》，提出大力加强社会工作专业教育培训，积极推动社会工作专业岗位开发和专业人才使用，切实推进社会工作专业人才评价和激励。

2014年12月4日，重庆市民政局等14部门联合印发《重庆市加强青少年事务社会工作专业人才队伍建设的实施意见》，对建立健全重庆市青少年事务社会工作服务体系和网络，打造高素质的青少年事务社会工作专业人才队伍进行了明确。

2015年5月28日重庆市四届人大常委会第18次会议通过《重庆志愿服务条例》，从志愿者、志愿服务组织、志愿服务活动、保障和激励、法律责任等方面对志愿服务进行了规范。

2. 社会工作相关服务领域的政策法规

2015年1月，重庆市民政局联合中共重庆市委组织部，市财政局共同印发《关于加快推进社区社会工作服务的实施意见》，提出加快推进社区社会工作服务，将社区社会工作纳入社区建设的重要内容，实现社会工作与社区建设的融合发展。

2015年6月，重庆市司法局印发《重庆市社区矫正社会工作者管理办法（试行）》，于同年招录千名社区矫正社会工作者。

2015年7月，重庆市民政局、重庆市财政局联合印发《关于转发民政部、财政部〈关于加快推进社会救助领域社会工作发展的意见〉的通知》，要求各区县将社会救助社会工作纳入政府购买服务范围，逐步加大政府投入力度，在推进专业人才教育培训、完善专业服务机制、强化专业服务评估等方面加强调查研究，结合实际贯彻执行。

三、我国特定人群的法规与政策

社会工作常常面对社会中的特殊人群，尤其是弱势人群，向他们提供专门的服务。在这些领域中，国家和政府也制定了相关的法规与政策，其中主要包括针对老年人、妇女、未成年人和残疾人的法规与政策。这些法规与政策的目标，一是规定这些群体的权益保护，二是向他们提供专门的社会福利服务。

（一）老年人合法权益保障的法律法规与政策

我国《宪法》《婚姻法》《民法》《刑法》《劳动法》《继承法》中都有对老年人尊重、赡养、保护的条款。1996年颁布的《老年人权益保障法》对老年人的赡养与扶养、社会保障、参与社会发展及侵害老年人权益的法律责任等，作出了明确的规定。

老年人权益保障的目标是：国家和社会应当采取措施，健全对老年人的社会保障制度，逐步改善保障老年人生活、健康及参与社会发展的条件，实现老有所养、老有所医、老有所学、老有所为、老有所乐。

《老年人权益保障法》规定老年人享有的权益主要有：

（1）获得家庭赡养与扶养的权利。

（2）获得社会保障的权利。包括生活保障权、健康权、文化教育权及享受生活照料的权利。

（3）获得社会服务的权利。

（4）获得社会优待的权利。

（5）获得宜居环境的权利。

（6）参与社会发展的权利。

老年人合法权益保障的方式包括政府部门保护、司法保护和社会组织保护。

（二）妇女合法权益保障的法律法规与政策

我国政府十分重视对妇女权益的保障，实行男女平等的基本政策。先后颁布了一系列政策法规，形成了以《宪法》为基础，以《妇女权益保障法》为主体，包括《刑法》《婚姻法》《继承法》《劳动法》《母婴保健法》《女职工劳动保护规定》《人口与计划生育法》在内的比较完善的保护妇女权益和促进男女平等的政策法规体系。

《妇女权益保障法》规定，国家保障妇女享有与男子平等的政治权、文化教育权、劳动权、财产权、人身权和婚姻家庭权利六项权利。

（三）未成年人合法权益保障的法律法规与政策

我国规定未满18岁的人即为未成年人。我国政府十分重视对未成年人权益的保障，先后颁布了一系列政策法规，形成了以《宪法》为基础，以《未成年人保护法》《预防未成年人犯罪法》《关于加强孤儿救助工作的意见》为主体的完善的保护未成年人权益的政策法规体系。

《未成年人保护法》明确规定，未成年人享有生存权、发展权、受保护权和参与权，国家有责任根据未成年人身心发展特点给予特殊、优先保护，保障未成年人的合法权益不受侵犯。未成年人合法权益的保障方式有家庭保护、学校保护、社会保护和司法保护几个方面。

此外，针对14岁以下的儿童，国务院于2012年印发《中国儿童发展纲要（2011—2020年）》，提出儿童发展的原则包括依法保护原则、儿童优先原则、儿童最大利益原则、儿童平等发展原则和儿童参与原则；从儿童与健康、儿童与教育、儿童与福利、儿童与社会环境、儿童与法律保护五个领域提出了儿童发展的主要目标和策略措施。

（四）残疾人合法权益保障的法律法规与政策

为保障残疾人的合法权益，国家专门制定了《残疾人保障法》《残疾人教育条例》《残疾人就业条例》，明确规定了残疾人在政治、经济、文化、社会和家庭生活等方面享有同其他公民平等的权利。残疾人的合法权益主要包括：康复权、教育权、劳动权、文化生活权、社会福利权、环境友好权。

2010年国务院办公厅转发了中国残联等部门和单位《关于加快推进残疾人社会保障体系和服务体系建设指导意见》，提出到2020年，残疾人“两个体系”更加完备，保障水平和服务能力大幅度提高，残疾人都能得到基本公共服务，实现残疾人人人享有基本生活保障，人人享有基本医疗保障和康复服务，残疾儿童少年全面普及义务教育，残疾人文化教育水平明显提高，就业更加充分，参与社会更加广泛，普遍达到小康水平。

四、我国特定领域的法规与政策

表2-1 我国特定领域的政策法规

编号	领域	主要涉及的法律法规
1	社会救助	《社会救助暂行办法》《城市居民最低生活保障条例》《关于在全国建立农村最低生活保障制度的通知》《自然灾害救助条例》等
2	婚姻家庭	《婚姻法》《反家庭暴力法》《继承法》等
3	人民调解、信访和突发事件应对	《人民调解法》《信访条例》《中华人民共和国突发事件应对法》等
4	社区矫正、禁毒、治安管理	《关于开展社区矫正试点工作的通知》《关于全面推进社区矫正工作的意见》《禁毒法》《治安管理法》等
5	烈士褒扬和优抚安置	《烈士褒扬条例》《军人抚恤优待条例》《工伤保险条例》《革命烈士纪念建筑物管理保护办法》《军队离休退休干部服务管理办法》等
6	城乡基层群众自治和社区建设	《村民委员会组织法》《城市居民委员会组织法》《关于加快推进和谐社区社会工作服务的意见》《关于志愿服务制度化的意见》等
7	公益慈善事业和志愿服务	《慈善法》《公益事业捐赠法》《中国注册志愿者管理办法》《志愿服务信息系统基本规范》等
8	社会组织	《社会团体登记管理条例》《社会服务机构登记管理条例》（征求意见中）、《基金会管理条例》《基金会年度检查办法》等
9	劳动就业和劳动关系	《就业促进法》《劳动法》《劳动合同法》《劳动争议调解仲裁法》等
10	健康与计划生育	《食品安全法》《关于促进基本公共卫生服务均等化的意见》《艾滋病防治条例》《中共中央国务院关于深化医药卫生体制改革的意见》《国务院关于发展城市社区卫生服务的指导意见》《人口与计划生育法》《流动人口计划生育工作条例》等
11	社会保险	《社会保险法》《失业保险条例》《工伤保险条例》《国务院关于开展新型农村社会养老保险试点的指导意见》《国务院关于开展城镇居民基本医疗保险试点的指导意见》等

本节重点选择社会救助、婚姻家庭、社区建设等几个领域进行介绍。

（一）社会救助法律法规与政策

社会救助是社会工作的主要领域之一。社会救助是指公民因各种原因（自然、社会或个人原因）造成生活困难，由政府和社会对其提供基本物质生活保障的救助制度。根据2014年国务院公布的《社会救助暂行办法》，社会救助的类型可分为最低生活保障、特困人员供养、受灾人员救助、医疗救助、教育救助、住房救助、就业救助、临时救助、法律援助几大类。

社会救助制度的目的是保障公民基本生活，促进社会公平，维护社会稳定；社会救助制度坚持托底线、救急难、可持续，与其他社会保障制度相衔接，社会救助水平与经济社会发展水平相适应，遵循公开、公平、公正、及时的原则。

1. 城乡居民最低生活保障的法律法规与政策

最低生活保障制度，是社会保障体系中社会救助制度的一个组成部分，被喻为维护社会稳定、保障人民基本生活的最后一道“防护网”。这项制度采取普遍性的全面保障原则，应保尽保，不需要个人承担任何的缴费义务，保障的是公民基本的生存权利。

为规范最低生活保障制度，国务院于1999年颁布实施了《城市居民最低生活保障条例》，于2007年发布《关于在全国建立农村最低生活保障制度的通知》，分别对城市和农村最低生活保障金的申请、审批、发放做出了规定。

2. 特困人员供养

国家对无劳动能力、无生活来源且无法定赡养、抚养、扶养义务人，或者其法定赡养、抚养、扶养义务人无赡养、抚养、扶养能力的老年人、残疾人以及未满16周岁的未成年人，给予特困人员供养。特困人员供养的内容包括：提供基本生活条件、对生活不能自理的给予照料、提供疾病治疗、办理丧葬事宜。特困供养人员可以在当地的供养服务机构集中供养，也可以在家分散供养。

3. 城乡医疗救助的法律法规与政策

城乡医疗救助是我国专项社会救助的重要内容之一。所谓医疗救助，是指政府和社会对贫困人口患病而无经济能力进行治疗的人实施专项帮助和支持的行为。2003年我国提出了《关于实施农村医疗救助的意见》，农村医疗救助的对象主要是农村贫困户家庭成员和地方政府规定的其他符合条件的农村贫困居民，救助形式包括新型农村合作医疗、大病医疗费用补助和特种传染病救治费用补助。

2005年，国务院办公厅转发了民政部、卫生部、劳动保障部、财政部《关于建立城市医疗救助制度试点工作的意见》，规定城市医疗救助的对象有两类：一是低保群体中未参加城镇职工基本医疗保险的人员，二是已经参加城镇职工基本医疗保险单个人负担仍然较重的人员和其他特殊困难群众。

2009年，民政部、财政部、卫生部、人力资源和社会保障部发布《关于进一步完善城乡医疗救助制度的意见》，提出进一步完善医疗救助制度，筑牢医疗保障底线的目标，计划用三年左右的时间，在全国基本建立起资金来源稳定，管理运行规范、救助效果明显，能够为困难群众提供方便、快捷服务的医疗救助制度。

4. 城镇住房救助的法律法规与政策

为促进廉租住房制度建设、逐步解决城市低收入家庭的住房困难，在2003年六部委颁布实施的《城镇最低收入家庭廉租住房管理办法》基础上，2007年，建设部、发展改革委、民政部、财政部等9部委联合签署了《廉租住房保障办法》，并于2007年12月1日起施行。新的廉租房政策更好的保障了城市最低收入家庭的住房水平。

5. 法律援助的法律法规与政策

法律援助是我国专项救助的又一项重要内容。所谓法律援助是指为了保障经济困难公民获得必要的法律服务，政府提供给他们的法律咨询、代理、刑事辩护等无偿法律服务。为了保障经济困难的公民获得必要的法律服务，促进和规范法律援助工作，我国于2003年颁布实施了《法律援助条例》，对法律援助的有关事项作出了规定。

6. 流浪乞讨人员救助的法律法规与政策

为了对流浪乞讨人员实施救助，保证其基本生活权益，完善社会救助制度，我国在2003年颁布实施了《城市生活无着的流浪乞讨人员救助管理办法》，并同时颁布了《城市生活无着的流浪乞讨人员救助管理办法实施细则》。

《城市生活无着的流浪乞讨人员救助管理办法》规定，在城市生活无着的流浪乞讨人员，县级及以上的政府设立救助站，对流浪乞讨人员进行临时救助。救助站主要提供以下救助服务：一是提供符合食品卫生要求的食物；二是提供符合基本条件的住处；三是对在站内突发急病的，及时送医院救治；四是帮助与其亲属或者所在单位联系；五是对没有交通费返回其住所地或者所在单位的，提供乘车凭证。

7. 自然灾害救助的法律法规与政策

自然灾害救助是一种临时救助。自然灾害是指给人类生存带来危害或损害人类生活环境的自然现象，包括洪涝、干旱灾害，台风，冰雹、雪、沙尘暴等灾害，火山、地震灾害，山体崩塌、滑坡、泥石流等自然灾害，风暴潮、海啸等海洋灾害，森林草原火灾和重大生物灾害等自然灾害。为了建立健全应对突发重大自然灾害紧急救助体系和运行机制，规范紧急救助行为，提高紧急救助能力，迅速、有序、高效地实施紧急救助，最大限度地减少人民群众的生命和财产损失，维护灾区的社会稳定，国务院于2006年发布了《国家自然灾害救助应急预案》。

（二）婚姻家庭的法律法规与政策

帮助人们协调婚姻家庭关系，解决婚姻家庭中的各种问题是社会工作的主要内容之一。在此方面社会工作者要依据的法规与政策包括规范婚姻家庭关系的法规、有关私有财产继承和收养关系等方面的法规和政策。

1. 婚姻家庭关系的法律法规与政策

1950年5月1日公布施行的《婚姻法》是新中国颁布的第一部法律。内容以调整婚姻关系为主，同时涉及家庭关系方面的各种重要问题。1980 年，第五届全国人大第三次会议通过新的《婚姻法》，自 1981 年 1 月 1 日起施行，原婚姻法自新法施行之日起废止。2001 年 4 月 28 日九届全国人大常委会第 21 次会议通过对《婚姻法》的修订，新修订的婚姻法同日起施行。2011 年 8 月 12 日，最高人民法院发布婚姻法最新司法解释。

我国《婚姻法》规定，我国实行婚姻自由、一夫一妻、男女平等的婚姻制度；禁止包办、买卖婚姻和其他干涉婚姻自由的行为；禁止借婚姻索取财物；禁止重婚；禁止有配偶者与他人同居；禁止家庭暴力；禁止家庭成员间的虐待和遗弃。

2. 收养关系的法律法规与政策

收养是指公民依照法律规定的条件和程序领养他人子女为自己子女，从而使原本没有父母子女关系的当事人之间，产生法律拟制的父母子女关系的民事法律行为，除结婚之外，收养也是形成家庭关系的重要方式。我国的《收养法》对收养行为和收养关系作了明确的法律规定。

3. 私有财产继承的法律法规与政策

继承，也称财产继承，是指公民死亡时，其法律规定范围内的近亲属，按照死者生前所立的有效遗嘱，或者依照法律的规定，依法取得死者遗留的个人合法财产的法律制度。根据继承人继承遗产的方式，可分为法定继承和遗嘱继承。

4. 救助措施的规定

（1）家庭暴力的救助。实施家庭暴力或虐待家庭成员，受害人有权提出请求，居民委员会、村民委员会以及所在单位应予以劝阻、调解；公安机关应当予以制止；依照治安管理处罚的法律规定予以行政处罚。

（2）对被遗弃的家庭成员的救助。受害人有权提出请求，居民委员会、村民委员会以及所在单位应予以劝阻、调解；人民法院应当依法作出支付扶养费、抚养费、赡养费的判决。

（三）优抚安置的法律法规与政策

优抚安置是对中国革命和建设做出牺牲、贡献的军人及其家属为主要对象进行的优待、抚恤、褒扬和退役安置等工作。新中国成立之后，我国逐渐建立了较为完备的优抚安置法律法规体系，目前施行的法律法规和政策性文件主要有：《兵役法》（1998 年颁布，2011 年修订）、《革命烈士褒扬条例》（1980 年）、《军人优恤优待条例》（2004 年）、《伤残抚恤管理办法》（2007 年）、《退伍义务兵安置条例》（1987 年）、《中国人民解放军士官退出现役安置暂行办法》（1999 年）等。

（四）社区建设的法律法规与政策

社区是社会工作的主要场所之一，促进社区建设、做好社区服务是我国社区社会工作的主要任务。社区建设的法规与政策包括居民自治、村民自治和城市社区建设等方面的法规与政策。

1. 城乡居民自治法律法规与政策

基层群众自治是我国民主政治制度的重要组成部分，也是今后基层的发展方向。城乡基层群众自治法律法规与政策，包括宪法、法律和地方性法规。其中《居民委员会组织法》是关于城市居民自治的专门法律，是推进居民自治的直接依据。《村民委员会组织法》以及地方实施办法是农村村民自治的法律法规。

基层群众自治包括民主选举、民主决策、民主管理、民主监督等四个方面。这是社会管理的体制创新，也是城乡社区建设的内在要求，有利于扩大公民有序的政治参与，加强基层民主政治建设。

2. 城市社区建设与服务的法律法规与政策

社区建设是社会建设基础，也是社会建设的重要内容，是构建社会主义和谐社会的主要途径之一。城市社区建设的目标是管理有序、服务完善、文明祥和。社区服务是政府和社区居民委员会为社区成员提供的公共服务和其他物质、文化、生活服务。我国要求逐步建立覆盖社区全体成员、服务主体多元、服务功能完善、服务质量和管理水平较高的社区服务体系。

近年来，国家对城市社区建设和社区服务提出了一系列重要规定和要求，包括《民政部关于在全国推进城市社区建设的意见》《关于加强和改进社区服务工作的意见》等。

（五）民间组织发展的法律法规与政策

民间组织越来越成为我国公共管理和社会服务体系中的重要力量，同时也是社会工作的主要场所。我国制定了规范和促进民间组织发展的法规与政策，包括对社会团体、社会服务机构和基金会的法规与政策。熟悉这些法规与政策对于社会工作者来说具有重要的意义。

1. 社会团体管理法律法规与政策

社会团体是指公民自愿组成，为实现会员共同意愿，按照其章程开展活动的非营利性社会组织。为了适应改革开放后社会团体健康发展的需要，促进社会团体加强内部管理、完善各项规章制度，规范社会团体的行为，使社会团体的管理有章可循、有法可依，国务院于 1998 年 10 月 25 日发布了《社会团体登记管理条例》。

2. 社会服务机构管理法律法规与政策

2016 年通过的《中华人民共和国慈善法》将慈善组织分为社会团体、基金会和社会服务机构，随后，民政部启动《社会服务机构登记管理条例》（原《民办非企业单位登记管理暂行条例》）的修订，社会服务机构是自然人、法人或者其他组织为了提供社会服务，主要利用非国有资产设立的非营利性法人。

3. 基金会法律法规与政策

基金会，是指利用自然人、法人或者其他组织捐赠的财产，以从事公益事业为目的的非营利性法人。为了规范基金会的组织和活动，维护基金会、捐赠人和受益人的合法权益，促进社会力量参与公益事业，国务院于 2004 年颁布了《基金会管理条例》。

（六）劳动就业的法律法规与政策

促进就业和维护劳动者权益是社会工作的又一主要任务。为此，社会工作者（尤其是企业社会工作者）应该熟悉国家和政府制定的促进就业、保护劳动者权益、协调劳资关系和处理劳动争议等方面的法规与政策。

1. 促进就业的法律法规与政策

从总体上看，我国的劳动力市场在相当长的时间内，都处于供大于求的状态，为此，第十届全国人大常委会于2007年8月30日通过《就业促进法》，就我国的就业方针政策、就业服务和就业援助等方面作出了规定。

2. 劳动合同的规定

劳动合同是确定双方当事人存在劳动法律关系的一种法律形式，是维护劳动合同双方当事人合法权益的重要法律保障。《劳动法》对劳动合同法律制度作了专门规定，2008年1月1日生效的《劳动合同法》对劳动合同的种类和内容，劳动合同的订立、履行、变更和终止，劳动合同的法律效力等方面作出了详细的规定。

3. 劳动争议处理

劳动争议也称劳动纠纷。1987年7月国务院发布《国营企业劳动争议处理暂行规定》，1993年7月国务院发布《劳动争议处理条例》把所有企业的劳动争议纳入调整范围，1994年出台的《劳动法》也把劳动争议单独列为一章。2007年12月，第十届全国人大常委会通过《劳动争议调解仲裁法》，该法对劳动争议处理的原则、范围、申请和受理、开庭和裁决等作了详细的规定。

4. 劳动保障监察

为了贯彻实施劳动和社会保障法律法规和规章，规范劳动保障监察工作，维护劳动者的合法权益，2004年10月26日，国务院通过《劳动保障监察条例》，就劳动保障监察的对象、主体及其职责、劳动保障监察的实施内容作了明确的规定。

（七）医疗卫生法律法规与政策

在当代社会中，提高健康水平是民众普遍关心的重大问题，也是社会工作者服务的主要领域。在此领域中，国家和政府制定了公共卫生、医疗服务和医疗保障等方面的法规与政策。同时，我国的计划生育也需要社会工作者的参与，因此社会工作者也应该熟悉计划生育方面的法规与政策。

1. 公共卫生法律法规与政策

公共卫生是一项重要的公共政策，必须得到政府的强有力的领导和相关的法律法规保障。为此，我国制定了各种医疗卫生法规和政策，包括《传染病防治法》《母婴保健法》《职业病防治法》《艾滋病防治条例》《突发公共卫生事件应急条例》等法律法规，以及《中共中央国务院关于深化医疗卫生体制改革的意见》《国务院关于印发医疗卫生体制改革近期重点实施方案（2009—2011）的通知》《关于促进基本公共卫生服务逐步均等化的意见》等政策法规。

2. 城市社区卫生服务法规与政策

1996 年 12 月召开的全国卫生工作会议通过了《中共中央、国务院关于卫生改革和发展的决定》，标志着我国把发展社区卫生服务作为转变城市卫生服务模式的主要方式。1999 年 7 月，卫生部等 10 部委印发了《关于发展城市社区卫生服务的若干意见》，明确了我国社区卫生服务的基本概念、总体目标和基本框架。2000 年 2 月，国务院体改办等 8 部委发布的《关于城镇医药卫生体制改革的指导意见》明确要求，建立健全社区卫生服务和大中型医疗卫生机构分工合理、相互协作的二级卫生服务体系，奠定了社区卫生服务在新型卫生服务体系中的基础性地位。2002 年 8 月卫生部等 11 部委印发了《关于加快发展城市社区卫生服务的意见》，2006 年 2 月国务院发布了《国务院关于发展城市社区卫生服务的指导意见》，为今后我国城市社区卫生服务体系的建设提出了具体要求。

（八）社会保险法律法规与政策

社会保险法是指国家通过立法设立社会保险基金，使劳动者在暂时或永久丧失劳动能力以及失业时获得物质帮助和补偿的一种社会保障制度。我国的《社会保险法》于 2011 年 7 月 1 日正式施行。

《社会保险法》体现激励和引导原则，坚持权利与义务相适应，把缴费型的社会保险作为社会保障的核心制度。《社会保险法》确立了中国社会保险体系建设的总体框架、基本原则和基本制度。

1. 总体框架

《社会保险法》规定我国的社会保险体系包括基本养老保险、基本医疗保险、工伤保险、失业保险、生育保险等社会保险制度。2016 年人社部下发《关于阶段性降低社会保险费率的通知》，将生育保险并入基本医疗保险，待国务院制定出台相关规定后统一组织实施。

2. 基本原则

城乡各类劳动者和居民分别纳入相应的社会保险制度，努力实现制度无缺失、覆盖无遗漏、衔接无缝隙，使全体人民在养老、医疗等方面有基本保障，无后顾之忧。

3. 基本制度

《社会保险法》规定了社会保险制度的筹资渠道、各项社会保险的待遇项目和享受条件，完善了社会保险费征缴制度，规定了社会保险基金管理制度和社会保险监督制度，明确了相关单位、个人的法律责任，使中国社会保险制度发展全面进入法制化轨道。

（九）其他方面的法律法规与政策

围绕着调解邻里矛盾、解决社会问题、纠正偏差行为和化解社会矛盾而展开的工作，这也是我国社会工作者发挥作用的主要领域之一。在这些领域中，政府也制定了相应的法规与政策。

1. 人民调解法律法规与政策

人民调解制度既是人民群众实现自我管理、自我约束和自我服务的一项民主制度，也是化解社会矛盾和维护社会稳定的一项法律制度。

我国的人民调解制度在新民主主义革命时期已经奠定了基础。1954 年政务院颁布《人民调解委员会暂行组织通则》，标志着新中国人民调解制度的正式确立。1982 年颁行的《宪法》第一次规定了人民调解的地位和作用。1982 年颁布的《民事诉讼法（试行）》和 1991 年颁行的《民事诉讼法》都对人民调解做出了规定。目前我国人民调解的主要政策法规依据是 1989 年颁布的《人民调解委员会组织条例》。

2. 社区矫正法律法规与政策

我国社区矫正制度始于 20 世纪 50 年代。20 世纪 50 年代中期起，我国相继建立了青少年矫正制度，通过建立少年犯管教所、工读学校等机构，以及假释制度，依靠社会各方面力量帮助、教育违法或有轻微犯罪行为的青少年改过自新。1979 年颁布的《刑法》确定了社区矫正的范围、对象、考察内容与执行机关。为了适应政治经济社会及文化的发展要求，2003 年我国颁布了《最高人民法院、最高人民检察院、公安部、司法部关于开展社区矫正试点工作的通知》，对社区矫正的性质、适用范围、工作任务、部门职责、工作要求等作出规定。

适用社区矫正的重点对象包括：被判处管制、宣告缓刑、暂予监外执行、裁定假释、剥夺政治权利并在社会上服刑的。

第四节　社会工作者应掌握的具体技术

社会工作者在开展服务前，要了解服务对象的需求，评估服务对象的状况和处境，这就需要用到社会调查的技术；在了解服务对象的需求和所面临的困境后，社会工作者要与服务对象一起制订服务计划，而计划通常以项目的形式开展，因此项目策划也是社会工作者需要掌握的技术；在为服务对象提供服务的过程中，需要不断地确认服务对象的需求和问题状况，并提供各种介入，沟通和会谈是了解需求和问题的重要方式，因此社会工作者也需要掌握沟通与会谈的技术；服务和项目结束后，对服务效果需要进行评估和反思，这就又需要掌握项目评估的技术与方法。

一、社会工作调查方法

（一）什么是社会调查

在社会工作实务中，社会工作者常会用到调查研究的方法和技术，如在需求评估和成效评估等环节中。社会调查是人们有目的有意识地通过对社会现象的考察、了解、分析和研究来认识社会生活的本质及其发展规律的一种自觉活动。

社会调查的特征在于：它是自觉性的认识活动；是有目的有计划的系统认识活动；是直接的认识活动，需要调查者深入一线，获取第一手资料进行分析；是一整套科学的方法体系，包括资料收集方法、抽样方法、统计分析方法、思维加工方法等。在社会工作的实务活动中，问题发现、需求评估、过程评估、结果评估都有社会调查的踪迹，因此，社会调查与社会工作是密不可分的，掌握社会调查的技术对社会工作者而言是实务中一个有效的工具。

社会调查研究可分为普遍调查和抽样调查。

普遍调查，简称普查，也称为整体调查或全面调查，是指对构成总体的所有个体无一例外地逐个进行调查。一般说来，其规模较大，属于宏观的调查。如我国每隔十年开展一次的人口普查。

抽样调查就是从所研究的总体中，按照一定的方式选取一部分个体进行调查，并将调查结果推广到总体中去。简言之，就是调查部分以反映整体，这就是抽样调查的基本思想和逻辑。

（二）社会调查的一般程序

作为一种系统、科学的认识活动，社会调查研究遵循着一定的程序，从大的方面看，可以将社会调查研究的过程分为选题阶段、准备阶段、资料收集阶段、资料处理与分析阶段、结果解释与撰写调查报告五个阶段。

1. 选题阶段

调查问题的选择是一项社会调查活动的起点，是整个调查工作的第一步，并不是一件简单的事情，选题适当与否，决定着整个社会调查项目的好坏，也在一定程度上决定着调查能否顺利完成。因此，社会工作者在进行社会调查时，应当高度重对视调查问题的选择。选题阶段的主要任务包括两个方面：一是从现实社会所存在的大量的现象和问题中，找出一个有价值的并且可行的调查问题；二是将比较含糊、笼统、宽泛的调查问题具体化和精确化，明确调查问题的范围。

选题的途径和方法主要有三种：

（1）社会现象给予的启示。社会工作本来就根植于现实社会生活，社会中的各种现象均能为社会调查提供大量的选择空间。比如，有社会工作者发现城市中存在大量的流浪乞讨人员，于是选择了“当前我国社会乞讨现象的调查与思考”方面的选题。

（2）调查研究者个人经历给予的启示。每个人都具有特定的人生经历，它能为我们观察现实世界、观察社会生活提供特定的视角，因此我们在社会生活中的各种经历、体验、观察、感受常常是调查课题的最初来源。比如，离异家庭长大的社会工作者，由于成长经历对单亲家庭子女的需求和问题往往更加关注，从而也更倾向于选择“单亲家庭子女成长问题调查研究”方面的选题。

（3）现有文献给予的提示。现有文献包括学术著作、教科书、报刊等等，在阅读时若我们带着审视的、提问的、评论的眼光或进行广泛的联想，常常能从文献中产生一些想法和灵感，从而找到值得调查的选题。比如，看到《“被忽视型”儿童同伴关系改善的实践研究》这篇文章时，有人会提出“被忽视型”儿童的其他方面（如家庭关系）可否加以研究，也有人会联想到其他类型儿童的同伴关系有何不同。

值得注意的是，在实际生活中，调查问题的选择不单是某一种来源的产物，而是不同来源共同作用的结果。并且，在选题时一定要切合实际，与自身具备的资源状况相匹配，切勿过大。比如“中国养老问题调查”这样的选题太过宽泛，对普通的研究者来说较难操作。

2. 准备阶段

准备阶段是为实现调查目标而进行的调查设计和工具准备。调查设计主要包括从思路、策略到方式、方法和具体技术的各个方面为调查所做的准备。工具准备主要包括调查所依赖的测量工具或信息收集工具的准备。准备阶段的具体工作主要包括调查方案的设计、调查问卷或访谈提纲的设计、人力财力物力的准备等几个方面。

（1）调查方案的设计。调查方案的设计需要说明几个方面的内容：一是调查研究的目的和意义，也就是为什么要做这项调查；二是调查研究的内容及理论假设，也就是这项调查到底要研究什么内容；三是调查研究的抽样方案，其中抽样就是选取调查对象的过程，分为概率抽样和非概率抽样。

概率抽样，是依据概率论的基本原理，按照随机原则而进行的抽样，它能避免抽样过程中的人为误差，保证样本的代表性。概率抽样的方法主要有简单随机抽样、等距抽样、分层抽样、整群抽样、多段抽样等。其中简单随机抽样是最简单的一种概率抽样方法，抓阄就是它的一种形式。比如一次调查的对象总共有100个人，要从中抽选10人接受调查，可以将这100人进行编号，形成一个号码框（假设是1～100），然后在这个号码框中随机抽取10个数，找到对应的人进行调查即可。

非概率抽样，是不按照概率的均等原则，而是根据调查者的主观意愿来抽取样本的过程。这种抽样方法所抽取的样本代表性较小，误差无法估计，因此正式调查中运用较少。非概率抽样常用的有偶遇抽样、判断抽样、定额抽样和滚雪球抽样。其中偶遇抽样是最简单的非概率抽样，街头随机走访就是它的实施方式。

比较以上两种抽样方式，为保证样本的代表性，我们建议多采用概率抽样。但在抽样方案中，除抽样方式的选取外，还需注意如下内容：第一，确定资料的收集方法。资料的收集方法分为自填问卷法和结构访问法两大类。第二，确定调查研究的人员、组织结构及培训安排，调查开始前需进行调查员的招募、筛选、组织管理办法的制定、人员的分工及培训等。第三，确定调查的时间进度和经费使用计划。

（2）调查问卷的设计。调查问卷一般由封面信、指导语、问题及答案、编码等构成。

封面信是致被调查者的短信，包括四个方面的内容。一是说明调查者的身份，即“我是谁”；二是说明调查的大致内容，即“调查什么”；三是说明调查的主要目的，即“为什么要调查”；四是说明调查对象的选取方法和对调查结果保密的措施。

指导语是关于问卷应如何填答的说明。

问题及答案是整个问卷的主体。问卷中的问题可分为开放式问题和封闭式问题，开放式问题一般只提问不给答案，由填答者自行填写，这类问题所得资料信息丰富，但难于编码整理；封闭式问题是在提出问题的同时，还给出若干答案要求回答者选择，分为填空式、单选式、多选式、矩阵式和表格式等，这类问题填答方便，资料易于统计分析，但缺乏被调查者的自发性和表现力。调查问卷中一般以封闭式问题为主，开放式问题为辅。

编码是调查者为了方便将问卷所收集信息转换成数字录入计算机，而赋予每一个问题和答案的一个代码。如案例 2－7 所示。

案例 2－7

生育意愿调查问卷（节选）

居民生育意愿调查问卷

问卷编号：□□□□□
调查员签名：________

尊敬的居民：

您好！

结婚、生育、养老均是每个人和每个家庭的大事，同时也是关系到全社会的大事。随着经济、社会的发展和人们生活水平的提高，婚姻、生育、养老以及全部家庭生活，将朝着科学化、健康化、法制化方向发展。

此次调查主要是了解居民的生育、保健及部分家庭生活状况，其所获资料只作为研究使用，被调查者不必署名，对调查问题的回答也无对错、好坏之分，且为被调查者保密。故请您如实说明自己的情况和看法。

真诚感谢您的合作！

××××调查研究中心
20××年×月

填答说明：

选择答案的在□中打“√”；填写答案的在〔 〕或下划线中填写。

竖线右边请勿填写。

1. 您的性别　①□男　②□女		v01 ____
2. 您的民族〔 〕族		v02 ____
3. 您的出生时间〔 〕年〔 〕月		v031 ____ v032 ____
4. 您的受教育程度		v04 ____
①□不识字或识字很少　②□小学　③□初中		
④□高中/中专/技校　⑤□大专及以上		
5. 您的政治面貌		v05 ____
①□中共党员　②□共青团员　③□民主党派　④□群众		
6. 您认为生男孩生女孩各有什么好处		
男孩	女孩	
□有劳力	□有劳力	v1011 ____ v1031 ____
□养老有依靠	□养老有依靠	v1012 ____ v1032 ____
□有孙子	□有孙子	v1013 ____ v1033 ____
□传宗接代	□传宗接代	v1014 ____ v1034 ____
□照顾父母	□照顾父母	v1015 ____ v1035 ____
□结婚花钱少	□结婚花钱少	v1016 ____ v1036 ____
□孝顺	□孝顺	v1017 ____ v1037 ____
□好就业	□好就业	v1018 ____ v1038 ____
□好上大学	□好上大学	v1019 ____ v1039 ____
□可为家里挣钱	□可为家里挣钱	v1020 ____ v1040 ____
□有面子	□有面子	v1021 ____ v1041 ____
7. 您对男孩或女孩的受教育程度(读书达到的层次)的看法		
男孩	女孩	
①□不上学	①□不上学	v1111 ____ v1121 ____
②□小学	②□小学	v1112 ____ v1122 ____
③□初中	③□初中	v1113 ____ v1123 ____
④□高中、中专	④□高中、中专	v1114 ____ v1124 ____
⑤□大专及以上	⑤□大专及以上	v1115 ____ v1125 ____
⑥□无所谓	⑥□无所谓	v1116 ____ v1126 ____
8. 您对本次调查的意见和建议		
________________________________		
________________________________		
________________________________		

3. 资料收集阶段

资料收集阶段也叫做调查方案的执行阶段。这个阶段的主要任务，就是按照调查设计中确定的方式、方法和技术进行资料的收集工作。在这个阶段，调查者需要深入实地，接触被调查者，开展具体的问卷调查、访谈、座谈或实地观察等。

问卷调查是调查者根据选定的抽样方法选择被调查者，并将事先准备好的问卷发放到被调查者手中，约定收取的时间、地点和方式，请被调查者填答。问卷调查可以采用个别发放、邮寄发放、集中填答、电话访问等多种形式。

访谈法是调查者根据调查选题，事先拟定访谈提纲，找到被调查者后，按照提纲问题进行的访谈，这种形式叫做结构式访谈法。当然，调查者也可以不用访谈提纲，而是根据调查主题，采用自由漫谈的形式进行访谈，这种形式对调查者的要求较高，它叫做非结构式访谈法。

座谈是调查者将部分被调查者集中起来，以开座谈会的形式，就调查问题进行的访谈。这种方式比较经济，但匿名性较差。

实地观察是观察者有目的、有计划地运用自己的感觉器官或借助科学的观察仪器，了解处于自然状态下的社会现象的方法。根据匿名性需要，实地观察可分为参与观察和非参与观察，所谓参与观察就是观察者通过与被观察者共同活动从中进行的观察，非参与观察就是观察者以局外人的身份进行的观察。

4. 资料处理与分析阶段

这一阶段的主要任务是对调查所收集到的原始资料进行审核、整理、统计、分析。原始的问卷和访谈资料需要进行重新的审核，然后将他们编码并录入计算机系统，然后运用各种统计分析工具（如 SPSS 等软件）进行分析。需要特别指出的是，由现代社会调查的特定方式、方法以及所收集的资料的性质决定了，这种加工和处理的方式及手段主要是定量的统计分析。

5. 结果解释与撰写调查报告

这一阶段的任务主要是：撰写调查报告，评估调查质量，应用调查成果。其中调查报告是对调查资料进行系统归纳和集中反映，也是对整个调查工作进行的全面总结。调查报告大体可分为应用性调查报告和学术性调查报告，它的一般结构包括：

（1）标题。一个好标题往往能起到“画龙点睛”的作用。标题的确立可以是陈述式的，即直接陈述调查的对象与调查的问题，如“重庆市青少年犯罪状况调查”；也可以是结论式的，如“家庭养老面临挑战”；或者是提问式的，如“当今大学生如何挑选恋爱对象?”；还可以是双标题式的，如“他们也有爱的权利——重庆市老年人婚姻问题调查”。

（2）导言。导言是对整个调查背景的概括性介绍，一般包括调查的目的、内容、对象、时间、地点和方法等。

（3）研究方法。主要包括文献回顾与评论、调查研究的核心概念及理论假设、调查资料的收集方法和分析方法等。

（4）结果与讨论。此部分为调查报告的主体，是调查所得成果的展示和分析。撰写的原则为先总体后个别，先一般后具体。即先给出结果，然后再具体陈述。

（5）总结。对调查结论进行总结，并讨论调查中存在的问题和改进的建议。

值得注意的是，相较于应用性调查报告，学术性调查报告更强调研究，因此更注重研究方法的选取、文献回顾和理论假设，而应用性调查报告则没有严格的要求。

除此之外，调查的目的终归为应用，因此调查的最终成果应以不同的形式应用到社会实践中，发挥它在认识社会现象、探索社会规律中的巨大作用。

二、社会工作项目设计

以项目化的形式开展社会工作，已成为近年来社会工作最普遍的实施方式，有效平衡了社会工作的专业主义和管理主义，不但使社会工作实务获得了更大的空间，也实现了对社会工作服务的更好管理，因此，掌握社会工作的项目设计是社会工作者的必备技术。

（一）什么是社会工作项目

社会工作是一个协助服务对象解决问题的专业，其问题可能来自社区层面、家庭层面和个人层面等，无论问题大小，社会工作者要有效地协助服务对象，均应按步骤、有计划、有系统地介入。项目是指在一定时间内，通过一系列的投入和活动，降低或消除限制性因素的作用，以达到所设定的目的。因此，社会工作项目可理解为由专业的社会工作者主导，遵循社会工作的专业价值，运用社会工作的专业方法协助服务对象解决问题，在一定时间内，运用一定的资源，按照预定的服务目标、服务内容和服务要求而有步骤、有计划地实施一项系统任务。

（二）设计社会工作项目的影响因素

整个社会工作项目中，项目设计是它的重要环节，对项目的实施具有指导意义，因此想要达到介入目标，项目设计必须精心准备，认真规划。同时，在项目设计中还需注意如下因素的影响。

1. 党和国家的政策法规

社会工作者在决定是否开展一个项目前，需了解党和国家在相关领域的政策及法规，一方面是所开展的项目需在法律允许范围内，另一方面能帮助社会工作者在协助服务对象解决问题时提供及时的政策咨询。

2. 机构的宗旨

每个机构都有自己的宗旨，宗旨通常界定了机构的服务对象、基本立场和工作取向。社会工作者在决定是否提供服务前，须考虑该项服务是否与机构的宗旨相吻合。

3. 服务对象的需要

社会工作项目是针对服务对象而进行的，是协助其满足需求而进行的，所以服务对象的需要应是考虑的重点。比如高龄老年人对健康较为关注，举办健康知识讲座，比较能得到他们的欢迎。

4. 资源状况

资源包括人力、财力、物力等方面，社会工作者在设计项目时，必须考虑是否有足够的人力、财力以及能否申请到相关资助。

5. 参加者的能力和兴趣

社会工作者在设计项目活动时除关注活动是否吻合目的外，还需考虑参与者的自身能力和兴趣。这些能力包括肢体活动能力、专注持久度、思考能力、人际沟通等等。比如，针对老年人的项目活动不宜太过剧烈；针对低年级小学生的项目不宜有太多的书写和计算，等等。

6. 服务对象的参与

社会工作项目不是社会工作者的项目，是社会工作者协助服务对象满足其需求的过程，社会工作者不能是服务的一贯提供者，应思考如何协助服务对象增强其自我能力来满足自我需求，以实现“助人自助”。

（三）社会工作项目设计的一般步骤

社会工作项目是一个系统性的过程，包含从最初的发现问题到最终的项目评估。而社会工作的项目设计则是其中的关键部分，它的基本步骤如图 2－3 所示。

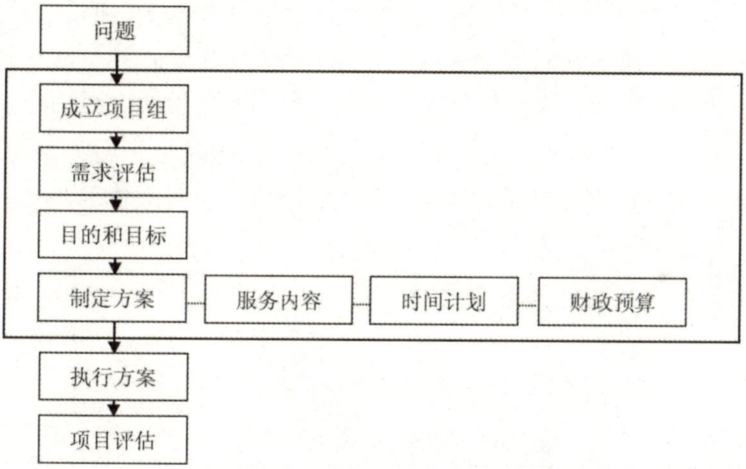

图 2－3　社会工作项目设计的基本步骤

1. 成立项目组

成立项目组是社会工作项目设计的第一步，是社会工作者为解决问题而进行的一系列准备和策划。社会工作项目是否需要成立项目组或项目组的规模大小主要依据服务对象的多少和服务对象问题的难易程度。社会工作的项目组多由社会工作者（包括督导和一线社会工作者）构成，但也可依据服务所需整合相关人员组成项目组，并发挥各自优势共同促进服务对象需求的满足。在社会工作项目中项目组的作用主要为策划、协调和执行。

2. 需求评估

需求评估在社会工作的项目设计中非常重要，直接关系到后期目的和目标的设定、方案的制订和执行等。而服务对象的需求评估主要通过问卷调查、访谈、实地观察、查阅文献等方法进行资料的收集和分析。比如，社会工作者组织义工为福利院老人提供服务，需先到福利院对老人进行调查、访谈或观察，了解在院老人的数目、特性、生活现状和需求状况等。

3. 设定目的和目标

目的和目标之间既有联系又有区别，其联系为目的指导目标的制定，目标影响目的的实现；其区别为目的是抽象的、普遍的和统一的，而目标是特殊的、个别的和阶段性的。在社会工作的项目设计中目的是项目总体需达到的效果，多围绕问题的解决；而目标是目的在各环节或各阶段需达到的效果，多围绕某期间内某问题的解决或某成效的实现。例如，在居家养老项目中可以设定“为社区独居老人建立互助网络”为项目目的，设定“三个月内为50位社区独居老人建立互助网络”为项目的阶段目标。

4. 制订方案

目的和目标确立后，下一步就是制订项目方案。在方案制订中，社会工作者应在相关理论指导下设计具体的项目活动。而在形式上，方案中的具体活动应考虑服务对象的特征、资源、需求等，并具有一定的创意。一般来说，项目方案应包括如下几个部分：

（1）项目背景：为何要开展这个项目？项目中服务对象存在哪些问题和需要？

（2）项目理念：运用什么理论去理解和分析服务对象的处境，运用什么理论去指导社会工作者提供协助？社会工作者协助服务对象的策略是什么？

（3）目的和目标：开展项目的目的是什么？希望通过项目取得哪些长期、中期、短期的成果？

（4）服务对象：项目服务的参与者是哪些人？有何特征（如年龄、性别、职业、学历）？如何招募？

（5）项目性质：项目规模、持续时间、聚会频率等。

（6）项目进度：项目活动开展的日程安排。

（7）项目地点：在哪里举行？有否需后备场地？

（8）项目内容：项目活动的内容设计、活动时间、活动地点、活动参与者、负责人等。

（9）项目资源：人员分工、道具安排、财政预算等。

（10）预计困难及应对措施：预计会出现的困难以及应对措施。

（11）评估方法：如何评估项目成效，针对哪些指标？资料如何收集？

案例2－8

军休社会工作全人关怀服务项目设计方案（节选）

重庆市巴南区军休中心于2013年被列入重庆市首批军休社会工作试点项目单位，为更好地开展军休社会工作服务，中心在专业督导的指导下，建立了全人关怀服务模式，主要从“身、心、灵、社”四个维度，结合军休干部的服务需求设计对应的服务主题和项目。具体见右图：

“身”，即身体健康。以制发关爱卡、定期体检、开展日常健康监测、组织健康知识讲座和体验式活动等方式为主，从预防和保健入手，促进军休干部身体健康。

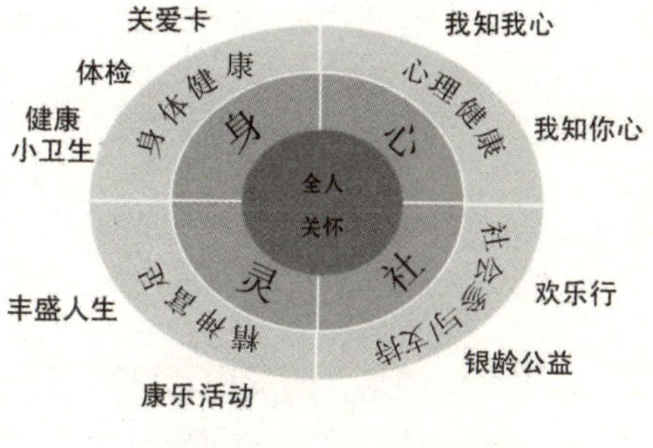

巴南区军休社会工作服务模式

“心”，即心理健康。一方面，通过心理讲座、心理测评的方式，帮助军休干部正确认知自己；另一方面，通过心理咨询和心理训练，为军休干部疏导不良情绪，改变不良认知。

“灵”，即精神富足。开展康乐活动和“丰盛人生”主题化活动，满足军休干部精神文化需求。康乐活动包括棋牌、球类活动等；另以制作故事相册和回忆录等方式协助军休干部回顾自己的“丰盛人生”。

“社”，即社会支持和社会参与。以“银龄公益”“欢乐行”为主线，鼓励军休干部积极参与社会公益活动，发挥余热。同时，组织军休干部开展踏青、赏花等养身养心短程休闲游活动，让他们在与大自然的亲密接触中感受生活的美好。

该模式的特点是以人本主义为原则，既满足军休干部基本需要，同时满足精神需求层次的高级需要。

三、社会工作沟通技巧

在社会工作的实务过程中，社会工作者与服务对象关系的建立、服务的介入和资源的链接等均要求社会工作者具备一定的技术，其中的沟通技巧是社会工作者必备的技能。

（一）什么是沟通

有学者认为沟通是双方当事人（一个或多个）借助语言或非语言符号彼此互相交换观念、感受、态度、资料、情感等内容的双向互动过程。从这个定义可以看出，沟通的基本要素可归纳为：沟通的主体——双方当事人，可以是一个，也可以是多个；沟通的媒介——语言或非语言符号；沟通的内容——观念、感受、态度、资料、情感等；沟通的性质——双向互动过程。

沟通是一个过程，是一个有序的、循环反复的信息反馈过程，如图 2－4 所示，信息发送者收集信息源，将自己的想法、行为、感受整理出来，转换为可以发送的信息（如语言、文字、身体语言），然后发送出去，经过有关渠道，信息接收者接收信息，并进行解码和诠释，然后进行回馈。

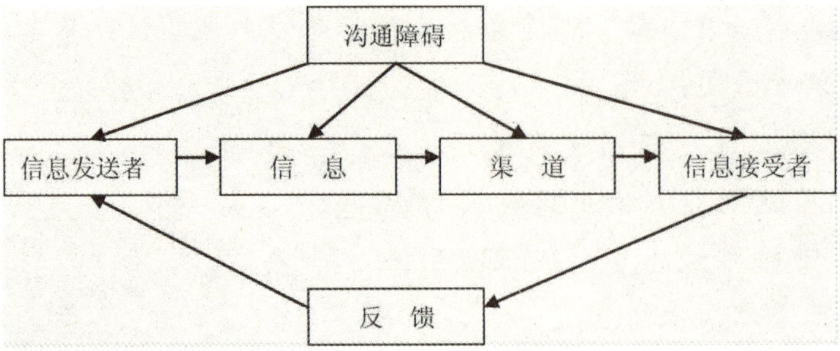

图2-4 沟通的过程

值得注意的是，沟通中信息的损失是不可避免的，并且在任何一个环节都有可能出现。沟通中，信息发送者和信息接收者双方的知识和经历、环境噪音、信息形式（语言、文字、身体语言）、信息渠道等因素都有可能造成信息的流失，影响沟通效果或导致沟通障碍。

（二）沟通中会谈的技巧

会谈是沟通技术中一种基本的、重要的形式。社会工作的助人过程常常是通过会谈来实现与服务对象的沟通。会谈是指社会工作者与服务对象面对面的、有目的的专业谈话。会谈是有计划、有目的、双方共同选择的。而在实务过程中，社会工作的会谈是为培养和增强服务对象的自助能力，并协助他们解决所面临的困难。结合社会工作的专业性，社会工作者与服务对象的会谈需注意以下技巧。

1. 专注与倾听

专注是指工作者面向服务对象、愿意和服务对象在一起的心理态度。表现为以生理上的专注行为来表达心理上的专注，也表现为以心理上的专注带动生理上的专注，且两者是互相制约、互相影响的。社会工作者与服务对象会谈时，为实现较为理想的沟通，社会工作者需对服务对象的一言一行都有所关注，并通过眼神接触、面向服务对象、身体前倾和开放姿势等表达对服务对象的话题感兴趣。

有研究表明，社会工作者应该与服务对象成直角面对（椅子摆放为90度，这样可以让服务对象依据需要来选择是否面对社会工作者），距离一米左右，中间没有桌子或者其他障碍物。当然，距离不是绝对的，也需考虑文化背景，如西方人追求自我空间，与其他人会保持一定的距离，而东方人喜欢用身体接触表达亲近。

倾听是利用自己的听觉能力来接收和记录别人口语或非口语表达的信息。有效的倾听必须做到两点：第一，减少对自己的关注，克制自己的冲动，抛弃固有的成见；第二，了解服务对象描述的事实而不是评论其经验和感受。

对多数人而言，能够被别人了解是非常快乐的体验。它不仅传达了尊重，也证实了对服务对象的重视和对其所说话题感兴趣。因此倾听在社会工作中是改变的动力要素。

图2－5　社会工作者与服务对象座位安排示意图

倾听过程中有三个关键点，包括关键事件、关键行为、感觉与情绪。社会工作者在倾听服务对象表述时，应仔细找出服务对象表述中的关键事件，找出服务对象表述中的关键行为（所做的或未做的事情），并找出事件和行为中服务对象的相关感觉和情绪。

案例2－9

一位27岁的服务对象谈到前一天探望母亲的事情时说道："我真搞不懂，我究竟是怎么招惹她了！她不停地唠叨，还问我为什么不常来看她，没完没了。我越来火越大。最后我忍不住了，我开始对她大叫，我叫她别管我。我骂她老不死的，骂了大概十分钟，然后掉头就走了，当着她的面'砰'一下关了门。"

在这段表述中，关键事件是母亲的唠叨，关键行为是对母亲发脾气、骂她、当面摔门，关键的感觉和情绪是羞愧、内疚、懊悔、心烦意乱。整理这些细节有利于社会工作者更深层次理解服务对象的处境和感受。

2. 表达同理

同理是让对方知道你了解他的经验、行为和感觉以及背后的观点。同理是社会工作者理解服务对象的处境，让服务对象感受到社会工作者的关怀，从而促进专业关系的建立和专业服务的开展，但同理不一定是认可或认同。

服务对象表达感受时，社会工作者可以把这些感觉与情绪用不同的方式传达给服务对象。可以是简单的字句，比如"你感觉很好""你想要放弃""你觉得碰了一鼻子灰"等；也可以是一个公式，即"你觉得……（情绪及强度），因为……（引发该情绪的关键经验或行为)”。比如：“你觉得很孤单，因为妻子去世，儿女都成家立业了，甚至连房子都觉得太大了。”

表示同理可分为两个层次：一是初层次同理的表达，如社会工作者以上的回应方式，其着重对服务对象显在感受和想法的理解；二是高层次同理的表达，其着重对服务对象潜在的感受和想法的表达。

案例2－10

一位40岁的男性，谈到他与妻儿的不良关系时举例说：“我在聚会中的机智风趣常常引起他人的热烈反应，几乎每个人都哈哈大笑。我自认我的幽默感很不错，而且大家都喜欢，这也给我的工作带来不少的起色。但这种幽默感在家里几乎没用，每次我努力发挥我的幽默感时，我的妻子和孩子几乎都不笑，有时还觉得我在讥讽他们，不高兴。这让我觉得我在家里也要谨言慎行。”

初层次同理的表达可以说：“你很生气，你觉得幽默感是你的本领之一，别人都欣赏，可是偏偏你的家人不懂得欣赏。”如果社会工作者理解到这位服务对象的问题在于自己，可能会说：“我在想，是不是可以从别的角度理解他们对你的反应，他们可能不想家里有一个笑星，而只是需要一个丈夫和父亲而已。”这就属于高层次的同理表达。

3. 鼓励支持

鼓励是指社会工作者通过恰当的话语和身体语言，去鼓励服务对象表达他们的感受和看法的技巧。鼓励的技巧可以发挥促进服务对象表达、支持服务对象面对和超越困境、增强服务对象自信及建立彼此信任关系的作用。

社会工作者应当是在觉察到服务对象有退缩行为后运用鼓励支持，比如通过专注与倾听，社会工作者发现服务对象出现沉默、逃避目光接触、避免直接对话、吞吞吐吐等情形时，应该给予及时的鼓励，可以是鼓励服务对象继续表达，如：“请继续”“你说得很好”；也可以是用身体语言的支持，如身体前倾、微笑地注视、点头、用手示意、眼神鼓励等。

4. 澄清

澄清是指社会工作者引领服务对象对模糊不清的陈述作更详细、更清楚的解说，使之成为清楚、具体的信息，或者是社会工作者解说自己所表达的不够清楚的信息。比如问：“你刚才说的这个是什么意思呢?”或问：“你明白我说的意思了吗?”

5. 聚焦

聚焦是指将游离的话题、过大的谈论范围，或同时出现的多个话题收窄，找出重心，并展开深入讨论。聚焦可以减少会谈跑题和多头绪的干扰，使会谈集中在相关主题上进行深入、具体的讨论。比如，让我们回到刚才说的这个话题上。

6. 摘要

社会工作者与服务对象会谈时，服务对象有时会说一大段话，有时也会将同样的主题分在不同的部分进行表达，这时社会工作者就可以运用摘要的技巧，把服务对象过长的谈话内容或不同部分所表达的内容进行整理、概括和归纳，并作简要的概述。摘要可以帮助服务对象理清自己的思路，突出服务对象在想法、感受、行为、经验，让服务对象更清楚地认识自己。

7. 提供信息

当服务对象对某一领域完全不知情而社会工作者刚好比较了解时，社会工作者可以基于专业特长和经验，向服务对象提供所需要的知识、观念、技术等方面的信息。比如，社会工作者可以向受虐妇女解说《妇女儿童权益保护法》。

8. 自我披露

自我披露是指社会工作者选择性地向服务对象披露自己的亲身经验、处事方法和态度等，从而使服务对象能够借鉴他人的经验作为处理自己问题的参考。社会工作者与服务对象会谈时，运用自我披露的技巧能拉近双方的关系，也能为服务对象树立榜样，协助其解决问题。比如，当服务对象因丧亲痛哭时，如果社会工作者恰好也有相同的经历，就可以说："我能理解你的感受，我的父亲在几年前过世时，我也跟你一样非常悲痛。"

9. 建议

建议是指社会工作者对服务对象的状况和问题做出评估后，提出具有建设性和有助于解决问题的意见。例如："如果你愿意的话，可以给自己制定一个作息时间表，让自己有规律的生活。"

10. 忠告

忠告是指社会工作者向服务对象指出其行为的危害性或服务对象必须采取的行动。例如："如果你还是每天翻查你丈夫的包，他会觉得自己不被尊重，会严重影响你们夫妻之间的感情。"

11. 对质

对质是指社会工作者发觉服务对象的行为、经验、情感有不一致的情况时直接发问或提出疑义的技巧。通过对质，社会工作者可以协助服务对象觉察到自己的感受、态度、信念和行为的不一致和欠缺协调的地方。由于对质含有攻击性、面对面冲突的意思，有导致危机的危险，因此，社会工作者在使用对质时要特别注意以下几点：第一，对质的使用一定要有先决条件，那就是在专业关系中已经产生了接纳、尊重、同感、真诚和温暖。第二，对质强弱程度的不同会产生不同的效果，社会工作者最好采用尝试性的对质，例如："我不知道自己是否误会了，你……"第三，社会工作者要用爱心去作对质，对质并不是要否定服务对象，而是建立在包容、理解的基础上，协助服务对象去面对自己的处境。

四、社会工作项目评估

社会工作项目完成后，会产生一系列的疑问：服务是否达到原定目标？参加者对服务项目有什么意见？后期开展同类服务项目有哪些地方可以改善？而这些疑问的解答均可通过项目评估来实现。

（一）什么是项目评估

项目评估是利用具体的研究方法，对社会服务项目的业务（结果和过程）和事务（行政）等方面进行评价。项目评估是社会工作实务过程中的重要组成部分，有助于后期服务质量的改善和提高。

社会工作项目的评估类型众多，其中过程评估和结果评估的运用最为普遍。过程评估又叫形成性评估，是指对社会工作项目的整个过程进行全程评估。结果评估通常是在项目结束时进行。以收集服务对象对项目内容、工作方法、社会工作者表现等方面的评价，来监测项目是否完成预定目标。

（二）社会工作项目评估的方法

1. 评估工具的选择

社会工作项目评估的工具非常多样，针对服务对象个体、服务对象群体等均有不同的工具可供选择，具体包括：

（1）行为记录法：记录服务对象某种行为出现或改变的次数。

（2）目标实现法：目标及达成目标的时间表。

（3）情绪自我评定法：评估服务对象情绪改变的尺度。

（4）特定技能和能力的评定：如解决问题能力的提升程度。

（5）心理测量的工具：如用人格量表等评估服务对象心理状况的变化。

（6）社会工作服务过程记录：社会工作者填写的服务过程记录也会记载服务对象的改变情况。

（7）服务对象的作业和作品：服务对象在服务过程中完成的作品可以视为工作的成效之一。

（8）其他：个人评估报告、社会工作者观察记录、重要他人（如学生家长）的反馈。

2. 资料收集的方法

一般而言，评估资料的来源有三个方面：即社会工作者的记录、服务对象的报告和其他人员的观察。而为保证资料的客观性，三个来源的资料都应有所涉及，其中资料的收集可以用标准化的量表，也可以采用访谈和观察的方法。

（三）社会工作项目评估的要点

以项目化的形式开展社会工作，其投入的不仅是服务还有人力、物力和财力，因此对社会工作项目进行评估时，其评估的对象和内容也应是多方面的，具体如下。

1. 服务对象及宣传策略的评估

服务对象的评估着重于项目参加者的分析，包括四方面内容：一是基本信息（服务对象的特征有哪些）；二是服务参与情况（服务使用人数是否达到要求）；三是覆盖程度（服务对象中参加项目的比例多少）；四是出席情况（报名人数与出席人数是否存在差异，中途是否存在人员流失）。

宣传策略的评估，主要是回顾宣传方式是否得当、项目活动地点是否合适、项目形式和内容是否具有吸引力。

2. 筹备工作的评估

评估筹备工作的内容包括人员分工是否得、资源利用是否有效、时间安排是否合适等几个方面。

3. 目标达成的评估

目标达成情况是社会工作项目评估的主要任务之一，策划者可以就目标的达成情况检验项目成效，而找出未达成的目标，也可引发策划者的反思和检讨，从而做出改进。社会工作者评估项目目标是否达成时，主要着手于以下几个方面：

（1）指标体系。社会工作者设定项目目标时，会围绕项目目标制定众多的指标以更清晰、更具体的实现目标，因此评估项目目标是否达成以及达成的程度，则以各项指标的实际完成情况为依据。例如，以“三个月内为50位社区独居老人建立互助网络”这一目标为例，其具体的观测指标之一可设定为“三个月后，认识至少3名邻居的社区独居老人人数”，因此评估指标时需访问社区独居老人认识邻居的人数情况，以此检验是否完成指标。

（2）个人层面的目标达成情况。在个人层面，要关注个人在行为、态度、认知、社会功能、所处困境、情绪困扰、社会关系等的改变情况，这些方面均须设立对应的观测指标，测量方式可以是参加者填答问卷、工作员观察记录和监护人反馈等多种形式。

（3）项目的不足之处。它包括项目是否按照计划执行、执行项目活动的社会工作者经验是否足够、社会工作者所开展的项目活动是否偏离了项目主题、项目活动的形式与内容是否符合服务对象的特性。

（4）项目的成功之处。它关注项目目标的设计是否偏低、成本与收益比例是否得当、问题改善程度如何、项目对服务对象有没有产生副作用。

4. 服务对象满意度的评估

参与项目的服务对象对项目是否满意，也是社会工作项目评估关注的一个重要方面。影响服务对象满意度的因素除了活动设计的构思之外，还包括一些安排的因素如时间、地点、社会工作者的个人风格、相关配套设施等。评估方式可采用问卷形式，也可采用访谈的形式。

（四）社会工作项目评估报告的撰写

撰写项目评估报告没有既定格式，但大多包含以下四个部分：

1. 基本资料

包括项目名称，项目性质，目的和目标，日程安排，对象、预计人数及出席人数，招募方法和项目执行情况。

2. 财政报告

包括收支情况，超支或者盈余原因的说明。

3. 评估与分析

包括服务对象的分析，分析参加项目的服务对象与预期的服务对象在数量和特质方面的差异；宣传和招募策略，反思宣传策略的得失；筹备工作，分析项目进度及遇到的问题；目标达成情况，评估项目对服务对象的改变及目标达成程度，以及有无其他意外的不良后果；活动设计的评估，评估目标达成程度，分析活动设计需要留意和改进的地方；服务对象的满意程度，就服务对象的意见，反思需要改进和完善的地方。

4. 总结及建议

包括总结项目的得失；评估目标是否过低、花费成本是否恰当、问题是否得到解决、有无副作用等；建议日后是否继续开展此类项目，以及需改进的地方。

本章小结

社会工作的专业价值观是社会工作的灵魂。社会工作界把社会工作价值观归纳为服务大众、践行社会公正、强调服务对象个人的尊严和价值、注重服务中人与人之间关系的重要性、待人真诚和守信、注重能力培养和再学习等六个方面。在操作层面，社会工作价值观有接纳、尊重、个别化、自我决定与知情同意、保密等五个原则。

社会工作专业伦理包括了社会工作者对服务对象、对同事、对工作机构、对社会工作专业、对全社会的伦理责任，以及作为专业人员的伦理责任。社会工作者常常陷入伦理的两难困境，本书给出了解决伦理困境的一般处理步骤。

社会工作者还需要掌握一些基本的理论知识，社会工作理论是关于社会工作理念、社会工作实践系统化的观点。本章主要介绍认知行为理论、生态系统理论、社会支持理论和增能理论，介绍了这些理论的基本假设、治疗技巧及治疗特点。

社会工作者在开展服务的过程中，必须了解其服务领域的政策法规，本章介绍了我国社会福利发展的基本政策、我国社会工作发展的基本政策、我国特定人群及特定领域的基本政策与法规。

为了了解服务对象的需要，更好地开展服务和研究，社会工作者需要掌握调查研究技术，沟通交流技巧；社会工作服务常常是以项目形式开展，因此社会工作者还需掌握项目设计和评估的技术。

参考文献：

[1] 王思斌．社会工作导论［M］．北京：高等教育出版社，2004.

[2] 许莉娅．个案工作［M］．北京：高等教育出版社，2004.

[3] 刘梦．小组工作［M］．北京：高等教育出版社，2003.

[4] 关信平．社会政策概论［M］．北京：高等教育出版社，2009.

[5] 全国社会工作者职业水平考试教材编写组．社会工作法规与政策［M］．北京：中国社会出版社，2010.

[6] 全国社会工作者职业水平考试教材编写组．社会工作综合能力（初级）［M］．北京：中国社会出版社，2010.

[7] 风笑天．社会学研究方法［M］．北京：中国人民大学出版社，2009.

[8] 徐永祥．社区工作（第二版）［M］．北京：高等教育出版社，2004.

[9] 张兆球，苏国安，陈锦汉．活动程序：计划、执行和评鉴［M］．香港：香港城市大学出版社，1999.

模拟题

一、单项选择题（每小题列出的四个备选项中，只有一个最符合题目要求，错选、多选或未选均无分）

1. 社会工作价值观，就是在社会工作专业和职业范围内形成和发展起来的一整套对人、对事和对专业的总体判段和（　　）。

A. 专业知识　　B. 专业理想　　C. 核心信念　　D. 技巧方法

2. 以下说法错误的是（　　）。

A. 社会工作者可以批判和纠正服务对象不正确的价值观

B. 社会工作者可以根据法律或有关规定由他人代替服务对象行使选择和决策权利

C. 如果披露资料能够防止对他人造成严重伤害的话，可以不坚持保密原则

D. 社会工作者应当根据服务对象的个体差异，实行有差别的平等对待

3. 理性情绪疗法的创建者是（　　）。

A. 阿尔弗雷德·阿德勒　　B. 贝克

C. 阿尔伯特·艾利斯　　D. 阿尔伯特·班杜拉

4. 生态系统理论强调社会工作实务的干预焦点是（　　）。

A. 个体心理资源的挖掘
B. 社会变迁的推动
C. 个人与环境的交流互动
D. 社会政策的完善

5. 社会支持可以分为（　　）。

A. 工具性支持和表达性支持
B. 个人支持和群体支持
C. 政府支持和非政府支持
D. 心理支持和物质支持

6. 增能理论认为，个人的无力感是（　　）。

A. 个人自身产生的
B. 环境的排挤和压迫产生的
C. 他人制造产生的
D. 系统自动生成的

7. 将社会工作纳入职业体系的法律依据是（　　）。

A.《社会工作者国家职业标准》
B.《社会工作者职业水平评价暂行规定》
C.《中共中央关于构建社会主义和谐社会若干重大问题的决定》
D.《民政部办公厅关于加强社会工作队伍专业化建设的通知》

8. 调查资料收集阶段的主要任务是（　　）。

A. 确定调查的题目
B. 拟定调查方案
C. 按照调查设计中所确定的方式、方法和技术进行资料的收集工作
D. 进行资料审核并录入计算机

9. 中央第一个关于社会工作专业人才的专门文件是（　　）。

A. 民政部办公厅《关于加强社会工作队伍专业化建设的通知》
B. 中国共产党第十六届中央委员会《中共中央关于构建社会主义和谐社会若干重大问题的决定》
C. 18 个部委《关于加强社会工作专业人才队伍建设的意见》
D. 人事部、民政部《社会工作者职业水平评价暂行规定》

10. 社会工作评估技术的类型包括（　　）。

A. 过程评估和结果评估
B. 理论评估和实际评估
C. 价值评估和影响评估
D. 社会评估和机构评估

二、多项选择题（每题备选项中，有 2 个或 2 个以上符合题意，错选、少选不得分）

1. 社会工作价值观对社会工作的作用有（　　）。

A. 保护服务对象的权益
B. 帮助社会工作者解决伦理难题
C. 促进专业健康发展
D. 维护社会公平正义
E. 有助于专业理念的传播

2. 以下不属于社会工作专业伦理范畴的是（　　）。

A. 社会工作者对服务对象的伦理责任

B. 社会工作者对同事的伦理责任

C. 社会工作者作为家庭成员的伦理责任

D. 社会工作者对朋友的伦理责任

E. 社会工作者对工作机构的伦理责任

3. 社会工作价值观的操作原则包括（　　）。

A. 接纳　B. 尊重　C. 自我决定　D. 保密　E. 个别化

4. 增能理论的基本假设有（　　）。

A. 个人的无力感是由于环境的排挤和压迫而产生的

B. 个人的能力是可以通过社会互动不断增加的

C. 服务对象有解决问题的能力

D. 社会工作者与服务对象的关系是一种合作伙伴关系

E. 社会工作者的社会地位是高于服务对象的

5. 财产继承的方式包括（　　）。

A. 法定继承　B. 自然继承　C. 遗嘱继承　D. 指定继承　E. 遗赠继承

6. 关于我国社会福利制度，以下说法正确的是（　　）。

A. 社会福利制度由补缺型向适度普惠型转变

B. 社会福利发展的方向是社会化

C. 社会福利发展的方向是市场化

D. 社会福利发展的未来就是向福利国家靠拢

E. 社会福利发展要走法制化、专业化和标准化相结合的路子

7. 社会工作会谈的引领技巧包括（　　）。

A. 澄清　B. 聚焦　C. 摘要　D. 忠告　E. 诱导

8. 社会工作项目设计需要考虑的因素包括（　　）。

A. 机构的宗旨　B. 服务对象的需要及参与

C. 资源状况　D. 参加者的能力和兴趣

E. 党和国家的政策法规

9. 调查抽样可分为（　　）。

A. 无概率抽样　B. 非概率抽样

C. 概率抽样　D. 简单抽样

E. 分层抽样

10. 社会工作项目评估的要点包括（　　）。

A. 服务对象及宣传策略评估　B. 筹备工作的评估

C. 目标达成情况评估　D. 服务对象满意度的评估

E. 干预措施有效性的评估

参考答案

一、单项选择题

1. C　2. A　3. C　4. C　5. A　6. B　7. A　8. C　9. C　10. A

二、多项选择题

1. ABCD　2. CD　3. ABCDE　4. ABCD　5. ACE　6. ABE　7. ABCD
8. ABCDE　9. BC　10. ABCD

第三章　社会工作的通用过程

本章学习要点

- ✧ 社会工作通用过程的含义、特点及其运用。
- ✧ 社会工作接案的准备工作、面谈、资料收集以及接案记录的具体要求。
- ✧ 社会工作预估的目的、任务、基本步骤和主要过程。
- ✧ 社会工作计划的特点、构成以及具体制订。
- ✧ 社会工作介入的主要类别、基本原则和具体策略。
- ✧ 社会工作评估的目的、类型和具体方法。
- ✧ 社会工作结案的主要类型、任务、方法以及跟进服务。

之所以说社会工作者是和医生、律师一样的职业，一方面在于它们都是社会化的职业；另一方面则在于它们都是用自己的专业手段和方法去开展工作。比如，一个病人到医院看病，首先要选择科室，然后医生要做一系列的初步检查，虽然病人挂的号是鼻咽喉科，但是如果医生初步检查是肠胃的问题，那自然还是要转到胃肠道科。在看病的过程中，医生会询问诸多如生活习惯、个人感受的问题，并进行专门的检查，以便做出科学全面的评估，并且考虑到病人的要求而设计合理的治疗方案。最后，在疾病痊愈后，医生还会要求病人适当进行复检。和医疗过程一样，社会工作也有这么一个通用过程。

第一节　社会工作通用过程的概述

“万丈高楼平地起”，再高的摩天大厦都需要从地基开始建起。同样，社会工作者会面对形形色色的问题，一开始社会工作者往往会陷入迷茫和困惑中，不知从何开始入手。但社会工作有一个科学、规范、严谨的工作流程，以保证服务的专业性和服务质量，这就是社会工作通用过程。

一、社会工作通用过程的含义

社会工作通用过程是指从实践经验中提升出来的相对固定并且具有通用性的工作程序。这个通用过程大致包括接案、预估、计划、介入、评估、结案六个阶段。

社会工作的实践经验表明，无论是帮助有困难、有需要的个人，还是协助家庭、群体、组织或者社区解决问题，其工作的方法和过程都不是杂乱无章的，而是具有一定的程序，并且是一个前后相继的连续的过程。这个过程是一个有结构、有步骤、彼此连贯、有逻辑联系的整体，过程中的每一个阶段都对应着此阶段必须完成的一系列任务。这一模式之所以被称为“通用的”，是因为它吸收了各种助人模式所体现出的各种助人过程所具有的普遍性的和共同性的因素，包括助人的条件、资源、方法、技巧和过程等，将这些助人的方法和步骤及过程等因素进行总结和提炼，形成了一种通用的程序。

因此，社会工作的通用过程为社会工作者在助人过程中整合助人思想和行动、为社会工作价值、知识和技巧的运用提供了一个框架，指示着助人活动的方向，是一个结构化的适用于所有社会工作领域和服务对象的一般性的实务框架和流程。

二、社会工作通用过程的特点

由于社会工作范围具有广泛性，同行见面会问“你是做什么的呀?”回答是各不相同，有人说“我是做个案（工作）的”，有人说“我是做小组（工作）的”，有人回答“我是做儿童（社会工作）的”，还有人说“我是做学校（社会工作）这一块的”。之所以如此，是因为社会工作有多种类型。而通用过程则超越了这些不同方法和领域的区别，适用于不同的方法和领域。因此，我们需要对社会工作通用过程的特点进行分析和阐述。

（一）强调助人服务是一个过程

通用过程强调社会工作助人服务是一个过程，是指助人服务是一个循序渐进、有果有因、着急不来的过程，强调助人服务是一个有计划、有步骤的过程。这个过程，可以从以下三个方面来理解。

1. 问题产生的原因是一个过程

当我们遇到一个为了二十块钱上网费就残杀祖母的留守儿童，往往会惊讶于其丧心病狂。而在社会工作者看来，这个留守儿童如何从一个单纯可爱的小孩演变到如今这个地步，才是值得关注和研究的。或许，他的成长过程与其长期的生活环境恶劣、父母教养缺失有关，也有可能是在学校遭受到同伴的欺凌、老师的羞辱，内心积压的消极情绪在迷恋网络的非理性思维下演变成为一场血案。这样看来，这个留守儿童倒是社会问题的一个牺牲品。

2. 良好的助人关系是一个过程

“不能同心，何能同行?”要想实现助人的目标，与服务对象建立沟通、信任和支持的专业关系十分必要，能够让服务事半功倍，双方皆大欢喜。但如何与服务对象建立这种关系，则需要一个不断沟通、相互合作、彼此信任的过程。所谓“磨刀不误砍柴工”，建立关系成为服务的一个重要内容。

3. 服务对象的改变是一个过程

在服务过程中，面对服务对象的“顽固不化”，社会工作者往往会陷入焦虑、愤怒的状态。或许，此时服务对象内心已经发生了很大的转变，只是还没有表现出来而已。其实，要真正地改变一个人，需要一个漫长的过程，就算服务对象为了取悦社会工作者而一夜“洗心革面”，也是一种虚假的结果。所以，社会工作者学会等待、容忍模糊，也是一种非常重要的素质。

（二）强调工作过程的阶段化

就像医生在见到病人的第一面是诊断而不是开药方一样，通用过程模式将助人过程分为了逻辑上有先后顺序的几个阶段，每个阶段有与之相联系的特定的目的、任务和方法，社会工作者在不同阶段也要考虑到该阶段的特征，从而采取相应的行为。参考本书第四章第二节，我们就可以发现，许多小组在成立的初期，组员之间彼此不熟悉，都不愿意过多袒露自己，怕其他组员取笑并泄露自己的秘密，此时社会工作者的任务就是通过破冰游戏来促进组员的相互认识和熟悉，并制定小组契约，强调小组保密的规则；在小组的最后一个阶段，针对不同组员彼此恋恋不舍，甚至为了不分离而故意“退化（组员又回到小组前的状态）”的特征，社会工作者的任务就是处理离别情绪，并巩固组员的小组经验和成果。由此可见，通用过程给助人过程提供了一个简便易行的工作指南。

（三）强调整合的价值观、理论和方法

掌握并遵从了社会工作通用过程几个阶段的特征和任务，使社会工作服务具有了初步的基础，但是要想顺利地达到服务的目的，还必须拥有社会工作服务的精髓。

社会工作的价值观，它决定了服务过程中如何接纳、尊重和挖掘服务对象的潜能，保证以人为本的服务方向。

社会工作的理论模式，有些理论模式会将通用过程的周期拉得比较长，诸如精神分析疗法、心理社会治疗模式等，而精要治疗模式、危机干预模式就比较简洁快速。

社会工作的方法，不同的工作方法，与通用过程模式的契合度表现得不一样。相对而言，个案工作方法的过程和通用过程模式基本等同；小组工作方法和社区工作方法，则在基本符合通用过程基本逻辑的基础上，更有一些自己的过程特点，如小组工作方法的基本过程分为准备阶段、开始阶段、转折阶段、成熟阶段和结束阶段；社区工作方法的过程则又分为准备阶段、启动阶段、巩固阶段和评估阶段。

三、社会工作通用过程的运用

虽然通用过程是社会工作服务程序的基本框架和流程，但考虑到不同的服务需求，采取不同理论和方法的实施过程各有所差异。因此，在实践中运用通用过程的时候，需要灵活考虑、适当取舍，并注意以下事项：

1. 助人过程各阶段的先后次序具有一定的灵活性

考虑到不同的工作方法、群体需求和场所特征，助人过程各阶段的先后顺序并非固定不变。例如，发现儿童有可能被虐待时，社会工作者首先要保护儿童，将其带离危险的环境，即进行直接的介入。在另外一些情况下，助人过程还会在某一阶段被简化。例如，在接案后就结案，或者将服务对象转介给另外一个机构。

2. 工作过程是螺旋式的

尽管通用过程有一个先后的次序，但这个次序并不是一成不变的。事实上，在助人过程没有全部结束前，哪一个阶段可能都不会真正结束。比如在助人过程的各个阶段，都可能出现新的问题，社会工作者需要不断修正原来的服务计划和内容。所以说，助人过程是螺旋式上升的，而不是直线式的，社会工作者在完成一项工作后都要回过头来看看上一个阶段的工作是否需要再进一步的跟进。

3. 通用过程本身只可作为实务过程的参考

通用过程不是包治百病的万能药，它更像一张地图，只能作为助人过程的路标，而不是详细的指引规则。社会工作者需要充分利用自己的专业知识和技巧，随时修正工作方法，调整工作过程。

第二节　接案

好的开始是成功的一半。作为社会工作实务过程的第一步，接案也是整个助人过程的基础和起点。接案就是社会工作者与潜在服务对象开始接触，了解其需要，帮助其逐渐成为服务对象并接受社会工作服务的过程。接案的主要目标就是与服务对象建立相互沟通、彼此信任和积极主动的良好专业关系。接案阶段社会工作者主要任务包括：了解服务对象的求助原因和求助过程，初步评估服务对象的问题，建立专业关系，决定是否接案，订立初步的服务协议。

一、接案准备

从社会工作者初次接触到服务对象或者服务对象的资料开始，接案过程便开始了。社会工作者需要马上进入角色，因为只有做到“知己知彼”，才能“百战不殆”。具体来说，要做好以下几方面的工作：

（一）了解服务对象的来源

正像中医治疗过程，医生需要对病人进行“望、闻、问、切”，了解病人的病情，社会工作也需要充分了解服务对象的求助意愿和态度，而这可以从服务对象的来源进行分析。根据综合经验分析，服务对象的来源一般有以下三种情况：

1. 主动求助

这些服务对象一般是遭遇到突发事件，或者心理和社会生活遇到困境，而自己又没有办法得以解脱的个人、家庭、群体或者某些组织机构。鉴于他们对社会工作机构及其服务项目有所了解并且知道自己的求助目的，这类求助者很容易成为社会工作的服务对象。例如，大学生刘某为自己不能适应大学生学习方法而苦恼，主动找到学校社会工作服务中心寻求帮助。但主动求助并不等于机构服务一定能满足他们的需求，有时这些求助者真正的问题是该机构服务所不能满足的，或者没有合适的社会工作人员，或者不符合机构服务的范围。因此，“筛选服务对象”是接案工作的目的之一。

2. 由他人介绍或机构转介而来

随着社会服务的深入，相关组织（社区居委会、街道办事处、社会工作机构、学校或者企业等）或者相关专业人士、社会群众越来越频繁地将那些出现严重问题的个人、家庭或群体送到社会工作机构，要求社会工作者介入。例如，从事艾滋病防治服务的社会工作机构经常接到公安局派出所送过来的服务对象。值得注意的是，这些服务对象来源多样，接受服务的意愿也各不相同，许多服务对象甚至存在较强的抵抗心理。社会工作机构同样要进行服务对象的筛选，对于那些无法为其提供服务的对象，要将其转而介绍到别的服务机构，称之为“转介”。例如居委会工作人员把一位老年人介绍给辖区内专为老年人服务的 A 社会工作机构，但 A 机构发现这位老年人是一位精神障碍患者，超出了机构的服务能力，因此把这位老年人“转介”给专门为精神障碍患者提供服务的 B 机构。

3. 由社会工作者主动接触而来

除了以上两种来源外，社会工作者还可以在工作中主动接触和挖掘服务对象。一些服务对象没有主动求助或没有求助动机，并不代表他们不需要得到服务，可能是他们并不知道可以向社会工作者求助，也可能是他们自己都未意识到面临的问题或需求。这种现象在社会工作发展初期、社会工作知晓度暂时还不高的情形下，表现比较明显。除此之外，还有一些服务对象，因其特殊性，他们一般不会主动求助他人，社会工作者往往需要主动深入街头、社区以及特殊场所，寻找服务对象并向他们提供服务，这就是外展社会工作。比如，社会工作者每天晚上 10 点以后寻找那些夜不归宿的青少年，询问他们是否需要帮助，就是一种深夜外展工作。面向街头流浪乞讨人员的服务也属于一种外展工作。

（二）认定服务对象的类型

为了便于社会工作服务的深入开展，对于服务对象的分类是有必要的。

根据来源及其接受服务的意愿，可以分为两类：一是自愿型服务对象，指的是愿意接受社会工作服务的对象，他们求助动机强并愿意相信社会工作者；二是非自愿型服务对象，指的是那些被强迫来服务机构并不愿意接受服务的人。他们存在较强的抗拒情绪和行为，不相信社会工作者，不易与之建立专业关系。

根据成为社会工作服务对象的可能性和先后次序，也可以分为两类：一是现有服务对象，即是指那些正在接受社会工作服务的对象；二是潜在服务对象，即是指那些暂时没有接受服务但未来有可能需要服务的对象。例如，中学生小夏由于偷窃行为而被老师送到学校社会工作科接受服务，社会工作者发现小夏的不良行为是由于其父母不良教养方式导致的，因此准备对其父母开展服务。此时，接受服务的小夏就是现有服务对象，小夏的父母就是潜在服务对象。

（三）梳理服务对象的求助过程

好比医生在问诊的过程中，总是会问病人曾经接受过的治疗。社会工作者在接案的过程中，需要了解服务对象在求助前是如何解决问题的，曾经向哪些亲戚朋友求助过，有没有尝试向政府相关部门和社会求助。这么做是为了更好地了解服务对象曾经做出的努力，并由此激发其行动的信心和潜能。

（四）为面谈做好准备

在初步了解了服务对象的相关信息后，社会工作者需要为更详细的面谈做好以下准备：

1. 服务对象的资料准备

包括：事先研读服务对象资料，了解其是否接受过服务；了解他们的生理和心理状况；走访服务对象的社会网络，了解其生活处境；了解服务对象是否有需要特别注意的事项，例如，服务对象是否有精神疾病等。

2. 拟定初次面谈提纲

提纲的内容一般包括如下几项：介绍自己和自己的专长；简要说明本次会谈的目的和内容，双方的角色和责任；介绍机构的功能和服务、相关政策和工作过程；征求服务对象对会谈安排的意见，对机构和社会工作者的期望；询问服务对象是否有需要紧急处理的事情等。

二、个案面谈

面谈是社会工作者与服务对象之间一种面对面地讨论问题以确定是否建立专业协助关系的过程，同时也是一种有意识、有目的的人际互动。有别于一般的毫无目的的闲聊，面谈在于了解服务对象对自身及其问题的认识、对社会工作者的期望以及对服务的要求等，同时社会工作者也会进行解释和说明，最终达成服务的共识。

（一）面谈的准备

1. 时间安排

要优先考虑服务对象的要求，以不打扰服务对象正常的工作和休息为宜。一旦约定时间，社会工作者要准时赴约，并在会谈前将手机设置为静音状态。

2. 地点安排

出于多种考虑，会谈地点最好是在专门的会谈室或者接案社会工作者的办公室。如果需要医院、学校或监狱等相关机构及人员的参与和配合，可以安排在相关机构或者服务对象的家中。对于社会工作者去服务对象家中面谈的，需要在机构备案并写清楚出发和预计归来时间，并保持通讯方式的畅通。

3. 环境布置

社会工作者要选择适宜的会谈场所，一方面要做到私密性和安全性，避免那种人来人往的地方，在办公室会谈也需要将门虚掩；另一方面要做到舒适安静、温馨自由，空间不能太小而产生压抑感，布置要简洁温馨，桌椅摆设要让社会工作者和服务对象的角度在90°～130°，距离在1～1.5米之间。如果是进行家庭会谈并有儿童参与时，要事先准备一些玩具来安顿他们；如果是在服务对象家中，尤其要避免家中小孩的打扰。

4. 社会工作者的自身准备

穿着要大方得体，不要过于随意或过于隆重，女性社会工作者在夏季注意不穿低胸、透明的衣服。

（二）面谈的主要任务

1. 界定服务对象的问题

对服务对象问题的界定是通过会谈来进行的。社会工作者要注意，服务对象自己对问题的看法是界定问题时最重要的起点，会谈中，他们关心的问题和困惑即是界定问题的入手点。这时的主要工作包括：

（1）了解服务对象寻求帮助的原因。发生了什么事使得服务对象前来求助？

（2）了解服务对象对问题的看法。他们如何看待问题产生的过程、原因和后果？

（3）了解服务对象期望达到的目标。他们希望从社会工作者那里得到什么帮助？产生什么结果？

要了解服务对象的问题，社会工作者要做好以下几点：

（1）要倾听，并且少说多听。充分激发服务对象对自身问题的多方面描述，并注意服务对象所用的字眼，必要时候做一些简要记录。

（2）要有同感，多回应服务对象。只有服务对象觉得自己的感受能够得到社会工作者的回应和理解的时候，他才会更信任社会工作者并且更愿意诉说。

（3）要有语言技巧。适时用语言和非语言动作来回应服务对象。

（4）要利用优势视角。适时地引导和提醒服务对象分享自身的一些优点和应付问题的成功经验。

值得注意的是，此时初步界定的问题，未必就是今后真正要面对的问题，而且社会工作者与服务对象对问题的看法也可能不一致。因此，界定问题也是一个持续的过程。

2. 澄清双方的角色期望和义务

社会工作服务是一个双方沟通互动、相互协作的过程。服务对象与社会工作者初次会谈时，对社会工作者服务的期待未必合理，也不一定知晓或正确理解自己应该扮演的角色和承担的义务，因此双方需要通过沟通进行澄清。这包括三个方面：一是服务对象与社会工作者要清晰明白各自的角色期望和义务；二是双方应当找出各自想法的差异和距离；三是通过协商达成一致的看法。

3. 激励并促进服务对象进入角色

通过前期的坦诚沟通和一致共识的达成，社会工作者与服务对象应该能够明白彼此的角色，并愿意为建立合作的关系而进行角色扮演。就是说，服务对象应该能够对社会工作者产生信任感，并积极主动地配合社会工作者提供的服务。

4. 达成初步协议

会谈结束的时候，社会工作者与服务对象需要达成一个初步的口头或书面的协议，主要内容包括：对服务对象问题的初步界定；社会工作者提供的服务；双方需要扮演的角色；初步的服务时限等。

5. 决定工作进程

初步接触和面谈后，最终的结果可能有三个：达成初步工作协议；转介其他服务机构；终结服务。如果上述这样的初步协议能够达成，则双方继续合作并进入下一个阶段；如果达不成初步协议，则有可能是社会工作者将服务对象转介到别的机构或别的社会工作者那里，也有可能是直接终结服务。

终结服务的原因很多，主要包括：一是机构缺乏合适的工作人员和服务设施；二是别的机构有更好的服务资源；三是服务对象的问题不属于机构的服务范畴；四是服务对象不愿意接受服务；五是服务对象与社会工作者的看法和期望不能达成一致。

三、资料收集

在接案的过程中，社会工作者要特别注意收集服务对象的资料，以便于为后面的工作提供事实基础和材料依据。

（一）资料收集的内容和范围

根据“人与环境互动”的基本分析框架，需要收集的资料包括服务对象个人、社会环境、两者互动以及互动的结果。具体来说，包括：

（1）服务对象基本资料。包括：籍贯、年龄、性别、教育程度、婚姻状况、宗教信仰、职业收入状况等。

（2）服务对象生理状况。包括：疾病、疾病史、有无残疾、遗传病、长期慢性疾病以及目前的其他生理状况。

（3）服务对象心理特征。包括：智力水平、认知能力、道德状况、个性特点以及行为方式等。

（4）服务对象所处的社会环境特征。包括：服务对象的家庭经济、家庭关系、家庭结构等状况；服务对象的朋辈、同事关系；服务对象的其他人际关系；服务对象的成长背景和生活环境等。

（5）服务对象的成长史。包括服务对象成长的生命史，以及服务对象成长过程中成功和失败经验。

（6）服务对象目前面临的重大事件。包括目前所面临的重大生活事件和压力事件。

（二）资料收集的方法和途径

1. 询问法

直接向服务对象询问，通过面对面的会谈去收集资料，是社会工作者获取服务对象资料的最基本方法。除了向服务对象本人询问外，还可以向与服务对象有关的系统查询。如在各类公共服务平台查询，从学校获取其学业等相关资料，访谈与服务对象关系密切的亲戚朋友、家庭成员等。当直接询问方法不能得到相关资料时，还可以使用间接的方法，即通过让服务对象进行角色扮演和完成句子的方法来进行。这对于获得服务对象的感受、想法和动机等主观性资料非常有效。具体方法见表 3－1。

表 3－1　询问方法罗列表

方法	口头	书面
直接询问	会谈法	问卷法
间接投射	角色扮演法	填充/完成句子法

（1）会谈法：可以是个人会谈，也可以是小组会谈；可以使用提问、对质、摘要、印证、话题衔接、澄清、反应感受、释义和总结等方式进行。

（2）角色扮演法：就是让服务对象通过扮演相应角色的过程，以发现其投射在所扮演角色上的情绪、态度和行为等信息，由此反映服务对象的真实世界。比如，对于迷离不清的夫妻关系，可以让她们将双方吵架时的场景再现出来，借此了解真实的夫妻关系。

（3）问卷法：是通过让服务对象填答相应的问题来获取信息的方法。所问的问题可以是已经提供了备选答案的封闭性问题（相当于考试中的单项选择题和多项选择题），也可以是让服务对象按照自己的想法来自由填答的开放性问题（相当于考试中的简答题和论述题）。

（4）填充/完成句子法：当不能直接获得资料时，让服务对象完成一句没有写完的句子可以获得相关资料（相当于考试中的填空题）。比如，当__________时，我会感到非常愤怒。

2. 咨询法

医生在诊断病人的状况时，需要询问病人是否有家族史，是否有药物过敏史等，对病情严重的还需要许多医生在一起会诊，以防误诊。同样，社会工作者为了获得更加详细、准确和全面的资料，也会向其他专业人士征求意见，这就是咨询。咨询和询问有所不同，咨询的对象一般是其他专业人士，而询问的对象往往是非专业人士。比如，社会工作者为艾滋病患者提供服务时，就需要向有关医学专家咨询艾滋病的相关知识，以便于做出判断；在特殊教育机构的社会工作者也会就自闭症儿童的问题咨询相关的特殊教育专家。

有时候，社会工作者也会让服务对象去接受其他专业系统的服务来获取相关问题的资料。比如，当社会工作者怀疑某社区矫正对象有精神疾病时，可以转介他们去做专门的心理评估和精神疾病的筛查，同时做适当的服务计划。

3. 观察法

通过实地观察，可以增加社会工作者对服务对象及其社会环境的了解，增加对问题的实际感知，使所收集的资料更具有事实依据。观察可以通过家庭探访、参与观察或深入社区生活来进行。在观察中，社会工作者既可以亲身参与服务对象的生活，也可以仅仅作为一个旁观者。比如，社会工作者通过作为社区青少年帮派中的一员来了解社区青少年的偏差行为，学校社会工作者作为学风督察员来实地了解中学生的生活状况。

4. 利用现有资料的方法

一方面可以利用机构备存的关于服务对象的档案资料、工作报告、调查报告，以及政府和公共服务机构的有关服务对象及其问题的档案资料；另一方面还可以通过查询服务对象的网络日志、QQ空间以及好友评论等方式来获得相关资料。

四、接案记录

进行接案面谈后，社会工作者要将会谈的内容和结果记录下来。撰写接案会谈记录有许多不同的形式，其中记叙性记录是比较常见的。记叙性记录的内容大致包括：面谈目的；面谈过程（一般是按时间顺序记录面谈内容，包括社会工作者的行动及服务对象的反馈，使用的主要技巧等）；对面谈的总体评价；对以后面谈的建议等。

第三节　预估

在接案的最后阶段，社会工作者与服务对象达成了初步协议，并进入下一个服务阶段。但是具体如何开展服务，仅凭初步面谈和服务对象对问题的描述是难以决定的。因此，社会工作者需要更全面地认识和了解服务对象，并对服务对象的问题进行深入细致的评估，从而为制定切实可行的服务计划奠定基础。

一、预估的目的和任务

（一）什么是预估

预估是依据既定情境中的状况与特点推论出有关服务对象问题性质的暂时性结论的逻辑过程。换句话说，预估就是对服务对象及其问题的暂时性的评估，之所以是暂时性的，是因为在后续的服务过程中会开展持续不断的评估，以不断充实和完善评估结论。

（二）预估的目的

1. 对服务对象及其问题有更加深入的认识和分析，掌握其主客观因素、优势与限制

比如，针对网络成瘾的青少年，要评估该青少年的问题的性质、程度和行为的规律性；了解该青少年及相关人群（如父母、教师、同辈）对成瘾问题的看法；分析网络成瘾问题的真实原因；并探索该青少年在克服网络成瘾过程中所做出的各种努力等。

2. 对服务的内外环境有更深入的认识和分析，了解有助于问题解决的内外因素

在上面的网络成瘾例子中，该部分预估的目的就包括了解有利于服务对象克服网络成瘾问题的各种因素；同时也要分析阻碍克服网络成瘾问题的要素有哪些；并估计社会工作服务实施的动力和阻力等。

3. 对服务的方向和内容做出初步的计划，为服务计划的可行性做准备

针对上例的网络成瘾问题，社会工作者最后还需要评估服务的目标和方法是否恰当，服务对象的接受和参与程度，以及对最终服务成效的预期等。

（三）预估的任务

在收集了有关服务对象及其问题、需要的相关详细信息后，社会工作者必须进行分析，作出解释，形成概念，并得出评估的结果，从而为制定解决该问题的服务方案的目标和策略提出参考性的建议。因此，预估的任务比较明确，具体包括：

1. 识别服务对象问题的客观因素

即认识、了解问题情境中的客观因素，并对它们做出深入研究。包括：

（1）服务对象的背景资料。

（2）服务对象所处的环境，与其生活有关的重要系统的资料。

（3）问题的发生与持续的时间。

（4）服务对象为解决问题所作的努力，使用过的处理问题的方法等。

2. 识别服务对象问题的主观因素

所谓主观因素是指服务对象对问题的实际感受。识别问题的主观因素即是要认识服务

对象是如何看待自己的问题的，站在他的角度来理解这些问题对他的意义是什么，他为什么会有如此的主观理解，这样的理解和感受对服务对象现在的社会—心理影响是什么，即认识问题在服务对象处境中的意义。

3. 识别服务对象问题成因及使问题延续的因素

预估的根本目的在于得到对服务对象问题的深入认识，识别问题产生的真正原因及使问题延续的因素，能让社会工作者由表及里地探查问题，从而为社会工作者下一步的工作开展奠定基础。

4. 识别服务对象及环境的积极因素

虽然服务对象在与社会环境互动的过程中存在一些问题，但事情并不是一团糟。无论是在服务对象个人，还是在社会环境方面，总会有一些有利于问题解决的潜在优势和积极方面。如，本节所讨论的青少年网络成瘾问题中，该青少年有远大的梦想、坚韧的毅力以及许多好朋友，加之老师的关心和爱护，都是促进服务对象改变的积极因素。这些都是需要在预估报告中加以反映和说明的。

5. 决定提供服务的方式和内容

根据前面对相关诸多因素所做的分析和判断，社会工作者在预估后，需要对未来的介入计划作出初步的建议。这些建议包括：问题的本质是什么，建议采取的介入理论和方法策略，需要从哪些系统介入，可以获得哪些外来的社会支持，采用什么样的服务方法等。

二、预估的基本步骤与过程

（一）探究服务对象的情况、问题与需要

1. 描述服务对象的问题与需要

包括服务对象的问题是什么，不同的人如何理解，问题的范围有多大，问题的严重程度及持续的时间等。还包括服务对象在此问题的影响下在生理、心理以及社会关系方面有哪些需求。

2. 描述问题是如何发生的

主要是描述问题发生的原因是什么，问题与需要的发展状况等。包括：问题是在什么样的情况下产生的，产生的时间及先后次序；服务对象和其他重要系统的反应，采取了什么样的应对措施。

3. 描述服务对象的处境及其社会系统的情况

主要描述服务对象在问题的影响下，其社会功能发挥的情况，包括生理、心理及社会方面。在生理和心理层面，既要看到生活的艰难面，又要发现闪光点的一面，尤其要注重挖掘服务对象在压力事件中所表现出的智慧和力量。在社会层面，要分析服务对象周围的社会支持系统的缺乏，同时也要看到潜在的社会支持的力量。

4. 探究服务对象不能解决问题的原因

社会工作者需要注意：第一，服务对象对问题的看法可能就是影响其解决问题的原因；第二，对问题处理方法的看法也会影响问题的解决；第三，与资源网络的联系也会影响问题的解决；第四，政府的政策也是影响问题解决的重要因素。

5. 描述服务对象的生命历程和发展阶段

无论服务对象是个人、家庭、社区还是组织，都有其一定的生命周期和发展阶段，这些阶段就是服务对象的社会文化脉络。这些社会文化脉络就是服务对象及其问题产生的生态系统，具有重要的“坐标”意义。例如，对于一个10岁左右的儿童而言，经常动手动脚地破坏公共物品，并不一定就是患有多动症，而是这个年龄阶段经常会出现的一些特征。而对于一个成立才几周的小组而言，其内部存在矛盾和冲突也是符合小组在这个阶段的发展特征的，算不上有什么问题存在。可见，清楚服务对象所处的发展阶段也是分析问题的一个基本框架。

6. 描述并鉴定服务对象的资源状况

在社会工作者看来，服务对象的问题很大程度是由于其社会资源的缺乏所导致的，因此，分析其资源状况是非常有必要的。包括预估服务对象参与以及解决问题的动机强度、学习的能力、逻辑思维能力、情绪的控制能力、有形的资源、无形的社会关系等。

（二）分析服务对象的资料并作出预估摘要

1. 对服务对象的问题与需要作出解释

所谓解释就是将所获得的有关服务对象及其问题的众多形形色色的资料，加以整理和组织，以一种概念性、系统性、条理性和具有说明意义的方式去呈现出来，让其他的人对服务对象及其问题能够有一目了然的认识和了解。所以，逻辑性、系统性、专业性就成为社会工作者预估的一大特色。

2. 列出解决问题的目标及先后次序

基于前面问题的成因和服务对象的需要，社会工作者要与服务对象一起去探讨所要解决的问题，并按照问题的重要性和可实现的程度，按照先后次序列出所要解决的问题。同时，对这些所要解决问题的相关要素进行简要的说明。

3. 决定介入的策略

针对服务对象问题的介入策略，原则上是多层次，并且每一个步骤都需要服务对象的参与。所谓多层次性，是指既可以提供直接的物质帮助、心理支持或者信息咨询给服务对象，也可以通过组织管理、资源链接、政策倡导等方式来提供间接服务。比如，在医院里，医务社会工作者为那些患有白血病的儿童的家长提供相关的疾病照顾、康复的知识和方法，举办家长支持小组等。

4. 撰写预估摘要

预估摘要就是要清楚明白地表达对服务对象问题的认识和分析，为社会工作者自己和服务对象、社会工作机构、相关部门，以及那些与服务对象有关的系统提供关于服务对象需要与问题的准确和详细的信息，作为下一步制定介入计划的可靠依据。预估摘要一般包括：

（1）对服务对象自身系统的预估。包括四个方面：一是服务对象自身存在的优势。如性格优势、特长能力等。二是服务对象自身存在的可能导致其困难的问题。例如，服务对象如何看待自己的问题；自己觉得问题出在什么地方；原因是什么；问题持续的时间、频率和强度；问题的后果；为解决问题所作的努力；使用的方法等。三是服务对象解决问题的动机。如服务对象是否有不适感；服务对象解决问题的希望等。四是服务对象生理、情感和智力方面的功能发挥。包括生理方面的健康状况、活力水平；情感方面的处理情绪、挫折和愤怒的能力；智力方面的认知能力、抽象思考能力、做决定的能力等。

（2）对服务对象家庭系统的预估。可以从家庭系统的优势和不足两个方面来看，具体包括以下七个方面：一是家庭成员的基本情况；二是家庭的基本情况，包括家庭收入状况、居住环境、家庭成员的健康状况等；三是家庭成员的角色和互动情况，包括夫妻、父母、兄弟姐妹、子女的角色 ；四是家庭规则，包括如何解决分歧和冲突，家庭的权威关系；五是家庭成员的沟通方式，包括如何表达期望、需要、情感等；六是家庭关系，包括家庭内的子系统；七是家庭的决策和分工方式。

（3）对服务对象所处社会系统（包括同事、同学、亲友、社区及其他资源体系）的预估。同样可以从社会系统中的优势和系统中可能存在的劣势两方面入手，包括：一是社会支持系统及其功能发挥；二是社会物理环境以其对服务对象需要满足的程度；三是服务对象对社会系统的主观认知；四是服务对象的社会网络环境；五是社会的体制和组织环境等。

案例 3－1①

以孟凡个案为例说明如何撰写预估摘要

孟凡，女，18 岁，离开学校在家自学已经 3 年了。孟凡在儿童期的时候，行为能力的发展似乎跟不上同龄的孩子，奔跑的时候容易摔跤，其他女孩子常玩的跳皮筋之类的游戏，她也不擅长。久而久之，她被同龄群体排斥在外，经常一个人待在家里。与此同时，孟凡在语言发展方面似乎比同龄人有更多的天分。到读小学之前，她已经看完了儿童简读版的四大名著，会大段背诵《论语》等诸子百家的文章。进入小学以后，孟凡表现出对学校教育的一些不适应。老师经常向家长反映，孟凡上课不遵守纪律，总是喜欢“打破砂锅

① 本章主要案例来源于中国社会出版社 2010 年出版的马凤芝主编的《社会工作实务（初级）》，以下同。

问到底”，甚至敢于质问老师直至令其感到难堪的地步。而且老师批评其他学生，他们都能虚心接受，就是孟凡一个劲儿和老师理论，一定要老师给出让她心服口服的理由，否则就不接受老师的批评。为此孟凡在学校里经常被老师惩罚，孟凡的父母也经常会被老师叫去“批评”。那时孟凡父母觉得孩子还小，道理可以慢慢教，以后孩子逐渐大了，自然能说得通了，也会逐渐“乖巧”、懂事了。但是到小学高年级，孟凡不仅没有变得服从和听话，反而开始习惯性地向父母说谎。她曾经很开心地告诉父母，老师一个星期都没有布置家庭作业，但是马上就有老师打来电话告诉孟凡的父母，她已经整整一个星期没有完成家庭作业了。在说教无效的情况下，孟凡的父亲选择了最简单的处理方式：每次有老师告状，他就将女儿痛打一顿。

孟凡个案预估摘要

一、对孟凡自身系统的预估

1. 孟凡自身存在的优势。从个性上来看，孟凡从小就是个个性独立、坚定、凡事有自己主见的孩子，对于家长和老师的权威，她从不轻易妥协，敢于向他们当面提出和坚持自己的观点和看法，表现出比同龄孩子更勇敢和固执的性格。

从感受性来看，孟凡对身边发生的事情以及学习的知识有比较高的敏感性，善于提出问题、思考问题。从根本上来说，孟凡非常渴望能够通过与老师家长包括同学朋友进行思想的交流和碰撞，来自主性地选择接受和吸纳一些知识和经验，而非单纯地成为一个只知道服从别人和接受别人灌输给自己信息的人。

从个人能力上来看，孟凡从小就表现出口头和书面表达方面的特长；还有她在比较早的时候就开始接触中国传统文化，使得她具备比同龄人更宽广的知识面和更有深度的思考问题的能力；最后，孟凡似乎从小就表现出某些心智方面的“早熟”，在其幼年时期就已经开始追问生命价值、生存意义方面的哲学问题。

2. 孟凡自身存在的可能导致其生活和学习困难的特质。首先，从个体生理发展的角度上说，孟凡刚出生就出现过短暂窒息的情况，可能会对其大脑神经系统的发育带来一些负面影响；其次，在儿童时期孟凡表现出轻微的动作协调能力发展不足的情况，身体的平衡和肌肉控制似乎不够理想，模仿和学习一些比较复杂的行为方式也不是她所擅长的，由于从小缺少玩伴，所以一些应该通过和同龄人游戏而得到提高和锻炼的人际交往基本规则和能力孟凡比较欠缺；再次，在进入小学以后，孟凡表现出对于小学阶段的儿童应该能够自觉执行的一些规则和规范不太适应，这似乎也与其幼年的成长经验有一定关系；最后，孟凡的个性方面表现得过于执着和强调“自我的感受和看法”，在处理具体问题的时候比较缺乏弹性和灵活变通的能力，也不太考虑与其互动的对方的感受和想法。

二、孟凡所在家庭系统的预估

1. 家庭系统的优势。孟凡的家庭结构完整，她的父母亲都有比较稳定的工作，为孟凡创造了一个有基本物质保障的家庭生活氛围。孟凡的父母比较重视对孩子的早期教育，并且给孩子创造机会接触中国的传统文化，由此可以看出，孟凡的父母对她还是寄予了相当高的期望，盼望她将来能够成为一个知书达理的人。孟凡的父母对孩子的学习和生活都比较关心和关注。

2. 家庭系统中可能存在的发展不足问题。孟凡的父母可能更多的只是关注了从物质条件的角度满足孩子的需要，对于孩子内心的感受和想法，父母了解得不多；对于孟凡出生的时候曾经出现过的短暂窒息可能导致的后遗症，她的父母没有引起足够的重视；对于孩子的教育，父母可能贯彻了一种宠溺和严惩两种态度和方式同时并存交叉使用的情况。

三、对学校老师和同学系统的预估

1. 学校系统中的优势。孟凡就读的小学和中学里的老师，从对学生的管理层面上说，态度都属于比较认真的。具体表现在对学生在学校里的表现，都能够及时地与学生家长进行沟通，希望家长能够配合老师共同对孩子进行教育。

2. 学校系统中可能存在的功能不足。学校老师的管理态度认真以及管理学生的行为不一定十分恰当。比如说，认为在课堂上喜欢向老师追问到底学生就是不遵守纪律不尊重老师的学生，这种对于学生的评价似乎就不够公正；还有孟凡的中学班主任经常会因为一些小事情而批评成绩不好和平时表现不好的学生，这种做法似乎有“贴标签”的嫌疑；更不用说当老师恼羞成怒时针对学生进行的一些有体罚性质的惩罚。在教学的过程中，中小学的部分老师似乎也没有很好地做好针对不同学生的特点和需求“因材施教”。基础教育阶段学校的职能似乎也没有很好地体现：初中阶段应该属于国家强制执行的九年义务教育阶段，但是针对孟凡提出的辍学要求，她所在的中学并没有做多少挽留和补救的工作。还有在孟凡本人及其父母的叙述中，很少提到学校里的同学，孟凡从小学到初中，在学校基本处于独来独往的状况，没有什么朋友，自从她辍学以后和学校的同学更加没有联系。

四、对亲友、社区及其他社会资源体系的预估

1. 系统中的优势。在亲友系统、社区支持系统以及社会资源方面，都有一些人在关注孟凡及其家庭。比如说，孟凡的一些亲戚，社区委员会的工作人员，包括新闻媒体以及从事社区青少年服务工作的社会工作者等。

2. 系统中可能存在的劣势。在上述资源中，每个群体是出于不同的目的关注孟凡及其家庭，亲友可能是出于好奇心，新闻媒体可能更多地考虑宣传炒作新闻的商业价值，社区委员会可能是出于对社区居民的管理，而社会工作者则是结合自身的价值观和服务特征，将孟凡及其家庭作为需要更多社会支持的弱势群体加以辅助。因此，如果没有人专门从事协调和整合的工作，对于孟凡及其家庭来说，来自社区和社会各个层面的关切可能并非是对他们的支持，而是一种更大的压力。

第四节　计划

“凡事预则立，不预则废。”社会工作服务过程可能会受到社会工作者风格、服务对象状态、周围环境变迁以及微妙的专业关系的影响，最终偏离服务的目标。因此，在服务开始阶段，社会工作者就必须制定服务计划并签订服务协议，以保证介入措施能够有效达成服务目标。

一、服务计划的特点

服务计划就是一个社会工作者与服务对象通过理性思考和沟通，就服务的相关要素达成一致的看法并做出部署的过程，是一个确定介入目标、确定服务的范围、选择相应的行动策略的过程，也是制定有效行动方案、明确任务和责任并作出决策的过程。

一个切实可行、具有指导意义的服务计划具有以下特点：

（一）要有服务对象的参与

计划的终极目标是为服务对象服务，所以必须要让其参与计划的制定。为了让服务对象有机会体现自我决定和自我价值，就必须促进服务对象的参与，使其认识到自身的能量和努力的意义，获得体会自我成长、自尊和自我成就感的机会。比如，我们在建设农村留守儿童服务中心的过程中，相关的计划就不能仅仅依赖所谓专家一厢情愿的设计和构想，而是要真正倾听了留守儿童的心声和需要，并获得他们的参与。这样的情况同样出现在各类灾后重建中，缺乏了当地居民的参与，重建计划不一定符合社区发展的实际需求。

（二）要尊重服务对象的意愿

整个服务计划的制订不但需要服务对象的参与，还需要体现其真实的心理需求。因此，社会工作者和服务对象要在服务目标和目的方面取得一致，否则会让服务陷入困境，导致双方产生挫折感和失望感，最终无功而返。比如，社会工作者往往会将青少年辅导的目标界定为减少其偏差行为，而青少年则是更想获得他人尊重和自我决定的机会，这就需要社会工作者的细心探索。

（三）详细具体、切实可行

服务计划一方面要做到详细具体，通过可以测量的成效评估，让服务对象能够从自己的行动中体会看得见、摸得着的工作成果，以增强其成就感和继续努力的动机；另一方面，服务计划不能做得过于宏大和抽象，更切忌大而空、过于理想，脱离了实现的可能性。为此，社会工作者可以通过目的、目标、基本任务等梯度来进行分解，并且说明完成的期限。

（四）服务目的、目标和行动的一致协调性

对于服务对象来说，计划能够使他们明确行动的方向，振奋精神，督促他们坚持不懈，寻找策略促使改变的发生。因此，制订计划时不能脱离服务的总目标，每一项具体的介入工作和介入策略都要围绕目的和目标。

二、服务计划的构成

服务计划是整个服务过程的蓝图和指南，它通常包括的内容有：服务对象的基本情况、服务对象的主要问题与相关问题、目的及目标、介入的方法和行动、达到目标所用的期限等。其内容的核心部分如下：

（一）目的及目标

目的是指介入工作要达到的总体方向，是一个抽象的、长远的结果。目标则是指具体的工作指标，是一个具体的、近期的、可测量的结果。目的可以制定得比较笼统、抽象，然后层层分解、具体化为目标。制定社会工作介入目标时，可分为长期目标、中期目标、短期目标，分阶段完成，最后达到改变的总目的。

（二）关注问题及对象

计划不仅要详细说明介入的目标，而且要说明介入工作所关注的问题和对象。

关注的问题是指：服务对象或者相关的系统所要解决、改变和完善的问题。这可能是心理问题、情绪问题、行为问题、思想问题、资源问题、组织问题、生计问题、政策问题等。所关注的问题可能不止一个，但是要确定主次之分、先后次序，依次加以解决。比如，针对艾滋病患者的服务计划中，关注的问题可能是疾病防治问题、家庭关系问题、心理和情绪问题、就业问题、社会歧视问题和社会政策问题等。

关注的对象是指：解决问题和采取介入行动所要涉及或服务的对象。具体包括个人、家庭、群体、社区、组织等。关注的对象是整个介入工作的焦点，因此需要明确界定和责任到人。例如，艾滋病患者的服务计划中，关注的对象可能是艾滋病患者本人、相关家属、邻里、社区民众、同辈群体、用人单位、医疗机构以及国家政策部门等。

（三）介入的方法和行动

就像医疗过程中医生会与病人一起沟通决定是采取手术治疗还是药物治疗一样，社会工作的服务计划也要确定服务介入所要采用的方法和具体行动。介入方法可以选择个案辅导、家庭治疗、小组活动、社区工作、网络建构和政策倡导等方法；而介入行动则可以选择是危机干预、物质支持、心理辅导、信息咨询、政策倡导等。

三、服务计划的制订

（一）设订目的和目标

要想实现抽象的目的，就必须达到各项具体的目标。例如，一对关系紧张的夫妻希望改善关系，他们求助的目的是“建立良好的夫妻关系”。这个目的就必须用具体的措施和指标来实现，既每天至少找到对方一个优点并向对方说一句赞美的话，每周共同参加一次“夫妻沟通技巧训练”，妻子将抱怨的语言每天控制在10句之内，丈夫晚上不得迟于11点回家等。目的和目标的设定包括以下程序：

1. 确定服务对象的需要和问题

社会工作者可以通过征询、复述、摘要等技巧来确认问题。例如：我们已经对影响问题的因素和问题本身进行了分析，这些问题包括……和……以及……你觉得这些问题是否就是我们下一步需要解决的呢？”

2. 向服务对象解释设定目标的意义

沟通解释有助于获得服务对象的认同和参与。社会工作者可以通过解释来让服务对象了解设定目标的意义。例如：“我们大家对目前所存在的问题已经有了很多讨论，为了达到解决问题的目的，现在需要制定明确的目标来督促你的行动，也让我能知道应该怎样帮助你。下面我们一起讨论一下，看看什么是你认为最重要的目标，以及以怎样的行动来逐步达到你所希望的目标，好吗？”

3. 共同选择适当的目标

选择目标要做好两个步骤：一是筛选目标。社会工作者可以与服务对象一起将可能的目标写下来，并通过打分的方式排出先后次序。二是定义目标。在筛选出目标后，要用具体、可操作的指标定义目标，以利于执行。

4. 进行恰当的目标陈述

目标陈述要可测量、明白易懂，并具有可操作性，重在促进服务对象的成长。清楚明白的目标不但可以避免双方的分歧和误解，还可以让服务对象体验进步的喜悦。根据社会工作的优势视角，目标陈述要重点放在建立积极正向的态度和行为上，而不是放在消除负面态度和行为上。比如，对于打架逃学的中学生而言，目标要多关注他们完成作业的质量、帮助同学的次数以及获得的学习进步上等，而不要过分关注他们又损坏了多少公共财物、他们又迟到了多少次等。

表3－2　正向与负面目标陈述

负面目标陈述	正向目标陈述
减少指责和批评孩子的次数	发现孩子的优点和长处，增加用正面语言鼓励和表扬孩子的次数
消除与孩子沟通中的障碍	坦诚、开放、及时并具有建设性地表达彼此间的意见

5. 讨论目标的可行性和可能的利弊

社会工作者可以与服务对象进行讨论，帮助他们思考目标的可行性和利弊。例如："如果按照现在你选择的目标去做，你觉得对你会有什么样的影响呢？你认为有哪些因素可以帮助你实现目标？有哪些因素阻碍你实现目标呢？"

6. 确定目标并决定目标的先后次序

此时，社会工作者一方面需要再次确认与服务对象对目标的理解是否一致，并强化双方对目标的认可和接受，使之真正变成双方的共识。另一方面，社会工作者还需要根据服务的实际需要，引导和协助服务对象排出目标的先后次序。

（二）构建行动计划

构建行动计划，实际上就是选择介入系统和介入行动的过程。一方面包括确认为实现目标应该寻找那些系统（人和组织）的帮助；另一方面是选择用什么方法、什么策略去实现目标。

1. 选择介入系统

社会工作是一个非常注重社会资源联络的专业，社会工作者运用各种知识与资源，与各要素系统共同努力，通过一系列具体的工作达到工作目标。针对不同的服务实际，社会工作需要有选择性地确定以下四个系统：

（1）改变媒介系统。是指受雇于公立、志愿、非营利机构、社区中的社会工作者以及与服务对象有关的具有不同专长的专业人士。他们是促进服务对象改变的媒介系统和主要行动者，他们是专业的助人者。

（2）服务对象系统。是社会工作服务的对象，是社会工作服务的直接受益人。服务对象系统可以是个体、家庭、团体、组织或社区；可能是"现有的服务对象"，也可能表现为"潜在的服务对象"。因此，辨清服务对象系统及类型，是社会工作服务展开的第一步。

（3）目标系统。为了达到改变服务对象系统的目的所需要改变和影响的系统就是目标系统。在确认了服务对象系统后，社会工作者紧接着的任务就是要与服务对象系统一起工作，确定目标系统。比如，一群妇女（案主系统）向妇联和社会工作者（改变媒介系统）求助，诉说她们常在家里被丈夫虐待。经调查，这些施虐者是具有各种各样的职业背景和文化背景的人所组成（目标系统），于是，社会工作者邀请医务人员、警方、法院工作人员甚至新闻单位（行动系统）一起出面处理这些事情。通常情况下，目标系统大于服务对象系统，而且具有时效性。

（4）行动系统。是指那些与社会工作者一起工作、实现改变目标的人。诚如上面所举的例子，行动系统就是与社会工作者一起进行改变努力的系统，系统中的所有人士都是社会工作者开展工作的同盟军。

2. 选择介入行动

具体行动是实现目标的手段，而选择何种介入行动需要根据服务对象的情况，服务环境的可操作性以及相关介入措施的有效性等进行判断。根据问题的性质不同社会工作介入行动可以分为：

（1）危机干预。是针对服务对象遇到突发性事件时的服务策略，包括灾害救援、自杀干预、紧急安置和创伤安抚等。

（2）资源整合。是指为服务对象联系不同的社会资源以协助其克服困难和促进成长的服务策略，包括募捐、联系新闻媒体、联系政府部门、争取社会救助等。

（3）经济援助。是指为服务对象提供的各类临时性经济救助和常规性经济援助的服务策略，包括紧急医疗救助、特别教育补助、自然灾害补助以及最低生活保障等。

（4）安置服务。是指将服务对象带离原有生活场所进行暂时性或替代性安置的服务。按时间长短可以分为暂时性安置、短期安置、长期安置和永久性安置等。从安置场所看，有为老人、儿童、吸毒人群、精神病患者以及流浪乞讨人员等提供场所。比如，儿童的安置场所有儿童福利院、寄养家庭、领养家庭和少年管教所；老人的安置场所有养老院、日间照顾中心；吸毒人员的安置场所有戒毒所；精神病患者的安置场所有精神病院、疗养院；流浪乞讨人员的安置场所有社会救助站。

（5）心理辅导。是指为服务对象提供情绪辅导、观念改变和行为改变等的服务策略，包括精神分析治疗、行为治疗、理性情绪治疗、人本治疗、叙事治疗、音乐治疗、游戏治疗等。

（6）专业咨询。是指社会工作者以自己所掌握的专业知识、政策法规以及社会资源等相关信息，为服务对象提供的咨询服务。咨询的内容涉及有关社会福利和社会救助的政策和法规、资源系统以及需要与问题的评估和建议等。当服务对象所需咨询的主题和内容超过社会工作者的能力范围时，需要进行转介或安排其他专业人士进行咨询。

（三）签订服务协议

在制定好服务计划后，社会工作者要与服务对象讨论协商并就所制定的服务计划达成一致的意见，经过双方的承诺认可并签名，将之变成为一个服务合同和工作契约，确定双方对问题的认识与界定、工作的目标以及相互责任。

具体来说，服务协议如同服务计划一样，也应该具有明确性、实用性、一定的弹性，并得到双方的认可。其核心内容包括计划的目的与目标；双方各自的角色与任务；为达目的与目标所采用的步骤、方法与技巧；总结、测量和评估的方法。

从形式上来说，服务协议既可以是书面协议，也可以是口头协议。特别是在社会工作发展和专业关系建立初期，服务对象还不习惯签订书面协议时，口头协议是一种灵活的变通形式。

现在我们以中学生小组工作计划为例说明社会工作介入计划的制订。

案例3-2

学校社会工作者在工作中发现，有些学生在进入初中后与原来小学相比在行为和学习上有很大变化，表现为喜欢模仿明星打扮，上课不注意听讲，对异性好奇但又极力避免男女生一起活动等。进一步调查发现，这种情况在初一学生中带有普遍性，只是表现得不太明显。有些学生进入青春期后，开始产生“同一性”混乱。具体表现为自我概念不明确，生活缺乏目标，时感彷徨迷失，影响到其学习生活的各个环节，时常出现自卑、低自尊、自律性差，依赖性强、不敢与人交往等情况。为了帮助处于青春期的孩子顺利度过“青春期迷茫”这一特别的人生阶段，根据学生的需要，社会工作者计划开办一个“自我概念训练”小组来帮助同学们认识青春期的特点，提升他们的自我意识和自我肯定。开始工作之前，在对同学们关心的问题和同学们交往中存在的问题进行调查分析之后，社会工作者拟定了小组工作的初步目标和具体的施行计划。计划包括了工作目标、具体的行动计划和工作程序。

“自我概念训练”小组工作计划书

一、小组问题

参考艾里克森的自我同一性理论，中学生进入青春期后，开始产生同一性混乱。具体表现为自我概念不明确，生活缺乏目标，时感彷徨迷失，影响到其学习生活的各个环节，常常出现自卑、低自尊，自律性差、依赖性强，不敢与人交际等情况。这些对于其成长产生了很深刻的影响。

二、小组目标

1. 帮助组员认识自己，理清思绪，增强组员的自决能力。
2. 帮助组员增强自我接纳的能力和自信心的提高。
3. 建立小组支持网络。
4. 帮助组员培养归属感和被接纳的感觉，使他更有安全感，更有信心面对生活的挑战。
5. 帮助组员发挥其能力和勇气，参与社交，更有效地与人交往，而且懂得重视与他人分享的价值和重要性。
6. 找出个人彷徨迷茫的深层原因。

三、对组员的要求

1. 有意愿增强自己自信心，使自己以后在学习和生活中成为会自我欣赏的中学生。
2. 自愿参加这个进行自我探索，与人分享经历的小组。
3. 成员应是本校的初中二年级学生。
4. 本小组名额有限（10人），最好男女均衡；如要成为组员，需要经过面谈。

四、招募途径

直接到班宣传，进行动员。

五、小组聚会时间和地点

每周一、三的下午1：30～3：00。

小组聚会5次，每次90分钟，合计7.5小时。

在卫行鲁冰花简易小学的某教室。

六、活动安排

第一次：欢迎来到青苹果之家

目标：建立组员之间初步的信任关系，促进组员的彼此了解。

时间：3月29日下午1：30～3：00。

地点：在卫行鲁冰花简易小学的某教室。

活动内容包括：

1. 组长自我介绍以及简单介绍小组的目的、性质和原则。

2. 小组前测。

3. 制定小组协约。

4. 制定小组目标和个人目标，全体组员共同讨论。

5. 游戏：大风吹，并引导组员进行思考。

6. 大家分享一下对这次聚会的看法和感受，组长作简单总结。

第二次：认识你自己

目标：深入组员之间的了解，加强组员之间的信任关系；引出小组所涉及的主题，促进自我了解，明确自我概念，提升自我力量。

时间：3月31日下午1：30～3：00。

地点：在卫行鲁冰花简易小学的某教室。

活动内容包括：

1. 请小组成员回忆第一次活动他（她）印象最深的是什么。

2. 小组前测。

3. “我的自画像”——我的爱好，我的期许，我的宠物，人格盾牌，过去的我和现在的我，我的偶像，我的宣言等。

（1）填写各种信息结束之后，由社会工作者读大家填写的信息，大家猜是谁，看谁最先猜到。

（2）自己解释为什么这么画自己。

4. 分享对整次活动的感受。

5. 家庭作业：给自己的第一封信。

第三次：自我接纳、自我探索

目标：引发组员的自我表露，深入对自我接纳主题的讨论，建立统合的自我概念，提高自尊、自信；初步建立组员间的相互支持，激发小组动力。

时间：4月5日下午1：30～3：00。

地点：在卫行鲁冰花简易小学的某教室。

活动内容包括：

1. 前次活动回顾。

2. 畅想活动。

3. 写出平时觉得困难的事情，大家相互思考解决方案，澄清想法。

4. 给自己的奖状：优点轰炸。

5. 分享感受。

第四次：提升认知

目标：提升其自我概念，重新认识自我责任、自我把握；加深组员之间的支持，促进组员的共同成长，发展小组动力。

时间：4月7日下午1：30～3：00。

地点：在卫行鲁冰花简易小学的某教室。

活动内容包括：

1. 前次活动回顾，补充填写奖状。

2. 作自己的“法人代表”。

3. 集体活动：迷失丛林。

（1）个人排序。

（2）集体讨论排序观察组内的成员表现。

（3）分享讨论感受：是不是坚持自己的意见？为何坚持为何不坚持？为什么听取了别人的意见？如何说服别人听取自己的意见？有了问题是否会找同组的支持？

4. 布置家庭作业：给自己的第二封信。

第五次：离别阶段

目标：巩固成果，处理离别的情绪，评估目标达到的程度。

时间：4月12日下午1：30～3：00。

地点：在卫行鲁冰花简易小学的某教室。

活动内容包括：

1. 前次活动回顾。

2. “善待自己”——幸福在哪里，现实和理想，保护自己，祝福船等。

3. 小组后测，进行小组评估。

4. 组员表达对小组终结的个人感受，处理离别情绪，畅想未来。

七、困难预测

1. 组员的矛盾冲突太大，无法处理。

2. 发生计划外事件，导致活动被中止。

3. 活动经费问题。

4. 活动过程中，组员积极性不足，小组氛围无法调动。

八、所需准备

教室、笔纸、黑板、粉笔、剪刀、彩笔、水、录音机、磁带等。

九、经费预算（略）

第五节　介入

介入就是服务计划的落实，也是满足服务对象需要和实际解决问题的行动阶段，是助人过程的主要阶段，也决定着服务的最终成效。考虑到服务对象及其问题的多样性，介入的策略变化多端，我们无法一一描述，但是可以将其主要类别、基本原则和主要策略简要介绍如下：

一、介入的主要类别

案例 3 - 3

林师傅目前单身（妻子出走三年，一直未归），家有年迈父母，父亲身体不好，有老年痴呆症状。林师傅年轻时特别“讲义气”，曾因故意伤害罪而坐牢。林师傅认为他的经历及妻子的无故出走对女儿产生了较大的影响，为了生计老林对女儿管教不多。女儿读小学三年级，学习成绩不太好，由于林师傅从没参加过女儿的家长会，所以女儿在校表现情况他不太清楚（居委会陈老师反映女儿有撒谎现象）。林师傅觉得对女儿的管理教育力不从心，无能为力，但他还是想为女儿创造好一些的条件，并且希望她健康成长，今后能上大学，这样他以后也有个依靠。林师傅没有参加社会保障，因为参加社保的话他就无法再领到每月的最低生活保障金。目前在社区附近摆夜排档近三个月，生意一般，维持生计尚可。但是，最近期林师傅的父母身体都出现了问题，光是医疗费用就占据了一大笔开支，给女儿的教育经费就显得捉襟见肘。林师傅为此十分头疼，很想找人谈一谈，也愿意与社会工作者交流。

根据林师傅的上述资料，社会工作者可以将“人与环境互动”作为分析的基本框架和介入焦点，并拟定以下介入行动。一是直接介入，包括帮助林师傅宣泄作为单亲的感受，并给予他心理和情绪的支持，同感其“上有老、下有小”的艰辛；识别出社区中有类似问题的又有意愿接受帮助的人，为他们开办一个亲子沟通和子女教养技巧训练小组；提供辅导服务，帮助林师傅管理家庭开支，让林师傅能够为女儿储存一笔教育储蓄；为林师傅的女儿提供情绪支持和学业辅导服务；转介林师傅参与现有的一些单亲小组，从中获得一些信息和支持。二是间接服务，包括建立单亲家庭互助小组和支持网络，并培养邻里之间的相互支持；发展儿童教育服务中心，帮助那些父母疏于管教的儿童解决学业、情绪和行为的问题；倡导政府和社会相关机构给有需要的单亲家庭提供特别的救助；倡导相关的家庭政策、就业政策和教育政策的改革，促进学校建立社会工作服务体系，等等。

从以上的服务，我们可以看出，针对同一个服务对象的同一类问题及需要，社会工作者可以作出不同的介入策略和方法。综合而言，根据社会工作介入的性质，介入可以分为以下三种类型：

（一）直接介入

直接介入策略是指直接以个人、家庭和小群体为关注对象，针对他们采取的面对面的直接行动，重点在于改变家庭或小群体内的人际交往，或改变个人、家庭和小群体与其环境中的个人和社会系统的互动方式，恢复其社会功能的活动。比如，直接为企业工人提供政策咨询、心理咨询、纠纷调解等。

（二）间接介入

间接介入策略是指以个人、家庭、小组、组织和社区以及更大的社会系统为关注对象，由社会工作者代表服务对象采取行动，通过介入服务对象以外的其他系统间接帮助他们解决困难，恢复社会功能的活动。间接介入通常也称为改变环境的工作，或中观和宏观社会工作实务活动。比如，为了维护城市农民工的权益，使其能够尽早拿到拖欠的工资，社会工作者可以代表农民工与企业主进行谈判，联络相关的媒体进行曝光和采访，或者直接通过政策咨询或社情民意的方式反映给相关政府执法部门。

（三）综合介入

“人与环境互动”作为社会工作的基本分析视角，启示我们在开展服务的过程中，既可以从服务对象层面入手开展直接服务，也可以从社会环境入手开展间接服务，从而促进人类行为与社会环境的相互协调和平衡，两者不可偏颇。因此，社会工作的综合介入策略就是一方面增强服务对象的各种能力，以适应变化着的社会；另一方面增加社会环境对服务对象需要的回应，包括环境的改变和政策的倡导与实施。与此同时，还可以采取增加两者互动和协调的机制来促进服务对象与社会的相互适应。这种既包括了直接服务又包括间接服务的介入行动称为综合介入策略，这是未来社会工作发展的趋势，也体现了一种综合治理的理念。

二、介入的基本原则

考虑到服务对象、问题、需求的多样性，加之社会环境的不断变迁，社会工作者必须要灵活选择介入策略。其中，需要遵循的基本原则包括：

（一）以人为本，服务对象自决

无论采取什么样的介入策略，都要从服务对象的需要和利益出发，一方面要告知服务对象采取该介入策略可能产生的各种后果，另一方面要以坦诚和信任的态度告知服务对象与预期利益相违背的情况。只有如此，才能真正地促进服务对象有更大的动机去承担责任和完成任务，从而实现服务对象的自决。比如，虽然学校社会工作者希望通过行动倡导让一名怀孕的未成年中学生去流产，但是一定是出于对服务对象的利益考虑，要经过服务对象的同意并亲自作出决定。

（二）个别化

只有充分考虑了服务对象的具体情况，所采取的介入行动才是具有针对性的。比如，并非所有的有劳动能力的低保人员都是因为福利依赖才不去找工作，其背后可能有着各种复杂的现实因素，所以社会工作者要根据服务对象的不同特点采取不同的介入策略。

（三）考虑服务对象所处的生命发展阶段

个别化考虑的是不同个体的详细情况，而不同的个体都会分属于一定的群体。为了更加方便地了解服务对象的情况，根据其所属的群体特征，并掌握服务对象所处的生命发展阶段，能够更好地指导介入策略的选择。比如，对于儿童来讲，其爱和保护的需要就显得十分重要；而对于青少年来说，如何更好地促进教育和社会化是主要的介入焦点；老年人则需要更多的情感慰藉和生命关怀。

（四）沟通与合作

服务对象虽然是社会工作者服务的客体，但是也是服务过程的主体和合作者。只有充分获得服务对象的心理、情绪和行动的配合，服务才能取得最终的成效。所以，社会工作者在采取介入策略的时候，要与服务对象充分沟通，并得到服务对象的支持。

（五）瞄准服务目标

所选择的介入策略应该有助于实现服务计划的目的和目标。例如，帮助残疾人得到更好的成长是社会工作者所关心的目的，所以介入行动的策略就应该围绕寻找阻碍残疾人发展的诸多因素，选择能够消除不公正的社会歧视和排斥的策略，从促进残疾人的家庭融合、社会融合、职业获得以及福利体系完善入手，才能真正帮助残疾人。

（六）考虑经济与社会效益

采取任何一种介入策略，都会有相应的人财物以及精力的消耗，也会动用一定的社会关系。所以，那些投入最少精力和资源，动用最少社会系统，并能够最大化地提升服务对象福祉的介入策略应该被优先采取。相关信息可以参考国际组织 Campbell 协作网和中国儿童与老年健康证据转化平台（Chinese Clearinghouse for Evidence Translation in Child & Aging Health）。例如，对于某个残疾人的生活困难问题的介入策略如果只是在家庭内部就能够解决，就没有必要一定要动员政府和社会的力量。

三、主要的介入策略

（一）直接介入的行动及策略

直接介入策略可以有不同的介入行动，包括促使服务对象运用现有资源、危机介入、运用活动和调解服务等，具体如下：

1. 促使服务对象运用现有资源

（1）帮助服务对象运用自己的内在资源。如帮助服务对象采取正确的分析态度与方法；改进服务对象扮演社会角色的技巧；发掘他们的潜能；帮助他们树立积极的人生观和价值观。（2）帮助服务对象运用现有的外部资源。如将服务对象与相关的资源进行链接；促进他们与家庭、邻居、亲戚、朋友的沟通。

2. 进行危机介入

进行危机介入的策略包括：（1）将焦点放在服务对象恢复和发挥功能上，而不是解决整个问题；（2）帮助宣泄由危机带来的紧张情绪，给予支持，以防精神崩溃；（3）介入目标要瞄准服务对象当前的需要，对服务对象不能要求太高；（4）适当明确地告诉服务对象当前应该做什么，不应该做什么。

3. 运用活动

活动是指针对某些既定的目标或者任务的行动。运用具体的活动方案及程序帮助服务对象完成任务与解决问题，能够有效地帮助服务对象建立自信、增强社会功能，让服务对象在活动中学习做决定，提高处理问题的能力，掌握学习技巧，发展新的兴趣，改善行为习惯，在活动中建立与外部环境的关系。

4. 调解行动

调解行动是指社会工作者帮助服务对象与环境中的系统一起找到利益共同点，从而带来改变的介入策略。例如，在旧房拆迁中，原住民与开发商在拆迁补偿金标准上有分歧，双方僵持不下，最终只能损害多方利益。社会工作者就可以将利益相关方聚在一起，提出既照顾各方利益、又能使各方接受的方案，化解矛盾，促进和谐。其中，社会工作者保持中立是其基本原则。

5. 运用影响力

为有效帮助服务对象，社会工作者需要有意识地运用各种能够影响服务对象改变的方法和技巧，包括：诱导——奖励与处罚；劝导——运用有说服力的观点改变服务对象的观念；利用关系——运用人际关系去影响服务对象的行为；利用环境——运用外部社会环境去促进服务对象的改变。

（二）间接介入的行动及策略

间接介入的行动及策略是社会工作者代表服务对象采取的行动。具体包括：

1. 运用和发掘社区人力资源

具体技巧包括：（1）识别“谁”是有影响力的人和组织；（2）与“有影响力”的人建立关系、与服务对象一道工作的技巧；（3）说服和游说、令人信服的陈述和表达技巧；（4）把握工作目标，将“有影响力”的人团结起来为服务对象提供服务。

2. 协调和连接各种服务资源与系统

具体技巧包括：（1）团结不同专业的服务人员以实现共同目标；（2）了解各方的不同观点，协助建立共同目标；（3）识别各专业的长处和差别，划分职责；（4）与各方沟通情况，为有效协调打下基础；（5）协调前广泛收集资料，提高协调效率，减少协调成本。

3. 制订计划创新资源

具体技巧包括：（1）控制服务规模（在可以管理的范围内）；（2）争取机构和社区的支持；（3）设立必要的组织以承担工作；（4）社会工作者的角色依计划的性质而定。

4. 改变环境

环境的层次包括：知觉的环境、物理环境、社会/互动环境、体制和组织的环境、文化和政治的环境。环境介入不仅包括改变环境的意图和努力，同时也包含通过对环境状态的影响进行分析，从而改变个人和集体观念的过程。社会工作者要了解环境不仅充满挑战也充满了机会，需要对环境及其影响进行分析和行动介入。

5. 改变组织或机构的政策、工作程序和工作方式

具体技巧包括：（1）在了解和评估机构的基础上识别需要改进的地方；（2）全员参与，使改变成为机构所有人员的事情，并能从中获益；（3）以合作而不是对抗的方法推行改变。

下面我们以“小曹”个案为例，说明社会工作的介入。

案例3－4

让小船儿扬起帆——小曹个案的介入行动

说起小曹，街道的干部就摇头：17岁的人整天无所事事，不是上网吧就是谈朋友，爷爷、姑姑拿他没办法。初步了解到小曹的生活和成长经历之后，社会工作者意识到，要

帮助小曹“走上正道”，需要从诸多方面入手，既要直接做小曹的工作，也要深入到他的社会环境和网络中，运用多方面的资源一起来帮助小曹，为小曹创造一个良好的转变环境，促进他改变不良行为。

为了帮助小曹，社会工作者采取了如下行动。首先解决小曹最急迫的就业问题，满足他生存和对独立自主生活的需要。小王、小莫、小刘和老吴，四位司法社会工作者和小曹坐在一起，开始了第一次接触。小曹的身世先触动了社会工作者的心：还未出世，父亲就进了监狱，母亲在他出生后又将他抛弃，如今与爷爷相依为命。小王当时就含着泪对他说：“以后你就把我看作你的姐姐，我们一定会帮助你的。”社会工作者温暖的话语融化了小曹那颗冰冷的心，当即向社会工作者们袒露了心迹，他非常想找个工作好好生活。于是，老吴他们先与小曹约法三章：尽量少上网、少抽烟，不睡懒觉。然后就为他奔波起来。小曹初中没毕业，没有劳动手册，无法正规就业。老吴他们就一次次地联系小曹就读的初中，为他办理学籍证明材料。小曹没有就业技能，社会工作者询问了他的爱好后，为他联系了社区青少年中心，专门安排老师一对一教他电脑，并让他担任中心临时电脑管理助理，中心付给他一些报酬。社会工作者还做通了小曹爷爷和姑姑的工作，一起来监督他的日常生活。社会工作者的努力赢得了小曹的尊重，半个月后小曹像换了一个人。大家的工作在小曹身上见到了奇效，小曹的爷爷说从来没看到过这孩子那么用功过。老吴笑着说：“小曹可是向我们立过军令状的，等他电脑考试合格后，他还有很多事情要做呢。”

上述对小曹的“介入”工作既包含了直接介入策略，也包括了间接介入策略，基本上体现了本节所讲述的介入阶段工作的原则、方法和工作的步骤。

第六节　评估

作为一个助人专业，社会工作需要对服务对象、工作机构、社会和专业本身负责。社会工作评估是指在服务介入后，社会工作者运用科学的研究方法和技术，系统地评价社会工作的介入结果，总结整个介入过程，考查社会工作的介入是否有效、是否达到了预期目的与目标的过程。评估一方面可以监督介入工作进度，总结和巩固已经取得的改变，并发展出本土性的社会工作知识和方法；另一方面可以就服务的素质和效果向服务对象、社会大众以及专业机构进行交代。

一、评估的目的和类型

（一）社会工作评估的目的

1. 考查社会工作服务成效

评估的首要目的就在于考查社会工作服务的成效，包括服务目标的实现程度、服务对象是否发生了改变以及改变的程度等。这也是回应社会问责、增加机构竞争力和信誉的基础。

2. 改善服务质量

评估的第二个目的在于总结工作经验，改善工作的方法和技巧，提升服务水平等。

3. 验证社会工作方法的有效性

评估的第三个目的是在定位偏差、寻找原因的基础上，确定如何修改和完善社会工作方法，并为社会工作研究提供事实依据。这也就是“证据为本”的循证社会工作。

4. 进行社会工作研究

在社会工作服务实践的基础上，需要对相关的介入经验进行汇总、检验、分析和研究，以发展出本土性的社会工作理论与方法，促进专业的发展。

（二）社会工作评估的类型

正如前面所阐述的，社会工作的通用过程是一个螺旋式的循环过程，一般包括对服务任务的考察（了解服务对象的需求）、服务方案的确定、服务的展开和服务的结束。社会工作者需要在服务前、服务中和服务后进行总结和评估，以保证整个过程的进度和质量。因此，社会工作的评估是贯穿整个通用过程的。根据不同过程阶段评估的对象和目的不同，我们将评估分为以下四类：

1. 需求评估

需求评估是社会工作者或社会服务机构对潜在的或实际的服务对象的需求进行的评判。在接案阶段，社会工作者就要对服务对象的处境和困难进行调查了解，搞清楚其需求以提供服务。虽然在介入之后的评估不是重在需求评估，但是社会工作者仍然需要在介入后检验前期的需求评估是否准确，以避免介入策略“将错就错”。可以说，此时的需求评估是对前期需求评估的再评估，也是对此一阶段服务对象需求的二次评估。比如，在接收训导主任转介过来的中学生王某后，社会工作者通过面谈认为王某的主要问题及其需求是学业成绩不佳及激发学习动机，但在经过一段时间的服务之后，社会工作者发现王某的主要问题是父母婚姻变故所造成的影响。此时，社会工作者需要再次进行需求评估，将协调家庭关系和提升心理应对能力作为整个服务的目标。再比如，在针对白血病儿童及其家庭提供的服务过程中，一开始是以满足其医疗费用开展的慈善募捐活动，但是在解决了医疗费用之后，服务对象可能会产生新的情绪困扰问题，这也需要社会工作者不断地开展需求评估。

2. 方案评估

方案评估是方案开发的重要基础，一方面包括在制订方案的过程中做出的最优化过程，以确定选择科学有效的介入方案；另一方面也包括了在方案实施后对方案的评价、分析和修订。因为介入过程主要是对方案的执行和落实，对介入结果的评估也就包含了对方案的评估，这包括考查方案的目的和目标、方法和手段以及具体策略是否得当，在评估之后修订方案，以形成新的服务方案。例如，在面对妇女受家暴的案例中，服务的方案可能是注重提升该妇女的家庭沟通技巧，并将该妇女介绍到适当的妇女保护中心以避免受到伤害。但经过一段时间之后，发现该妇女受到家暴的现象愈加频繁和严重，此时，社会工作者就需要对之前的服务方案做出评估和调整，以制定新的可行的服务方案。

3. 过程评估

过程评估是对整个介入过程的监测评估，包括社会工作介入进行中的评估。过程评估需要对工作过程的每一个步骤、每一个阶段分别进行评估，评估的重点是工作中的各种步骤和程序怎样促成了最终的介入结果。过程评估方法是了解和描述介入各个阶段的具体内容，回答服务过程中发生了什么，以及为什么发生。过程评估一方面包括工作目标、介入过程、介入行动、介入影响；另一方面包括服务对象的表现、社会工作者的工作态度和技巧等。

4. 结果评估

结果评估是服务结束后对服务结果的评价，可以分为效果（效益）评估和效率评估等。效果（效益）评估是对社会服务所达到的效果的评估，考查社会工作服务在帮助服务对象方面产生的作用。效率评估是对社会工作投入与效果之间关系的评估，旨在了解和确定社会工作服务资源的使用效率。比如，评估青少年偏差行为减少的次数，评估社区环境的等级，评估居民参与的频率，评估艾滋病患者就业率，等等。

二、评估的方法

评估的最终结果很大程度地影响着社会工作过程的顺利进行，并决定是否进行结案。因此，评估必须保证专业性、系统性、科学性和有效性，这有赖于采取科学的评估方法。评估方法按其性质大致可以分为两类：一是量化的评估方法，包括问卷调查、统计调查和统计分析方法；二是质性评估方法，主要包括深入访谈、参与观察、焦点小组、行动研究方法等。

（一）收集评估资料的方法

任何评估方法的有效实施，都必须依赖真实可信、而又有针对性的资料的获得。资料获取的手段大致包括以下三种：

1. 查看档案记录

该方法主要是从与服务对象有关的接案记录、户口档案、病历记录、心理检测报告、学业成绩报告、判决书、用工合同以及政府相关记录中获得信息，并对之进行分析的过程。从服务对象及相关机构对问题的说明、感受、看法中研究社会工作介入的效果，目标实现的程度、介入的方法是否有效等。例如，社会工作者一方面可以从公安送审报告以及法院判决书中获得关于社区矫正对象的相关问题及需求状况；另一方面还可以从相关用人单位评价、社区居委会的考核评价中获得服务的成效状况。

2. 收集服务对象对介入过程和结果的意见与看法

该方法非常注重服务对象的参与及其意见，将服务对象的个人感受作为服务是否成功的重要考核指标，具体技巧包括访谈、观察等。例如，针对社区矫正对象，社会工作者可以通过他们的语言和非语言动作来判断其矫正的效果，也可以通过直接与矫正对象面谈来评估服务的成效。

3. 使用调查方法，收集介入效果的数据和事实资料

此处的调查方法较为广泛，但主要以问卷调查为主。这既可以通过封闭式问卷了解服务效果的客观资料，也可以通过开放式问卷来了解介入效果主观感受方面的资料。问卷调查既可以针对服务对象本人，也可以针对工作者、相关专业服务人员以及社会机构等。

（二）常用的评估方法与技巧

1. 基线测量评估

类似于水文站确定一个正常的平均水位刻度，然后以每年高于或低于该正常水位的差距来确定旱灾或洪灾的程度。基线测量是在介入开始时对服务对象的状况进行摸底测量，建立一个基线作为对介入行动效果进行衡量的标准，以评估介入前后的变化，以此判断介入目标实现的程度。该方法可以应用于对个人、家庭、小组或者社区的工作介入评估，通过对服务对象介入前、介入中和介入后的观察和研究，比较服务提供前后发生的变化。

比如，陶奇在父母离婚后跟随父亲生活，受家庭变故的影响，变得性格内向，缺乏自信，也不擅与人交往。而父亲整日喝酒、打麻将，对陶奇很少关心，每当陶奇犯错时就棍棒相加。进入初中后，陶奇的学习成绩远远落后于其他同学，又因为他迷恋网络游戏，逃学逃课，受到老师的严厉批评。从此以后，陶奇不再去上学，整天上网聊天玩游戏，几乎不与任何人来往。

结合以上案例，我们对基线测量方法的操作程序解释如下：

（1）建立基线。建立基线的方法有三种，包括：

①确定介入的目标。例如，服务对象行为、思想、感觉、社会关系或社会环境的变化及指标等。

②选择测量工具。包括直接观察或使用标准化问卷或量表。

③对目标行为进行测量并记录目标行为或思想、感觉、社会关系或社会环境的情况。这个过程建立的是基线数据，此过程也称为基线期。

在上述案例中，社会工作者首先要建立基线，一是确定针对陶奇介入的目标，包括：建立陶奇的自信心和自我价值感，促进其父子沟通和人际关系，减少其网络游戏行为，提升其学业动机和学业水平；二是选择测量以上目标的工具，包括自信心心理测量量表、行

为记录表、课堂考勤表和学业成绩表等；三是用以上量表进行测量，并记录测量的效果作为标准基线。

（2）进行介入期测量。建立基线后就开始对服务对象实施介入，并对基线调查中所测量的各项目标行为和指标进行再测量，作为数据比较之用。

在上面的案例中，社会工作者通过心理辅导、亲子平行小组、社交技巧训练、青少年康乐小组、学习兴趣小组以及大学生的义务家教等介入策略，为陶奇提供服务。服务结束后，再次用前面的自信心心理测量量表、行为记录表对陶奇进行测量，并记录陶奇的课堂出席率和学业成绩，作为介入期后的测量数据。

（3）分析和比较。将基线期和介入期的数据按照测量时间和顺序制成图表，将每个时期的数据资料进行连接，呈现数据的变化轨迹和变化趋势，并将基线期和介入期的数据进行对比。如果数据的变化是伴随介入服务而来的，一般可以认为是介入本身发生了效果。

在上面案例中，社会工作者将陶奇各个方面所测得的数据放在图标上标示，并将数据连成一条趋势线或图，看介入期的数据和基线期的数据有什么样的变化趋势，如果这个变化趋势是伴随介入服务而来的，那么就表示进步是介入所带来的成效。反之，则证明介入效果不大甚至是没有效果。

2. 对服务对象影响的评估

这种评估方法主要是测量介入对服务对象有什么影响。具体可以通过两个方法：

（1）服务对象满意度测量。社会工作者通过问卷调查、口头询问、意见收集等方式让服务对象表达对介入成效的意见。服务对象既可以以公开的方式表达看法，也可以采用匿名的方式。这种方法简便易行、省时省力，但如果缺乏科学化的设计，往往会流于形式，服务对象往往也会给予象征性的正面评价，难以获得真实的信息。

（2）差别影响评分。该方法更具有结构性；首先，由服务对象对介入影响进行自我陈述，报告自己有哪些方面的变化和改进；然后，经过讨论区分出哪些是服务介入本身所带来的变化，哪些是其他因素所带来的变化。与满意度测量一样，社会工作者也要注意这种方法有可能带有服务对象的主观色彩。

（三）社会工作评估的注意事项

在开展社会工作评估的时候，社会工作者需要注意以下几方面的事项：

1. 评估要切合服务对象的实际需要

评估的主要目的是考查介入的效果、纠正介入的偏差、促进服务效果。围绕这一主要宗旨，社会工作者在开展评估的时候，一方面要做到从实际出发，只要认为服务过程有缺陷和不足，都应该及时开展评估，而不论处于何阶段；另一方面评估方法要切实可行，既不过分复杂又不流于形式。

2. 评估的方法要体现社会工作的价值和伦理

社会工作的价值和伦理是通用过程的所有阶段都要遵循的理念。在开展评估时，社会工作者一方面要向服务对象充分说明，不能刻意隐瞒事实，并尊重服务对象的真实评价，不恶意篡改评价结果；另一方面，在评估中要考虑到服务对象的心理和情绪，不强求服务对象透露自己的想法。

3. 评估要充分获得服务对象的参与和合作

虽然社会工作者可以用专业能力来考查服务的成效，并加以改进，但在服务的改进中，服务对象才最有发言权，真正知道服务是否符合他们的需要，哪里需要改进。因此，社会工作者一方面要通过深入沟通和相互合作来促进服务对象从心理上愿意参加评估的过程，并敢于将自己的真实想法说出来、写下来；另一方面要为服务对象的参与提供便利的条件，各项评估方法也要考虑到服务对象的能力和特征。

4. 社会工作者要做到自我评估和不断反思

社会工作者在评估中，一方面要做到不断反思，主动思考自身服务中存在的不足，不怕服务对象提意见，并认真考虑和分析服务对象的意见和建议，寻找问题的症结所在，提出解决办法；另一方面，社会工作者要开展自我评估，尤其要对自己服务过程中的价值观、方法和技巧进行反思，甚至委托专家对服务进行再评估。

下面我们以某流浪儿童保护中心的“街头救助”项目评估为例，说明社会工作评估的意义、目的和方法，通过对“街头救助”项目的目标、实施过程以及工作效果进行的评估，来回答“流浪儿童街头救助”工作的具体成效。

案例3－5

流浪儿童街头救助工作评估

一、项目背景

鉴于流浪在街头的少年儿童或者乞讨，或者拉帮结伙偷盗，极易被成年人暗中操纵和利用，处于被社会疏远的危险境地。某流浪儿童保护中心从20世纪90年代末开展流浪儿童救助工作，在火车站广场流浪儿童相对集中的地方，开展街头救助、宣传、咨询和服务，为流浪儿童提供食品、饮用水、药品和绘画工具，吸引他们和社会工作者一起在友好、愉快的气氛中进行面对面的交流和娱乐，向他们宣传儿童权利，彼此建立信任感，并充分尊重他们的观点和决定，及时地为他们解决困难。

二、项目评估结果

流浪儿童保护中心的这种介入模式是否实现了维护儿童权利的目标？这种介入模式和方法的效果如何？他们在多大程度上起到了保护流浪儿童、让他们知道“保护中心”的服务，并知道在有需要时使用中心的服务？为了回答这些问题，改进服务，在项目实施一段时间后，流浪儿童保护中心系统地收集了“流浪儿童街头救助”这种工作方法使用前后的数据及各种资料（包括流浪儿童对街头救助工作的看法等），并对他们进行分析来确定“街头救助”方法的实际效果，力图说明“流浪儿童街头救助”工作满足了流浪儿童一些方面的需要，以及它与传统救助方法的不同和优势所在。

1. 目标评估

街头救助工作的主要目标，首先是及时救助流浪儿童，其次是在流浪儿童与保护中心之间架起桥梁，最后是宣传儿童权利。这些目标的定位是准确的，适应了新形势下救助保护流浪儿童工作的需要。

首先，2003 年 8 月《城市生活无着的流浪乞讨人员救助管理办法》开始实施后，以往的强制性收容遣送工作模式已改变为自愿求助模式。但在自愿性原则之下，流浪儿童却由于这样或那样的原因不愿来中心求助。而他们继续流浪在街头，势必会成为社会中的弱势群体，各项权利得不到很好的保障。街头救助工作恰好弥补了坐等求助的不足，能够及时发现并救助保护流浪儿童。

其次，虽然对流浪儿童进行及时的、直接的救助保护是必要的，但这些只能解决流浪儿童的一时之急，不能从根本上解决他们的心理及行为问题。在街头救助过程中，不少流浪儿童只是要一些吃的、喝的，然后扭头就走，继续流浪。因而，要想实现救助一名流浪儿童青少年回归主流社会，成为一个健康人的目的，还需要把他们劝导进保护中心，接受比较系统的辅导和教育。

最后，流浪儿童离家出走的原因是多方面的，要想从根源上解决流浪儿童的问题，单靠中心一家的力量是远远不够的，而是要动员社会各个方面的力量，共同参与。作为救助保护流浪儿童的具体责任部门，中心的街头救助工作刚好起到了一种社会动员的作用。

2. 方法与实施过程

为了实现前述三个目标，中心在开展街头救助工作时，以流动救助车为载体，采取了流动巡回和临时固定宣传相结合的工作方法。应当说，这两种工作方法是实现上述三个目标的有效工具。“流动巡回救助”会驾车沿预定的路线巡视，发现流浪儿童立即给予及时的救助。这种救助不仅可以解决流浪儿童的燃眉之急，而且可以通过劝说，发放“爱心卡”等方式在流浪儿童与中心之间架起桥梁，同时流动救助车在街上行走及停下来对流动儿童进行救助，这本身就有一种“广告”效应。另一方面，“临时固定宣传”或者随时停车摆摊或者到相对固定的点上进行宣传。这种宣传不仅可以传播儿童权利、提高社会大众的儿童维权意识，而且可以增加社会大众对中心各项工作的了解，进而通过他们在流浪儿童与全天候救助点及中心之间架起桥梁。与此同时，临时固定宣传也不是单纯的宣传，而是会在进行宣传的同时分出一部分人手去寻找流浪儿童并及时向他们提供救助，同样可以达到及时救助流浪儿童的目的。因此，虽然流动巡回救助和临时固定宣传这两种方法各有侧重，但他们在功能上是互补的，都是实现街头救助工作三个目标的有效工具。

3. 效果

（1）街头救助工作及时发现并救助了流浪儿童，使他们的权利得到了尽可能多的保障。街头救助工作负责人所做的统计显示，得到救助保护的流浪儿童的数量呈现上升趋势。2004 年 7 ~ 12 月救助了 505 个儿童，2005 年救助了 879 个儿童，2006 年 1 ~ 4 月救助了 350 个儿童。

（2）街头救助工作在流浪儿童与中心之间架起了桥梁。统计显示，通过街头救助工作而进入中心的流浪儿童的数量同样呈上升趋势。2004 年 7 ~ 12 月，送来中心的流浪儿童只有 32 人，2005 年为 129 人，2006 年 1 ~ 4 月为 109 人。这说明，通过宣传儿童知道了这个保护中心。

（3）街头救助工作宣传了儿童权利，提高了社会大众的儿童维权意识。街头救助工作"2004 年发放宣传材料 649 份，影像资料 29 份，爱心联系卡 88 份；2005 年，发放宣传材料 2190 份，影像资料 29 分，爱心联系卡 818 份"。这些资料起到了一定的宣传效果，"2004 年流浪儿童来电话 28 次，2005 年流浪儿童来电话 57 次。"

上述资料说明，"街头救助"这种方法能够有效介入流浪儿童的生活，使那些不了解儿童保护和救助中心服务的流浪儿童有机会了解和使用中心为他们提供的服务，有效地保护了流浪儿童的生存权利。

第七节　结案

天下没有不散的筵席，无论有多么难舍的情感，无论多信任的专业关系，服务都会进入结案阶段，即社会工作者与服务对象结束彼此间的工作关系。

一、结案的类型及服务对象的反应

结案是通用过程的最后一个阶段，一般情况下也是事先计划好的行动。社会工作服务和专业关系是有时间限制的，当服务的成效达到了既定的工作计划和目标，或者双方有其他的特定原因，就需要结束服务。

（一）结案的类型

1. 服务目标已经实现的结案

按照服务计划的进程，当评估后发现服务对象的问题已经基本解决、目标已经基本实现，或者服务对象觉得自己离开社会工作者后，有能力解决自己的问题的时候，服务可以进入结案阶段。比如，在家庭治疗的服务过程中，夫妻双方已经前嫌尽释并一致认为不再需要社会工作服务时，就可以结案。

目标实现的结案，根据结案时间的长短，可以分为两种形式：（1）短期介入结案。当按照服务计划约定在很短的时间内结束与服务对象的关系，称之为短期介入结案。(2) 长期介入结案。当服务对象需要一个相当长的时间来处理分离情绪和结案状况，则称为长期介入结案。长期介入结案时的服务对象情绪比较复杂，反应也比较强烈，需要特别注意。

2. 双方专业关系出现问题的结案

当社会工作者与服务对象的专业关系出现问题，并且难以调和的情况下，继续服务可能对双方的心理和情绪都会有所损伤，只能采取结案措施。比如，在服务过程中，由于社会工作者长得很像以前伤害过服务对象的人，因此双方难以形成彼此信任的和合作关系，就需要转介或结案。

在外展工作中很容易出现这种情况。如救助社会工作者看到一个老年人在寒风瑟瑟的天桥上乞讨，得知其家境困苦而子女无依，给予适当的食物和衣服，并继续劝其进入救助中心接受服务，但是由于该老年人对救助站有很深的成见和不信任而加以拒绝，则可以结案。

3. 客观因素导致服务目标难以实现的结案

在介入的过程中，由于客观环境的变化（比如社会变迁、机构撤并以及各类突发事件等原因）导致服务的目标已经不可能实现，此时社会工作者可以考虑结案。当社会工作者发现服务对象的需要已经远远超出了自己和机构的能力时，也可以结案。此时，社会工作者可以选择直接终止关系，也可以选择将服务对象转介到其他机构和社会工作者那里。比如，在急诊服务中的社会工作者发现某一服务对象被确诊为艾滋病患者，则需要结束工作关系，并将其转介到专门的服务机构。

4. 双方身份发生变化时的结案

当社会工作者和服务对象的身份发生变化时，即使服务目标还没有实现也可以选择结案。比如，社会工作者生病、犯罪或者调离该工作岗位，或者服务对象搬家、出国或发生突发事件。也有可能是双方之间的专业关系的身份发生了变化，比如社会工作者与服务对象发生了恶性关系或者经济往来等。

（二）服务对象的可能反应

结案是一个转折性事件，服务对象在此阶段可能出现不同的情感反应。

1. 服务对象的正面反应

接受社会工作服务对于服务对象来说是特别的人生体验，多数人都能够从专业关系和服务中获益。这有可能是物质的救助，也可能是情绪的安慰和心理的支持，还有可能是各种能力的提升和人际关系的融洽等。服务对象会收获更多的自尊、自信的自我价值感，体验经过努力而成功的喜悦，更加肯定自我的努力和能力，对社会有一个更加积极向上的认知和行动。这些都是服务所带来的积极方面，需要社会工作者给予正面的肯定和鼓舞，以增强服务对象面对未来的信心。

2. 服务对象的负面反应

由于结案意味着一段相互信任、沟通和成长关系的终止，服务对象将要再次自己面对生活中的挑战，不再有社会工作者的相伴，他们可能也会由此产生出一种自然的“分离焦虑”，从而产生一些负面的情感体验。此时，服务对象常见的负面反应包括：

（1）否认——不愿意承认已到结案期，避免讨论关于结案的话题。表现为不准时参加社会工作者组织的工作会谈，或者在接受服务时漫不经心、心不在焉等。

（2）倒退——服务对象的思想、情绪以及行为等特征退回到服务前的状态，以此拖延结案的到来。

（3）依赖——隐藏已经获得的能力，对社会工作者过分依靠而不自我决定。

（4）抱怨——对社会工作者产生不满，并对服务有诸多挑剔和意见。

（5）愤怒——表现出对社会工作者不满，批评、攻击和挑战其他人员。尤其是在社会工作者离职、机构关闭以及因专业关系恶劣而结案的情况下，有些服务对象的愤怒情绪会十分强烈。

（6）讨价还价——当发现结案的事实已经无可避免的时候，有些服务对象可能会寻找各种理由来拖延服务期限，并通过争执、倒退等行为引起社会工作者的注意。

（7）忧郁——当所有延长结案时间的努力都无济于事时，有些服务对象会表现得无精打采、非常失落和无助，对结束专业关系充满焦虑。

二、结案的主要任务和方法

结案是社会工作服务的最后一个阶段，在此之后，社会工作者不再为服务对象提供系统化的专门服务。因此，如何在最后一个阶段保证服务对象得到真正的改变和成长十分重要。结案阶段，服务的主要任务和具体方法可以如下：

（一）结案的主要任务

1. 总结服务工作经验

一方面，社会工作者需要评估整个服务工作的过程，对计划目标的完成情况、介入效果进行系统的总结和评估，并将结果与服务对象分享，形成评估报告送达服务机构；另一方面，社会工作者必须敏感并妥善处理服务对象因结案而产生的分离感受和情绪、做好沟通与解释工作，并得到服务对象的接纳和认可。

2. 巩固服务对象已有的改变和成长

结案阶段，社会工作者一个非常重要的任务就是确保服务对象在助人过程中所获得的改变和经验能够传承和巩固下来，以应对服务结束后的社会生活。社会工作者要尽力帮助服务对象保持在助人过程中取得的进步，巩固和增强他们的自我功能。

3. 逐步解除专业工作关系

结案并不是说社会工作者绝对不再与服务对象接触，而是不再提供系统化的专业服务。就算结束了专业服务关系，社会工作者一方面可能提供一段时间的跟进服务，以保障服务对象社会功能的真正恢复和增强；另一方面可以针对服务对象新出现的问题，通过社会网络资源的链接，提供转介服务。

4. 完成服务程序，撰写结案记录

结案时，社会工作者需要撰写书面结案记录，具体内容包括服务对象何时求助、求助原因、问题及目标、服务过程和内容、服务对象的改变、结案的原因、评估的方法和结果等。

（二）结案的主要方法

在结案的过程中，社会作者要充分发挥和增强服务对象积极正向的情绪和行为反应，尽量减少服务对象的负面反应，有技巧有策略地让服务对象将结案看作一个完美的谢幕，并引申出结案作为一个新的开始的含义。结案的主要方法如下：

1. 评估结案的时机是否成熟

在介入的不同阶段，社会工作者要及时与服务对象讨论每次活动的收获，并在结案前回顾和总结介入过程，以确定结案的最佳时机。

2. 提前告知服务对象结案时间

提前告诉服务对象结案的时间，让服务对象有心理准备，并使其将结案当作服务的正常结果。一方面，社会工作者可以在介入的后期提及并公开讨论结案的问题，告知服务对象提前做好结案的心理准备；另一方面，社会工作者需要通过同感、澄清等方式帮助服务对象宣泄和处理离别情绪。

3. 协助服务对象独立面对问题

在介入的后期，社会工作者可以通过扮演旁观者、行动促使者的角色来强化服务对象的实践能力，减少与服务对象的接触，或者将直接见面更改为电话联系的方式，提醒服务对象学会自立，并告知他们在需要时将会得到社会工作者的继续帮助。

4. 巩定并增强服务对象已有的改变

做好结案情绪问题的预防，通过过程回顾、成长目标讨论（未来可能面临的情境的讨论）、后续跟进服务的提供、资源支持系统的提供等方式，为服务对象走进未来生活做好准备，强化服务对象的自信心，待稳定甚至增强了服务对象的改变成果时，才最后结束专业的助人关系。

5. 安排正式的结案活动

必要时安排正式的结案活动，让服务对象分享各自的收获，以建设性的方式表达感受，相互鼓励，面向未来。比如，赠送纪念品、举办小组闭幕活动、举办社区联欢会等，以活动象征服务的结束。

三、结案后的跟进服务

（一）跟进服务的意义

结案后，社会工作者还要在服务结束后的一段时期内，定期对服务对象进行回访和跟踪，了解他们的情况和服务需要，这就是跟进服务。跟进服务的重点是了解服务对象在结案后的情况，以提供必要的帮助。

跟进服务一方面可以通过了解服务对象结案后的身心成长状况以及社会适应状况，帮助社会工作者知道服务是否真正的有效，介入效果的可持续性如何，为服务提供总结的依据；另一方面还可以让服务对象感受到社会工作者的关心和支持，让他们觉得自己并不孤单，增强他们继续改变的动机和信心。

（二）跟进服务的方法

1. 电话跟进

在结案后一段时间内，社会工作者可以通过电话与服务对象继续联络，了解结案后服务对象的情况。这种方式简便易行，一方面能够促进服务对象自己面对社会现实，另一方面也能让他们感受到社会工作者的关心和支持。

2. 个别会面

根据服务对象成长的情况和需求，社会工作者可以与服务对象约定在机构或者服务对象家里与他们会面，以了解他们的情况。面对面的跟进可以让服务对象感觉亲切，也可以了解多些信息。

3. 集体会面

在小组工作中，可以组织组员在结案后适当地组织集体会面，通过非正式的方式让组员回顾小组的收获和成长，尤其要分享组员分别后成功应对问题的经验，并增强相互之间的沟通关系和社会支持网络。

4. 网络跟进

在现在的网络社会，许多服务对象都可能有QQ、QQ空间以及个人博客等网络通讯方式，社会工作者可以通过QQ个别聊天、群组讨论、关注QQ空间以及留言的方式，持续了解服务对象的状况，并适时提供建议。

5. 跟进服务对象的社会支持网络

社会工作者还可以以恰当的方式与服务对象的社会支持网络（包括家庭、邻居、朋友、单位或者学校老师等）接触，了解服务对象的成长情况，并在必要的时候提供有针对性的建议和服务。

值得注意的是，在提供跟进服务的时候，社会工作者要注意跟进的策略性，要逐渐拉长跟进的时间间隔，直至完全结束双方的联系。

下面以“弱能儿童家长小组工作”为例说明结案期的工作及结案记录的撰写。

案例3-6

弱能儿童家长小组工作结案记录

一、开办小组的背景

1. 希望家庭资源中心情况简介

残疾问题是全球性普遍存在的问题。为残疾人提供的服务模式，通常有三种：(1) 医疗模式——即通过医疗手段或辅助医疗方法及器具等，解决残疾人的困难。(2) 个人模式——即将康复重点放在改善或恢复个人的心理状况，使个人适应残疾带来的影响，并从心理方面接受残疾的现实和限制。(3) 社会模式——即残疾问题的焦点由临床治疗或个人调适，转移到客观的物质环境和社会环境，其工作重点在于改善残疾人的周围环境。

根据以上三种模式，南京市儿童福利院在已下设一个儿童康复医院的基础上，于1999年成立了希望家庭资源中心。中心的工作宗旨是向残疾儿童及其家长提供康复医疗方面的专业知识，提供康复社会工作的专业服务，尽可能帮助残障儿童恢复个人生活能力，扩展其社会生活的参与能力，最大限度地帮助残疾儿童家长充分挖掘自身资源，合理运用社会资源来减缓他们因孩子残障所带来的各种压力，最终使残疾儿童在生理、心理和社会功能上充分发挥潜力。

中心工作人员大多有国内幼儿教育及特殊教育的专业背景。在香港杨震社会服务处的帮助下，进行了一系列社会工作专业方法的训练，尤其是康复社会工作方法的训练，如案例分析、情景模拟、沟通技巧、带领艺术等的训练，中心大多数员工还去香港作了实地的参观、考察和学习。

中心成立一年多来，已有残疾儿童及家长会员八十几位，其孩子的残疾类别包括听力语言残疾、智力残疾（弱智）、肢体残疾以及其他一些综合性残疾。年龄从1~2岁的婴幼儿到十几岁的儿童不等。家长的职业、文化程度也各不相同。中心通过举办康复知识讲座、残疾儿童托儿所、家长小组工作、家长互助委员会等方式，提供各种深受残疾儿童家长欢迎的支持和服务。在中心一年多的帮助下，家长及残疾儿童在生理、心理及社会参与能力等方面都有很大变化，其工作效果十分明显。越来越多的残疾儿童家长被吸引到中心来，并在中心得到有益的帮助。以下我们将详细介绍中心的一个“同路人”家长小组工作的方法及内容。

2. 小组工作的背景

残疾儿童的康复工作是十分需要家长协助与配合的，否则，即使有最优秀的专业人员与最先进的康复设施，其康复的进程也有可能减慢。在对残疾儿童进行康复工作的过程中，中心工作人员发现残疾儿童家长从发现孩子是弱能，到接受孩子、珍爱孩子，学习护理孩子，为孩子进行康复治疗，期间经历了一段漫长而又艰辛的路程。他们面临着来自主观和客观的诸多压力：(1) 如何接受孩子弱能的事实；(2) 被弱能孩子康复占去了私人时间，没有精力从事其他工作；(3) 康复弱儿需要花费高额的医疗费用；(4) 因弱儿问题引起的家长情绪不良以及家庭关系出现的冲突；(5) 社会对残疾儿童是否接受；(6) 残疾儿童的前途问题等。

残疾儿童家长面对这些压力，普遍感到通过自身的调适，很难缓解和消除这些压力。为了帮助家长充分挖掘自身资源，合理运用社会资源来解决问题，中心举办了“同路人”家长小组工作。

二、“同路人”家长小组工作的方法及内容

1. 小组工作目标

鉴于上述问题，中心决定开办一个“同路人”家长小组。小组工作是社会工作的专业方法之一，它通过一个群体环境，提供人际交往的机会以及一些有助于处理各种困扰的经验和知识，从而满足小组组员的需要。“同路人”家长小组被定位于一个支持性小组，其工作目标如下：

(1) 帮助家长正确全面地认识弱儿、接受弱儿。

(2) 介绍教育和训练弱儿的技巧。

(3) 加强家长的支持系统，使家长之间建立友谊，互相支持。

(4) 帮助家长充分挖掘自身资源，合理运用社会资源。

2. 小组工作的筹备过程

(1) 中心社会工作者强化培训。由于小组工作方法的运用在国内刚刚起步，社会工作者没有小组工作的实际经验，因此中心在杨震社会服务处的帮助下，对社会工作者进行了小组工作的专业培训。

(2) 确定工作对象。通过个别访谈，了解家长的意愿、动机及期望，并对中心会员的情况进行个案分析，初步确定了小组的目标对象，邀请6位母亲参加小组。她们的家庭中都有一位10岁以下发育迟缓的弱儿，且都是独生子女。

(3) 建立专业工作关系。由于小组成员经常来中心参加讲座、培训、康乐等活动，与中心社会工作者接触密切。小组工作的组长是组员最喜爱的社会工作者之一，为人热情开朗。为了对6位家长的状况有一个比较深入的了解，组长特地拜访了6个家庭，走访了入学儿童的学校、幼儿园。组长与组员之间建立了信任、真诚与亲密的关系。

3. 小组结构与内容

小组活动分为八节，每次活动基本上可分为热身运动、主题讨论、分享心情等，大致经历了四个阶段。

4. 组员的反应

Rogers. C. R. 对于小组工作有很大的贡献。借鉴他的理论，中心社会工作者对家长在

小组中的反应也作了一个大概的分析。

5. 组长的角色分析

在整个小组中，组长对于每个家长都有很重要的作用及影响。

首先，组长应是一位专业社会工作者。“同路人”小组的组长是一位有二十几年弱儿康复经历的社会工作者，也担任过教师。在小组工作开始时，她便通过不同的途径来塑造小组工作的氛围，同时也对家长的行为作出积极的正向回应。

其次，组长应是一位有爱心和修养的人。组长也是小组中的一员。她的第二个角色是做一个模范的参与者。“同路人”小组组长一直注意做个人化的分享，分享自己在弱儿康复工作中所遇到的挫折，不但强化了与家长之间的关系，也给组员起了模范作用。组长在小组中不掩饰自己，不做自我防卫，肯承认自己的错误，这一切都对组员起了积极的作用。因此，小组成功的要素，一方面是小组工作的技巧，另一方面也与组长的人格魅力有关。

三、“同路人”小组工作成效评估

1. 家长的成长与改变

（1）家长在无压力状态下，敞开心扉，真正直接面对内心深处积压已久的心境，并与组员做深层次分享。这对家长而言是一个倾诉、释放的过程。同时，在互动过程中建立起同质的支持系统，为生活增添了兴趣。

（2）家长在小组活动中通过听讲座、讨论学到的教育、训练孩子的技巧，他们有机会分享经验和建议，从而找到正面模仿对象，更有助于提高他们“自助”的信心及能力。

（3）大家在一种坦诚、彼此支持的状况下了解到与自己境遇相同的人有共同的想法，并作彼此祝福，使家长积极面对生活，笑对每一天，摆脱许久以来自怨自艾的痛苦无助状况。小组结束后，组员之间加强了联系，他们的友谊在小组外得到了发展，如他们自己举行康乐活动等，这样有助于他们舒展身心，提高生活质量。

2. 资源的不断扩展

中心的资源是有限的，而家长则是有待发掘的资源。他们在知识、信息及心理情绪等方面有许多共享，他们之间的互相交流有助于各自资源的共享。例如，一位家长在其他家长的帮助下找到了一份工作；有的家长没时间带孩子，其他家长主动提出帮忙等。

3. 对中心的积极影响

在小组中受益的家长将信息传递给外界，从而扩大了中心的知名度，吸引了其他一些弱儿家长的参与，为他们带来了希望，也使社会都来共同关心弱能儿童。另一方面，也促使中心社会工作者不断探索工作方法，以便为弱儿及家长提供更好的服务，为社会福利机构的进一步发展奠定基础。

4. 弱儿的变化

残疾儿童的活动空间通常是十分封闭的。因其残障而与社会相对隔绝，因其隔绝，又会造成其生理及心理的更大的问题，直接影响其治疗和康复。参加“同路人”小组的家长自身在精神上有了很大改变之后，不再害怕别人知道自己有一个残疾的孩子，并能坦然面对现实。家长以一种比较正常的心态对待身患残疾的孩子，以正确的方法配合医生的治疗，这对弱儿的康复有着十分重要的影响。此外，希望家庭资源中心给弱儿提供了一个温暖并充满希望的社会生活与交往的空间。弱儿康复过程中的每一点进步都能得到外界充分的肯定，这对弱儿自信心的提高有很大的帮助。经过中心社会工作者一年来的努力，有些弱儿的生理与心智功能都有了很大的提高，从不能上学到可以进入专为残疾人开办的学校读书。

本章小结

本章从整合社会工作的视角出发，依据“人与环境互动”的基本分析框架，在介绍社会工作通用过程的基本概念基础上，强调了社会工作助人服务具有过程性、阶段化、整合性的特征。

社会工作通用过程可以帮助社会工作者面对不同的服务对象，处理各种各样的问题、挑战和情况，它为社会工作者提供了基本的助人知识、技巧和程序，是社会工作者必须掌握的实务技能。

社会工作的通用过程包括接案、预估、计划、介入、评估和结案六个阶段。每个阶段前后衔接，构成完整的助人过程，每个过程有其主要的特征、基本程序、工作方法和注意事项。

社会工作实务从接案开始，通过“筛选服务对象”的过程，确定最终的服务对象，并经过对服务对象社会——心理的预估，获得对服务对象问题和需要的认识；在此基础上发展出服务计划，这是社会工作者开展服务的蓝图或路径。

介入就是服务计划的落实，介入的主要类别包括了针对服务对象的直接介入、代表服务对象的间接介入，以及兼顾两者的综合介入。但在实际服务中，社会工作者往往使用综合性、整合性的介入策略。

介入后的评估帮助社会工作者考查服务的成效，改善服务的质量、验证社会工作方法的有效性、推动社会工作研究的开展。

最后，结案阶段的工作重在协助服务对象总结和梳理介入过程的成功经验，妥善处理服务对象面对结案时可能出现的负面情绪和反应，巩固服务对象已有的改变和成长，为其独立面对社会生活做好准备，并通过结案后的跟踪服务，实现助人自助的最终目的。

参考文献：

［1］王思斌．社会工作导论［M］．北京：北京大学出版社，1998.

[2] 王思斌．社会工作概论（第二版）[M]．北京：高等教育出版社，2006.
[3] 马凤芝．社会工作实务（初级）[M]．北京：中国社会出版社，2010.
[4] 马凤芝．社会工作实务（初级）[M]．北京：中国社会出版社，2016.
[5] 李迎生．社会工作概论（第二版）[M]．北京：中国人民大学出版社，2010.

模拟题

一、单项选择题（每小题列出的四个备选项中，只有一个最符合题目要求，错选、多选或未选均无分）

1. 中学生小李来到学校社会工作科请求帮助并接受服务，社会工作者发现小李的不良行为是由于其父亲的不良教养方式导致的，因此准备对其父亲开展服务。此时，小李的父亲属于（　　）。

A. 现有服务对象　　B. 自愿型服务对象
C. 潜在服务对象　　D. 非自愿型服务对象

2. 深夜，小童给“青春热线”青少年协助机构打来电话，告诉社会工作者小王“我不想活在这个世界上了”，这时小王需要（　　）。

A. 进行接案　　B. 提供紧急介入服务
C. 向机构领导汇报　　D. 预估小童问题的状况

3. 小米由于在大学没有完成学业、旷课学时数超过学校规定的学时数而被退学，小米今年又参加了高考，并且以优异的成绩考入了某名牌大学。小米的父母非常担心小米的大学生活，求助于社会工作者。社会工作者通过与小米及其父母的会谈，初步建立了信任关系。为了帮助小米，社会工作者带领小米到心理咨询师那里进行了心理评估，了解了小米的自我成长经历，与小米父母进行深入访谈，走访了小米的邻居和朋友，并且与小米之前念的大学老师和同学取得联系，认识到小米的问题在于强烈的恋母情结。这种依恋心理使得小米离开母亲后没法安排自己的生活，沉溺于网络游戏之中。另外，小米还存在一定的人际交往障碍。以上是社会工作者针对小米在（　　）阶段开展的工作。

A. 预估　　B. 评估　　C. 计划　　D. 介入

4. 社会工作者对服务对象说：“我们大家对目前所存在的问题已经有了很多讨论，为了达到解决问题的目的，现在需要制定明确的目标来督促你的行动，也让我能知道应该怎样帮助你。下面，我们讨论一下，看看什么是你认为最重要的目标，以及应该怎样具体行动来一步步达到你所希望的目标，好吗?”这位社会工作者正在进行的程序和工作是(　　)。

A. 确定服务对象的需要和问题　　B. 向服务对象解释设定目标的意义

C. 共同选择适当的目标　　D. 与服务对象讨论目标的可行性和可能的利弊

5. 流浪儿童苗苗被社会工作者小王在街边发现，然后小王将其送往社会救助站，小王的介入行动属于（　　）。

A. 经济援助　　B. 社区介入　　C. 资源整合　　D. 安置服务

6. 村民张三所在的村庄遭遇泥石流，社会工作者得知情况后立即通报了相关机构，对村民进行了安置和安抚以及物资援救，这属于介入行动中的（　　）。

A. 资源整合　　B. 经济援助　　C. 心理辅导　　D. 危机干预

7. 到了结案期，服务对象小丁开始不准时参加与社会工作者王明的工作会谈，而且会谈时也心不在焉的，王明判断这时的小丁对即将到来的结案产生了一种的（　　）负面反应。

A. 否认　　B. 倒退　　C. 依赖　　D. 抱怨

8. 社会工作的通用工作包含若干个阶段，紧跟“预估”阶段之后的是以下（　　）个阶段。

A. 介入　　B. 评估　　C. 计划　　D. 接案

9. 王泽为脑瘫儿童提供服务时，常常向有关儿童医学专家咨询脑瘫儿童的病理与临床治疗知识，以获得对儿童服务对象问题的科学认识和有关资料。他所采取的收集资料的方法属于（　　）。

A. 咨询　　B. 询问　　C. 比较　　D. 利用已有资料

10. “接案”是社会工作者与潜在服务对象开始接触，了解其需要，帮助其逐渐成为服务对象并（　　）社会工作服务的过程。

A. 协商　　B. 熟悉　　C. 参与　　D. 接受

二、多项选择题（每题的备选项中，有 2 个或 2 个以上符合题意，错选、少选均不得分）

1. 社会工作者小王正在为一些受虐儿童提供服务，这些儿童受到了他们父亲或母亲的虐待。为了更好地解决这些问题，小王还邀请了警察和记者一起出面处理此事。在此案例中，哪些是属于“行动系统”的组成部分（　　）。

A. 警察　　B. 小王　　C. 记者　　D. 虐待儿童的父母　　E. 受虐儿童

2. 预估摘要一般包括以下哪内容（　　）。

A. 对服务对象自身系统的预估　　B. 对服务对象家庭系统的预估

C. 对服务对象所处社会系统的预估　　D. 对改变服务对象系统的预估

E. 对服务对象行动系统的预估

3. 社会工作者在与服务对象初步接触和面谈后，当（　　）情况存在时，即可终结服务。

A. 机构缺乏合适的工作人员

B. 别的机构有更好的服务资源

C. 服务对象不愿接受服务

D. 服务对象与社会工作者对问题的看法和期望

E. 服务对象的问题不属于机构的服务范畴

4. 接案阶段，了解服务对象的来源是一件很重要的事，服务对象的来源一般有以下哪些情形（　　）。

A. 主动求助　　B. 由他人介绍而来

C. 由机构转介而来　　D. 由社会工作者外展而来

E. 由社会工作者主动接触而来

5. 社会工作者在接案过程中，通过实地观察，可以增加社会工作者对服务对象及其社会环境的了解，增加对问题的正实感受，使所收集的资料更准确。这种观察可以通过（　　）来进行。

A. 问卷调查　　B. 家庭探访

C. 深入社区生活　　D. 查阅服务对象的档案资料

E. 参与观察

6. 基线测量方法的操作程序是（　　）。

A. 建立基线　　B. 进行介入期测量

C. 建立标准　　D. 分析和比较

E. 差别影响评分

7. 结案阶段的主要任务是（　　）。

A. 总结服务工作经验　　B. 巩固服务对象已有的改变和成长

C. 逐步解除专业工作关系　　D. 完成服务程序，撰写结案记录

E. 撰写宣传报道

8. 社会工作介入行动可以分为（　　）。

A. 混合介入　　B. 直接介入

C. 间接介入　　D. 综合介入

E. 迂回介入

9. 结果评估是社会工作评估的主要类型之一，结果评估包括（　　）。

A. 系统性评估　　B. 需求评估

C. 效果（效益）评估　　D. 效率评估

E. 方案评估

10. 收集社会工作评估资料的方法有：（　　）。

A. 利用已有研究资料

B. 查看档案记录

C. 收集服务对象对介入过程和结果的意见与看法

D. 使用调查方法，收集介入效果的数据和事实资料

E. 利用政策法规资料

参考答案

一、单项选择题

1. C　2. B　3. A　4. B　5. D　6. D　7. A　8. C　9. A　10. D

二、多项选择题

1. AC　2. ABC　3. ABCDE　4. ABCDE　5. ABCDE　6. ABD　7. ABCD　8. BCD　9. CD　10. BCD

第四章　社会工作的主要方法

本章学习要点

✧ 个案工作的含义、特点、主要模式和方法。

✧ 小组工作的含义、特点、服务过程和主要方法。

✧ 社区工作的含义、特点、主要模式和方法。

✧ 社会行政的含义、层次与功能、社会服务机构特征与运作、社会服务机构志愿者管理、社会服务机构资金管理。

✧ 社会工作督导的含义、功能与类型、主要内容、过程和方法。

社会工作在其发展过程中形成了一套独特的、专业化的工作方法，一般可分为直接工作方法和间接工作方法两大类。直接工作方法是直接面对服务对象开展服务，通常包括个案工作、小组工作和社区工作；间接工作方法则不直接面对受助者，而是通过间接的方式开展服务，通常包括社会行政督导、社会工作研究等。本章将重点对个案工作、小组工作、社区工作和社会行政、社会工作督导等方法作扼要介绍。

第一节　个案工作

个案工作，即社会个案工作，是从英文 Social Case Work 翻译过来的。个案工作是社会工作专业中形成最早的一种工作方法，也是其他方法的基础，它以个人或家庭为服务对象，通过直接的、面对面的沟通来提供服务。本节将主要介绍个案工作的含义、主要模式及工作方法等内容。

一、个案工作的含义

（一）个案工作的定义

自从社会工作作为一项助人的专业活动在英美产生之后，许多专家和学者都在尝试从不同角度界定个案工作，在综合各种定义的基础上，个案工作可以被理解为由专业社会工作者通过直接的、面对面的沟通方式，运用有关人与社会的专业知识、方法和技巧，为个人或家庭提供物资帮助、心理疏导和环境适应等社会支持与服务，以帮助个人或家庭增强适应社会和解决问题的能力。

可以从以下几个方面来理解个案工作的含义：

个案工作是一种以一对一的方式为案主提供专业化服务的社会工作方法。个案工作作为社会工作的一种专业方法，是由受过专业训练的社会工作者通过一对一的方式为案主提供专业化、个性化服务。

社会工作者运用专业知识、方法和技巧为案主提供服务和支持。在服务过程中，社会工作者以专业知识为基础，根据案主的具体问题，制定个性化服务方案。

个案工作以生活中遇到困难的个人或家庭为服务对象。个案工作关注的是失调的个人或家庭，协助个人及家庭改善环境，发挥潜能，从而达成服务目标。

个案工作的目的在于帮助个人或家庭增强适应社会环境和解决问题的能力。个案工作关心的是个人或家庭问题的解决，帮助个人及家庭适应社会环境，增强个人及家庭适应和解决问题的能力，实现案主的自助。

（二）个案工作的特点

1. 重视个人的独特性

个案工作最基本的特点是重视个人的独特性，将每个个体当做是与众不同的个人看待，相信每个人对其本身所遭遇到的情境、问题或困难必然有自己的看法和感受，主张在专业价值和知识的指导下，以艺术化而不是公式化和刻板化的方式帮助案主。

2. 秉持“人在情境中”的理念

“人在情境中”是社会工作的核心观点。个人不是完全独立存在的个体，研究一个人，必须将其放到他所处的环境中进行，应注重研究案主的个人环境和社会环境中各要素的关系，应用系统的方法去分析情境中个体的行为。同时，“人在情境中”理念也是了解个人适应问题的基本核心观念。每个人是与其生活环境相互作用的，个人的行为受其心理和生理因素、社会文化和物质环境的制约。所以，当案主处在压力情境里，面临生活适应困难而寻求帮助时，社会工作者特别要重视个人与社会环境因素影响的各种原因，以便能致力于满足个人内在需求，促使其社会关系的充分发展。

3. 强调服务方式的专业性

个案工作的过程就是社会工作者与案主的互动过程，这种互动表现出较强的专业性特点。整个互动过程中，必须运用科学的知识和专业的方法，必须遵循严格的程序，按照科学的步骤进行。社会工作者必须遵守一定的互动规则，如对案主要真诚、接纳、同感、保密等。个案工作不同于一般的社会交往，它不会为追求关系的融洽而极力回避不愉快的话题，需要社会工作者给予极大的耐心和爱心。

4. 重视案主的参与和自决

社会工作者协助案主了解自身问题产生的原因及处理方式，帮助案主学习使用新的方法分析解决问题，以提高案主应对和解决问题的能力，实现助人自助。因此，个案工作是社会工作者和案主一起寻求各种可能解决问题的方法，并由案主自己决定和采取积极行动去解决问题的过程。

5. 强调专业关系的建立和运用

社会工作者与案主的关系是专业性的关系，即社会工作者凭借专业知识与技巧协助案主发挥潜能，调整态度，从而解决案主问题并促进案主的发展。良好的专业关系是达成这一目标的基础和手段。社会工作者不仅要在理性上客观地了解案主的问题，避免涉及不适当的道德偏见与价值观，还应避免过度的同情，对案主的服务造成的不利影响。

6. 善于运用社会资源

案主遇到的问题与其所处的社会环境息息相关，如果只是关注案主内在心理的改变，必然事倍功半。较好的方法是配合运用案主外在环境中的一切人、事、物等资源，这样助人工作才能有效进行。

二、个案工作的主要模式

（一）心理——社会治疗模式

心理——社会治疗模式是一种将服务对象的心理状态、心理过程同个人生活的社会环境结合起来考虑并进行工作的方法。该模式将有关意识、潜意识、人格功能、人类行为、情绪等有关知识结合在一起，帮助社会工作者为服务对象制定个别化的“诊断与治疗计划”。

1. 理论背景

美国的社会学家汉金斯（Frank · Hankins）在1930年首次提出“心理社会”这个概念。1937年，美国哥伦比亚大学的汉密尔顿（Gordon · Hamilton）出版了《个案工作的基本概念》一书，对心理和社会治疗的个案工作理论分析模式进行了整理。后来美国芝加哥大学的托尔（C · Towle）对汉密尔顿的个案工作模式进行了修正，系统阐述了心理社会治疗模式的有关理论，完善了心理社会治疗模式。20世纪60年代，美国的社会工作教授霍丽斯（Floreme · Hollis）出版《个案工作——一种心理与社会治疗》一书，发展了“心理——社会”治疗模式，使得该模式成为个案工作中的一种重要模式。

2. 工作内容

（1）协助案主认清其所处的情境和本身的感受，并引导他把感受表达出来。心理—社会治疗模式以“人在情境中”的理论模式作为分析与治疗的框架，认为个人生活在特定的社会环境中，受到生理、心理、社会各方面影响。在社会工作者的带领下，案主认清自身所处的现实情境，探索自己的思想、感情，增加自我认识。

（2）促使案主了解其所处境遇的真实状况。社会工作者是从案主的日常社会环境中对其进行了解的，并通过案主所处的现实情境把握案主的问题。

（3）了解案主年幼时的情感生活经验，以及对其目前和未来的影响。心理——社会治疗模式认为案主在成长早期的情感生活经验会对其产生深远影响，社会工作者在治疗中了解案主年幼时的情感生活经验，协助案主认识和修正自己对早年经验的反应。

（4）了解影响案主性格的动态因素。社会工作者通过探究影响案主性格的动态因素来帮助案主重新认识和评价自己。

（5）及时提供给案主直接的建议和劝告，使其能妥善处理生活中的问题。社会工作者及时提供给案主直接的建议和劝告，以影响案主的行为，帮助其妥善处理面临的问题。

（6）使案主感受到社会工作者对他的关心、支持和帮助。社会工作者在与案主的互动过程中，关注案主的情绪变化及行为表现，通过表示了解、接纳、同感等态度给予案主支持。

3. 工作步骤及技术

心理——社会治疗模式的工作步骤可以概括为三步，即研究、诊断和治疗。

（1）研究。在与案主人际交往中社会工作者需要把案主引入到产生问题的特定的情境中，从案主的环境、经历中进行资料收集，以便揭示导致案主心理困扰和人际关系失调的原因。另外，让案主了解自己所处的实际情况，尤其需要让案主发现其自我形象与他人的实际评价之间的差距，这可以增强案主改变自身状况的需求。

（2）诊断。社会工作者诊断案主问题时，需要注意以下几个方面的问题：①社会工作者在诊断时需要联系案主意识层面上的和无意识层面上的各种冲突，以便把握案主问题的产生原因；②社会工作者在诊断时需要把案主的主观感受、自我形象同实际的客观状况、他人的评价联系起来，以便揭示案主的自我强度、自我防卫机制和知觉力等方面的问题；③社会工作者在诊断时应避免只局限于对案主的问题进行考察，还应了解案主的各种潜能，以便利用案主的自身资源解决其所面临的困境。

（3）治疗。心理——社会治疗模式的治疗范围一般涉及以下五个方面：①减轻案主的焦虑和不安；②减轻案主的系统功能失调；③增强案主的自我适应能力；④开发案主的潜能，增强案主的自我实现需要；⑤调整案主的人际关系，改善案主的社会生活环境。

（二）危机介入模式

危机介入模式是一种具体的工作方法，属于短期治疗策略中的一种，它虽没有完善的理论基础，但是在不断吸取人格理论、观察学习理论、自我心理学的内容，并形成了危机介入的模式。它的主要目标在于增强个人应对问题的能力，使之比危机前更强，并能预防类似危机的发生。

1. 理论背景

危机的概念最早是由林德曼（Erich · Lindemann）和卡普兰（Gerald · Caplan）在20世纪40、50年代提出。之后，雷波特（Raport）和巴瑞（Parad）等对危机介入理论进行了推广，使该方法普遍运用于助人专业上。雷波特在20世纪60年代首先将危机介入理论运用于社会工作实务，20世纪80年代后以危机介入为主的短期干预工作模式已普遍融入社会工作实务中。

2. 工作内容

（1）评估案主的主要问题。社会工作者需要将自己的注意力集中在案主最近的生活状况上，帮助案主整理自己的想法和感受。另外，社会工作者还需要对案主采取破坏行为的可能性和危险程度进行评估，以便给予及时的介入和治疗。

（2）稳定案主的情绪，与其建立信任的合作关系。面对案主不稳定的情绪，社会工作者需要借助简单易懂的语言、专注的聆听等技巧给予案主支持，稳定案主的情绪，取得其信任，与其建立合作关系。

（3）协助案主解决当前问题。社会工作者协助案主分析危机产生的原因，与案主共同解决案主目前最关心的问题，并制订具体的介入计划。

（4）协助案主为未来作计划。社会工作者要不断地鼓励案主，帮助案主恢复对生活的希望和信心，通过协助案主为将来作计划，使案主明确发展方向。

3. 介入步骤及技术

（1）开始阶段。社会工作者在开始阶段的工作目标主要是与案主建立牢固的专业关系，取得案主的信任。第一次会谈时要收集案主的基本资料，并将会谈集中在正在经历的危机事件上。社会工作者可以带领案主进入危机事件情境中，帮助其理清感受。这时要搞清楚最大的问题是什么，找出是什么原因引发了问题。当案主的思想澄清时，可以通过布置任务让他感觉自己有做决定的能力，重建其信心。

（2）中间阶段。社会工作者要进一步收集资料，扩大对案主的认识。然后，可以协助案主思考什么样的办法对解决问题有效。这时社会工作者可以给案主布置作业，促使他改变思考方式，帮助他换个角度看问题，从而改变其感觉和行动。

（3）结束阶段。在危机介入的最后阶段，社会工作者需要回顾一下开始时双方协议要做的事执行得如何，达到了什么目标。这时可以提醒案主结束工作关系的时候到了，与案主一起回顾已取得的进步，征询案主对今后生活的想法。

（三）任务中心模式

任务中心模式是指在有限的时间内，将工作集中在由案主选择的、有限的、可达到的目标上，从而提高个案工作的效果和效率的工作方法。此方法具有短期个案工作的特征，主要适用于以下问题：人际冲突、不满意的社会关系、正式组织中的问题、角色困难、社会转型中的问题、情绪问题、资源不足问题和行为问题。

1. 理论背景

波尔曼（Perlman）在20世纪50年代就力图通过将焦点集中在问题解决过程而把个案工作的理论与实务统一起来。她认为，选择和完成任务是人们应对生活问题的重要部分，每个人都有解决问题的潜能，社会工作者可通过专业服务过程增强案主解决问题的能力。1972年雷德（Willian · J · Reid）和艾普斯坦（Laura · Epstein）在他们合著的《任务中心个案社会工作》中发表了波尔曼理论，明确提出了任务中心模式，并且大力推广，任务中心模式被广泛用于社会工作的不同领域，受到不同国家和地区的欢迎。

2. 工作内容

（1）协助案主澄清问题，给予清楚的定义。任务中心模式认为所需要处理的问题须是有限度及清楚明确的。因此，强调社会工作者应协助案主列出所关心的问题，并对这些问题加以不同层面的澄清、说明和明确的定义。

（2）拟定契约，得到双方的共识，作为社会工作过程的导引。在双方确定了可处理的问题之后，社会工作者要与案主订立契约，并明确指出双方应为该问题的解决而共同努力。

（3）具体分析问题，减少案主在执行过程中的阻力。社会工作者需要把问题与案主的社会生活联系起来，具体分析这些问题，并同案主共同界定由案主提出或被案主所接受的核心问题，减少案主在介入过程中的抵触反应。

（4）帮助案主选择任务，予以承诺，同时激发案主动机。在任务的制订过程中必须兼顾案主的问题、案主解决问题的意愿及能力，协助案主选择可行的任务，提高案主承担任务的积极性。

（5）与案主回顾工作过程，给予回馈，作为案主发展新任务的参考。社会工作者不断对案主的表现进行总结和鼓励，并同案主对工作过程进行回顾，为案主发展新任务提供参考。

（6）当资源匮乏时，社会工作者可作为案主的支持系统。在介入过程中，社会工作者给予案主支持和帮助，但应把握支持范围，不可过度。

（7）协助案主决定需求，并修改为有助问题解决的行动和信念。

（8）评估任务完成效果，个案追踪。社会工作者在任务完成后对介入效果进行评估，然后计划在任务完成后案主应继续履行的任务，并对其进行个案追踪。

3. 工作步骤与方法

（1）开始接触、探索和协议阶段。如果是案主主动求助，社会工作者首先要鼓励案主表述自己的问题。如果案主是被转介的，社会工作者要向案主解释“任务中心模式”，如时间限制、优先考虑的问题等，帮助案主定义问题，与案主决定“目标问题”。由案主排次序，可以选择三个优先考虑的问题，然后确定问题的性质，与案主协商制定任务合同。

（2）阐述目标及要完成的任务。如果“目标问题”是经过慎重选出的，就缩短任务选择阶段。要让案主思考任务及可能的效果，社会工作者要提供问题解决的手段并支持案主履行任务。

（3）结束阶段。在任务快要结束（大约在最后两三次会谈）时，社会工作者应该与案主讨论结束后的可能效果。这时要与案主一起回顾重要的进步并给予鼓励，并帮案主确定进一步工作的领域。如果案主觉得需要更多时间并表现出完成任务的意愿，则可以适当延长时限。

（四）认知行为治疗模式

认知行为治疗模式是在学习理论和实验心理学理论的基础上发展而来的治疗方法。认知行为治疗模式在于关注个人失调行为本身，而对行为发生的前因后果则考虑较少，也不甚注意其隐蔽性情绪的作用。它借鉴了心理学中的学习法则，认为对外界刺激的反应行为是经过学习而来的，社会工作者需要帮助案主改变不适当的行为，给案主一个“再学习”的机会。

1. 理论背景

20 世纪初心理学家巴甫洛夫（Pavlov）总结出人类行为的部分获得机制，称为反射性条件作用。到 20 世纪 30 年代，心理学家斯金纳（B · K · Skinner）提出了操作性条件作用理论，通过一系列研究把操作性条件作用理论运用到人类生活的各个方面，这对运用行为心理学的原理治疗不适应行为起到了积极的推动作用。此后，心理学家赫尔（Hull）与其弟子多拉德（J · Dollard）、米勒（Miller）对巴甫洛夫的条件作用理论进行了系统的研究，探讨条件作用的各种学习方式，这为行为治疗理论的发展奠定了基础。到了 20 世纪 70 年代，社会心理学家班杜拉（A · Bandura）创立了社会学习理论，他强调人的认知在行为学习中的重要性，提出观察学习的方式。以班杜拉的社会学习理论为基础，经过一些心理学家的共同努力，逐渐形成了认知行为治疗法。现在行为治疗法已经广泛应用于个案工作领域。

2. 工作内容

（1）明确了解和界定案主的问题，并教导案主有效地辨识、评估和回应其不当的思考和信念，聚焦于让案主和他人焦虑的特定行为。如果行为得到积极改变，治疗也就完成。

（2）社会工作者取得案主的信任和合作，并与案主达成一致协议，鼓励案主积极投入，协助案主选择需要立即解决的问题行为。

（3）将问题明细化，详细讨论特定问题，制作问题行为的基线，记录问题行为发生的频率、属性和时间的持续性。

（4）确定问题行为可能控制的情境，评估环境中可利用的资源。铲除产生问题行为前后的刺激，并控制该问题行为的发生，评估环境中的重要资源，引入案主生活中的重要他人。

（5）确定行为修正的目标，设定行为修正计划。社会工作者对案主的多种问题进行分析，了解问题症结，找出一些特别的关注点，并以此明确行为治疗计划的目标。

（6）执行治疗计划。社会工作者采取适当的治疗技术，按照计划实施治疗。

（7）评估治疗结果并详细记录。社会工作者通过对治疗相关资料进行收集、整理、总结等对治疗效果进行评估。

（8）维持行为修正后的效果，执行后续计划。维持和稳定取得的治疗效果，并继续进行不断地干预工作。

3. 治疗步骤与技术

（1）治疗步骤：①建立关系；②评估问题，确定工作目标；③找出要学习的正确行为并示范这种行为，然后让案主进行角色扮演；④布置作业，反复练习期望行为并对之进行奖赏；⑤评估。

（2）治疗技术：①正强化。当一个期望行为出现时即给予奖赏，以增加此行为出现的频率，从而模塑良好行为。②负强化。当问题行为出现时即给予惩罚，以消除不良行为。③角色扮演。在社会工作者指导下练习和不断重复期望行为，以消除问题行为。④榜样。社会工作者作为一个榜样，让案主学习正确的行为模式。

三、个案工作的具体运用

（一）基本技巧运用

个案工作的基本技巧主要包括会谈、记录、访视三个方面。这是社会工作者与案主建立良好关系的基本要素，也是取得良好助人效果的保障。

1. 个案会谈技巧

（1）支持性技巧。①专注。社会工作者对案主的谈话内容保持专注，并通过认真专注地回应案主，传递给案主社会工作者愿意同其一起面对困难的信息，给予案主心理支持和陪伴。②保持目光接触。社会工作者通过正确的眼神沟通和交流，捕捉案主的心理信息，给予案主正向的鼓励和支持。③倾听。要求社会工作者感觉敏锐、有耐心，并运用一些介入技巧同案主进行沟通和交流，以收集案主相关信息，分析案主问题。④同理心。社会工作者深入了解案主的内心世界，并将感受传达给案主，要求社会工作者既能如同亲身体验般地感受案主的感受，又能站在案主的角度理解案主的感受及行为。

（2）引领性技巧。①澄清。社会工作者引导案主更为清楚、详细地表达所需要的信息。②对焦。社会工作者将会谈内容聚焦，集中话题范围，找出会谈重心，进行深入讨论。③摘要。社会工作者把案主过长或分散的谈话内容进行整理和归纳，并将注意力集中于案主主要问题的解决上。

（3）影响性技巧。①自我披露。社会工作者有选择地向案主披露自身的感受、经验信息、处事态度和方法，为案主解决问题提供参考，并阐明这是社会工作者个人的经验。②提供信息。当案主出现因信息缺乏而导致的“不知道服务程序是怎么样的、不知道为什么要遵守一些规则”等情况时，需要社会工作者向案主提供有关的信息，③对质。个案工作者通过直接提问的方式让案主面对自己在行为、情感、经验等方面不一致的地方。例如，言行不一致，表里不一致等。④忠告。社会工作者直接指出和阐明案主某些行为的危害性或者需要改善的行为。例如，你不能未经儿子的同意就翻看他的日记。⑤建议。社会工作者对案主提出建设性意见，帮助案主解决问题。

2. 记录

记录是指社会工作者在与案主接触的过程中把案主情况及其处理过程详细地记录下来，记录的内容包括案主的基本资料（如姓名、性别、年龄等）、存在的问题、案主对自己问题的看法以及社会工作者对案主问题的分析和处理等。

（1）个案记录的原则。社会工作者在记录过程中必须遵循的原则有：①资料要完整，案主基本信息资料、环境相关资料、介入工作相关资料；②资料要清晰，记录的资料需要准确、清晰，总结归档；③资料要真实；④资料要保密，取得案主同意后严格按照程序保密。

（2）个案工作记录的格式。社会工作机构一般都有确定的记录格式，具体有：①流水账式，把所有收集的有关案主的资料全部记载下来；②对话方式，记录案主和社会工作者在会谈过程中互动或沟通的内容，除对话之外，表情、动作等身体语言也详细地记录下来；③分段方式，按事情发生的先后次序分段记录，每段加上一个标题，使内容清晰可见。

3. 访视

访视就是社会工作者亲身进行实地观察，以了解情况。案主会谈所提供的资料有时会因案主的片面表达而失去真实性，因此，社会工作者应当进行实地访视，用专业眼光亲自进行观察和判断，获得更客观、更全面的资料，以补充和修正案主提供资料的不足与偏差。

为了使一次访视能够有效地进行，必须注意的事项有：

（1）明确访视目标。在访视前先要确定具体的访视目标，要明确到底想观察什么？了解什么？这样才不至于使访视盲目而无的放矢。

（2）做好访视准备。社会工作者须先了解与案主有关的资料，为了寻找方便、节省时间，社会工作者还应先记下案主的姓名、地址、联系电话、交通路线等。

（3）选择访视时间。访视的时间必须视案主的情况而定，要不要与被访视者事先约定，要视案主情况和访视目的而定。

（4）访视者的着装。“整洁、大方”是社会工作者穿着的一般原则，还需要根据访视对象的不同作必要的调整，以较能接近受访者的生活习惯为宜。

（5）访视者的态度。个案访视是一种正式的拜访，体现了社会工作的专业理念和服务态度，因此，态度和言行必须特别谨慎。言谈举止应尽量合乎当地的风俗并顾及被访者的社会背景，尽可能使用被访者的语言。

（二）专业关系技巧

专业关系是指为达成特定目标而结成的关系，社会工作者的角色定位与行为原则都是围绕这一目标而产生的。在个案工作过程中，社会工作者应着力于良好专业关系的建立，认识和实施达成良好专业关系的真诚、同感、尊重、热情和温暖等基本条件。

1. 专业关系建立的基本条件

（1）真诚。它是社会工作专业关系中最基本的要素，真诚的社会工作者是一个内在与外表一致、言行一致的人，是以自然、真实、主动、开放的方式与案主交流。用真诚的态度和行为回应案主，解除案主的“伪装”，促进沟通，增进彼此的信任。

（2）同感。同感就是社会工作者能够理解案主的感受，并能觉察到产生这些感受背后的深层次原因。因此，要求社会工作者能够从案主的沟通中推断出其内心的感受和态度，同时，还要将自己的体会正确地传达给案主，获得案主认同。这是建立良好关系的必要条件。案主如何具体运用同感呢？我们通过案主与社会工作者的一次对话来了解一下。

案例 4－1

案主：“唉！我都快烦死了，真的很烦，入职都快两年了，我仍然是一个小职员。在公司，领导不欣赏我、同事间勾心斗角，也没有真正的朋友。因为工作，老是加班，我甚至很久都没有陪伴我的妻子和孩子了。可是到头来呢，我仍然是一事无成，我根本没有想过会沦落到这个地步。真的好累啊！我过得竟如此糟糕！是我努力的还不够吗？在这个公司无论我加多少班，无论我多么努力，都是没有用的，最后还是会被老板嫌弃、指责。反而是那些不怎么做事情、靠关系耍嘴皮的人得到奖励。真的很让人气愤，我很多次真想辞职走人。可是一想到我的孩子和父母需要我挣钱来养活，每个月的房贷、车贷需要还，我就只能忍了，天天这样，烦死了！”

社会工作者：“你工作真的很努力，甚至是不惜牺牲与家人相处的时间来工作。可是结果却没有换回领导的赏识。因此，你觉得公司特别不公平，自己也非常气愤，你已经开始厌恶现在这个工作的环境了。从你刚才的倾诉中，我能感受到你的责任感很强，不过，家里的重担都在你身上，生活的种种压力让你喘不过气来。虽然你想辞职走人，可是又不得不继续工作挣钱养家。依我看，你内心很烦恼无助，也很矛盾无奈。”

在案例 4－1 的对话中，社会工作者向案主传达全面而正确的同感，既能捕捉案主工作上的烦恼和生活上的压力这些表面上的感受，又能理解案主内心的不公平感、无助感。通过同感传达，帮助案主达到更高层次的自我理解。

（3）热情和温暖。社会工作者应当向案主展现热情的态度，友善对待案主。不仅表达对案主的关心，还要让案主感受到温暖。如“真的很高兴你能够与我谈论这个问题”等话语，工作室温馨的装饰、布置等。反之，如果案主感受不到社会工作者的关心，可能会导致社会工作者得不到案主的信任，会降低服务效果。

（4）尊重。在个案工作中，尊重是无条件的。赢得案主尊重，才能建立起信任关系，保持良好的专业关系。社会工作者对案主的尊重主要表现为：①接纳案主的思想、情感和行为，不带有个人偏见；②尊重案主自己做决定的权利，不操纵案主；③对案主不带有人身攻击。

2. 专业关系的干扰因素

（1）移情。移情表现为案主不把社会工作者看作帮助他解决问题的专业人员，而是把早年情感生活经验中对某个特定人的特殊感受或反应投射到社会工作者身上，把其当做案主早年情感生活经验中的某个特定人看待。移情如果得不到正确处理，将会破坏社会工作的专业关系。这要求社会工作者对案主的移情足够敏锐，若案主出现移情情况，社会工作者能够深入探究移情深层次的心理意义，给予案主有效的释放与宣泄，还需要给予案主适当的澄清，使其意识到这种感情是不现实的。

我们可以通过案例4－2来进一步理解“移情”。

案例4－2

案主刘女士，30岁，离异，现带着一个孩子，与父母同住。离异后，刘女士脾气变得暴躁，性格孤僻，情绪也越来越低落，整天无所事事，还经常打骂父母和孩子，时常觉得生活无意义，觉得周围的人都嫌弃她、嘲笑她。两个月前，刘女士父母无奈向社会工作者小李求助。小李对刘女士进行个案介入，情况所有好转。

但是，从第三次会面开始，刘女士几乎每天都借各种理由来机构找小李，不谈自己的任何疑问和问题。每次来都打扮一番，给小李打扫卫生，收拾办公室，约小李一起吃饭，还会给小李买礼物。此外，几乎早晨七点就在机构门口拿着为小李准备的早餐等其上班。小李见此情况，立马对刘妈妈进行了走访。刘妈妈告诉小李：“经过这几次见面，女儿就像变了一个人似的，会笑了，不再打骂孩子，也不再和他们老两口吵架，知道打扮自己了，也会跟邻居、朋友交流了，平时在家还不停地念叨着小李的各种好，甚至还引起了邻居误会，以为女儿找到男朋友了呢。”听到这里，小李明白了，刘女士产生了移情。随后，机构另一名社会工作者，对刘女士进行了有效沟通与劝说，帮助刘女士重新审视这种感情，澄清专业关系。在之后的治疗中，小李同案主刘女士共同分析移情的性质和产生原因，把移情意识化，帮助案主逐渐走出内心困惑，重拾生活的快乐。

移情若得不到妥善处理，就会破坏专业关系。因此，需要社会工作者提高警觉，正确处理。在案例 4 - 2 中，案主刘女士将过去某种特殊感受投射到社会工作者小李身上，对小李产生了移情。社会工作者及时察觉，同案主一起分析移情产生的原因，澄清这种感情的不现实性，帮助案主回归正常生活。

（2）反移情。是社会工作者对案主产生的一种非现实的感情、态度与反应。这种感情往往是社会工作者过去与他人关系的经验之一，转移到案主的身上。当反移情出现时，如果得到正确处理，不仅能够促进案主的服务进程，也能帮助社会工作者成长；如果处理不当，会严重影响专业关系的性质。因此，社会工作者应当正确处理反移情，自觉排除任何不切实际、不正确的个人动机、主观愿望与感情色彩，以助人者的身份全力协助案主解决问题。

（三）过程技巧

个案工作的过程技巧是指在个案服务过程中，社会工作者用以帮助案主解决问题和促进其成长的一系列技术，主要包括接案、预估、计划、介入、评估等阶段的技巧。下面将对个案工作具体运用中的过程技巧作简要阐述。

1. 接案

在接案过程中，社会工作者需要注意以下几个方面：

（1）身份界定，避免将案主定义为“问题人”。

（2）营造良好氛围，给予案主关心和支持。

（3）在面谈过程中，通过表达专注、同理心、具体化等工作技巧的运用，与案主建立良好关系。

（4）收集材料预估案主困境，评估自身服务能力。

2. 预估

（1）资料收集。收集的资料包括两个方面：①案主的个人资料，即基本信息、心理状况、价值观和能力等方面；②案主的环境资料，即案主所处的环境相关资料，包括人际关系、居住的社区环境、家庭环境等。

（2）问题预估。收集资料之后需要对案主的问题进行判断，目的是识别形式、延续案主问题的主客观因素及其与环境的关系，为介入服务打好基础。

（3）问题诊断。在完成对案主资料收集和分析之后，将从两个方面对案主问题进行诊断：①确定问题内容；②注意把握问题诊断的技巧，包括共同对案主问题进行难易、主次、急缓程度排列。

3. 服务计划的制订

服务计划是个案工作的一个重要步骤和内容。一个好的服务计划需要综合考虑各方面因素，这要求个案工作者掌握服务计划制定的基本要求。

（1）目标明确而且可行。服务目标需要符合三个标准：①可观察，服务目标是可以直接观察得到的；②能够测量，服务目标可以通过测量工具呈现出来；③积极正向，服务目标体现案主向积极的方面转变。

（2）服务对象的范围明确。社会工作者在制定服务计划时通常以案主为主，通过挖掘其潜能和能力解决问题。同时，案主是受到其所处环境影响的。因此，案主身边的重要他人应纳入服务范围，为案主问题的解决提供支持。

（3）计划得当。服务计划是否合理主要取决于两个方面：①服务计划与服务目标是否一致。服务计划是为个案工作协助案主解决问题的，应当是符合服务目标的。②服务计划之间是否良性协调。各服务计划之间的协调是服务计划安排的一个重要任务，合理的服务计划有助于各项服务活动之间的配合。

4. 评估与结案

（1）评估。个案工作的评估方式有很多种，常见的评估方式有问卷评估、行为评估和心理测量等。问卷评估是指运用问卷的方式评估服务对象的生活状况。行为评估是指直接观察和测定服务对象的行为变化。心理测量是指运用心理测评工具衡量服务对象内心状况的变化。不同的评估方式有不同的运用要求，需要社会工作者根据评估任务要求和特点选择有效的评估方式。

（2）结案。结案阶段的任务是社会工作者结束同案主的专业关系，对服务进行总结和评估。在结案时，社会工作者需要提前告诉案主，正确处理分离情绪。

第二节　小组工作

小组工作，也称团体工作或社会团体工作，是从英文 Social Group Work 翻译过来的。小组工作为一般的儿童、青少年、成人所组成的团体提供教育与娱乐服务，为有社会和心理问题或生活不利的人们所组成的团体提供预防、治疗、康复等服务。本节重点介绍小组工作的含义、服务流程和工作技巧等内容。

一、小组工作的含义

（一）小组工作的定义

关于小组工作的定义，许多专家和学者有着不同的看法，一般认为小组工作是社会工作者运用专业的方法和技术，协助和引导小组中的个人开展各种小组活动，以促进个人行为改变与社会适应能力提升的一种社会工作方法。

可以从以下几个方面理解小组工作的含义：

（1）小组工作既是一个过程又是专业的方法和手段。小组工作是由一系列环节构成的服务过程，在这个过程中，小组工作者运用专业方法和手段与组员进行分享、支持、治疗等。

（2）小组工作的目标就是促进组员行为改变和社会适应能力的提升，实现组员自助、互助。

（3）小组工作是小组工作者与组员一起组成的多层次互动的关系体系。多层次互动包括小组工作者与组员互动、组员与组员互动、小组与外部环境互动等。

（二）小组工作的特点

1. 小组组员问题的共同性或相似性

小组是个临时的社会团体，存在的价值就在于组员问题的共同性或相似性。由于小组组员问题的共同性或相似性，有助于组员对小组产生认同感，组员之间相互依存和影响，进而形成特定的小组文化和社会关系范围。

2. 以小组情境与小组互动作为个人发展与治疗的基础

在小组工作中，社会工作者主要扮演媒介者的角色，运用专业知识与技术指导小组活动，使小组良好运行，使小组功能得到最大的发挥。在发展与治疗中起主要作用的是小组本身的情境及小组成员之间的互动。社会工作者只是环境的催化者但并不是环境本身。

3. 强调小组组员的民主参与和社会工作者的引导

小组是由社会工作者引导的，由小组组员自愿、平等、民主参与。在社会工作者带领下，小组组员建立团结、互助、合作的关系，共同发现问题及其原因，寻找解决方法。在小组工作中，注重发挥每一个组员的潜在价值，注重所有组员在参与过程中实现自我的改变和成长。

二、小组工作的过程

（一）前期准备阶段

小组工作的前期准备主要包括明确工作目标、制订工作方案、选择招募组员、申报并协调资源、物资准备等。

1. 明确工作目标

社会工作者可通过接触组员了解其需求，也可以通过与同事、社区人士沟通来了解服务对象未被满足且可能通过小组满足的需要。

小组目标是逐步形成的，最初目标可能随着小组活动进展而不断具体化，逐渐切合小组的需求。小组目标的叙述应简短和正向。简短就是以自然、清楚及概括的方式说明目的、方式和内容等；正向表达就是不以否定句的方式表达，这样才能带给组员信心。

2. 制订工作方案

在明确小组目标和性质的基础上，社会工作者需要制订工作方案，具体包含以下几部分：

（1）服务理念。主要包含机构的背景、组成小组的原因、小组的理论或概念框架。

（2）小组目标。主要是指小组的总体目标。

（3）小组服务对象。包含组员的特征、年龄、教育背景以及需要解决的问题。

（4）小组特征。包含小组的性质、时间、规模、人员组合、集体聚会的频率和时间。

（5）明确的目的。是指小组的各具体目标。

（6）初步确定的计划和日程。通常包含每次集体聚会的计划草案，程序活动，日期、时间、每次聚会的特点、活动的具体目的、社会工作者的责任、活动准备、需要的器材、设备、每次聚会需要的费用。

（7）招募计划。包含按机构的规则制定小组建立的程序、组员的来源、宣传、招募方法、允许的招募时间、招收方法。

（8）需要的资源（除资金外）。包含器材、地点、设备、人力资源、特别项目、有关人员。

（9）预料中的问题和应变计划。包含小组组员的问题、社会工作者或机构的问题、其他来源问题。

（10）预算。是指程序、器材、交通等费用的总和。

（11）评估方法。包含评估范围和评估方法。

案例 4－3

小组计划书

小组名称：________________

社会工作者：______________

组员：____________________

一、理念及理论框架

二、小组目的及目标

三、小组服务对象

四、小组特征

五、招募方法

____

____

六、每节活动计划及所需资源

节次	日期	主题	单元目标	活动内容	所需资源

七、预期困难及应变计划

____

____

八、经费预算

____

____

九、评估方法

____

____

3. 组员的招募及遴选

（1）招募组员。社会工作者招募的组员主要来自：①主动寻求帮助的人员，包括社区中的求助人员和向机构求助的人员；②由本机构服务的某些对象，包括从其他机构转介来的特定服务对象；③通过互联网、社区宣传栏等载体得知信息而主动报名参加的人员；④社区居民介绍的人员。

（2）遴选和评估。社会工作者通过个别会见或资料考察的形式，对上述可能的小组组员进行必要的遴选和评估。遴选和评估的参考标准有：①有共同或相似的问题，或者有共同的兴趣和愿望；②年龄和性别；③文化水平及对某些问题的认识；④家庭状况；⑤职业状况；⑥对参加小组的要求。

（3）确定组员。社会工作者按照本小组的类型、特点及人数要求等，确定参加本小组的组员，还要帮助这些组员了解小组工作的意义和特点、程序与可能的活动项目、有关的社会政策等。

4. 申报并协调资源

社会工作者需要向自己所属的服务机构提出申请，递交工作方案，争取批准和资源支持。当然，有些小组的方案也可以向有关社区或者赞助机构进行沟通，争取资源支持。

5. 活动场地及设施的选择和安排

在小组工作的准备阶段，一些前期性的物资准备很重要，主要有：

（1）活动场地的选择。场地及环境布置要有助于促进组员对小组的认同感，最好选择安全、安静、舒适的环境。

（2）活动所需的座位安排。从有利于提高组员互动频率的角度，座位安排最好是圆形的或者面对面的。

（3）准备活动所需的其他设施和辅助材料。基于活动的需要准备所需设施和辅助材料，比如多媒体、张贴画、奖品等。

（二）开始阶段

1. 本阶段组员的一般特点

（1）矛盾的心理与行为特征。在小组开始阶段，大家渐渐希望将真实的自己表现出来，但却不是很肯定、很放心地表达真正的自我，这会使个体在表露与不表露中挣扎，也使个体变得焦虑不安。

（2）小心谨慎与互相试探。开始阶段大多数小组成员的行为十分拘束，表现出与陌生人相处的客气与礼貌，彼此小心谨慎地互动着。他们需要在小组互动的过程中逐步了解谁对自己比较有好感、和谁需要保持距离等，慢慢确定自己在小组中应该扮演的角色。

（3）沉默而被动。由于成员刚入小组，不懂得小组规范，怕说错话、做错事，因此相互观望、等待，主要是想先看看别人怎么做，再决定自己的做法。整个小组显得十分沉默，进程缓慢，缺乏自发性与流畅性。

（4）对社会工作者的依赖。初入小组，小组成员由于不知道该做什么，因此整体上往往依赖社会工作者，视其为权威，以其为中心，而忽视了自身的资源和能力。

2. 社会工作者的任务

（1）协助小组组员彼此认识以消除陌生感。组员的初步了解，有助于彼此关系的拉近及共同完成小组任务。一般而言，这是小组初期的主要工作之一，有些小组会占用相当多的时间来从事此项工作，以利于后续工作的开展。

（2）澄清小组目标。虽然在决定参加小组之前，小组成员对小组目标已有初步的认识，但还比较模糊、不具体。另外小组不同组员之间对小组的认知和期待也不尽相同。因此小组形成时，社会工作者首先要带领小组成员澄清期望，订立大家共同认知的小组目标，作为小组工作的方向。

（3）制定小组规范。小组规范是管理和协调小组成员行为的准则。小组规范不仅规定组员什么行为是应该做的、是被鼓励的；什么行为是不应该做的、被禁止的。因此，小组规范可以说是保障小组成员权益及小组运作的重要依据。

（4）营造安全、信任的小组氛围。塑造安全、信任氛围的最基本保障是制定小组规范，使大家的行动有所依循，这样信任感也就渐渐产生了。社会工作者要信任小组成员，给小组成员一种无条件的积极尊重，使小组成员免于伪装或隐藏，可以真实地表达、探索自我。

（5）发挥社会工作者的示范作用。在小组开始阶段，小组成员的注意焦点在社会工作者身上，社会工作者成为行为的典范，因此需要注意自身的示范作用。社会工作者除了表现其专业角色以外，还需要有真我的部分，这不但能使组员产生安全感，而且倾听、专注、尊重、同理、真诚的行为，本身就是组员学习的典范。

（三）中期转折阶段

1. 本阶段组员的特征

（1）对小组具有较强的认同感。小组发展到转换阶段，与前一阶段最明显的不同是小组成员感受到自己与小组是真正有关系的，从站在小组的外面或边缘进入了小组里面，甚至会对外人的批评、指责进行辩解，维护小组的利益。在此阶段，小组成员会发现自己不是孤立的，彼此间有着相似与共同的命运，从而产生对小组的认同感。

（2）互动中抗拒与防卫心理。由于小组成员对自己应该留在安全区域还是冒险深入有所犹豫，也担心社会工作者或其他组员是否足够安全、乐于接纳，因此，一些小组成员就无法自然地展现自我、与他人互动，而是要小心谨慎地保护自己。小组成员对小组有疑惑、恐惧、犹豫、保留是很正常、自然的现象，社会工作者应给予尊重、接纳，并妥善处理。

（3）角色竞争中的冲突。经过了开始阶段的客气，组员们都希望更真实地表达自己，更真诚地互动，因此开始想表达不同的意见与看法，对别人也不再那么礼貌与客气，会有批评或竞争，甚至会产生小组成员与社会工作者之间或小组成员彼此之间的冲突。冲突并非是完全负面的，若能妥善有效地处理，往往可以促进小组的信任与凝聚力。

2. 社会工作者的任务

（1）处理抗拒行为。抗拒是组员参与小组过程中的自然反应。社会工作者要帮助组员了解小组是分享和表达感受的重要场所。同时，社会工作者要营造一种开放的氛围，帮助成员探索自己的恐惧和防卫，鼓励他们承认并解决他们所体验的任何犹豫和焦虑。

（2）协调和处理冲突。在解决冲突时，社会工作者可以运用这样一些具体措施：①帮助组员澄清冲突的本质，特别是澄清冲突背后的价值观差异；②增进组员对自我的理解，如运用角色扮演的方法，以增进自我了解和对他人处境的敏感度；③调整小组规范和契约；④协助组员面对和解决由冲突带来的人际关系紧张；⑤运用焦点回归法，即将问题抛回给组员，让他们自己解决。

（3）保持组员对整体目标的清醒认识。在转折阶段，组员之间围绕个人目标的摩擦、争执和冲突，常常会取代小组的整体目标。因此，社会工作者需要经常以各种方式提醒组员保持对小组目标的意识。

（4）协助组员重构小组。在转折阶段，为了协助组员向着小组目标和既定方向改变，社会工作者需要协助组员重新建构小组。这一阶段对小组的建构不同于小组开始阶段，不是以社会工作者为主导，而是主要以组员为主导，社会工作者引导、协助和鼓励组员担负起重构小组的全部责任。

（5）适当控制小组的进程。在转折阶段，社会工作者应该认识到组员经过处理抗拒和冲突的过程，会养成一定的自我管理、自我决策的能力，但尚未达到完全独立自主的状态。这时社会工作者还需要适当控制小组的进程，引导组员以小组为中心展开互动，创造一个以小组为中心的环境解决情境。

（四）后期成熟阶段

1. 本阶段小组及组员的特征

（1）小组的凝聚力大大增强。在小组后期成熟阶段，组员对小组有较高的归属感，开始经常用“我们”而不是“我”来表达认同小组。小组对组员有很强的吸引力，组员对小组的投入程度很深，愿意承担和分担更多的职责和任务；小组的沟通也更加顺畅，彼此更容易被理解，组员间善于相互接纳和认同。

（2）组员关系的亲密程度更高。组员之间、组员与小组之间的关系更亲密。由于负面情绪和矛盾冲突得到表达和解决，小组已形成一种让组员感到信任、安全的氛围。组员之间有更紧密的情感联系，相互之间自由、真诚地面对，分享各自的经验、知识与技能，由此促成了小组互助网络的形成。

（3）组员对小组充满了信心和希望。经过冲突、挣扎后，由于体会到了小组对自己的尊重和接纳，也看到了其他组员的真心表露、分享、关怀和承诺，组员对小组的信心进一步增强，对解决自己的问题充满了信心和希望。同时，组员认识到必须为自己的改变负责任，会表现出更开放的言行。

（4）小组的关系结构趋于稳定。小组发展到这一阶段，关系结构已经形成，小组的决策机制基本成型，小组的进程有规律可循，小组的权力结构基本稳定，小组的领导已被组员认同，不再有权力与控制之争。

2. 社会工作者的任务

（1）维持小组的良性、有效互动。通过社会工作者的示范与引导，如自我表露、此时此地的表达与分享、质疑、反馈等，可以使小组成员的行为与互动更有效。

（2）协助组员从小组中获得新的认知。协助小组成员分析、检讨自己，改正不适用或不合理的认知，重建合理的认知体系。

（3）协助组员把认知转变为行动。小组成员通过反思、别人的反馈和对质等，对自己与环境的关系有了新的认知，但仅有认知是不够的，社会工作者还要协助小组成员把认知转变为实际行动，以达到进步与成长的目的。

（4）协助组员解决有关问题。社会工作者要协助组员将有关问题澄清，通过分析和磋商，协助组员建立合理的目标，并整合小组内的资源，共同寻求解决问题的策略方法并付诸实施。

（五）结束阶段

1. 本阶段小组及组员的特征

（1）浓重的离别情绪。如果小组运转得相当成功的话，小组成员会有依依不舍的情绪。好不容易建立起来友谊、情感，马上就要分离，将使组员感到伤感不已。

（2）对外面世界的担心。在进入小组之前，很多小组成员在外面的世界适应状况不良，所以抱着期望进入小组，经过小组的起伏波折，自己受到了小组的接纳、肯定，与小组相处愉快，但不久后却又要回到实际生活，与原来的人与事接触，难免担心无法适应。

（3）小组关系结构的弱化。意识到小组快结束了，每个人都在思考自己该做何打算，互动频率和强度降低，小组的影响力开始减弱，小组规范也较松散，甚至有人会缺席，心想反正小组就要结束了，或有些人是害怕结束带来的伤感，而逐渐退出。

2. 社会工作者的任务

（1）处理组员的离别情绪与感受。社会工作者最好在小组结束前的一两次活动就通知小组成员，让小组成员心理上做好准备，逐渐接受离别的事实。还应鼓励小组成员将担心、伤感及失落的情绪表达出来，并提醒小组成员小组结束的积极意义。

（2）协助组员保持小组经验。小组成员往往希望外面世界的人能改变，和小组内的人一样真诚、乐于接纳。社会工作者必须让小组成员知道，期望别人改变，必须自己先改变，然后借着自己的改变去影响别人。另外，社会工作者还应该带领小组成员讨论对现实的生活环境的担心，相互鼓励、支持，增强适应能力。

（3）协助小组成员整理学习成果，并运用于实际生活中。小组成员在整个过程中学习到什么，可以在结束阶段进行总结，了解到小组成员是否真正从小组历程中受益，是否真的有改变、成长。社会工作者应借小组分享的机会鼓励组员，使他们产生自信与肯定，协助其决定行动计划，并将小组内所学运用于真实生活中。

（4）提供继续学习或进一步服务的资源。有些小组成员有兴趣或有必要继续学习或接受其他咨询服务，社会工作者应提供有关信息和资源，例如其他的小组、学习活动、个别咨询、心理治疗等。

（5）评估小组效能。小组结束时，需要对整个小组做评估。可由社会工作者、小组成员、观察员、督导等共同进行评估。评估的内容包括小组的目标是否完成，小组动力状况如何，小组成员的改变与成长等，以此作为下次小组工作的参考。

三、小组工作的具体运用

（一）沟通互动

沟通是一个人利用符号将意义转达给另一个人的过程。通过沟通，小组成员和社会工作者可以相互理解和良性互动，建立信任或自我调整，朝着共同的目标前进。社会工作者在开展小组工作实务时，应熟练掌握与组员沟通以及促进组员沟通两个方面的技巧。

1. 与组员沟通互动的技巧

（1）营造轻松、安全的氛围。社会工作者要以热情、友善的语言和亲切的表情，向组员传递温暖、真诚、关怀等信息，为小组营造一个放松、自由、开放和安全的氛围。

（2）专注与倾听。社会工作者要通过语言的和非语言的专注，鼓励组员自由、放松地表达感受。社会工作者在倾听时，要注意组员所说的重点，尤其是一些没有预料到的信息。

（3）积极回应。社会工作者在组员发言之后，要站在同理心的角度，向发言者表达高度的重视，认真了解和把握发言者的用意和感受，并伴以积极的回应。

（4）适当的自我披露。社会工作者可以有选择地将亲身的经历、体会、态度和感受向组员坦白，通过这种信任关系情境的建构，促使组员也能够坦陈自己的问题和需要。

（5）对信息进行磋商。当无法把握组员发言中的信息含义时，工作者有必要耐心地与发言者协商交流，直到信息能够被正确了解和达成共识。

（6）适时小结。对组员发言中可能是散乱表达的信息，社会工作者要及时地帮助小结。

2. 促进组员沟通的技巧

（1）提醒组员相互倾听。要注意现场安静，及时提醒组员仔细倾听别人的发言。

（2）鼓励组员相互表达。要鼓励组员积极表达自己的感受，接纳他人的感受。

（3）帮助组员相互理解。在沟通时，要密切注意和观察组员的声调、语言、表情、态度和姿势等细微之处，帮助组员沟通和理解信息不一致的地方。

（4）促进组员相互回馈。组员发言后，应鼓励组员之间的分享和回馈。

（5）示范引导。可用自身示范的方式，诱导组员模仿社会工作者。

（二）小组讨论

小组讨论有许多重要的功能，其中主要有鼓励组员参与小组事务、实现小组决策以解决问题、增加小组活力等。为了使小组讨论顺利开展，社会工作者必须做好讨论前的准备并掌握一些引导讨论的技巧。

1. 小组讨论前的准备

（1）选择合适的主题。必须对讨论所要达到的目标心中有数，并在此基础上选择适合于讨论的主题。

（2）注意讨论主题的措辞。社会工作者的措辞要主题明确、讨论主题集中并留有余地，以激起有效的讨论。

（3）选择合适的讨论形式。讨论有公开讨论、陪席式讨论、座谈会、质询会等多种形式，社会工作者应根据具体情况恰当选择。

（4）安排活动的环境。包括讨论场所、座位的安排等，这里要考虑到空气流通、气温、灯光、音响等因素。

（5）挑选合适的参与者。邀请合适的人员参加讨论会，确定参与者在讨论中的角色，如谁主持会议等。

（6）准备好讨论草案。在讨论之前应对讨论中可能出现的各种情况有通盘的考虑，并准备一份详尽的讨论草案，以便使讨论更有成效。

2. 主持小组讨论

（1）开场的技巧。讨论会开始时，社会工作者应首先介绍参与者，使成员相互认识，接着引出讨论主题，并适时告诉成员一些讨论规则。

（2）了解的技巧。鼓励害羞内向的组员发表意见，并适时予以重复与肯定，以使这部分组员的意见得到大家的注意；随时注意讨论的气氛，适时反映团体的感觉和思考，对问题的实质和成员的意见进行概括与阐述，以引导讨论指向更深入的方向。

（3）提问的技巧。提问有助于厘清问题、启发思考，社会工作者应在适当的场合巧妙地提问，不影响会议的气氛，又能把讨论引向深入。

（4）鼓励的技巧。适当地抑制多话的人，先摘要其发言，再以“除此之外，也许还有别的意见……”引导他人发言，创造发言机会。对害羞者不可逼他发言，而是注意他，等待他们产生发言的欲望与勇气时，适当鼓励其发言。

（5）摘述的技巧。社会工作者在段落结束、讨论结束、议题岔开、变换主题、发言过长、发言复杂、争执不下的情况时要进行摘述。摘述须明晰简要，摘述完毕应征询发言者的意见，以证实摘述的准确性。

（6）限制的技巧。当少数成员垄断讨论时，社会工作者可作摘述并引导他人发言，或事先限定发言时间和次数；当发言太抽象或脱离主题时，可切断话题，使讨论更集中、有效；当与会成员意见冲突时，应设法缓和气氛，可采取付诸表决、会外协调等解决办法。

（7）沉默的技巧。适当的时候保持沉默，使小组负起责任；不直接发表意见，使成员自行判断。

（8）中立的技巧。避免与成员争论；不偏袒任何一方；不判断他人意见；仅提出问题，不给予答案；提供咨询时，不予判断，仅作利弊分析或事实陈述。

（9）引导的技巧。引导目的在于使论题更深入集中。引导包括暗示讨论方向、揭示讨论重点、安排讨论程序、剖析分歧的症结、提付表决等。

（10）讨论结束的技巧。当小组讨论进行到最后阶段，社会工作者必须将小组讨论中组员所提出的问题归纳为几个要点，将组员所提出的各种意见和建议加以组织，形成详细、全面的结论，并指出将要如何应用。

（三）小组活动设计

小组活动是指在小组聚会时，呈现给组员的各种活动。这些活动是根据组员的爱好和需要制定的。小组活动的设计需要注意以下事项：

1. 小组活动目标与阶段性目标

社会工作者在确立小组活动方案时应尽量和小组目标保持一致，不能偏离。小组活动的阶段性目标应和小组的阶段性目标保持一致，不同的发展阶段，其活动形式也各不相同，如成员相互介绍应安排在早期，竞争性活动则应安排在小组活动后期。

2. 小组情境

小组的活动须与小组的情境相适应，社会工作者在设计小组活动时需要把握小组情境中对小组产生影响的因素，主要包括：

（1）参与者的特征及能力。根据参与者的性别、年龄、文化背景、知识等方面设计相应的活动，比如在一些文化程度不高的小组，设计益智类活动是不合适的。

（2）小组的动力及特征。小组活动的设计应与小组不同阶段的动力和特征相吻合。

3. 空间安排

小组活动设计需要考虑开展活动场所的大小、设备、环境等空间要求，确保现有空间能够满足小组活动的开展，如果确实需要场地变动的话，就需要对交通、经费、时间等方面作周全考虑。

4. 时间分配

小组活动是小组聚会的部分内容。小组活动的设计需要考虑到小组活动的时间和速度，在小组活动之后需要留出充裕的时间进行经验分享和总结。

5. 资源供应

小组活动设计时应当考虑到小组现有的人力、物力、财力等资源，根据所需资源设计小组活动方案。

6. 弹性原则和活动评价

社会工作者依据自己的能力、小组兴趣随时修正小组活动。小组的活动评价主要是指社会工作者要先订出活动的评价标准，通过评价来改进活动。评价内容通常包括目标的达成程度、个别组员的反应和团体反应等。

（四）小组评估

小组评估指的是对小组服务的设计、实施过程及服务的有效性进行判断的过程。通常包括评估方案制定、评估体系建立、实施评估、评估后审核、撰写评估报告等方面。

1. 制定评估方案

评估方案的制定需要考虑几个问题：①评估的目的；②评估的对象；③评估的指标；④评估的方法等。

2. 建立评估体系

小组工作的评估体系具有全面性和系统性。需要从小组过程、社会工作者、小组组员、小组效果、小组方案等方面建立起评估体系。

3. 实施评估

根据评估流程选择评估的先后顺序，实施评估过程。减少个人主观因素对评估实施的影响，在全面收集资料的基础上，客观评估分析。

4. 审核

评估结束后应当对其进行专业审核，包括对其效度和信度审核，依据审核结果，再对评估结果进行修正。

5. 撰写评估报告

评估报告的具体结构包括前言、文献回顾、研究方法、评估对象介绍及评估过程、分析和解释、结论、参考文献等。

第三节　社区工作

社区工作是与个案工作、小组工作并列的三大传统社会工作方法之一。与前两者不同，社区工作不直接解决个人与家庭的问题，而是以社区及社区居民为服务对象，通过发动和组织社区居民参与集体行动，确定社区的问题及需求，通过专业社会工作者的介入，预防和解决社会问题，提升社区服务质量和福利水平，促进社会的进步。本节重点介绍社区工作的含义、主要模式和基本技巧等内容。

一、社区工作的含义

（一）社区工作的含义

关于社区工作的定义，通常认为，社区工作是专业社会工作的一种基本方法，它以社区和社区居民为服务对象，通过发动和组织社区居民参与集体行动，确定社区的问题与需求，动员社区资源，争取外力协助，有计划、有步骤地解决或预防社会问题，调整或改善社会关系，减少社会冲突，培养自助、互助及自决的精神，加强社区的凝聚力，培养社区居民的民主参与意识和能力，并发掘并培养社区的领导人才，以提高社区的社会福利水平，促进社区进步。

可以从以下几个方面理解社区工作的含义：

（1）社区工作是社会工作的一种介入手法，是一项有计划的服务过程。

（2）社区工作鼓励社区居民民主参与，提升其自助能力。社区工作旨在确定社区问题和需求，整合社区资源，组织动员社区居民预防和解决问题。

（3）社区工作侧重社会环境与制度的变迁。社区工作本质上是关于人和社会变迁的事情，它关注如何协助居民和服务提供者，使两者都能适应不断变迁的环境。

（4）社区工作的主要目标是满足社区需要，解决社区问题。

（二）社区工作的特点

1. 以整个社区为对象

社区工作的服务对象是整个社区，社区工作的重点也是解决社区面对的集体问题，或者是居民共同关心的社区事务。

2. 宏观的分析角度与较广的介入层面

社区工作会从较为宏观的角度对问题展开分析，它认为社会问题的产生与社区周围的环境、社会制度乃至整个社会结构都是密切关联的。因此，要解决社区问题，应努力改善周围的环境，改变不合理的政策及制度，避免将问题个人化。

3. 强调居民的集体参与

社区工作的目标不是为居民提供全面服务，也不可能提供所有的社会服务，而是鼓励居民一起参与，让他们知道自己的责任，行使自己的权利，增强信心，充分发挥自己的主观能动性和创造性，运用集体的智慧来解决社区问题。

4. 合理运用社区资源

社区工作重视运用社区内的各种资源，相信居民的发展潜能。社区工作不单是靠专业社会工作者的力量，那些存在于社区内的非专业的支援网络，如邻居、亲属、朋友等，社区工作都应该而且可以将他们有效组织起来并合理加以利用。

5. 任务目标与过程目标并重

社区工作的任务目标是改善社区生活环境，解决社区问题，争取居民应有的资源和权力；过程目标让居民在社区工作过程中得到成长，积极参与社区事务。社区工作重视社区的转变，同时也重视人的改变。它一方面力求解决社区问题，改善社区生活环境，提高居民生活质量；另一方面也强调让居民在这个过程中增强解决问题的能力，培养互助、自助及自决精神。

二、社区工作的主要模式

（一）地区发展模式

地区发展模式是杰克·罗斯曼提出的社区工作三种模式之一。地区发展就是发动社区内不同人群和团体广泛参与，通过参与达到自助和互助的目标，改善社区关系，实现社区变迁。

1. 基本假设

（1）关于个人的假设。地区发展模式认为，随着现代社会的发展，个人渐渐倾向冷漠的、孤立封闭的状态，也缺乏主动参与社会公共事务的热情和动机，由此，居民也越来越显得无助和软弱，个人和社区公共问题都很难得到解决。

（2）关于社会构成的假设。地区发展模式认为，社会正在变得越来越丧失传统社区的自然联系，变成一种理性的制度化的组织关系和市场交换关系，由此造成社会的分层和两极化，最后导致失去当地社区原来的文化、知识、信心和能力。因此，应重视地区范围的自助与合作，增加居民对社区的投入，提升居民解决社区问题的能力。

（3）关于行动动机的假设。地区发展模式假设个人倾向于团结和合作，而非竞争与对抗。个人行动是理性追求个人利益最大化的，但是只要能够在集体行动中照顾到个人的需求和动机，并且能够培养一种集体归属和认同感，个人会在情感和价值层面上有动机参与社区基层组织的活动，并在当中作出自己的贡献。

（4）关于发展和变迁的假设。地区发展模式基本上是接受现代化理论关于发展的概念。20 世纪 70 年代以来，由原来建立和依靠市场经济体制的发展观念逐步转向在不掠夺自然资源基础上的可持续发展理念，强调以人为中心，满足社区的发展需求。

2. 模式特点

（1）较多关注社区共同性问题。

（2）通过建立社区自主能力来实现社区的重新整合。地区发展模式以培养居民自主、自立、发展互助、建立社区团结为目标。

（3）过程目标的重要性超过任务目标。任务目标是完成实际的工作或解决一些特定的社区问题，过程目标是建立长久的制度或社区组织，这两个目标是相辅相成、互相带动。从地区发展模式来看，提升居民解决问题的能力来实现自助是最重要的发展目标。

（4）重视社区居民的参与。

3. 工作策略

（1）促进居民之间的交流。这主要是针对社区居民之间的冷漠和疏离所采取的策略。

（2）团结邻里。团结邻里主要是针对社区中部分邻里关系不良而采取的策略。

（3）社区教育。社区教育主要解决居民对社区资源不熟悉等问题，培养居民骨干。

（4）提供服务和发展资源。提供服务和发展资源主要针对社区服务和社区资源缺乏问题。

（5）社区参与。社区参与主要解决社区面对的一些共同问题。

4. 社会工作者角色

（1）启发催化的角色。所谓启发催化的角色是指社会工作者把社区居民组织起来表达他们的需求，辨别社区的问题，讨论形成社区的公共需求和发展目标，形成良好的社区人际关系，团结起来解决社区问题。

（2）支持鼓励的角色。支持鼓励的角色是指社会工作者负责发动并提高人们的创造性，鼓励居民通过参与过程，习惯负责任、理智地面对各种敏感问题等。

（3）协调联络的角色。协调联络的角色是指社会工作者要在社区组织之间、社区组织和外界组织之间、不同社区之间进行联络沟通，增加了解，争取团结合作。

（4）资源中介的角色。资源中介的角色是指社会工作者要协调、动员社区内外的资源，投入到社区居民的发展项目中来，帮助居民组织发展项目，解决社区问题，改善社区生活质量。

案例4－4

重庆市地区发展模式下社区工作特色实践

重庆市“三区”社会工作人才支持计划（以下简称“三区计划”）是重庆市推行的支持地区发展、实现脱贫的重要举措。“三区”是指边远贫困地区、边疆民族地区和革命老区。自2013年实施以来，重庆市积极推进“三区计划”，促进受援区县的发展。“三区计划”实施成效显著，受援区县当地的社会工作力量不断壮大，居民对社区的投入也不断增加。“三区计划”带动了当地社会工作的发展，有助于受援区县贫困状况的改善。

根据“三区计划”的安排，17家派驻单位将各自选派4名社会工作者组成小分队，进驻相应受援区县，同时，还需为受援区县总共培养34名社会工作专业人才，还要求为当地的农村留守儿童、老人、妇女等开展为期一年的扶贫济困专业服务。派驻单位通过对当地社会工作者进行专业培训和指导，以提升他们的服务能力，壮大当地社会工作力量。在派驻单位的援助下，受援区县社会工作者也积极参与到对农村留守儿童、老人、妇女等人员服务和专业性扶贫服务中，提升自身解决问题的能力。当地社会工作人才队伍专业化增强，社区工作也逐渐规范化。同时，政府相关部门，还积极调动本地的多方力量，倡导当地居民和团体广泛参与社区工作，真正实现受援区县社会工作的发展。

重庆市通过“三区”社会工作人才支持计划与扶贫相结合，重点推进、深化发展“三区”的专业性社会工作服务，如今，派出单位进驻受援区县，协作良好，社会工作介入积极有效。

（二）社会策划模式

社会策划也称社会计划，就是针对具体社会问题，根据相关信息制订工作项目，并将社会目标转化为实务手段的过程。本模式以整体或部分地理和功能社区为对象，在这类社区中存在着实际社会问题，各方利益或可调和或有冲突。

1. 基本假设

（1）关于人的假设。在社会策划模式下，一般倾向于认为人都是理性的，人是理性追求自我利益最大化的，人际关系一般都是理性选择的工具性交换关系。在理性原则指导下，人际互动会带来社会活动效率的提高、个人需求的满足等。

（2）关于社会的假设。社会策划模式认为社会系统是建立在个人之上，而又相对客观、独立的一个系统整体，有自己的平衡机制，各子系统通过能量交换实现自己的功能。当有外部冲击的时候，会带来社会系统的失衡，但是系统会通过调整渐渐恢复平衡，并提升原来的系统平衡的水平。

（3）关于行动动机的假设。社会策划模式认为，人是理性的，是有认识能力和实践能力的，人会在价值、利益等诱导下理性地追求个人、社会利益的最大化。社会策划模式还认为，人必须进行管理和规范，这样才能带来社会秩序和合力。

（4）关于发展和变迁的假设。社会策划模式主张通过对社会发展规律的系统研究认识，掌握社会发展的内在规律，然后统一计划、管理，促进社会的发展和变迁。要达到这种社区变迁，必须依靠专业人员的专业技术，即专门计划者的专业运作，引发复杂的社区变迁。

2. 模式特点

（1）注重任务目标的实现。任务目标是解决实质的社区问题，过程目标是收集和分析资料，以及系统分配时间和动员资源。该模式注重任务目标的实现。

（2）强调理性原则。社会策划一方面强调过程理性化，另一方面强调技巧的科学化。

（3）注重由上而下的改变。

（4）指向社区未来变化。社会策划是通过分析当前和过去的资料，预测将会发生的事情，并设计应对策略，其目的是尽量降低社区未来变化的不稳定性。

3. 工作策略

（1）明确组织的使命和目标。

（2）分析环境和形势。

（3）客观地认识自身的能力。

（4）界定和分析问题。

（5）确定需要。

（6）建立目标，明确达到目标的标准。

（7）列出、比较并选择可行方案。

（8）测试方案。

（9）执行方案。

（10）评估结果。

4. 社会工作者角色

（1）项目规划者的角色。社会工作者担当专家角色，完全依靠技术理性，来调查社区问题，分析社区事实条件，评价各种服务方案，规划社区服务。

（2）项目经理的角色。社会工作者担当项目的管理人员，负责项目整个执行过程的业务操作、财务、人事、物资等管理工作，保证服务项目得到有效的执行。

（3）监督实施的角色。社会工作者主要扮演项目执行过程的监督、反馈、协调角色，监视业务的执行进度，收集业务执行过程中的意见和信息，反馈给决策者和经理人员。

（4）专业人员的协调角色。社会工作者服务于各个专业的技术人员，协调不同专业的协同合作，共同完成社区任务。

（5）动员居民参与和反馈意见的角色。社会工作者仍偏重居民的组织和能力建设，但主要是组织居民参与相关部门的社区策划过程、接受相关的服务并就服务方案提出改进意见等。

（三）社区照顾模式

社区照顾模式是指动员并连接正式和非正式的社区资源，协助社区内有需要者，让他们能与其他人一样居住在家里和生活在社区里，并得到适当照顾，以便社区成员之间休戚与共、相互扶持。它认为，个人自助、家庭支持、机构照顾、市场服务和政府介入都存在不足，而社区照顾模式有利于建立输送体系，满足差异化需要，提升居民自治能力和强化社区意识。

1. 基本假设

（1）服务对象生活的原环境优于机构的环境。很多情况下，长期的院舍照顾会导致被照顾人士的生活能力下降。因此，社区应在服务对象生活的原环境——自己的家中或社区的环境内对其提供适当的照顾与支持，使其个人生活得到高度的独立自主，这有利于个人能力的保持和身心的康复。

（2）社区可以有效地利用非正式资源对需要服务的人群实现支持和照顾。个人、家庭和社区蕴涵着丰富的提供支持和照顾的非正式资源。社区照顾可以由志愿团体将社区内疏远的网络连接起来，将那些松散的资源整合起来，并对其有效地利用，实现正式服务系统和非正式照顾系统互补，有效地满足社区内有服务需求的人。

2. 模式特点

（1）强调服务对象正常地融入社区。社区照顾的任务目标是为社会上有需要的人群提供照顾和支援，协助其在社区中过正常生活。

（2）强调社区责任。

（3）强调非正规照顾的作用。

（4）提倡建立相互关怀的社区。社区是建立社会关怀的重要平台，社区照顾的过程目标是要建立一个具有关怀性的社区，这也是社区照顾模式的理想和所追求的终极目标。

3. 工作策略

（1）确定服务对象，与之建立信任关系，助其探索自身的潜能与资源。社区照顾是以提供地区化服务为先决因素的，因此，社会工作者要有效地推展社区照顾，首先必须了解本地区服务对象所居住的地区、服务需要。其次，社会工作者要在与服务对象的积极互动中，建立起彼此信任的关系，帮助他们探索他们自身已有的能力和可以运用的资源，帮助他们提升自信。

（2）建立社区照顾网络。一般来说，可以根据服务对象的需要在以下三个层面建立自助组织：①直接服务的自助组织服务系统，主要是由被照顾者近距离的人构成：家人、亲友、邻居和社区内的志愿者。他们可以为被照顾者提供购物、清洁家居、医疗、送饭等服务。②同类型服务对象的互助组织的服务系统。社区内同类型服务对象可以组织成互助小组，例如：癌症病人小组、单亲妈妈小组、下岗自强小组等。③社区危机处理的自助组织服务系统。社会工作者可以动员具有不同专业技能的退休人士和热心居民，组成不同类型的小组，以对不同类型的危机事件给予帮助。例如：老年人突然病危、家庭纠纷、青少年离家出走等问题。

4. 社会工作者角色

（1）治疗者。社会工作者以个案或小组的方式介入，为有需要的个人和家庭提供心理治疗、家庭治疗或小组治疗。

（2）辅导者。社会工作者以辅导者或教师的角色介入到有需要的家庭，为家庭成员提供辅导服务。

（3）倡议者。社会工作者以倡议者的身份为社区有需要的个人或家庭倡议，争取合适的服务。

（4）顾问。社会工作者向有需要的个人和家庭提供活动和发展方向上的意见，与有需要的个人和家庭结成伙伴关系。

社区工作的地区发展模式、社会策划模式、社区照顾模式是符合我国国情和社区工作现状的主要模式。这三种模式在国内外应用比较普遍，并取得了良好成效。除此之外，社区工作的模式中还有一种社会行动模式，是指社会工作者动员、组织社区居民，采取集体行动，以自下而上施压的形式，求得公正、公平解决问题的社区工作模式，并在过程中提升参与者的社会意识，改变他们的无助感，达成更公平、更公正的社会。该模式在西方的社区工作中十分常见，它特别适用于那些社会情况比较复杂，社会矛盾比较多，居民利益缺乏保障的社区。关于社会行动模式在这里将不再做过多的介绍。

三、社区工作的具体运用

（一）专业关系建立的方法

建立专业关系是介入社区工作的初始阶段，最重要的工作方法是如何同社区居民接触，取得居民的信任，社会工作者被社区接纳是社区工作顺利开展的前提。

1. 与居民接触

（1）接触前的准备工作。与居民接触是一种有意识的介入活动，要做好以下准备工作：①明确接触居民的目标和出发点；②选择接触对象；③选择访问时间；④准备话题，引导访问的开始；⑤穿着得体；⑥预想可能会遇到的问题和克服的方法；⑦对前去访问的场所环境事先有所了解。

（2）与居民接触的过程和技巧。与居民接触要有步骤、分层次地展开，掌握相应的技巧：①介绍自己。社会工作者在接触居民时，要尽量找居民的“熟人”引见自己，也可以将自己与居民们都很熟悉的、成功的活动联系起来，增强居民信任。此外，还应通过发放一些物品或者活动资料，拉近与居民“距离”，社会工作者应当态度热情、诚恳，表达清楚，平易近人。②展开话题的方法。注意避开一些敏感的话题，话题要从简单到复杂，由具体到一般再到抽象。③维持对话的方法。社会工作者需要根据接触或访问的目的维持对话，可以使用聆听、同感、倾听、澄清等技巧，表现出对居民的关怀。④结束对话的方法。社会工作者在完成接触居民这一过程后，要记下主要资料，如居民的背景和社区网络、居民对说谈事务的反应、热心程度、可动员机会、人际资源等，也要总结接触目标是否达到。

2. 开展社区工作的策略

（1）前期准备工作的侧重点。社区工作是一项有步骤有计划的社会服务活动，在前期准备阶段需要做好的重点工作是：①策划工作机构的规模；②建立人事管理制度；③深入基层，建立信任关系；④加强社区联络，搞好地区关系；⑤了解社区需要。

（2）进入基层建立关系的方法。社会工作者进入基层建立关系常用方法有：①推行全区性活动，如综合晚会、电影晚会等让社区居民有机会初步接触社会工作者；②举办普及性活动，社会工作者根据不同对象举行保健知识讲座、亲子教育讲座等普及性活动，吸引社区居民参与，建立专业关系；③设立街头咨询站，为居民提供实质性的帮助，深化与居民的关系；④以居民迫切需要解决的社区事件为契机介入社区，深化双方关系，也为日后组织居民参与社区工作奠定基础。

（二）社区资料收集的方法

社会工作者通过收集相关资料，对社区进行分析，诊断问题，确定介入方式，制定方案。社区收集资料的主要方法如下：

1. 文献法

文献法是利用各种文献资料对社区进行分析的方法。文献的形式多样，又分为第一手文献和第二手文献，在收集中需要进行甄别。通常会通过政府相关部门、社区居委会等渠道获得人口普查数据、社区基本情况等统计资料，通过查阅相关文献记载收集相关资料，还可以媒体报道、网络信息等获取社区关注的重点问题。运用文献法，应当对研究对象的研究进行系统地归纳总结。

2. 问卷法

问卷法是最常用的社会研究方法，是标准化的调查方法。做好问卷调查，需要注意三个问题：①根据不同情况选取不同的访问形式；②选择适当的抽样方式，实现科学抽样；③科学设计问卷，对问卷的结构编排、问题选择、测试等内容进行科学设置。

3. 访谈法

访谈法是一种访问者和被访问者通过口头交谈来收集资料的方法。做好访谈需要注意三个方面：①访谈前准备充分，访谈对象选择、访谈时间地点确定，设计好访谈提纲等；②讲究访谈的技巧，访谈者要做好介绍自己，主动出示相关身份证明，减少对方怀疑，访谈过程中仔细聆听，访谈宜短不宜长；③记录主要资料并及时总结、归纳。

4. 观察法

观察法是调查员进入社区直接观察，通过与人交流，了解真实的社区生活状态的调查方法。采用观察法应当注意三个问题：①事前要对研究对象有初步的了解；②要考虑不同的身份对研究有什么不同的影响；③必须遵守法律和道德原则。

（三）社区工作组织的方法

社区工作十分强调居民的集体参与，使居民聚集在一起讨论社区问题，表达意见，分享信息，计划行动方案。召开居民会议就是经常性的工作。会议组织是社区工作介入的重要步骤。

1. 会议步骤

（1）会前准备。会议之前的主要工作有：①明确会议的目的；②准备会议议程和会议所需文件资料；③邀请和确保会议关键人物的出席；④布置会场、设备准备和座位安排；⑤提前到场检查各项安排落实情况及人员联络；⑥组织相关人员，做好会前接待，营造良好的会议氛围；⑦考虑会议可能出现的意外情况，并做一些应对准备。

（2）会议进行中。按议程进行，注意控制时间；决议要经反复讨论，谨慎通过；注意观察和掌握会场气氛和与会者的反应；主持人做集中归纳和总结，突出主题及收获。

（3）会后促进。进一步明确会议决定；着手会议决定的工作；通知未出席者有关会议的重要内容和决定；整理好会议记录，将任务落实到人。

（4）行动。执行会议决定，必要时征求有关人员意见，做好下次会议报告行动的准备，并随时向与会者通报工作进展情况。

2. 会议主持技巧

（1）聆听。社会工作者要从讲话人的语言内涵和表达方式中收集更多的信息，还要同时观察到其他与会者的反应。

（2）提问和邀请发言。社会工作者要善于启发、引导和鼓励参与者发表意见，可以向全体与会者提问，以鼓励自由发言，提高与会者的参与程度。同时，用开放式的问题给每个人均等的机会，有时也要特别征求有关人员的意见，每次提问集中一个问题，避免重复或连续的问题。

（3）注意澄清和引导。当与会者所表达的意见不明确或者不完整时，社会工作者可以帮助他们进一步说明他们的意见。为使发言不离主题，社会工作者要适时复述成员的意见，及时核实和纠正一些观念，协助其他与会者清晰地了解发言者的感受和意见。

（4）综合、集中。在会议进程中，社会工作者要善于综合各方的意见，作出总结分析，找出共同点、分歧点，降低分歧，使讨论更系统、清晰，把握会议进程。

（5）多用赞美和鼓励。社会工作者在主持会议时要采用积极的态度和语言，鼓励与会者多发言，对发言和提供信息的人予以及时的鼓励和肯定，使其感到被尊重和重视，增加日后参加社区活动的积极性。

（6）运用身体语言。社会工作者的目光、面部表情、身体姿态都可以辅助会议的主持。尤其目光和表情的运用，要让参加者感受到社会工作者对每个人同样的关注，态度开放、友善、民主。

（7）时间运用准确，会期适中，不拖延。如果是居民大会，那么会前的宣传及动员要成为一个重点，可以通过各种形式，让更多的社区民众了解会议目标，关注和参加会议，确保会议准时开始并按期结束。

（四）社区领袖培训

社区领袖培训是社区人力资源开发的重要方法。社区领袖是指能够抓住团体希望和要求的实质，代表团体意愿，为团体行动提供意见和方向的核心人物。社会工作者可以通过训练、实习、示范、阅读文章、录音、观看影音教材、亲身体会、观察、讨论和角色扮演等方式来加强社区领袖的训练。

1. 领袖培训内容

（1）价值态度方面：培养以公众利益、社会公义为己任的价值理想。

（2）知识思考方面：学习分析相关政策；认识权力资源的分布；了解政府组织结构和工作机制。

（3）行为技能方面：培养领导能力，特别是组织集体行动的能力；学习基层动员的方法与技巧。

2. 领袖培训技巧

（1）鼓励参与。参与是居民通向社区领袖的重要一环，所以社会工作者应邀请有潜质的领袖参与组织工作。

（2）给予鼓励和肯定。针对居民缺乏自信、自我形象不高的特点，社会工作者应在居民领袖实践的过程中对其表现较佳的地方给予鼓励和肯定。

（3）宣传当家作主的精神。社会工作者应向社区领袖灌输当家作主的精神，建立自主和自立意识。

（4）建立民主的领导氛围和精神。居民领袖亦应受到监察和按居民的意愿和利益行事，因此社会工作者应积极向居民领袖培训民主意识。

（5）不断提供居民领袖学习的机会。要居民领袖独当一面，社会工作者应按照居民领袖的能力水平而给予适当的学习机会。

（6）培养从检讨中学习改进的习惯。

（7）培养居民领袖权责分工的意识。

（8）培养理性讨论和尊重少数意见的意识。许多居民领袖把民主精神等同于大多数人的决定，而看不到民主的原则也包括充分沟通、理性讨论和尊重少数等。因此社会工作者应增进居民领袖对民主原则的理解和认同。

第四节　社会行政

社会行政是由英文 social administration 翻译而来的。与个案工作、小组工作和社区工作不同，社会行政是一种间接的工作方法，它是依照行政程序，妥善利用各种资源，实施社会政策，以向有需要者提供社会服务的活动。本节重点介绍社会行政的含义、层次、功能，社会服务机构的类型与运作，社会服务机构志愿者管理，社会服务机构资金管理等内容。

一、社会行政的含义、层次与功能

（一）社会行政的含义

社会行政是社会工作间接的实务方法，是将社会政策转化为社会服务的过程，通常认为是社会服务机构及其行政人员，在专业价值观和专业理论的指导下，妥善利用各种资源，通过社会服务机构内部实施的计划、组织、人事、评估等活动，提高机构运行效率、输出社会服务的过程。

可以从以下几个方面理解社会行政的含义：

（1）社会行政的内容是将社会政策转化为社会服务的活动。社会行政的中心含义是执行、实施社会政策，向有需求者提供间接的社会服务。

（2）社会行政是社会工作间接的实务方法。社会行政以间接服务为主，是通过行政程序确保服务有效。

（3）社会服务机构及其工作人员，通过机构内部实施计划、组织、人事、评估等活动，实现政策向服务的转化。

（二）社会行政的层次

社会行政是在不同层面进行的、丰富内容的过程，有效的社会行政对于促进社会服务、完善社会政策具有重要作用。社会行政分为宏观社会行政和微观社会行政两个方面，下面将对两者分别予以介绍。

1. 宏观社会行政

（1）宏观社会行政的涵义。宏观社会行政就是较高层次上实施社会政策的活动。具体来说，它是指政府的社会行政系统或大型非营利组织，在一定范围内推行社会政策，指导、监督、评估政策落实情况的活动。宏观社会行政包括中央政府社会政策相关部门、地方政府和大型非营利组织在宏观层次或较高层次从事与政策阐释、推行、筹划和设计相关的活动。

（2）宏观社会行政的特点。其特点主要有：①较高层次的行政性活动。宏观社会行政是在较高层次从事政策相关的筹划、设计、推行等行政活动，表现为机构负责人对政策及机构发展运行的总体把握。②推行范围较广。社会行政是在较大范围内推行政策转化社会服务的相关活动，推行范围较广，往往跨越会不同地区，不同部门和不同组织等。③广泛协调性。宏观行政人员需要筹募各种资源，协调不同部门、组织之间的工作，促进社会政策的执行与实施。④运用权力系统推动政策实施。宏观社会行政并不直接落实社会政策，而是要依靠权力系统通过任务分配和推动去促进政策的实施和落实。

案例 4－5

宏观社会行政层面的重庆特色实践

近年来，重庆市积极探索社会工作发展的新模式、新机制，诸多举措在全国范围内起到了模范作用。其中，“三区”社会工作人才支持计划的推进、“三社联动”的深化实践、社会工作服务“411”示范工程的实施等都是在重庆地区推行的活动，属于宏观社会行政层面的特色实践。下面我们将重点对重庆市“三社联动”深化实践和社会工作服务“411”示范工程给予介绍。

1. “三社”联动机制

社区、社会组织、社会工作简称“三社”。重庆市以社区社会工作为基础、“三社联动”为支撑，深入推进基层社会治理创新，在西部率先深化“三社联动”实践：

（1）推进社区社会工作岗位开发。通过社区减负、职能转变、结构优化和岗位调整，稳步推进符合条件的专职社区干部向社会工作岗位转化。

（2）加强社区社会工作室建设。在城乡社区建立社会工作室，通过聘用本土社会工作者、引进各类社会工作组织等方式，实现至少 2 名专职社会工作者入驻社区社会工作室。

（3）增强社会组织载体功能。通过项目倾斜和资金扶助，在区县、街镇、社区三级分别建设综合类和专业类社会组织孵化平台，加强人才培养、能力建设和发展指导。

（4）强化社区社会工作人才支撑作用。深入实施“万名社会工作专才培养计划”，构建市级、区县、街（镇）三级培养机制，完善社区工作培训体系。

（5）提升社会工作服务能力。组织实施社会工作服务“411”示范工程。在全市建设 400 个社会工作服务示范社区、100 个社会工作服务示范机构和重点推进社会福利、社会救助等 10 大服务领域社会工作。

2015 年 10 月，民政部在重庆召开全国社区社会工作暨“三社联动”推进会。民政部部长李立国对重庆市委市政府高度重视专业社会工作发展和“三社联动”，将其纳入加强社会建设、促进社会治理创新的大局中谋划部署等做法给予充分肯定。

2. 社会工作服务“411”示范工程

社会工作服务“411”示范工程（以下简称“411”工程）是重庆推行的基层社会治理创新实践。其主要内容是将在重庆市推进 400 个社区开展社会工作示范服务；推进 100 个民政服务机构开展社会工作示范服务；推进社会福利、社会救助、优抚安置、婚姻家庭、精神卫生、残障康复、矫治帮教、教育辅导、殡仪服务、灾害救援 10 大领域社会工作示范服务。重庆市“411”工程实践举措包括：

（1）重点推进社区社会工作服务。全市建成 400 个社区社会工作服务示范项目，推动社区社会工作服务全覆盖；实现每个城市社区拥有 2 名以上社会工作专业人才，每个农村社区拥有 1 名以上社会工作专业人才，推进社区社会工作服务专业化、职业化；形成成熟的社区社会工作服务标准体系，促进社区社会工作服务规范化、制度化。

（2）大力开展民政服务机构社会工作服务。全市建成 100 个民政服务机构社会工作服务示范项目，引领全市民政服务机构社会工作服务大发展。

（3）深入拓展社会工作服务领域。在社会福利、社会救助、优抚安置、婚姻家庭、精神卫生、残障康复、矫治帮教、教育辅导、殡仪服务、灾害救援 10 大重点领域，形成一批引领全市、具有全国竞争力和影响力的社会工作服务品牌。

通过社会工作服务“411”示范工程的实施，重庆市社会工作服务示范项目增加，渝中区等地社区社会工作服务实现全覆盖，民政服务机构逐渐发展壮大，社会工作服务品牌的竞争力和影响力不断提升，重庆市社会工作的发展势头强劲。

2. 微观社会行政

（1）微观社会行政的涵义。微观社会行政与宏观社会行政相对应，是指将社会政策转化为具体社会服务环节上的行政活动。微观社会行政不是具体地服务受助者的工作，而是对社会服务的统筹、协调和管理。在社会工作领域，微观社会行政就是社会工作行政。微观社会行政一般出现在政策执行系统的末端。例如，乡镇政府落实县政府关于农村留守老人救助政策的活动、社区居委会为社区散居孤儿发放生活补助等。

案例 4 -6

重庆市袁家岗军休所引入社会工作服务的创新实践

重庆市渝中区袁家岗军休所于2012 年7 月引入社会工作服务，满足军休干部的多元需求，这对于落实国家优抚安置相关政策、提升军休服务水平具有重要意义。2013 年8 月，民政部宫蒲光副部长到渝中区调研，对袁家岗军休所引入社会工作创新军休干部服务的做法给予了充分的肯定。袁家岗军休所引入社会工作服务属于微观层面的社会行政范畴。

军队离休、退休干部曾为国防和军队现代化建设作出了贡献。照顾安置好军休干部是国家和社会应当共同承担的责任。军休所是为军休干部提供休息、居住等服务的地方，处于具体落实国家关于优抚安置军休干部相关政策的执行系统的末端，其工作内容是直接将国家相关政策转化为具体服务的行政活动。在传统单位制管理模式已不能满足军休干部日益多元的需求背景下，作为重庆市军休系统提升服务质量的探索先锋，袁家岗军休所打破惯例，引入社会工作服务，提升军休所服务质量和水平，创新军休服务方式。袁家岗军休所管理人员积极寻找社会工作与军休服务的联系点，有效链接社会资源，搭建军休干部的支持网络平台。军休所采用“军休系统管理＋社会工作服务”的方式，为军休干部提供个性化服务。一方面，重视军休所的管理能力和观念的转型，提升运作效率；另一方面，在实务过程中，工作团队注重调动优势资源并协助社会工作者有效解决活动中的沟通、管理等困难。引入社会工作的个案工作、小组工作等专业方法，为军休干部提供优质服务。经过不断探索和积累，袁家岗军休所的运行效率和服务水平得到提升。

（2）微观社会行政的特点。①基层从事的接近于服务的行政性活动。相对宏观社会行政对政策落实的统筹与设计，微观社会行政是基层对社会服务的统筹、协调和管理，是接近于具体服务的行政性活动，但并不是直接服务的提供者。②推行范围较小。基层行政人员只负责某一局部地区的政策执行，或负责政策落实的某个方面的工作。③局部协调。相对宏观社会行政跨区域、跨部门和跨组织等范围而言，微观社会行政所从事的协调和统筹工作则是局部的，通常会在相对狭小的地域和社区之中开展。④行政权力和其他方法并用。微观社会行政面对具体的服务任务，一方面会运用被合法化的权力转化社会政策为具体服务，同时还会使用其他的专业方法、包括小组工作方法、社区工作方法等。

（三）社会行政的功能

1. 将社会政策变为社会服务

社会政策是国家或社会服务机构根据社会需求，依据其占支配地位的价值观念解决社会问题、提高成员福利水平的基本策略。社会行政通过将政策具体化，确定和落实具体策划方案，明确各方具体分工和责任，通过机构内有效分工和合作，保证政策实施的有效。

2. 保持机构高效运转，促进有效服务

社会行政通过资源的合理运用，社会服务机构内部实施的计划、组织、人事、评估等活动，实现机构高效运转，输出有效的社会服务。

3. 修订和完善社会政策，达成社会政策目标

社会行政的过程是双向，不仅是将社会政策转化为具体的社会服务，还是包括积累经验，建议和修订社会政策，以此实现社会政策的目标，提升社会福利水平。

二、社会服务机构的类型与运作

社会服务机构通常是指以“助人自助”为宗旨，由受过专门训练的社会工作者，作为职业的服务人员和志愿者组成，为特定有需要的服务对象提供专业服务的社会服务组织。它是社会行政的行动主体之一，也是社会行政实现社会政策到社会服务转化的关键。社会行政由社会服务机构及其行政人员，基于社会服务机构内部的计划、组织、评估等运作，实现社会政策到社会服务的转化。因此，社会服务机构的类型及运作内容非常重要。

（一）社会服务机构的类型

1. 政府主管社会保障或福利事务的行政机构

不同国家的具体国情、政策取向不同，政府主管社会保障或福利实务的行政机构形式多样，主要分为五类：①社会福利行政主管机构；②社会福利与卫生合并的行政主管机构；③社会福利与劳工合并的行政主管机构；④社会福利与卫生、劳工合并的行政主管机构，⑤社会福利与其他公共行政职能混合的行政主管机构。我国的社会服务机构属于第五种类型。

2. 从事公共服务、公益服务的机构

这类社会服务机构往往是围绕着项目而展开，通过对提供公共服务、公益服务项目的统筹、运行、管理、监督等，实现政策向社会服务的转化。社会服务机构的项目是以提供社会服务为主，不以营利为目的的项目，其资金来源以外部资助为主。如北京慧灵智障人士社会服务机构等。

（二）社会服务机构的运作

1. 社会服务的计划

（1）计划的内容。一项完善的社会服务计划大致包括以下内容：①了解服务对象的需

求；②调查社区资源；③辨别应优先获得满足而未获满足的需要；④确定工作目标与范围；⑤确定发展战略；⑥制订工作计划；⑦编制预算；⑧履行方案；⑨评估方案设计等。

（2）计划的过程。社会服务计划的过程包括：①问题识别和分析阶段。通过前期评估，了解服务对象的需要，调查地区资源，了解地区现有的服务潜能和规模。②目标制定阶段。该阶段识别需要满足的优先次序，并且制订目标。③方案的安排阶段。该阶段需要确定发展战略、制定工作计划、编制预算，然后履行方案。④评估阶段。在该阶段，社会工作者设计有效的评估方法，用来检验在各项行动计划中所要推行的活动是否是根据原定计划和日期推行和完成的。

2. 社会服务机构的组织

（1）组织的结构。社会服务组织也称社会服务机构，有一定的组织形式，大多数社会服务机构的组织包括的职位有：①理事会。这是机构中最高的领导层。②委员会。委员会通常是机构的中坚力量，委员会多数是为解决某个难题或推行某项事务而成立的，期限可能是永久性或是暂时性的，各委员由理事会或其最高代表按所需的专业技能或社会地位邀请。③高层行政人员。在非营利组织中，最高层且受薪的行政者有总执行干事（或简称总干事）及其副手。总干事直接向理事会负责。②中层行政人员。中层行政的职位多由富有经验的专业人员担任，其主要职责是在专业方面督导其下属员工。⑤基层员工。基层员工是直接与服务对象接触的社会工作员或辅导员。我们通过广州慧灵智障人士服务中心的组织结构进一步理解社会服务机构的组织构成，如图4－1。

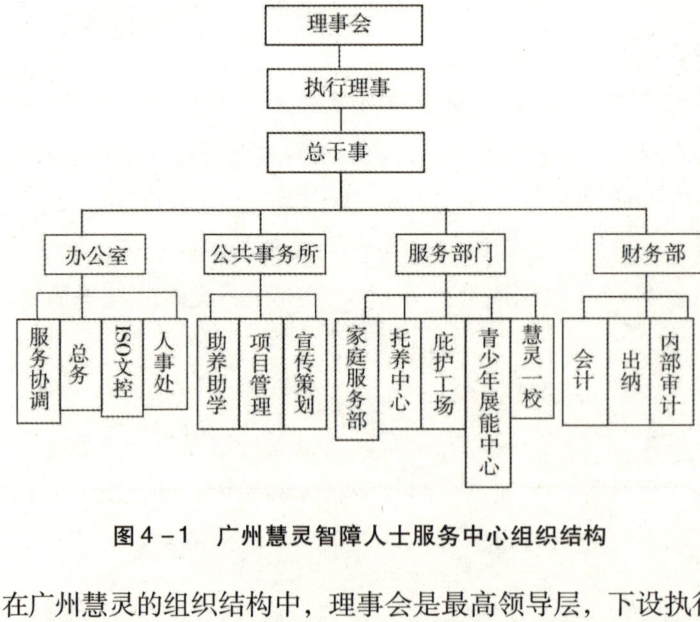

图4－1　广州慧灵智障人士服务中心组织结构

如图4－1，在广州慧灵的组织结构中，理事会是最高领导层，下设执行理事负责机构统筹，担任总干事的就是高层行政人员，负责机构的运作管理，对执行理事负责；办公室、公共事务部、服务部门、财务部是机构的具体部门，各有分工，其负责人是中层行政人员，在专业方面督导下属；而人事处、托养中心、青少年展能中心等则是由基层员工提供相关服务。

（2）领导。领导是社会服务机构中的各级主管对部属的指挥、调度、安排与影响，并努力使部属能齐心协力，共同完成机构目标和任务的角色。领导的任务是复杂的，主要包括界定机构的任务与角色、使机构的目标具体化、使机构有一个完整的形象、调解内部冲突等。成功的领导者需具有渊博的知识和较高的技能，以便使他的部属对他产生信心、向心力和隶属感；领导者应当用民主的方式去充分调动部属的积极性，使之能各展所长，以实现共同的使命；领导也应注重使用奖赏与激励的方式，以鼓励先进，营造积极向上的氛围，培养团结合作的精神。

（3）协调。协调是使组织各部门之间、成员之间分工合作、协调一致达成目标的活动。社会服务需求的增加及服务对象问题的复杂性，使得社会服务机构的部门和员工需要进行协调。以协调的对象进行划分，组织的协调分为协调关系和协调工作。通过协调关系使组织系统建立良好的合作和信任关系。通过协调工作使得组织的部门或员工在工作过程中进行良好的配合。

（4）沟通。沟通是机构的领导与下属之间以及机构的成员之间形成共识的过程，通常使用双向交流的沟通方式。沟通的目的主要在于求得思想和观念上的共识。沟通在各项管理功能中占有重要的地位，社会服务机构的沟通主要包括上行沟通、下行沟通、横向沟通和斜向沟通。上行沟通是下级向上级传递消息；下行沟通是上级向下级传递信息；横向沟通是同级行政机构，同一行政机构内部和人员之间的沟通；斜向沟通是指不同层次、不同部门或成员间进行的非水平沟通。

（5）控制。控制是保持机构运行有序化的手段。它包括两个方面：①机构工作进程的控制。它是依照某种计划对相关部门、成员的工作进度、效果进行的综合控制和影响。②机构中冲突的控制。在控制机构中，冲突的具体方式是多种多样的，而缓和与彻底解决是两种最典型的处理方法。所谓缓和策略即尽量减少、模糊冲突双方所认为的差距，而强调双方的共同点，强调团结；所谓彻底解决策略即在冲突难以调解情况下，公开冲突，从根本上解决问题，包括重新设计组织等。

3. *人力资源管理*

有效的人力资源管理有助于对社会服务机构的运行及其功能的实现。在社会服务机构中，人力资源管理的工作主要包括员工的聘用、员工培训、员工激励等内容。

（1）人力资源管理的一般过程。包括：①人力资源规划；②工作分析；③招募与甄选；④培训与发展；⑤绩效考核；⑥员工的薪酬管理。

（2）员工聘用。员工招聘程序是：①发招募通知；②收集申请者资料；③初步评估选择；④录用；⑤安排职位。

（3）员工培训。员工培训方案的种类有三种：①岗前培训；②在职培训；③脱产培训。

（4）员工激励。社会服务机构通常依靠员工的绩效考核和薪酬管理实现对员工的约束和激励。一是社会服务机构的管理者为实现机构的服务目标，必须对员工的工作绩效给予评估和考核。二是遵循社会服务机构薪酬管理的基本原则对员工的薪酬进行管理。

4. 社会服务机构的评估

社会服务机构评估是社会服务机构运作的重要部分，对提升社会服务机构的服务质量、效率和效果具有非常重要的意义。它是对整个机构的运行提供评价，是将现状或结果同计划对照，从而判定机构功能状况的活动。

（1）评估内容。评估的内容通常包括：机构的人力资源、项目承担和完成情况、机构的内部结构、机构运行中的问题、机构的发展潜力和前景等。

（2）评估类型。社会服务机构的评估类型有：①过程评估，解决的问题是机构或成员提供的服务有哪些，服务是如何提供的，服务过程是否指向计划目标；②结果评估，关心的是机构所提供服务的实际效果；③效率评估，比较服务的投入与产出。

（3）评估方法。就评估的组织方式而言，社会服务机构的评估主要包括：①自我评估，机构运用社会调查方法进行比较评估；②外部评估，邀请外部专家进行评估。

三、社会服务机构的志愿者管理

对于社会服务机构来说，志愿者是重要的人力资源，加强对志愿者队伍的管理，有利于社会服务机构的运作与服务的开展。

（一）志愿者的定义和特点

1. 志愿者的定义

“志愿者”是一个没有国界的名称，通常是指在不谋求物质报酬的情况下，志愿贡献个人的时间、精力等，从事社会公益与社会服务事业，为改进社会和推动社会进步而提供服务的人。由此，志愿者至少应包含三个要素：一是奉献精神，不以获得物质报酬为目的；二是有时间、劳动等投入，志愿贡献自身的时间、劳动、金钱及精神等；三是从事社会公益与社会服务事业，以推进社会进步为宏观目标。

2. 志愿者的特点

（1）自愿性。志愿者必须是出于自觉的愿望，具有自择权力的；成为志愿者完全是自发自觉的行为，不带有任何强迫性，志愿者也有权利终止志愿服务活动，退出社会服务机构。

（2）利他性。志愿者讲求服务精神，以奉献、利他为主，不应从利己出发。志愿者不应该带有外在酬劳的期望，服务活动通常不会获得劳动报酬。

（3）灵活性。随着志愿者活动的广泛开展，其活动内容和形式得到大大的丰富，志愿者必将随着活动的变化而进行有限度的改变，与服务对象的角色演变而适应，这样才能发挥出更好的效果。

（4）不稳定性。在志愿者活动中，志愿者可能会遇到各种挫折，或是受服务对象的负面影响，当志愿者的心理不能承受之时，志愿者就会选择结束服务，因此，由于志愿者不稳定性而造成的志愿者自然流失率处于一个相当高的水平，不利于长期志愿服务活动的开展。

（5）有限性。由于各志愿者的空暇时间、个人精力、服务技能、心理承受能力等方面始终是有限的，而且志愿者除参与活动外，自身还有诸多的事情需要处理，这样会产生一定程度的冲突，所以做志愿者是有限的。

（6）可持续发展性。志愿者通过参加不同类型的活动、不同层次水平的服务活动，可以得到一个持续性的自我发展和完善。

（二）社会服务机构志愿者管理的内容

志愿者对于社会服务机构的活动开展来说是至关重要的，想将志愿者用得好，就应结合志愿者的特点，加强对志愿者的有效管理，为志愿者营造一个良好的环境。具体而言，社会服务机构志愿者管理包含以下内容。

1. 需求评估与方案规划

需求评估包括志愿者评估、机构本身评估和服务对象需要评估三部分。志愿者评估是对志愿者参加志愿服务活动动机、服务能力和可靠性等内容的评估；机构本身评估是对志愿者服务给机构带来的利益和风险的评估；服务对象需要评估包括服务对象对志愿者服务接纳程度、对志愿者性别和年龄等特征的要求等内容。社会服务机构管理者需根据志愿者的特点和工作目标制定详细、明确的整体工作规划，说明工作意义，确立志愿者的角色及参与目的，明确招募、培训、督导、考核评估、激励等相关事项。

2. 工作发展与设计

这一部分的工作重点是撰写“志愿服务工作说明书”，帮助志愿者明确志愿服务工作的任务、工作需要的技能和需要完成的工作成果等。通过“志愿服务工作说明书”可以帮助社会服务机构规范志愿者的工作责任和权利，还可以作为志愿者服务和社会机构志愿服务管理的评估依据。

3. 招募

招募工作包括以下内容：（1）制定招募标准。清晰界定志愿者负责的工作，明确需要什么样的志愿者。（2）确定恰当的招募方式。如发放宣传页、张贴海报、壁报设计、机构职员鼓励、讲座、招募说明会等。（3）确定招募人员的数量和具体条件等。（4）制定甄选程序。包括面试、双向选择、情景模拟、筛选（回执）、推荐其他组织等。（5）准备所需要的相关文件和表格。包括志愿者服务的目的、对志愿者及服务的期望、志愿者的工作责任、志愿者享有的福利和培训机会、合约文件等。（6）实施招募。

4. 面谈与签约

由社会服务机构相关工作人员与申请者进行面谈，了解其服务意愿与动机，重申担任志愿者须遵守的规定，评估其是否适合。机构与合适者签订合作协议。

5. 迎新说明和培训

签约后的志愿者，机构须安排迎新说明会，使志愿者了解该机构的服务宗旨、内容及情况。无论在理论或实务上的需要，应举行持续及经常的训练，借此提高志愿者服务的素质。训练内容可包括有关社会时事资讯介绍、社会服务发展动向、服务技能、服务态度、问题解决方法、程序设计、行政事务管理等。机构应订立一套完善的训练纲领，除提供有系统及经常性的训练活动外，还可采取团队建设培训、参与式培训和活动式培训等多种方式。

6. 督导

机构须为志愿者提供切实的督导，须建立一套精简的督导制度。在推行服务过程中，机构督导须与志愿者作个别或小组的定期督导会议，以了解志愿者的工作进展；应依照整体计划的目标，对志愿者的工作进行评核，以改善其服务质量。

7. 激励

激励工作需要依据计划与指标而完成，须采取明确的方式向志愿者表示嘉许及感谢，以作鼓励；应设立有关服务的记录系统，以供参考及证明之用；在服务过程中，应尽量协助、促进志愿者的学习及成长；可对志愿者适时进行工作轮调及加重其职责范围，并可在机构内提供设立晋升的机会。

8. 评估

志愿者评估一般有考勤和考绩两个方面，其中以考绩为重点，具体包括志愿者的工作态度、操守、知识与技巧、资源运用、活动程序筹划与计划的制订、工作与服务的推行情况、服务成效等。志愿者评估的方法可分为两种：一是非正式评估，具体是指每天、每周、每月不间断地对志愿者的服务提供反馈，包括赞扬志愿者的行为并鼓励其保持、对志愿者的行为偏差提出修正意见、询问工作具体进展、走访服务对象并将其意见反馈给志愿者等；二是正式评估，一般一年一次，是对志愿服务的正式鉴定，它对志愿者的优缺点进行记录和评价，对志愿者的服务计划进行评估。

四、社会服务机构的资金管理

（一）社会服务机构的资金来源

1. 政府资助

政府资助社会服务机构可以采取两种方式：一是直接的方式，即政府拨出部分税收用于资助社会服务机构；二是间接的方式，即向社会服务机构捐款的个人和公司提供减免税的待遇，并给社会服务机构的收入免税待遇。在我国，政府资助的主要方式有财政拨款、提供办公场所、员工福利、购买服务、官办民营等。

2. 社会捐助

社会捐助主要指社会公众、企业和基金会的慈善捐款，其中基金会的捐助是最主要的部分。社会捐助的方式有多种，众筹逐渐成为社会服务机构筹资的一种重要渠道。

3. 商业交易

一些社会服务机构为获得稳定收入来源，减轻机构资金压力，而采取向服务消费者收费或义卖的方式筹集资金。

（二）社会服务机构资金筹集办法

1. 争取政府拨款

各国政府都会在社会福利和服务方面提供相关的资源，以外包契约、公设民营或奖励补助等方式分配社会服务机构所需的资金。社会服务机构应认真研究政府的服务目标和计划，主动向政府寻求经费资助，争取共同主办、协办或委办活动及参与投标等。社会服务机构取得政府资源与经费支持的策略有：（1）投其所好，配合政府的福利服务发展目标；（2）掌握时机，把握时效；（3）利用正当与合法程序；（4）主动游说政府；（5）设计精湛的服务计划。

2. 劝募

劝募具有多种形式，有传统的平面和电子媒体（如报纸、电视）传递募款讯息进行筹资，也有网络募款，还有特殊事件筹资等，《中华人民共和国慈善法》（以下简称《慈善法》）自2016年9月1日起开始实施，将会对社会服务机构的劝募筹资产生深远影响。新的《慈善法》规定，慈善组织的公开募捐须有资格，具有资格的慈善组织才能发布募捐信息进行筹资，通过互联网开展募捐的，应当在国务院民政部门统一或指定的慈善信息平台发布募捐信息。依法登记两年的慈善组织，可以向其登记的民政部门申请公开募捐资格。在公共场所设置募捐，举办面向公众的义演、义展、慈善晚会等形式开展的募捐，应当在其登记的民政部门管辖范围内进行，确有必要在该范围之外区域进行的须向当地民政部门备案。社会服务机构的劝募应严格按照法律程序和要求进行。

3. 争取国际支持

全球化的趋势使大多数社会服务机构开始寻求国际支持和援助，许多机构加入国际联合劝募协会。这种联合劝募组织在市场上统一筹款，并根据一定的规则合理分配给社会服务组织。联合劝募的优势在于节约资源，提高效率，减轻一些小型组织的筹款负担和压力，使它们能集中精力从事社会服务工作。国际资助的方式有：（1）项目支持；（2）资金援助；（3）低息或无息贷款；（4）技术援助；（5）能力建设服务；（6）志愿者援助；（7）国际交流。

（三）社会服务机构资金的运用和审计

1. 资金运用的原则

（1）合法。在社会服务机构的资金运作方面，合法意味着机构自觉遵守国家相关的法律规定，对所使用资源的效益和效率、社会期待或需求满足程度进行真实的交代和承诺。（2）有效。资金的有效运作是社会服务机构管理的重要环节。一个好的财务管理系统，不仅能够保障项目所需资金的收支，使机构处于安全运作状态，而且通过成本分析、预算监督等控制成本的环节，能够优化资源、提高效率。（3）以服务为本。社会服务机构自身的服务性特征，使得机构在资金运用方面必须与机构的使命和目标保持一致。坚持以服务为本的原则，对于化解机构所面临的服务对象的需求和资金运作的矛盾等伦理价值的冲突有一定的指导意义。

2. 财务预算和会计制度

财务预算是以货币形式表现的机构计划，它决定资源的分配。具体地说，预算有四个功能：一是为机构将有限的资源合理分配打下基础，便于内部沟通；二是指明未来的筹资需求规模和时间；三是为管理者的决策提供依据；四是预算是评估项目绩效的基础。

预算的基本方法有：（1）弹性预算。将未来的收支预算值视为一个概率分布，准备若干种方案。如果机构在组织状况不稳定的环境下运作，弹性预算则比较适用。（2）项目预算。项目预算是财务预算的子预算。一个项目对应一个子预算，这样，整个预算就可以借助于子预算向每一个项目预算分配适当规模的财物和人力资源。（3）零基预算。每期的预算必须先止零，从零开始考虑预算的增减。（4）递增预算。在上一年度实际支出的基础上，考虑员工薪金、通货膨胀等因素，结合新计划所需的资金，计算出下一年度的预算计划。

会计活动是财务管理活动的一部分，是用于计量和报告一个机构财务记录的方法，是一套用来组织、保持一个机构财务记录的系统。在具体操作上，包括两大部分：一是财务记录，主要包括原始凭证日记账、过账、对账和结账。二是财务报告，主要包括资产负债表和损益表。资产负债表揭示了机构在某个时点的资产负债状况，通常包括三个部分：资产、负债和净资产。损益表记录了所发生的收入和费用，并显示出从某一年度到下一年度之间净资产的变化情况。

3. 财务分析

经常进行财务分析，运用财务分析方法解读财务报表，是社会服务机构的理事、秘书长、高层管理人员的必修课。唯有如此才能随时掌握机构的财务状况，进行科学的管理决策。纵向分析和横向分析是财务分析的两种基本方法。纵向分析又称动态分析或趋势分析，它根据连续几期的财务报告，比较前后期各项目的增减方向和幅度，来揭示财务和经营上的变化和趋势。横向分析又称静态分析，是将同一期财务报表上的相关数据进行比较，以说明财务报表上所列项目之间的相互关系。

4. 财务审计

审计就是对财政、财务收支的真实性、合法性、效益性进行审查和监督。审计是确保机构的稳定和可持续发展的重要手段。社会服务机构的财务审计原则与方法分别是：

（1）财务审计要坚持的一般原则有政策法规性原则、客观公正性原则、独立性原则、效益性原则。

（2）审计时，审计师通常会完成的事项是审查财务报告、对财务报告的缺陷提出建议、按照会计原则提供对机构财务人员的技术型支持、查阅工时表等原始记录、分析各个设置的账户、分析机构的投资、查阅捐赠记录、提交审计报告和建议。

第五节　社会工作督导

社会工作督导是由英文 Supervision in Social Work 翻译而来，是社会工作机构人力发展和人才培养的重要方法，也是社会工作机构服务质量的重要保证。社会工作督导的主体是督导者和被督导者，督导者对被督导者的工作表现进行指导、协调、提高和评估，通过两者的有效互动，提升被督导者的专业水平和社会工作机构的服务品质。本节将对社会工作督导的含义、功能与类型，社会工作督导的内容、过程和方法等作简单介绍。

一、社会工作督导的含义、功能与类型

（一）社会工作督导的含义

社会工作督导是社会工作的一种间接服务的方法，它是由资深的社会工作者，对提供社会工作服务的工作人员、一线初级工作人员、实习学生及志愿者，通过定期和持续的监督、指导，传授专业服务的知识和技术，以增进他们专业水平和技巧，进而促进他们成长并确保服务质量的一种活动。

可以从以下几个方面理解社会工作督导的含义：

（1）社会工作督导是社会工作中一种专门训练的方法或程序。它是社会工作机构人力发展与人才培养的一种传统方法，也是有效保证社会工作机构服务质量的活动。

（2）社会工作督导的主体是督导者与被督导者。督导者通过定期、持续的监督和指导，向被督导者传授专业服务的知识与技术，提升其专业服务水平。

（3）社会工作督导者通常由机构内资深的社会工作者担任。督导者一般具有丰富的实践经验，接受过正规的社会工作专业训练，拥有扎实的专业知识和督导技能。

（4）社会工作督导有助于提高服务品质，促进专业发展。通过督导者与被督导者的互动，促进被督导者成长和确保机构的服务质量，推动社会工作专业发展。

（二）社会工作督导的功能

1. 行政的功能

行政的功能要求督导者提高被督导者的工作质量，确保被督导者的工作同机构的政策

相一致，推动工作团队顺利运作。督导者通过执行有关社会工作者的招募与选择、安置和引导工作人员、工作计划与分配、工作授权、协调与沟通、工作监督、总结与评估等管理工作，发挥其行政的功能。

2. 教育的功能

教育的功能要求督导者向被督导者提供学习、反思的机会，协助被督导者将获取的知识运用到具体工作中，提升被督导者的技术和能力，促进被督导者有效完成工作任务。督导者通过协助被督导者增进有关服务对象、社会服务机构、社会问题、工作过程等方面的知识与能力，发挥其教育的功能。

3. 支持的功能

支持的功能要求督导者给予被督导者情绪支持，协助其面对工作压力，营造和谐的工作环境。督导者关注被督导者在工作中出现的情绪波动、心理压力等状况，通过情绪疏导、发现价值等给予被督导者精神上的支持，发挥其支持的功能。

（三）社会工作督导的类型

社会工作督导分类的标准不同，其划分的类型也会不同。一般来说，社会工作督导的类型是按照督导者扮演的角色和督导对象的不同两个标准来划分的。下面将分别予以介绍。

1. 按照督导者扮演的角色划分（如图 4－2 所示）

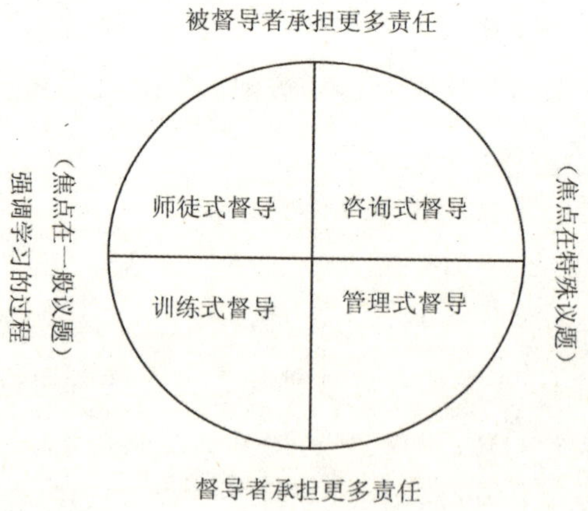

图 4－2　社会工作督导的类型

（1）师徒式督导。督导者扮演师傅的角色，提供教育训练。师徒式督导强调学习过程，焦点集中在一般议题上。一般议题指的是具有普遍性的议题，针对的是被督导者的普遍情况。比如被督导者从督导者那里学习与案主建立专业关系的技巧等。而从专业的角度看，被督导者自己承担更多的责任。

（2）训练式督导。被督导者被认为是学生或受教育者，在具体实务服务中，督导者负责部分工作。训练式督导同师徒式督导较为一致的是都强调学习过程，焦点都集中在一般议题上。比如，在被督导者开展小组工作时，督导者示范如何处理组员的抗拒行为。但在专业方面，督导者承担更多责任。

（3）管理式督导。督导者是被督导者的上级或主管，具有“上司与下属”的关系。管理式督导强调实务工作的完成及其服务质量，焦点集中在特殊议题上。特殊议题是与被督导者所遇到的某个领域或具体问题相关的议题，针对的是被督导者面临的具体情况，比如，督导者老刘要求被督导者小陈汇报其所负责的自闭学生李某这个个案面临的具体问题。从专业的角度看，督导者承担更多的责任。

（4）咨询式督导。督导者与被督导者及其工作没有直接关系和责任，是纯粹的咨询角色。咨询式督导同管理式督导较为一致的是强调实务工作的完成及其服务质量，焦点集中在特殊议题上。比如，被督导者小张在开展对王某的个案服务时，遭到了王某的挑衅和人身攻击，带着愤懑和困惑向督导者咨询解决办法。但从专业的角度看，被督导者自己承担更多责任，需根据实务工作的要求，主动寻求帮助和支持。

2. 按照督导对象的不同划分

（1）个别督导。个别督导是指一个督导者对一位被督导者以面对面的方式定期举行讨论。这种形式是最常见的一种社会工作督导方式，其优点在于不受干扰地解决某一议题，并且有充分的时间讨论个案，了解被督导者的工作进展，提供有效的工作方法，对会谈内容有较高的保密性。缺点在于没有机会和其他督导交流，有可能与督导建立于工作无益的同盟关系。

（2）小组督导。小组督导是指一个督导者和数位被督导者以小组讨论的方式，定期举行讨论会议。这种模式的优点是省时、省人力、省经费，具有同伴支持气氛，能提供更加开阔的专业知识和工作经验。缺点在于无法视需要对被督导者治疗，团体中的动力有时会对人有伤害，对每位被督导者的关注效果较差，无法深入。

（3）同事督导。同事督导也被称为同辈督导，是同部门或相同工作领域中资历、职位相当，职责类似的工作人员，通过个别互惠方式或团体讨论方式征询彼此对服务计划的看法、有关工作技巧的建议或有关程序及规定的提醒等。由于每位成员地位都是平等的，往往可以给彼此很大的支持力量。这种督导方式的优点是可以营造一种分享、互助的氛围，提高社会工作者对他人需求和困难的敏感度，激发他们的责任感，还可以节省资源。其缺点是没有人有实质的权威要求督导的效果，同事之间可能没有人具备需要的经验和技巧来督导，成员间也许会联合起来忽视、抗拒督导的结论，或是没有办法抑制、引导团体高亢的情绪。

随着社会工作专业知识和服务水平的提高，督导形式也在不断推陈出新，走动式督导、任务督导、现场督导、督导教育等新的督导方式不断被发展出来，督导成为社会工作教育、社会工作实务及机构管理的独特过程。

二、社会工作督导的内容

通常来说，社会工作督导的工作内容集中于行政性督导、教育性督导和支持性督导三个大的方面。下面将分别予以具体介绍。

（一）行政性督导的内容

1. 社会工作者的招募和选择

负责为机构招聘社会工作者的督导者通过参与制订招募员工的标准，并且运用这些标准对求职者进行面试，甄选“合适”的应聘者。这项工作要求督导者在应聘者中挑选个性、态度以及成熟程度符合要求的人。这些人不仅会接受机构的目标，而且在实现机构目标的过程中也会充满认同感和胜任感。需要注意的是，社会工作者的招募与选择是督导者的次要行政工作，招募与聘用员工的主要职责一般还是在机构的人事部门。

2. 安置和引导工作人员

督导者要对新招募的人员进行安置与引导，让他们了解自己在机构中的位置，清楚掌握机构的行政环节、机构部门的职能、机构的政策和制度等相关资讯。同时，有必要让其了解督导的目的和性质，明确自身的角色和期待。通过督导者这一行政上的联系渠道，使新招募的人员融入到整个机构中。

3. 工作计划和分配

督导者掌握着机构的人力资源和服务资源，因此，必须做好工作计划和分配。提供直接服务的新进社会工作者当被安排到工作岗位上时，督导者就会为其在机构中的工作进行计划，根据工作内容、社会工作者能力及经验制订工作计划，并有选择地向社会工作者进行工作分派，以决定其需要完成哪些任务以及如何完成这些任务。在分配工作时，督导者需要考虑到工作分配的标准、分配方法以及分配过程中存在的问题等因素，尽可能做到被督导者的个人能力、承受的压力、性格特点等与其所分配的工作相吻合，分配工作的方法是有效的，能够妥善处理因分配导致的矛盾和问题。

4. 工作授权、协调与沟通

工作授权让社会工作者对自身工作有准确的认识。督导需要根据工作的复杂程度、社会工作者的技巧与兴趣、工作量的大小、督导者与被督导者承担的风险、机构的氛围等因素综合考虑适当授权。工作授权不仅是分配工作，还是在完成分配工作的过程中，被督导者被赋予一定的权力做出决定并采取行动。需要注意的是，授权并不是意味着放任自流。社会工作督导在资源整合过程中，居于重要位置，扮演着桥梁的角色。督导负责收集、处理和传达来自上级和下级的资讯。因此，督导者需要具备良好的协调与沟通能力。协调的任务主要是将整体工作的各个环节衔接起来，包括联结部门成员之间、部门和部门之间以及与其他机构之间的协调等。通过督导者的协调使社会工作者之间建立起一种互惠互利、彼此支持、优势互补的工作关系。沟通主要包括向上与行政主管沟通，向下与基层员工沟通。督导者是一个行政上的控制中心，对上级和下属的信息进行收集和处理，负责传达。通过督导者的有效沟通，使得机构工作更为高效。

5. 工作监督、总结和评估

督导者通过工作分配，进行适当授权之后，还要负责对分配的工作进行监督，保证工作的开展符合机构的规定。监督的任务包括听取工作人员的口头汇报、阅读书面记录和统计报告。督导监督和总结工作成效的内容包括是否达到最低要求、分享反馈信息和口头表扬。工作总结是为了确定工作是否按照计划完成，包括检查工作人员配置是否足够，以及分配给工作人员的工作是否足够等，然后做出评估。

6. 督导者扮演多种角色

督导者扮演的角色主要有三个方面：①倡导者角色。在机构中，督导者是被督导者的利益代言人，作为被督导者与管理层之间的中介，行之有效的行政性督导者必须积极代表被督导者的利益和观点。在参与机构政策的规划工作中，督导应当向上级传达所掌握的信息，包括机构政策在服务过程中暴露的不足和缺陷等，并提出相关建议。②缓冲器角色。督导者必须成为服务对象与被督导者之间，被督导者与社会服务机构之间，机构内部各部门之间的缓冲器，对各自的需求、矛盾进行沟通与协调。③机构发展推动者。督导者充当着机构的改变媒介，通过工作总结，可以将机构中所缺少的或者需要作出改变的方面反馈给机构的行政管理者，积极影响行政管理者做出改变，推动机构发展。同时，也影响被督导者接受这些改变。

（二）教育性督导的内容

1. 教导有关“服务对象群”的特殊知识

主要是让被督导者了解其所服务的个人和群体在面临社会压力时会出现哪些反应，并与“正常”的个人和群体的变化和行为反应对比，据此提出他们在帮助个人和群体解决其所面临的问题时应该做什么，怎么做。

案例 4－7

小李是某社会工作服务机构上个月新录用的员工，机构让资深的社会工作者老张担任他的督导。小李原来是从事居家养老服务的，后来因工作需要被安排到某个小学担任学校社会工作者。小李初次担任这项服务工作，经验不是很多，督导老张定期为其指导。在最近一次个别督导会面中，督导老张介绍了儿童的心理需求和行为特点，并示范了社会工作者与儿童建立关系的技巧，包括说话时内容表达清楚，避免责骂儿童，要发掘儿童的优点，接纳他们的缺点并协助他们矫正等。小李在老张的指导和帮助下，工作开展顺利。

在这个案例中，督导者老张向被督导者小李教导了有关“服务对象群”的特殊知识，通过个别督导、技巧示范等，传授小李关于儿童这一服务对象群体的有关知识，为小李提供了指导和帮助。

2. 教导有关“社会服务机构”的知识

督导者需要让被督导者清楚机构的基本情况、包括机构的组织情况、行政管理情况、工作目标、可提供的服务、与其他机构的关系、机构内部的规章制度等。

3. 教导有关“社会问题”的知识

不同的社会服务机构关注不同的社会问题，督导者需要把社会问题作为教育的一部分，包括社会问题产生的原因、对社区不同人群的影响、机构所提供的服务与该机构致力于解决的社会问题之间的关系等。

4. 教导有关“工作过程”的知识

社会工作者的助人过程是多种方式的，督导者必须教导被督导者助人的技术，包括社会工作者必须做的事情，如何采取有效行动协助个人、群体和社区处理社会问题等。同时，督导者也必须教导和解释为什么机构会采用这种介入方法。

5. 教导有关“工作者本身”的知识

督导者还需要对被督导者的专业意识、态度、感觉和行为进行教导，纠正被督导者有偏见，使被督导者建立起自决、保密等社会工作价值观，使其能够自主地开展工作。

6. 提供专业性“建议和咨询”

督导者除了向被督导者传授知识外，还会给被督导者提供专业性的“建议和咨询”。督导者的专业权力和个人魅力会对被督导者产生影响。当督导者扮演被督导者的顾问角色时，督导者就会发挥专家的功能，在征求被督导者同意的基础上，提供相应指导和忠告。

（三）支持性督导的内容

1. 疏导情绪

协助被督导者面对工作压力，适应和处理服务工作中所带来的挫折、不满、失望、焦虑等各种情绪，增强被督导者的自我排解功能，平衡和安抚被督导者的情绪，缓解焦虑。

案例4-8

小蓉在家乡一个社会工作机构工作了一年，主要负责个案工作。为了寻求更大的发展，她来到深圳，并经过招聘被一家社会工作机构录用。被录用后，机构让资深的社会工作者老王作为她的督导，老王为其分配了工作内容，小蓉对新工作满怀期待。一个月之后，小蓉在一次督导面谈中，表示她的工作并不顺利，遇到了蛮不讲理的非自愿案主，个案服务没有任何成效，心情比较烦躁，工作压力很大。督导老王安慰小蓉，刚工作一年的社会工作者一般都会有这种感觉，帮助小蓉仔细分析了她所面临的问题，同时指导小蓉进行如何减压，并鼓励她尝试新的个案工作模式。

在此案例中，督导者老王帮助被督导者小蓉分析她面临的问题，对她进行情绪疏导，指导她进行压力处理。这体现了督导者对被督导者的支持性督导。

2. 给予关怀

给予关怀和支持，让被督导者在工作过程中有安全感，并愿意尝试新工作。

3. 发现成效

督导者应努力为被督导者提供机会，让他们体会到从事专业工作的成就感，协助被督导者发现工作成效，并能自我欣赏，激发被督导者的工作情绪和士气，并对机构逐渐产生认同感和归属感。

4. 寻求满足

督导者对被督导者良好的表现进行表扬，并可以代表机构对其表示认可和欣赏，给予被督导者从事专业的满足感和价值感，促进其对专业的认同，进而愿意投身于社会工作服务中。

三、社会工作督导的过程与方法

（一）社会工作督导的过程

社会工作督导的过程通常分为督导前期、开展期、工作期、总结期四个阶段。

1. 督导前期

该阶段是督导者与被督导者建立关系的基础时期，是双方相互熟悉的过程。督导者通过了解被督导者的基本情况和处境，找到督导的起始点，并且双方就各自的工作定位、接下来的计划及需求进行沟通。通过熟悉、协商与沟通为建立良好的督导关系做好准备。

2. 开展期

在该阶段，督导者与被督导者正式确立督导关系。督导者主要的工作任务有：①确定双方都接受的督导形式并签订督导契约；②督导者应与被督导者一起分享督导的目的，明确各自的角色、期待和要求，并征求被督导者的意见。

3. 工作期

这是整个督导过程中最重要的阶段，督导者要对被督导者的工作表现进行指导、协调、提高和评估。督导者通过与被督导者分享实践经验与感受，传授工作方法，解答被督导者的疑惑，指导被督导者的工作，确保他们的工作顺利完成，并达到机构的目标要求，以此促进被督导者的个人成长和机构服务品质的提升。

4. 总结期

在督导结束时，督导者应同被督导者对督导过程进行回顾和总结，分享、交流各自的感受和体验，并对被督导者的学习过程、个人的成长、机构的服务成效进行综述，对被督导者存在的问题和长处进行点评，帮助被督导者自我改进。

（二）社会工作督导的方法

1. 讨论

讨论是社会工作督导最常见的方法之一，最常用的讨论方式有自由发表意见和个案讨论。讨论可以使每一个员工都能够自由地发表意见和观点，使督导者吸纳不同意见，被督导者学习到相关的技巧和方法。督导者也可以了解到工作的运行情况，员工的心态，从而有的放矢地进行指导。

2. 计划

经过员工的思考、讨论，制订一个在特定时间内需达到的目标以及所需采用的方法等内容的工作计划，作为执行和评估的依据和标准。有了工作计划，可以增加员工工作的主动性，使工作有条不紊地进行。

3. 问题解决法

通过员工集思广益，有效地解决问题或提出解决问题的方案。最常见的形式有头脑风暴法、小组研讨等。问题解决法针对性强，有利于厘清思路，找到问题的核心和解决方法。

4. 模拟方法

通过模拟问题的具体情境探讨问题所在，其主要方式为模拟练习和角色扮演等。模拟方法是对所面临问题的环境、过程进行模拟或虚拟呈现，让员工身临其境去理解问题，该方法有利于激发员工的潜能。

5. 演示方法

主要用于增进员工实际技能和帮助其专业发展，督导者通过演示法传递给被督导者深层含义，加深被督导者对学习内容的理解，促进被督导者的成长，主要的方式有示范和模仿等。

本章小结

社会工作的专业方法可分为直接方法和间接方法两大类。直接方法包括个案工作、小组工作和社区工作；间接方法通常包括社会行政、社会工作督导、社会工作研究等。

个案工作以帮助个人寻求良好的社会生活适应为目标，通过一对一的方式，尊重个人的差异，强调专业关系的重要性。个案工作的主要模式包括社会心理治疗模式、危机介入模式、任务中心模式、认知行为治疗模式等。个案工作的具体运用体现在对其基本技巧、专业技巧、过程技巧等方面的掌握。

小组工作是协助和引导小组中的个人开展各种小组活动，以促进个人行为改变与社会适应能力提升的一种社会工作方法。在小组的发展与治疗中起主要作用的是小组本身的情境及小组成员之间的互动。小组工作可划分为准备、开始、中期转折、后期成熟和结束五个阶段。社会工作者需重点掌握沟通互动、组织小组讨论、设计和评估小组活动等技巧。

社区工作以社区和社区居民为服务对象，通过发动和组织社区居民参与，有计划、有步骤地解决或预防社会问题，调整或改善社会关系，以提高社区的社会福利水平，促进社区进步。社会工作的主要模式包括地区发展模式、社会策划模式、社区照顾模式。社会工作者需重点掌握专业关系建立方法、社区组织方法、资料收集方法、社区领袖培训方法等。

社会行政是依照行政程序，妥善利用各种资源，实施社会政策，以向有需要者提供社会服务的活动。它涵盖了社会服务机构的运作、社会服务机构志愿者管理、社会服务机构资金管理和社会工作督导等知识，其中，社会服务机构运作包含计划、组织、领导、协调与控制、社会服务机构评估等内容。

社会工作督导是机构内资深的社会工作者对机构新进工作人员、一线初级社会工作者、实习学生及志愿者进行的一种定期和持续的监督、指导活动，具有行政的功能、教育的功能和支持的功能。社会工作督导按照督导者扮演的角色划分为师徒式督导、训练式督导、管理式督导、咨询式督导四种类型，按照督导对象的不同划分为个别督导、小组督导、同事督导等类型。督导的内容集中于行政性督导、教育性督导和支持性督导三个方面。督导过程分为督导前期、开展期、工作期、总结期四个阶段，其方法主要有讨论、计划、模拟法等。

参考文献：

[1] 王思斌．社会工作导论［M］．北京：北京大学出版社，2011.

[2] 王思斌．社会工作概论［M］．北京：高等教育出版社，2015.

[3] 张乐天．社会工作概论［M］．上海：华东理工大学出版社，2005.

[4] 顾东辉．社会工作概论［M］．上海：上海译文出版社，2005.

[5] 宋林飞，朱力．社会工作概论［M］．南京：南京大学出版社，2002.

[6] 库少雄．社会工作实务［M］．北京：社会科学文献出版社，2011.

[7] 许莉娅．个案工作［M］．北京：高等教育出版社，2013.

[8] 廖荣利．社会个案工作［M］．台北：台北幼狮文化事业公司，1992.

[9] 翟进，张曙．个案社会工作［M］．北京：社会科学文献出版社，2001.

[10] 张雄．个案社会工作［M］．上海：华东理工大学出版社，2002.

[11] 刘梦．小组工作［M］．北京：高等教育出版社，2013.

[12] 吕新萍．小组工作［M］．北京：中国人民大学出版社，2005.
[13] 范克新，肖萍．团体社会工作［M］．北京：社会科学文献出版社，2001.
[14] 黄丽华．团体社会工作［M］．上海：华东理工大学出版社，2003.
[15] 徐永祥．社区工作［M］．北京：高等教育出版社，2013.
[16] 夏建中．社区工作［M］．北京：中国人民大学出版社，2015.
[17] 周沛．社区社会工作［M］．北京：社会科学文献出版社，2002.
[18] 张曙．社会行政［M］．北京：社会科学文献出版社，2002.
[19] 王思斌．社会行政［M］．北京：高等教育出版社，2013.
[20] 付立华．社会行政［M］．山东：山东人民出版社，2012.
[21] 关信平．社会政策概论［M］．北京：高等教育出版社，2004.
[22] 斯基德摩尔．社会行政［M］．北京：中国人民大学出版社，2005.
[23] 王思斌．社团的管理与能力建设［M］．北京：中国社会出版社，2003.
[24] 佩恩．现代社会工作理论［M］．上海：华东理工大学出版社，2005.

模拟题

一、单项选择题（每小题列出的四个备选项中，只有一个最符合题目要求，错选、多选或未选均无分）

1. 个案工作为案主提供专业服务的方式（　　）。

A. 一对多　　B. 一对一　　C. 多对一　　D. 多对多

2. 个案工作相比较于心理咨询（　　）。

A. 更加强调对人的尊重和案主心理疾病的治疗

B. 更注重案主家庭问题的社会成因

C. 更强调运用资源

D. 较少承担社会责任

3. 小组工作时，在发展与治疗中起主要作用的是（　　）。

A. 小组工作者　　B. 小组成员

C. 小组本身的情境及小组成员之间的互动　　D. 督导

4. 社区工作侧重于（　　）。

A. 社会环境与制度的变迁　　B. 强调组员的互助性

C. 科学性、技术性与艺术性融为一体　　D. 居民个性化行动

5. 不属于“三区”社会工作人才支持计划的地区是（　　）。

A. 边远贫困地区　　B. 边疆民族地区

C. 革命老区　　D. 连片特困地区

6. 社区照顾模式认为（　　）。

A. 社区取代家庭负责居民养老　　B. 服务对象是残障人士

C. 服务对象生活的原环境优于机构的环境　　D. 社区不具有利用非正式资源的能力

7. 员工培训方案类型有（　　）。

A. 脱产培训　　B. 专业技能培训

C. 管理能力培训　　D. 职业素质培训

8. 宏观社会行政特点有（　　）。

A. 较强的民族性　　B. 自下而上推动政策实施

C. 广泛协调性　　D. 实务性

9. 社会服务机构的目标特征是（　　）。

A. 价值导向性　　B. 整体性

C. 盈利性　　D. 服务性

10. 社会服务机构的督导方法有（　　）。

A. 审核法　　B. 问题解决法

C、头脑风暴法　　D. 记录法

二、多项选择题（每题备选项中，有 2 个或 2 个以上符合题意，错选、少选均不得分）

1. 个案工作会谈技巧包括（　）。

A. 尊重　　B. 同理心　　C. 澄清　　D. 对质　　E. 简洁具体

2. 下面属于个案工作的服务模式有（　　）。

A. “社会—心理”治疗模式　　B. 危机介入模式

C. 任务中心模式　　D. 认知行为治疗模式

E. 社会行动模式

3. 小组工作的特点有（　　）。

A. 小组工作所适用的团体性质　　B. 由社会工作者参与并指导小组活动

C. 注重“人在情境中”的理念　　D. 强调居民的集体参与

E. 不存在内部矛盾

4. 在小组工作中期转折阶段，社会工作者的任务是（　　）。

A. 处理抗拒行为　　B. 协调处理冲突

C. 协助组员重构小组　　D. 适当控制小组的进程

E. 保持组员对整体目标的清醒认识

5. 小组工作者招募组员的渠道有（　　）。

A. 主动向本机构寻求帮助的人员　　B. 已由本机构服务的某些对象

C. 其他机构转介来的特定服务对象　　D. 通过互联网等载体得知信息而主动报名者

E. 社区居民向本机构介绍的人员

6. 社区工作中地区发展模式的特点有（　　）。

A. 较多关注社区共同性问题　　B. 重视社区居民参与

C. 重视过程目标超过任务目标　　D. 指向社区未来变化

E. 通过建立社区自主能力实现社区重新整合

7. 社会行政的功能有（　　）。

A. 促进社区居民自助能力提升　　B. 保持机构高效运转

C. 修订和完善社会政策　　D. 将社会政策变为社会服务

E. 帮助案主恢复自助能力

8. 社会服务机构志愿者管理内容有（　　）。

A. 需要评估与方案规划　　B. 工作发展设计

C. 面谈与签约　　D. 招募

E. 迎新说明和培训

9. 社会工作督导的类型有（　　）。

A. 服务式督导　　B. 师徒式督导　　C. 训练式督导

D. 管理式督导　　E. 咨询式督导

10. 社会服务机构财务审计原则有（　　）。

A. 客观公正原则　　B. 独立性原则

C. 稳定性原则　　D. 公开性原则

E. 强制性原则

参考答案

一、单项选择题

1. B　2. C　3. C　4. A　5. D　6. C　7. A　8. C　9. D　10. B

二、多项选择题

1. BCD　2. ABCD　3. AB　4. ABCDE　5. ABCDE　6. ABCE　7. BCD

8. ABCDE　9. BCDE　10. AB

第五章　常见人群的社会工作

本章学习要点

◇ 常见人群的年龄界定和生理、心理发展特征及其需求。

◇ 常见人群的特殊议题：留守儿童服务、网络成瘾青少年服务、老年人社区照顾、残障人士康复。

◇ 常见人群社会工作的概念、特点。

◇ 常见人群社会工作的内容和方法技巧。

社会工作是一项助人的专业活动，服务对象是有困难的个体和群体。根据社会工作服务领域中常见人群的生理、心理特征，可以将社会工作划分为儿童社会工作、青少年社会工作、老年社会工作、残障人士社会工作等。本章对这几种常见人群的生理和心理特征、发展需求以及针对这些人群的具体社会工作内容和方法等进行了介绍和分析，以帮助社会工作者了解和熟悉如何将社会工作的价值、理论和方法技巧运用到常见人群的助人活动中。

第一节　儿童社会工作

儿童是国家的未来、民族的希望，是社会可持续发展的重要资源。《中国儿童发展纲要（2011—2020 年）》指出，儿童时期是人生发展的关键时期，为儿童提供必要的生存、发展、受保护和参与的机会和条件，最大限度地满足儿童的发展需要，发挥儿童潜能，将为儿童一生的发展奠定重要基础。然而，受经济、社会、文化、价值观等多因素影响，儿童的发展及权利保护仍然面临着诸多的问题与挑战。儿童社会工作就是根据儿童的身心发展特点及规律，运用社会工作的科学理念、专业方法和技巧为儿童提供服务，保障儿童在生存、发展等方面的权利，提升儿童的整体福利水平。

据2014年3月有关报道，若以我国儿童福利机构的儿童社会工作为代表，我国拥有资质的儿童社会工作者为486人，仅占社会工作者总数的0.3%。而美国在2004年服务儿童的专业社会工作者就有27万人，占总数的48.6%；英国2006年从事儿童服务的社会工作者也有2.5万人，占总数的31.1%。因此，我国儿童社会工作具有较大的发展空间，也应当成为未来社会工作发展的重要领域。

一、儿童社会工作概述

（一）儿童的界定

关于儿童的年龄界定，国内外学者众说纷纭，迄今未达成一致的观点。根据《联合国儿童权利公约》第一条规定，“儿童”一词是指年龄不大于18岁的人，并认为每一位儿童既是一个独立的个人，又是家庭和社会的一分子，儿童享有一个人应该享有的全部权利。根据中国儿童生长发育的平均水平以及我国儿童工作的实际情况，我们将儿童发展年龄初步划分为六个主要阶段：①

乳儿期（又称新生儿期）：0～1岁

婴儿期（又称前幼儿期）：1～3岁

幼儿期（又称学龄前期）：3～6、7岁

童年期（又称学龄初期）：6、7～11、12岁

少年期（又称学龄中期）：11、12～14、15岁

青年初期（又称学龄晚期）：14、15～17、18岁

这六个阶段既相互联系又相互独立，一般来讲，我们将前五个阶段，即0～14、15岁界定为儿童期。

（二）儿童身心发展的特点及需求

1. 儿童身心发展的特点

儿童时期是人生发展速度最快的时期，但是，在儿童时期的不同年龄阶段，其生理、心理发展存在着较大差异，呈现出各自的特点。

（1）乳儿期。这个时期是个体身心发展最快的时期。在社会关系方面，乳儿主要是同照看者发生关系，如父母、祖父母、外祖父母等，乳儿会与照看者形成依恋关系，从最初的无区分的依恋发展到对熟悉的、亲近的人的依恋。

（2）婴儿期。在这个时期，婴儿开始有各种复杂的情绪和情感体验，但是这些情绪、情感具有易变的特征，易受外界刺激的影响，并且儿童也形成了最初步的道德认识和道德情感。在2～3岁时，儿童开始掌握“我”“你”“他”等代名词，自我意识开始形成。

---

① 陆士祯，任伟，常晶晶．儿童社会工作［M］．北京：社会科学文献出版社，2003：108.

(3) 幼儿期。幼儿的情感特点仍有前一阶段的不稳定、易兴奋、易激动等特征。在这个时期，幼儿开始懂得一些行为规范，比如，明白“别人的东西，不能拿”，说“请”“谢谢”等。幼儿还常常对没有见过的事物表现出好奇和好问。幼儿的各种意志品质，如坚持性、独立性、自制力等开始显露，但是这些意志品质还很差。幼儿的自我意识比较笼统、模糊，常常用成人对自己的评价来“评价”自己。

(4) 童年期。一般来说，童年的情感比幼年和少年期的情感更趋于稳定，他们能经常保持一种比较平静、持久的愉快情绪。这个阶段，儿童的社会情感在量和质上不断发展，意志品质逐步提高，自我评价的批判性和独立性也逐渐增长。

(5) 少年期。这个时期的主要特点是少年的心理充满着矛盾，具体表现为半成熟和半幼稚，独立性和依赖性、自觉性和盲目性错综复杂交织在一起。这个阶段，少年的自我意识产生了很大的变化。首先，随着身体的迅速发育，少年意识到自己已经长大，产生了强烈的“成人感”，渴望独立自主，受人尊重，特别不满成人对他们的种种限制和约束，因而易产生抵触、厌恶和反感等消极情绪。其次，少年开始关注自己的内心世界，逐渐想要了解和分析自己的兴趣、能力、性格等。最后，少年的自我评价具有片面性和不稳定性特征，时而高估自己，时而又低估自己。

2. 儿童身心发展的需求

儿童时期身心发展的需求主要涉及以下几个方面：

(1) 获得基本生活照顾：家庭与社会应提供儿童成长过程中所需的基本生活条件和养育需求。

(2) 获得健康照顾：适当的医疗照顾和预防保健服务。

(3) 获得良好的家庭生活：家庭应提供良好的亲子关系和适当管教的环境。

(4) 满足学习的需求：社会和家庭应提供儿童充足的就学机会和良好的教育环境。

(三) 儿童社会工作的定义及特点

1. 儿童社会工作的定义

儿童社会工作是指以全体儿童为工作对象，在有关儿童发展理论的指导下，运用社会工作专业的知识、方法和技巧，帮助解决儿童问题、满足儿童需求、促进儿童全面发展，进而促进社会和谐发展的专业服务活动。儿童社会工作有广义和狭义之分。

广义的儿童社会工作是指面向所有的儿童群体，为促进其健康成长所采取的各种措施，内容涉及文教、卫生、医疗、保健、体育、娱乐、社区、家庭保障、儿童权益保护等各方面，是一种积极的儿童社会工作。

狭义的儿童社会工作是指以处于特殊困境的儿童为对象，特别是那些家庭或父母无力抚养的儿童或者有各种问题的儿童，如孤儿、残障儿、流浪儿、弃婴、受虐儿童、情绪或行为偏差儿童等，采取机构服务的方式对他们进行救助和保护，这是一种事后补救性工作，或称为消极性的儿童社会工作。

实际工作中，广义的儿童社会工作和狭义的儿童社会工作两者常呈交叉关系。

2. 儿童社会工作的特点

（1）儿童社会工作是一个科学的专业体系。可以从对象、目的和方法三个方面来理解：从工作对象看，儿童社会工作的对象是所有儿童以及他们所有的问题，包括：处于不同年龄阶段的儿童；处于不同境况的儿童；儿童成长发展中面对的所有问题；以及影响儿童发展的自我及社会的所有因素等。从工作目的看，儿童社会工作的根本目的是激发儿童自我发展、自我成长的潜能，促进儿童全面健康地发展，增强儿童的幸福感。从工作方法看，儿童社会工作是根据儿童的身心发展特点和规律，运用专业的方法和技巧，如通过精心设计和安排，采用个别辅导、角色扮演、小组游戏、技巧训练、集体活动等方法，启发、帮助和促进儿童的发展。

（2）儿童社会工作具有积极的社会功能。表现在有利于儿童和有利于社会两方面：一是促进儿童发展的功能，主要通过对困境儿童的解围和救难、对所有儿童进行成长辅导以及促进儿童的全面发展来实现。二是促进社会安全和社会发展的功能。

（3）儿童社会工作具备坚实的社会基础，恪守专业的价值伦理。儿童是社会的重要组成部分，任何一个社会的发展与进步的基础都在于儿童。因此，儿童的成长和发展会关系到整个社会的健康、稳定发展。而发展是儿童的本质和根本需求，儿童是能动的、最具有发展潜力的人。因此，儿童社会工作是恪守以现代儿童观为核心专业价值伦理的社会工作。

二、儿童社会工作的内容

（一）一般儿童社会工作的服务内容

1. 宏观儿童社会工作

（1）推进有关儿童的法律制度建设，宣传和保障其贯彻落实

目前，我国已经形成了较为完备的保护儿童的法律体系，为儿童发展提供了有力的法律保障。20 世纪 90 年代以来，国家又相继颁布和修改了一系列法律、法规，如母婴保健法、未成年人保护法、义务教育法、预防未成年人犯罪法、婚姻法、妇女权益保障法、收养法等来保障儿童权利。然而，现实生活中仍然存在一些儿童权益得不到保护或受到侵犯的事件，如留守儿童的监护权无法落实、儿童的食品健康问题等，这都还需要制定一系列的法律、法规和制度给予保护和解决。社会工作者在实践工作中应善于发现问题，及时反映问题，推动有关儿童权利、儿童福利的法律、法规的建立和完善。另一方面要采取多种形式积极地宣传有关儿童的法律和法规，同时加强与公检法部门以及教育、民政、妇联、共青团等单位的联系与密切协作，落实相关法律政策，共同保护儿童的各项权益。

2016 年 6 月 13 日，为了加强困境儿童保障工作，确保困境儿童生存、发展、安全权益得到有效保障，国务院颁布实施《关于加强困境儿童保障工作的意见》（以下简称《意

见》)。《意见》指出，加快孵化培育专业社会工作服务机构、慈善组织、志愿服务组织，引导其围绕困境儿童基本生活、教育、医疗、照料、康复等需求，捐赠资金物资、实施慈善项目、提供专业服务。落实国家有关税费优惠政策，通过政府和社会资本合作等方式，支持社会力量举办困境儿童托养照料、康复训练等服务机构，并鼓励其参与承接政府购买服务。政府支持社会工作者、法律工作者等专业人员和志愿者针对困境儿童的不同问题提供心理疏导、精神关爱、家庭教育指导、权益维护等服务。该《意见》明确了儿童社会工作在困境儿童保障工作中的主要职责，并为儿童社会工作介入困境儿童的工作提供了行之有效、施之有力的政策保障。

(2) 促进对儿童的养育

养育是儿童健康成长的基础。儿童的养育是指养育者为儿童提供每日照料的资源，包括时间、食物、住所、卫生保健、知识技能以及充满关爱、温暖的亲情联系等。儿童社会工作者应协助儿童养育者保障儿童获得良好的养育条件，主要任务包括：保证儿童有充足而合理的营养；保障儿童拥有良好的居住环境和活动场所；促进儿童的卫生保健工作；提高养育者的受教育水平；关注儿童的社会心理发展等。

(3) 推动儿童教育事业的发展，保障儿童受教育的权益

受教育是每个儿童的基本权利。儿童社会工作者应在以下几个方面推动儿童教育事业的发展：推动学前教育和义务教育的普及和提高，促进教育公平；改善学校的办学条件，提高教育质量；宣传现代化的教育思想，树立以人为本的教育发展观；提高家庭教育的质量等。

(4) 为儿童提供良好的休闲娱乐环境，促进儿童快乐成长

游戏和娱乐是儿童的天性，是促进儿童身心健康发展的重要手段。因此，保障儿童休闲和娱乐的权利与营养、保健、居住环境和教育一样重要，都是儿童发展中必不可少的因素。在《联合国儿童权利公约》第31条中，明确规定要求缔约国确认儿童有享有休息和闲暇，从事和儿童年龄相宜的游戏和娱乐活动以及自由参加文化和艺术活动的权利。1990年，中国签署了该公约，1992年公约对中国生效。1992年，中国制定了未成年人保护法，该法第二十一条要求各级人民政府应当创造条件，建立和改善适合未成年人文化生活需要的活动场所和设施；第二十二条要求博物馆、纪念馆、科技馆、文化馆、影剧院、体育场（馆）、动物园、公园等场所，应当对中小学生优惠开放。

然而，在中国，由于传统的“望子成龙、望女成凤”的教育观影响，社会普遍漠视儿童的休闲和娱乐权利，只关注知识的传授，儿童休闲和娱乐时间往往被大大缩减。这给儿童的健康发展带来很多消极影响。作为儿童社会工作者，应积极宣传有关儿童休闲和娱乐权利的相关法律和政策，使全民认识到休闲娱乐对儿童发展的重要意义；推动政府和社会各界资助修建更多的儿童公共娱乐场所和设施，并且消除城乡儿童在娱乐方式和享有的娱

乐设施方面的差距；倡导和推广有益的儿童娱乐方式等。

（5）开展儿童家庭服务

家庭是儿童成长的第一站，也是儿童社会化的重要场所。在家庭环境中，父母的教养方式、亲子关系以及家庭文化氛围等都会对儿童的思想道德、性格和行为举止等产生重要的影响。因此，儿童社会工作的重要内容之一就是增强家庭功能，从而为儿童提供良好的家庭生存环境，具体包括以下几个方面：一是对家庭中儿童权益的保护；二是帮助父母更新观念，树立正确的教育观、儿童观，掌握科学教育孩子的方法；三是帮助建立和谐的夫妻关系、亲子关系和邻里关系，为儿童创建一个愉快的生活环境；四是建立对个别“问题”儿童的服务机制等。

2016 年 5 月，重庆市出台了全国首个家庭教育地方性法规《重庆市家庭教育促进条例》，该条例共七章四十四条，明确了家庭教育范围、原则、内容，强化父母的主要责任，规范家庭教育行为，并突出政府对家庭教育的保障作用。其中，第三十一条明确指出，鼓励社会工作服务机构和志愿服务组织开展家庭教育志愿服务；在第三十六条指出，市、区县（自治县）人民政府及有关行政部门可以向社会组织购买家庭教育公共服务。购买家庭教育公共服务时，可以在同等条件下优先选择社会工作服务机构和志愿服务组织作为承接主体。这为专业社会工作者开展儿童家庭服务提供了良好的平台，势必成为儿童社会工作发展的强大推进力。

（6）开展儿童问题的调研，为儿童提供更好的服务

儿童社会工作者需要随时了解儿童的发展需求，全面、科学地认识儿童各方面问题并且在儿童社会工作的具体服务中，不断地追踪评估国家、社会采取的儿童福利措施，为政府决策提供建议和意见。

2. 微观的儿童社会工作

（1）对生活境遇不良儿童的救助

针对这类儿童的服务可以分为支持性、保护性、补充性、替代性四种类型。

①支持性服务是指儿童社会工作者针对那些家庭和儿童关系体系在结构上虽然完整，但是已经出现了可能导致结构性问题（如离婚、分居、遗弃等）的家庭，以个案、小组或家庭辅导等方式给予帮助，以通过运用家庭本身的力量，促进儿童福利。

②保护性服务是指改变儿童的生存环境，维护其发展过程的稳定。此类服务的目的在于防止儿童被虐待、忽视及被剥削，并加强家庭的功能。

③补充性服务是指对儿童生活的基本状况作必要的改善，但仍有部分保留。主要是针对一些父母角色执行不适当，严重伤害亲子关系，但通过辅助有可能恢复功能的一些家庭。

④替代性服务是指完全用替代性的措施改变其生存环境。此类服务是最底线的保护措施，针对子女陷入非常危险的境地，需要短暂或永久的解除亲子关系的家庭。

（2）对孤儿、被弃儿童的救助

孤儿和弃儿是社会上最弱小、最困难的群体，是社会福利和社会救助的重点对象。各国政府都充分重视孤儿、被遗弃儿童的工作，并且许多国家还专门为此立法。各国政府也都设立了专门机构收容孤儿和被遗弃的儿童。针对这类儿童的服务方式主要有家庭寄养、收养、儿童福利机构安置等。

（3）残障儿童的康复和教育

针对此类儿童的服务，首先是身体康复，即通过必要的身体康复训练和医疗手段，最大限度地矫正儿童的残障。其次是教育，即通过举办特殊学校，设立特殊班，随班就读等方式，使残障儿童受到正常教育。最后是融入社会，即通过各种形式使残障儿童接触社会，建立自信心，适应社会。

（4）对行为偏差儿童的矫治

针对此类儿童的服务，主要是通过社会化辅助、心理咨询和辅导、环境建设等方式，对儿童的成长过程实施影响。一般来说，主要有三种形式的社会工作：一是少年法庭里的儿童社会工作；二是为犯罪少年提供的教育机构中的儿童社会工作；三是社区服务中的行为偏差儿童服务。

（二）特殊儿童社会工作的服务内容——留守儿童服务

1. 留守儿童的界定及分类

（1）留守儿童的界定

自20世纪80年代以来，随着国民经济和工业化、城市化的快速发展，大量农民进城务工，其子女大多数留在家中由老人或亲戚看管，成为留守儿童。这是我国处于社会经济转型期的一种特有现象，引起社会各界的广泛关注。为此，众多学者对留守儿童问题进行了研究。我国学者刘志军在对诸多学者关于留守儿童的概念做了系统的梳理和评析基础上，对留守儿童做了界定，将“留守儿童”界定为不能随外出务工、经商或从事其他活动的父母一起生活而留在家乡由代理监护人教养或自我照顾的18岁以下的未成年人。

（2）留守儿童监护的分类

我国学者叶敬忠在对我国中西部地区的10个农村社区中的留守儿童的监护现状与特点进行微观社会学研究，发现留守儿童主要分为单亲（父亲或母亲）监护、隔代（祖辈）监护、上代（亲戚或邻居）监护及同辈（哥哥姐姐或自我）监护四种监护类型。

①单亲监护是指父亲或母亲外出务工而由另一方在家照顾孩子的监护方式。受我国传统的“男主外、女主内”的农村文化传统影响，单亲监护的类型主要是父亲外出打工，母亲留在家里和孩子一起生活。

②隔代监护是指父母外出后，由祖辈（祖父母/外祖父母）来抚养留守儿童的监护方式。这种类型的留守儿童监护人大多是年老体弱、文化程度低的老人。

③上代监护是指由外出父母信任的近亲、邻居或朋友作为留守儿童的监护人。

④同辈监护是指父母外出的情况下，由年龄稍大的哥哥姐姐作为留守儿童的监护人，或是留守儿童自己照看自己。

据研究，农村留守儿童是以单亲监护和隔代监护为主，上代监护和同辈监护虽然存在，但数量不多。并且，母亲作为监护人的留守儿童在生活上能得到较好的照顾，上代监护次之，祖辈监护较差，而同辈监护类型下的留守儿童生活状况最差。

2. 留守儿童的现状及面临的问题

（1）我国留守儿童现状

2013 年 5 月，全国妇联发布了《中国农村留守儿童、城乡流动儿童状况研究报告》。报告中根据《中国 2010 年第六次人口普查资料》样本数据推算，全国有农村留守儿童 6102.55 万，占农村儿童 37.7%，占全国儿童 21.88%。与 2005 年全国 1% 抽样调查估算数据相比，5 年间全国农村留守儿童增加了约 242 万。

（2）留守儿童面临的问题

根据众多的相关研究，留守儿童在现实生活中面临诸多的问题，突出表现在以下几个方面：

①亲情缺失。亲情缺失是留守儿童面临的最根本的问题。一项针对农村留守儿童的调查显示：在外出务工人员中有 33% 的父亲、25% 的母亲外出务工 5 年以上，30% 的父母每年回家一次，打电话成为留守儿童与父母联系的主要方式，约 2% 的父母与孩子常年无联系。在留守儿童成长过程中，亲情缺失实际上就是对儿童正常情感需求的剥夺和伤害。

②生活抚育问题。留守儿童由于主要由隔代看护，这些人年龄偏大，缺乏科学的营养知识，造成留守儿童膳食不平衡，其生长发育受到影响。有调查显示，留守儿童蛋白质、热量等主要营养素供给比非留守儿童低，主要原因是儿童监护人的营养知识、营养认识的问题。留守儿童体格普遍偏差，如身高、体重与非留守儿童相比偏低，留守儿童贫血患病率也高于非留守儿童。

③安全问题。留守儿童的安全问题主要表现在两个方面：一是容易受到他人的人身伤害。由于留守儿童的父母长期不在身边，在学校留守儿童容易成为其他同学欺负的对象，在社会上，有的留守儿童被拐卖，有些女孩甚至遭到性侵害等。二是由于监护不到位、缺乏安全意识、自身行为失控等造成意外伤害，如摔伤、感染传染病、下河游泳溺死等。

④教育问题。留守儿童的教育问题主要受两方面影响：一是留守儿童监护人的文化程度影响。留守儿童的监护人一般文化程度较低，有的监护人如祖父母辈，甚至不识字，教育意识薄弱，教育方式不当，因此其教育能力难以满足留守儿童的教育需求。二是学校由于受教育理念、办学条件、师资力量等多因素制约，对留守儿童的关注不够，容易导致留守儿童学习困难、心理和行为出现偏差。

3. 留守儿童问题的社会工作介入

留守儿童问题的社会工作介入可以从微观、中观和宏观层次进行介入。

（1）微观层次。在微观层次上，社会工作者可以以留守儿童家庭、学校为重点，弥补亲情缺失，提升监护人的抚育和教育能力，增强学校对留守儿童的关爱以及完善学校对留守儿童的教育与管理工作。

（2）中观层次。社会工作者要以社区为依托，建立相关服务机构，开展多种形式的社区活动，营造一个关爱留守儿童，促进留守儿童健康成长的社区环境。

（3）宏观层次。社会工作者应倡导、呼吁全社会关心留守儿童，通过社会行政参与或促进保护留守儿童各项权益的法律法规和相关政策的制定。

实际上，这三个层次相互联系，相互作用和影响，社会工作者应整合和优化三个层次的资源，运用社会工作的个案、小组和社区三大方法，为留守儿童建立一个强有力的社会支持体系，促进留守儿童健康成长。

三、儿童社会工作的主要方法

1. 儿童辅导

（1）儿童辅导的基本概念

儿童辅导是指专业人员利用科学的知识和方法，帮助儿童了解自己、学会面对困难和解决问题的办法，并且运用各种机会促使儿童在生活、学业、感情和人际关系等各方面全面发展以及潜能发挥的过程。

（2）儿童辅导的游戏治疗模式

儿童辅导有多种方法和模式，如行为治疗法、当事人中心治疗法、社会技巧训练等。但是由于儿童年龄较小，尚未发展出如成人的口语表达能力，有时用语言难以表达清楚自身的困惑或情感经验。因此，过于理性或复杂的治疗模式对于儿童往往难以达到理想的辅导效果。针对儿童的年龄和身心特点，可以运用游戏治疗模式进行儿童辅导。游戏治疗模式也有多种理论取向，其中，想象互动游戏治疗是儿童游戏治疗模式中运用较多的方法之一。

想象互动游戏治疗的基本理念是儿童具有丰富的想象力，可以借助想象游戏为媒介，在一种不具有侵略性的安全环境下，以转化的方式表达各种愿望、需求和想法，或是一些消极的、负面的情绪。这是一种儿童比较容易接受的方法。社会工作者可以在游戏中帮助儿童发展和完成主题，引导儿童向积极的方向发展。

在运用想象互动游戏治疗的方法进行儿童辅导时，社会工作者需要掌握一些技巧：表达口语化，即使用儿童易懂的语言进行表达，使儿童对所玩游戏的意义更为明确；刺激化，即鼓励儿童专注地玩；设定限制，即游戏开始时社会工作者就应以口头提示的方式将所有的规定限制整合到游戏里；相对游戏，即社会工作者在游戏中应玩出和被辅导儿童不同观点和想法的游戏内容。

为了使想象互动游戏治疗的方法更有效地发挥对儿童辅导的作用，社会工作者可以多种不同的方式介入游戏世界。首先，社会工作者平时应留意并熟悉儿童的各种游戏，知道如何玩。其次，社会工作者应该对游戏要有兴趣而且经常和儿童一起玩，真正融入游戏中。最后，社会工作者应该了解儿童所用的词汇和语言，并能运用他们的语言与之交流。

2. 儿童小组工作

儿童小组工作就是指一种通过小组过程及小组社会工作者的协助，使小组中的儿童能够获得小组经验、产生行为改变和恢复正常功能，以及与他人和周围环境达成有效的调适，最终促进个人及小组发展的专业服务活动。

在开展儿童小组工作时，可以将社会工作的理念和工作方法技巧融入幼儿园和小学中的各种类型小组，如少先队小组、兴趣小组、学习小组等来展开儿童小组工作。也可以根据儿童需求或存在的问题类型，事先设计好相应的主题，采取各种招募方法，自愿组成小组，开展社会工作服务。

开展儿童小组工作需要注意是：（1）活动安排要新颖有趣，符合儿童好动的性格，但要注意安全；（2）多利用示范来讲述活动的安排和小组规则；（3）避免空泛的说教和讲述复杂、抽象的问题；（4）社会工作者应有很强的亲和力，态度亲切和蔼，善于与儿童交往；（5）社会工作者应尊重儿童，以平等的身份与儿童交流。

3. 亲子教育

亲子教育就是指以家长为对象，社会工作者向家长提供有关儿童发展和教育子女的知识，如儿童营养、保健、教育、沟通等方面知识，以增强父母教育子女的技巧和能力。亲子教育大多以训练的方式为主，其训练内容有：沟通技巧、环境设计技巧、孩子行为改变技巧、家长训练、家庭改变技巧等。传统的亲子教育服务把重点放在孩子方面，不少家长训练课目均以处理或改变孩子的行为问题为主，例如孩子的学习问题、不服从或滋扰行为、情绪控制问题、难以与家长有效沟通等，而忽视孩子本身的关注与需要，也很少提供子女参与的机会。

亲子沟通平行小组是亲子教育的一种新形式，它可以定义为两个分开但同时进行的小组，通过联合活动，如实践练习、互相配合的小组内容、进度、联组活动等，从而改善亲子的关系。亲子沟通平行小组的优点在于父母参与的中介角色对子女学习各种技巧有很大的帮助。参与的父母可以成为培训者，由于父母清楚了解小组的内容，在子女学习上，他们可以发挥提醒和鼓励作用，并且协助子女在家完成实践练习。此外，由于双方都参与亲子教育活动，从中会让子女感受到父母也愿意学习改善关系，而彼此在服务活动过程中的改变和进步都会成为对对方的鼓励，从而增强处理冲突和解决问题的信心。

案例5－1

在某个社区里，有一些正处于叛逆心理较为强烈的儿童家庭；有的家庭父母比较专制，以棍棒代替教育；有的家庭父母对孩子娇惯宠爱，事事百依百顺；有的家庭父母则对孩子漠不关心，导致儿童与父母沟通方面存在许多问题，家庭矛盾激烈，父母不知道如何教育孩子。

为此，该社区居委会求助儿童社会工作者，希望能帮助解决这一问题。儿童社会工作者在了解该社区这类儿童家庭的基本情况之后，认为有必要开展亲子平行小组。该小组为期8周，招募了有上述问题的家庭组成小组，主要目的是为了帮助父母学习教育子女的方法和技巧，以及改善亲子关系，促进家庭和睦。其中5周是父母和孩子分别参与不同主题的小组，学习相关的技巧；另有3周是父母与孩子组成小组，通过互动游戏、角色反串、小组讨论等形式促进彼此的理解和沟通。

第二节 青少年社会工作

青少年是个体从儿童向成人的过渡时期，生理和心理都处于急剧变化的阶段。这一时期，青少年往往要经历较为激烈的内心冲突和外部冲突的磨炼，是人生发展中一个极其重要而又充满危机的时期。随着社会经济的快速发展，社会结构的转型，道德价值观的多元化，青少年所面临的矛盾和问题与日俱增，并且不断出现新变化、新诉求。青少年社会工作就是根据青少年的身心特点和发展规律，运用社会工作专业的理论、方法和技巧，协助青少年解决成长的困境，更好地适应社会，提高社会功能，获得全面发展的一种专业服务活动。

一、青少年社会工作概述

（一）青少年的界定

对于青少年的界定，社会各界众说纷纭，有些学者们从不同的学科角度对之进行了论述。

生理学认为，以人体的发育（大脑和神经系统的发达、身高体重的变化、心血管系统的完善以及由内分泌系统的发育所导致的性成熟等）为根据，青少年期是“自春情发动期以迄生理的成熟期间”。

心理学认为，以人的智力发展水平为依据，或以人的个性的形成、情感特征、自我特征等心理机制的质变为依据，“青年是完成成熟的阶段和形成个性的阶段”，标志是形成了自我意识和个性。

教育学认为，青少年最大的特点是处于学习受教育的阶段，青少年期是指从接受中等教育开始，到就业、独立生活、结婚为止的这段时期。

社会学认为，青少年是人社会化的一个重要阶段，人生与青少年期告别是以“获得职业、经济自立、建立家庭”为标志的，“青年是从依赖成人的童年到能进行独立的、负责的成人活动的过渡”。

除了学术界外，社会其他各界如共青团、企业界、文艺界、法律界根据其实际工作，对青少年也做了不同的界定。

由于社会各界对青少年概念的界定不同，因此，对青少年年龄的划分也不尽相同。综合各方面的因素考虑，“青少年”概念的界定可以划分为狭义的“青少年”概念和广义的“青少年”概念，其年龄划分也不一样。

1. 狭义的“青少年”概念

青少年是指个体由儿童向成人的过渡期，特指 12 ~ 17 岁阶段的未成年人。其中 12 ~ 14 岁年龄段称为少年期，也就是青春期；15 ~ 17 岁年龄段称为青年初期。

2. 广义的“青少年”概念

青少年包括儿童（6 ~ 11 岁）、狭义的“青少年”（12 ~ 17 岁）和青年（18 ~ 40 岁）3 个年龄段。

实际上，青少年不是一个单纯的年龄概念，而是一个内涵丰富的科学界定。并且，其年龄阶段的界定并非固定不变，应随着时代的发展变化而进行调整。

（二）青少年身心发展的特点及需求

1. 青少年身心发展的特点

从生理发展的角度，青少年处于青春发育期，其特点表现为体型迅速变化、身体内部机能迅速健全、大脑和神经系统高度发达、性成熟。

从心理发展的角度，青少年心理发展是在其社会生活环境和自身社会实践活动中完成的。因此，从青少年的智力、情绪和情感、自我意识、性格、性意识、成长和发展性需求等方面呈现出主体与客体的互动、动荡与稳定的结合、突变与渐变的统一等特点。

青少年期是人生中生命循环最多变化的时期，青少年每天对自我的探索、认同、人际关系、家庭及社会角色都在产生新的认识和新的适应。因此，青少年时期最主要特点是多变、创新、反叛。

青少年阶段是一个快速而不平衡的具有过渡性、重要性和关键性的阶段。青少年是一个充满活力的群体，唯有以开放的心态去接纳青少年的任何表现，从他们的需要和发展出发认真地研究他们，才可以对他们的特点有真实地把握。

2. 青少年身心发展的需求

根据青少年的生理和心理发展特点，其身心发展的需求主要涉及以下几个方面：

（1）接纳自己的身体与容貌，表现符合社会所规范的性别角色期望。

（2）个体与同伴发展适当的人际关系。

（3）追求个体的情绪独立自主，少依附父母及其他人。

（4）自谋其立，寻求经济独立。

（5）为未来的生涯做准备。

（6）发展符合社会期望的认知技能和概念。

（7）努力表现负责任的行为与追求理想和抱负。

（8）为未来的婚姻和家庭做准备。

（9）建立个体的价值体系，符合现实世界的需求。

（三）青少年社会工作的定义及特点

1. 青少年社会工作的定义

青少年社会工作也有广义与狭义之分。

广义的青少年社会工作指社会的方方面面，特别是国家和地方政府为促进青少年健康成长所采取的一切措施，工作对象是所有的青少年，在内容上包括文教、卫生、医疗、保健、体育、娱乐、社区、家庭服务、职业辅导介绍、婚姻服务、青少年权益保护等，涵盖了能增进青少年健全发展的各项措施：如防范危害青少年发展因素的保护措施；保障青少年福利的措施；协助青少年处理成长和适应过程中的难题的措施；促进青少年发展潜能的措施等。这是一种积极的青少年社会工作。

狭义的青少年社会工作指一种事后补救性工作，或称消极性的青少年社会工作，以一般青少年，特别是发展发生偏差的青少年为对象，采取多种服务手段，纠正青少年发展偏差，促进青少年健康成长。

2. 青少年社会工作的特点

（1）社会工作价值观是青少年社会工作的核心基础

青少年期是人生的“多事之秋”，“反叛”、要求独立以及不断面临“心理断乳”而带来的震荡，是这一时期青少年身心发展和社会成长的主要状态。爱出风头、标新立异、唯我独尊等，也是许多问题青少年的主要行为特征。因此，要做好青少年的社会工作，社会工作者就更加需要秉持和运用接纳、不批判、尊重、保密、个别化和当事人自决等社会工作价值原则。

（2）社会工作专业方法和技巧是开展青少年社会工作的主要手段

社会工作专业方法和技巧融合了社会工作价值观和理论基础。社会工作者基于青少年的年龄特点和行为特点，通过精心设计和安排，采用将社会工作价值理念和社会工作理论融于其中的多种方法和技术，启发、帮助和促进青少年的发展。

（3）“人与环境互动”的视角是青少年社会工作的基本介入焦点

青少年的发展性需求是社会工作者首先关注的工作重点。社会工作者必须具备了解青少年需求的意识和技术。

青少年的发展深受家庭、学校、社会环境的影响，社会工作者需要充分了解青少年成长的社会环境及其对青少年成长的影响，并在青少年群体本身、社会环境以及两者的互动过程中去开展各类社会工作服务。

（4）青少年社会功能的改善和提高，是青少年社会工作的主要目标

社会功能涉及个人或集体如何行动去实现他们的人生任务，并满足环境或生活情景的需要。人们可以发展不同水平的社会功能，个人社会功能的水平要靠他应付人生需要和满足环境需要所具备的能力来决定。社会工作者关心的是人们的功能与社会环境的关系。

青少年社会工作是一种专业活动，用以帮助青少年个人、群体或社区增强他们发挥社会功能的能力，并创造适宜于实现目标的社会条件。

二、青少年社会工作的内容

（一）一般青少年社会工作的服务内容

根据青少年社会工作的内容，可以将青少年社会工作分为宏观青少年社会工作和微观青少年社会工作。

1. 宏观青少年社会工作

从宏观层次来看，青少年社会工作是指针对青少年社会工作全局性的、整体性的计划、实施、管理和监督等工作，主要内容包括：推动有关青少年保障青少年权益的立法，并宣传、推动、监督有关青少年法律法规政策的落实；展开有关青少年问题的调研，为政府提供有关青少年的信息和建议；推动青少年的各类各级教育；监督、维护青少年健康成长的社会环境；为青少年创造良好的休闲娱乐条件；促进家庭建设，为青少年创造良好的家庭环境；保障和维护青少年各项权益；面向全社会代表、宣传青少年，促进全社会关注青少年，认识和了解青少年，等等。

2. 微观青少年社会工作

从微观层次来看，青少年社会工作是针对青少年个体而开展的具体的社会工作专业服务，主要内容包括：成长发展辅导；心理健康辅导；人际交往辅导；理想、道德、价值观发展辅导；休闲娱乐方式辅导；自我形象塑造；贫困青少年的救助；学生辍学问题的防治；适应不良行为的辅导；青少年犯罪矫治；对特殊青少年的救助工作等。

（二）特殊青少年社会工作的服务内容——网络成瘾青少年的服务

1. 网络成瘾的界定

“网络成瘾”的概念最早由美国精神病学家伊凡·戈德堡于 1990 年提出，随后美国心理学会于 1997 年正式承认“网络成瘾”。目前学者对“网络成瘾”这一现象的称谓仍存在差异，如网络成瘾、互联网成瘾症、问题性网络使用、病理性网络使用等，其内涵基本一致，主要指个体无节制地使用网络，损害身心健康，影响生活、学习和工作等

情况。

世界卫生组织认为，网络成瘾是一种对互联网的着迷使用的状态，网络成瘾者常伴有增加使用网络的时间、耐受性提高与戒断反应，并在生理和心理上依赖上网带来的愉悦感。

2. 我国青少年网络成瘾问题的现状

中国是一个互联网使用的大国。2016 年 6 月，中国互联网信息中心公布的第 37 次《中国互联网络发展状况统计报告》显示："截至 2015 年 12 月，中国网民规模达 6.88 亿，互联网普及率为 50.3%；手机网民规模达 6.2 亿，占比提升至 90.1%，无线网络覆盖明显提升，网民 Wi－Fi 使用率达到 91.8%……具体来看，2015 年新增加的网民群体中，低龄（19 岁以下）、学生群体的占比分别为 46.1%、46.4%，这部分人群对互联网的使用目的主要是娱乐、沟通。"

网络成瘾对广大青少年的生理、心理与社会性发展造成了严重的影响，甚至诱发了他们反社会行为的产生。网络成瘾者经常长时间沉溺在电脑前，容易遭受计算机电磁辐射的侵害，对其眼睛与视力可能产生无法挽回的危害。有资料表明，过度使用互联网络可能给青少年身体的每一个系统都产生负面影响，他们的身体机能更容易出现病变。例如，在过度使用互联网络的孩子中，具有肥胖倾向的占 12.1%，出现过腰、脖子和肩膀疼的占 22.2%，有手腕症状的占 10.3%，体质不好容易感冒的占 7.9%，眼睛疲劳视力下降的占 37.2%，睡眠不好甚至失眠的比例达 15%。在心理层面，网络成瘾者容易患上信息焦虑综合征等多种心理疾病，他们更容易角色错乱、人格异化，变得自恋、偏执，甚至形成反社会人格。与此同时，由于将大量的时间投放在网络之中，青少年在现实社会中的学习与生活往往遭受严重影响，表现为学习动机减弱、成绩下降，与同学、家长和老师的关系僵化，从社会中退缩。在网络色情、网络暴力的影响下，一些青少年走上违法犯罪的道路，还有众多的青少年则成为违法犯罪的受害者。

3. 青少年网络成瘾的影响因素

青少年网络成瘾的原因很复杂，既受个体自身的生理、心理发展内在因素影响，又受家庭、社会等外在因素的影响。具体表现为：

（1）青少年自身因素

青少年自身的因素包括青少年生理、心理发展特点、人格因素和性别因素等。

青少年有着强烈的求知欲，好奇心驱使青少年想要了解网络的世界，并且网络信息量大，内容丰富，其自由性、科技性和时尚性的特征对青少年有很大的吸引力，但是青少年身心发育尚不成熟，认知能力有限，又缺乏自制能力，难以抵抗网上新奇刺激信息的诱惑，容易造成网络成瘾。

心理学研究表明，青少年网络成瘾问题的内在心理根源是青少年的人格特质。据相关研究发现，具有某些人格特质的人比较容易成为网络成瘾者，如低自尊、抑郁悲观、神经质倾向、焦虑感强、孤寂感高等。此外，研究还发现男性青少年比女性青少年更容易有网络成瘾倾向。其原因可能在于：一是男性比女性更喜欢科技性东西；二是男性比女性更好面子。网络世界由于具有匿名性和隐秘性，所以可以很好地维护男性的面子。第三是女性比男性更容易在现实环境中通过向朋友、家人诉说等方式来疏解情绪。

（2）家庭因素

青少年网络成瘾与家庭中父母的教养方式有联系。父母的教养方式包括专制型、民主型、娇宠型和冷漠型。研究显示，在民主型的家庭中，由于父母能充分理解孩子的要求和兴趣，尊重其意见，孩子表现出自立、易理解他人的特点，在现实生活中生活满意度较高，更不易网络成瘾。而在冷漠型或娇宠型的家庭中，由于其人格特征和人际关系等方面会存在许多问题，很容易出现社会适应障碍，更易网络成瘾。据研究还显示，母亲的教养方式比父亲的教养方式对孩子的网络成瘾有更大的影响作用。

此外，青少年网络成瘾与父母的网络知识水平和监管也有关系。如果父母的网络知识水平高，并且能够主动与青少年经常沟通，了解青少年上网习惯，并制定电脑使用规则，告诉子女网络潜在的危险和应对方法，更能有效地减少青少年网络成瘾的概率。

（3）社会因素

随着计算机的普及和网络技术的发展，互联网已逐渐成为青少年学习和休闲娱乐的重要工具。然而，目前适宜青少年年龄特点和兴趣爱好的休闲娱乐和学习的绿色网络资源比较少，并且互联网内容良莠不齐，许多网络产品和内容未实行分类分层管理，网吧监管又不力等。这些社会性因素都会使自控能力差、辨别能力弱的青少年易于受到网络的各种诱惑，长期沉迷于网络，难以自拔。

4. 青少年网络成瘾问题的社会工作干预

社会工作对青少年网络成瘾问题的干预可以从预防与治疗两个层面进行。

在预防层面，社会工作要为青少年创造良好的成长环境，协助青少年有效融入到家庭、学校和社会之中，防止青少年因为逃避现实生活中的压力而遁入并沉溺于网络之中。为此，青少年社会工作的主要任务包括：（1）为青少年提供丰富多彩的休闲娱乐活动；（2）支持与协助青少年正确处理现实生活的压力；（3）协助父母处理好亲子关系；（4）帮助父母提高网络素养，正确认识网络世界；（5）协助学校、社会和政府加强对网络的监管，为青少年创建一个安全、科学的网络环境。

在治疗层面，青少年网络成瘾的干预有多种方法和技术，如团体干预中的认知－行为疗法，个体干预中的认知行为咨询和住院式治疗以及家庭治疗法等。社会工作者在介入青少年网络成瘾的治疗时，需要充分运用社会工作关于人类行为与社会环境之间关系的理论以及优势视角的理论来有效帮助那些已经网络成瘾的青少年。也就是说，面对青少年网络成瘾，社会工作者在分析成瘾问题时，不要把问题的产生，简单地归咎于他们的生理、心理与病理等个人问题，而是从他们所处的社会环境中寻找他们网络成瘾的原因和解决其网络成瘾的办法。并且，我们应以正面、积极、优势视角看待网络成瘾的青少年及其处境，相信青少年有自身的潜能和力量，通过激发青少年的优势，发现改变的潜能，使青少年能够通过自己的努力在网络成瘾中自我解救出来。

实际上，网络成瘾青少年社会工作的根本目标不是让青少年戒除上网，而是帮助他们文明、合理、科学上网，达成网络世界与现实世界的协调与平衡。

三、青少年社会工作的主要方法

（一）青少年个案工作

1. 青少年个案工作的定义

青少年个案工作是指由专业社会工作者通过直接的、面对面的沟通方式，对青少年个人或其家庭提供心理调整和环境改善等方面的支持和服务，以协助青少年充分认识自身拥有的资源和潜能，促进其改变和成长。

2. 青少年个案工作的特点

青少年期是人生成长中第一次的生理和心理飞跃突变的重要时期，该阶段的身体发育和心智成长对今后的人生有着重要的影响。在开展青少年个案工作时，社会工作者应该遵循青少年的身心发展规律和特点，将有关的生理学、心理学、社会学、人类行为学等各方面知识运用到个案技巧中，为青少年服务。因此，青少年个案社会工作不同于其他服务对象的社会工作，具有以下的特点：

（1）工作对象具有较强的差异性和复杂性——以艺术化、多样化而不是公式化、刻板化的方式去助人，是青少年个案工作者在其理论和方法上的首要考虑。

（2）工作必须讲究方法的科学性与技术性——青少年是最简单的，也是最复杂的，青少年个案工作讲求方法与经验的结合，本身兼具较强的科学性和技术性。

（3）在本质上强调助人自助——个案工作讲求的是促进个体生理与心理的成长，而不是从表面上解决其一时之需，促进青少年身心的健康发展，必须增强其自尊、自助的能力。

（4）坚持过程的系统性——青少年在成长发展中发生的问题，一般是由多方面原因造成的，需要重视运用系统论的思想，从各个方面去分析整理青少年问题产生的环境原因及青少年自身的主观原因，挖掘利用一些有用的物质和精神资源，特别重视探索青少年的外在生活环境和内在心理需要之间相互作用所带来的影响。

（5）工作具有扩展性——青少年个案工作有着深层的扩展的服务对象，如父母、监护人、老师等，他们对于青少年具有重大影响。

（二）青少年小组工作

1. 青少年小组工作的定义

青少年小组工作是指专业社会工作者以青少年小组为对象，运用小组工作程序与小组活动过程设计技术，使小组中的青少年达到社会性的发展、行为的改变，实现青少年个人与社会的和谐发展，进而促进整体社会中个人的全面发展和社会的进步。

2. 青少年小组工作的特点

青少年处于儿童向成人的过渡时期，其发展最迅猛的社会性需要是受人尊重的需要、友谊的需要和交往的需要。因此，在这一时期，同伴群体的影响作用明显增强，同伴文化对于青少年个体的价值观、态度、行为习惯等形成和发展具有无以取代的独特作用和重要意义。根据青少年发展的这一特征，社会工作者开展青少年小组工作可以协助青少年建立积极的人际网络，促进青少年社会价值的获得、社会能力的发展、学业的顺利完成以及认知、情感、个性的健康发展。青少年小组工作具有以下的特点：

（1）根据组员的需求进行小组招募。

（2）尊重青少年，与他们建立平等、民主的互动关系。

（3）社会工作者应善于发现青少年的潜能，并给予反馈。

（4）设计既有趣又可促进思考的活动。

（三）青少年社区社会工作

1. 青少年社区社会工作的定义

青少年社区工作是指专业社会工作者以社区青少年为服务对象，充分利用社区资源，营造青少年健康成长的社区环境，促进青少年与社区的互动，培养和提升青少年参与社区事务的意识、能力以及归属感，促进社区和谐发展。

2. 青少年社区社会工作的特点

社区是家庭、学校以外青少年活动的主要场所，是青少年体验社会、实践社会的主要平台。

我国一些城市在青少年社区工作中积极探索，总结出一条立足我国社区实际的青少年社区工作方法。如，上海的青少年社区工作是基于上海市青少年的发展需要和实务经验，采取“政府购买服务”的社会管理新格局，由政府和社会专门机构成立上海市社区青少年事务办公室，开展社区青少年社会工作服务。总结上海青少年社区工作经验，青少年社区工作具有以下的特点：

（1）在工作策略上采取多种社会工作方法的系统分工，相互结合。

（2）促成各方通力合作，整合资源，为青少年成长营造良好环境。

（3）着力培育形式多样的青少年社团组织，建设社区青少年的自助网络。

（4）积极开展社区教育，帮助青少年树立正确的人生观和价值观。

（5）开发利用各种设施，丰富青少年课余活动。

案例5－2①

上海东方社区信息苑是由中共上海市委宣传部等相关职能部门联合推出的集多种功能于一体的综合信息服务项目。2004年5月，首家社区信息苑在新华社区青年中心正式建成。新华社区团工委与青少年事务社会工作者充分利用青年中心内的信息苑资源优势，积极争取，合作开展青年就业培训，共同开发青年就业岗位取得了一定成效。具体做法：首先，社会工作者通过调查了解到信息苑需要招聘一些工作人员，而这些岗位比较适合社区青年的特点和就业需求；其次，信息苑开办了“计算机网络技术人员中级资格认证”培训，只要是拥有电脑应用能力初级证书的青年均可享受免费培训，通过培训能够达到信息苑的岗位要求。社会工作者认为，信息苑提供的岗位比较适合社区青少年的特点。因此，制定了整合资源、促进就业的社区服务计划：一是在社区青年中充分宣传；二是与信息苑加强沟通联系；三是在培训过程中开展各类辅导服务，如增加适应能力、增加人际沟通能力的小组活动等；四是建立了社工服务机构与信息苑的例会制度。经过半年多的努力，社会工作者先后推荐了21名社区青少年参加了信息苑开办的计算机培训，并且有9名青年通过面试在信息苑上岗实习。

第三节　老年社会工作

目前，全球人口正以空前速度老化，人口老龄化已成为我国乃至全世界十分关注的问题。美国人口调查与统计局表示，目前全球65岁以上人口已达8.5%占比，人数超过6亿人。若这个趋势持续下去，2050年前，就会直逼17%，达16亿人。中国是目前世界上老年人口最多、增长最快的国家。全国老龄委办公室预计，到2025年，老年人口总数将达到3亿，到2050年我国老年人口总数将超过4亿。随着老龄人口的不断增长，老年人的疾病医护、生活服务、精神慰藉、身体锻炼，文化休闲、社会参与等服务需求也日益增多，特别是高龄老人、空巢老人、残疾老人和生活不能自理老人的需求尤为迫切。这不仅为老年服务的发展提供了广阔的空间，也为老年社会工作的开展创造了极大的可能性。

老年社会工作就是运用社会工作专业的理论和方法技巧，切实保障老年人合法权益，确保老年人保持身体健康，充分发挥参与社会的作用，帮助他们度过幸福、美满、安详、健康的晚年。

---

① 费梅苹．社区青少年社会工作方法与技巧研究［M］．上海：华东理工大学出版社，2006：254.

一、老年社会工作概述

（一）老年的年龄界定和老龄化问题

1. 老年的年龄界定

一般而言，一个人的年龄可以分为日历年龄、生理年龄、心理年龄和社会年龄。

日历年龄，也称“年代学年龄”，它指个体从出生到现在按年月计算的时间而确定的年龄，它是随着时间的推移而增加的。

生理年龄，也称“生物学年龄”，它指一定时期人的身体器官达到某种功能持续到的某一年龄，是以正常个体生理学上和解剖学上的发育状况为标准确定的年龄。

心理年龄，也称“心理学年龄”，它指根据个体心理活动的程度与功能来确定的年龄。

社会年龄，也称“社会学年龄”，它指根据一个人与其他人交往中的角色作用来确定的个体年龄。

很明显，上述几种年龄的划分标准各有侧重，因而所得结果不一致。由于生理年龄、心理年龄和社会年龄涉及个体的身体状况、心理状况和社会行为的成熟程度，一般较难测量，因而划分老年人的标准通常以日历年龄为依据。按照国际标准，我国一般将老年群体中60～69岁的人称低龄老年人，70～79岁的人称为中龄老年人，80岁以上的人称高龄老年人。

然而，实际上，老年是一个动态的概念，它会随着人类寿命的不断延长而变化。

2. 老龄化问题

人口老龄化，即指某地某时期内总人口中老年人口比例不断增加，或青少年人口比例不断减少的动态过程。它包含两层含义：一是指老年人口相对增多，在总人口中所占比例不断上升的过程；二是指社会人口结构呈现老年状态，进入老龄化社会。国际上通常看法是，当一个国家或地区60岁以上老年人口占人口总数的10%，或65岁以上老年人口占人口总数的7%，即意味着这个国家或地区的人口处于老龄化社会。

随着人口再生产模式从“高出生率—低死亡率—高增长率”向“低出生率—低死亡率—低增长率”的转移、适龄生育人口的生育观念的变化，经济发展带来的社会保障、医疗条件、卫生条件、营养状况和生活水平的提高、人口平均预期寿命的普遍延长等，许多发达国家和一些发展中国家都先后迈入了老龄化社会。21世纪，人口老龄化已成为当今世界的一个普遍现象。人口老龄化的迅速发展，引起了联合国及世界各国政府的重视和关注。

我国是老年人口最多、世界上增长最快的国家之一。20世纪80年代以来，60岁以上的老年人口平均每年以3%的速度持续增长。第六次人口普查数据显示，我国总人口中60岁及以上人口达17764万，占13.26%，比2000年“五普”时上升2.93个百分点，其中65岁及以上人口占8.87%，比“五普”时上升1.91个百分点。我国已经步入了人口老年型国家行列。截至2014年年底，重庆60岁以上老龄人口已经突破650万，其中空巢老人166万，80岁以上的高龄老人有89万，老龄人口已占到全市户籍人口的18.61%，高于全国平均水平。

到21世纪中叶，我国60岁以上的老年人将达到4亿左右，约占亚洲老年人口总数的36%，约占世界老年人口总数的22.3%。我国老年人口规模之大，老龄化速度之快，高龄人口之多，都是世界人口发展史上前所未有的。根据有关专家的测算，21世纪前半叶，我国人口老龄化过程大体要经历两个阶段：从2000年到2020年，60岁以上的老年人口将增加到2.4亿，占总人口比重将上升到16.6%，人口老龄化继续加速发展；从2020年到2050年，60岁以上的老年人口将上升到4亿多，占总人口比重将上升到26%左右，人口老龄化程度达到高峰。

我国人口老龄化的主要特点是：第一，人口老龄化提前达到高峰。20世纪后期，为控制人口的急剧增长，国家推行计划生育政策，使得人口出生率迅速下降，加快了我国人口老龄化的进程。由于21世纪前半叶人口压力仍然沉重，还要继续坚持计划生育的国策，其结果将不可避免地使我国提早达到人口老龄化高峰。第二，在社会经济不太发达状态下进入人口老龄化。先期进入老龄化社会的一些发达国家，目前人均国民生产总值达到20000美元以上，呈现出“先富后老”，这为解决人口老龄化带来的问题奠定了经济基础。而我国进入老龄化社会时，人均国民生产总值约为1000美元，呈现出“未富先老”，由于经济实力还不强，无疑增加了解决老龄化问题的难度。第三，在多重压力下渡过人口老龄化阶段。21世纪前半叶，我国在建立和完善社会主义市场经济体制过程中，改革和发展的任务繁重，经济和社会要可持续发展，社会要保持稳定，各种矛盾错综复杂，使得解决人口老龄化问题相对发达国家和人口少的国家更为艰巨。人口老龄化必然引起社会人口结构、投资结构、消费结构、产业结构的变化，对我国经济社会的发展产生多方面重要影响，将不可避免地带来了压力、挑战和新的发展机遇。

（二）老年身心发展的特点及需求

1. 老年身心发展的特点

进入老年期，人的生理、心理都会发生一系列变化。有的研究者认为，心理的发展会随着年龄的增长和生物机体功能的下降而逐渐衰退，因此，老年期的心理变化只有衰退没有发展。而有的研究者则认为年龄和生物机体功能不是影响人的心理发展的唯一因素，强调老年期的心理也在发展，存在积极的要素。因此，我们在认识老年期的身心理发展时既要看到老年期心理随生理机体功能下降而衰退的总趋势，也要重视老年期心理持一种乐观、积极的心态，以便正确、科学地认识老年期心理发展变化规律。通常，老年期身心发展具有以下的特点：

（1）老年生理发展特点

人到成年后随着年龄的增长，就会逐渐出现生理上的退行性变化。人进入老年后，生理上最基本的特征就是逐渐老化以至衰老。

从整体上讲，老年人衰老的机体有共同的生理特点，如活动能力的降低，听视觉能力的减弱，机体代谢变得缓慢，免疫机能下降、抵抗能力下降，等等。但是，由于老年人群年龄跨度大，受个人的健康状况、生活方式、居住环境、营养状况、精神状态和意外事件等因素的影响，老年人生理功能的降低存在着较大的个体差异，每个老年人衰老情况不尽相同。

（2）老年心理发展特点

老年人的心理活动主要受两个方面的制约和影响：一是躯体和神经系统功能的改变，二是家庭环境和社会环境的影响。据研究，老年心理发展具有以下的特点：

智力水平的变化。美国心理学家卡特尔将智力的构成区分为流体智力和晶体智力两大类。他认为，流体智力是以生理为基础的认知能力，是不依赖于文化和知识背景而对新事物学习的能力，如记忆能力、注意力、推理能力、知识整合力、思维的敏捷性等；晶体智力是指以学得的经验为基础的认知能力主要是后天获得的，与文化知识、经验的积累有关，如调适能力、语言理解能力、知识广度、判断能力等。通常，人们认为老年以后人的脑力会出现减退现象。但是，根据许多研究证实，老年人智力的退化主要是流体智力，而老年人的判断能力、分析能力、思维能力等晶体智力反而随着经验和知识的积累有所提高。

记忆力的变化。传统观点认为，记忆能力随年龄的增长而减退是不可抗拒和不可逆转的趋势。实际上，老年人记忆的变化特点可以概括为：长时记忆、机械记忆和再现记忆衰退得较快，而初次记忆和日常生活记忆则保持较好。当然，老年人的记忆力在减退出现的时间、速度和程度等方面也存在着较大的个体差异。

个性的变化。个性在人的生命周期中既有一贯性又有可变性。老年人的个性是在经历了幼儿期、童年期、青年期和成年期之后形成，而非孤立形成的。几位美国心理学家在活动理论和脱离理论基础上建立了老年个性模型，用以描述老年人活动和脱离的程度。该模型有 8 种模型：重建型（倾向于以新的活动代替旧的活动）；聚焦型（会精心选择想参加的活动，放弃某些活动，对新的活动非常挑剔）；脱离型（心甘情愿地放弃以前的角色和职责）；坚持型（通过坚持中年时期的模式来回避自己对衰老的忧虑）；退缩型（通过逐渐与世隔离来回避对衰老的忧虑）；寻求援助型（当他们发现某个可以依赖的人时，他们就感到对生活很满意）；冷淡型（一生中的大部分时间都很闲散，早就放弃了生活，并且拒绝改变一贯的自我失败的信念，认为自己没有能力应对周围的环境）。在上述的 8 种类型中，研究发现前三种模式的老年人都具有较高的生活满意度和稳定的个性，后三种模式的老年人对生活的满意度普遍较低。

情绪、情感的变化。情绪和情感是人的一种内心的主观体验，是与周围环境的相互作用和影响而形成的。老年人由于生活环境、社会角色、活动范围、人际交往等发生了较大改变，因而会产生情绪和情感的变化。一般来讲，老年人的情绪、情感方面的特点表现为：关注自身健康状况的情绪活动增强；自己的情绪表现和情感流露更倾向于控制；消极悲观的负性情绪增多；对事物关注程度淡化，关注面更狭窄。

老年社会工作者应该充分了解老年人的生理、心理变化特点，才能针对老年人的特殊需求做出有针对性的服务，使他们“老”而不“衰”，延长他们的健康期，以提高个人、家庭和社会的福祉。

2. 老年人的需求

1969 年，第 24 届联合国大会首次提出了老年人需求问题。1991 年，第 46 届联合国大会通过了《联合国老人原则》，其中规定老人原则包括独立、照顾、自我充实和尊严四个方面。1996 年 10 月，我国颁布了老年人权益保护法，标志着老龄事业发展步入法制化轨道。2002 年，在第二届世界老龄大会的影响下，我国通过了《提高老年人生活质量行动建议》，以促进健康老龄化；推动“星光计划”的实施，为居家养老提供服务，不断完善老年人福利服务，满足老年人不断增长的物质文化需求。

关于老年人需求具体的划分，国内外学者做了许多相关的研究。福德认为，老年人需求主要包括健康需求、经济需求、居住需求、心理及社会需求 4 个方面；格拉斯曼认为，老人年龄、性别、收入、居住安排、身体功能以及家庭支持情况对老人对社会福利的需求有影响；查理斯则较关注社会隔离以及寂寞感对老年人需求的影响。我国学者陈立行教授，把老年人需求划分为 6 个方面，包括物质生活、精神文化生活、生命质量、自身素质、享有的权益与权力、生活环境。也有学者将老年人需求按马斯洛需求理论归类为生理需求、安全需求、归属与爱需求、尊重需求以及自我实现需求这 5 类需求。

（三）老年社会工作的定义及特点

1. 老年社会工作的定义

老年社会工作是指运用社会工作的专业知识，以老年人及其相关人员和系统为工作对象，帮助老年人特别是处境困难的老年人，改善社会功能，提高生活质量，使老年人有更好的社会适应和社会福利福祉。

老年社会工作的对象既包括那些处于困境的老人，如孤残老人，高龄老人、“空巢”（或独居）等老人，也包括一般的健康老人以及其外围人群或组织机构。

我国老年社会工作的目标是促进“老有所医、老有所教、老有所学、老有所为、老有所乐。”

2. 老年社会工作的特点

老年社会工作的对象不仅涉及老年人，还涉及其他相关人和系统。我国学者陈杏铁等人将其特征概括为综合性、科学性、服务性和专业性 4 个方面。我国学者史柏年将老年社会工作的特点总结归纳为以下几点：

（1）社会价值观可能影响社会工作者的态度和行为

社会上存在着对老年人的诸多偏见和歧视，如认为年老就意味着衰退、衰弱、失忆，或认为老年人是愚昧的、顽固的、无知的，是负担、累赘、无价值等。这些社会上对老年人的刻板印象也会对老年社会工作者造成一定的影响。如果社会工作者不能认真反思自己的价值观，学习和掌握有关老年学的知识，必定会影响和制约老年社会工作的开展和目标的实现。并且，社会上对老年人的偏见和歧视也成为社会工作开展老年工作时的主要障碍。因此，老年社会工作者开展社会工作时，首先要有正确的老年观，尊重和接纳老人，充分了解老年的需求；其次，老年社会工作者还需要信心、耐心和恒心去克服工作中面临的各种困难。

（2）反移情是老年社会工作者面临的重要挑战

反移情是指社会工作者被案主所激发的意识反应或潜意识反应。这是一种致使助人关系发生扭曲的反应，不但无法帮助案主，反而为案主带来更多的伤害。

社会工作者在开展老年社会工作时，可能会出现反移情现象，主要表现在两个方面：一方面受社会年龄歧视影响，表现为对老年人持消极的态度，特别没有耐心、缺乏关怀；另一方面表现为对老年人过度保护，想要扮演"救世主"的角色。这些反移情行为都会对老年人产生不利的影响。因此，老年社会工作者要时常反思自己对老人的反应，提升自我觉察能力，预防和尽量减少反移情行为的发生。

（3）老年社会工作者应加强专业督导建立自我意识

由于受社会上年龄歧视的影响，人们对于变老和死亡有着深深的恐惧和许多负面的观念。因此，老年社会工作者相比其他社会工作者可能会面临更多的挑战。在做老年社会工作时，应加强专业社会工作督导，帮助老年社会工作者审视自己对年老和死亡的感受。首先，要帮助老年社会工作者将自身的问题梳理好，指导、支持、帮助社会工作者建立自我意识。其次，专业督导要在实际的老年社会工作中帮助社会工作者树立专业价值观，及时处理工作中面临的压力，以及疏导工作中产生的负面和消极情绪。

二、老年社会工作的内容

（一）老年社会工作的主要内容

老年社会工作的内容主要涉及两大方面，一是老年人困难的帮助；二是老年人发展需要的服务。前者主要包括经济生活困难、日常生活照顾困难、机体健康方面的困难、家庭夫妻关系或代际关系困难处理等各种困难的帮助和协助解决。在这个方面，社会工作者帮助老人寻找资源、争取权益，也可以通过个案辅导的方法改善老人认知、纠正行为，还可以通过家庭治疗和家庭服务来改善产生老年人问题的家庭环境。具体体现在以下几个方面：身体健康方面的服务；认知与情绪方面的处理；精神问题的解决；社会支持网络的建立等。

（二）老年社会工作的特殊议题

1. 虐待和疏于照顾问题

虐待老人：指恶意对待老人，在身体上、情感或心理上、性方面或经济方面对老人构成非人道对待或剥削。

疏于照顾：包括主动和被动使得老年人得不到所需照顾，导致老人的身体、心理和情绪等方面健康衰退。

社会工作的主要介入策略包括：保护老年人免受经济方面的剥夺；提供救助性服务；发展支持性服务；改变和调整环境等。

2. 丧亲问题

直接面对濒临死亡和丧亲的现实是社会工作者做老年人社会工作所不可回避的问题。伊丽莎白·库布勒·罗斯总结了个人在接受自己或他人不可避免地死亡时会经历一个由“否认期→愤怒期→讨价还价期→抑郁期→接受期”的心路历程。

社会工作主要的介入策略包括：提供情感支持；代表老人及其家人争取合理权益；信息咨询；丧亲辅导等。社会工作者主要任务是帮助老人及其家人把丧亲视为一个长期的系列调整过程，使其生活方式和态度有所改变，也包括一些支持性服务等。

三、老年社会工作的主要方法

（一）老年个案工作方法

1. 老年个案工作的概念及性质

老年个案工作是指社会工作者在专业的价值观指导下，运用专业的知识和技巧为老年人及其家庭提供物质或情感方面帮助和支持，以使当事人减低压力、解决问题和达到良好的福利状态的服务活动。

根据上述定义，老年个案工作具有以下一些基本的性质：第一，老年个案工作的提供者是受过一定专业训练的人员，他们运用社会工作的价值理念、方法和技巧为老年人提供支持和服务，因此，它区别于一般的社会公益活动和志愿服务。第二，老年个案工作的服务对象是需要帮助的老年人及其家庭。第三，老年个案工作的终极目标是增进老年人与社会的福利，最终实现“助人自助”。第四，老年个案工作实现“助人自助”终极目标时，面临着更大的挑战。

2. 老年个案工作的内容

（1）协助老年案主认识及接受老年。

（2）帮助老年案主重新整合过去生活的意义，从而使老年人体验人生完美的、积极的、正面的感受。

（3）改善老年人与家人的关系和相处问题。

（4）支持老年人积极参与社区活动，使其晚年生活更加充实。

（5）为老年人组织与争取权益以及寻找各种社会资源。

（6）帮助老年人建立科学、健康的晚年生活方式和心理准备，积极地应对人生晚年期各种“生活事件”（如丧偶、重病、空巢家庭等）。

（7）辅导老年人正确认识死亡及接受死亡的来临，减少愤怒、恐惧等的消极情绪。

3. 老年个案工作的基本技巧

老年个案工作的基本技巧除了包括一般个案工作的基本技巧，如倾听、专注、真诚、同理心等，还包括针对老人自身特点的一些基本技巧，以下做简要的介绍：

（1）协助老人自我探索的技巧

通常，人们认为老人到人生晚年应该对自己十分了解，认识透彻，但实际情况并非如此。因此，老年社会工作者需要帮助老年案主做深入、细致的自我探索和自我觉知，以便为达到预期的改变创造条件。社会工作者在协助老人做自我探索时，可以采取以下几种技巧：①工作初期避免采用劝告；②避免完全依赖问话；③认真倾听案主的诉说。

（2）怀旧

它是指让老人回顾过往生活中最重要、最难忘的时刻，从回顾中让老年案主重新体验快乐、成就、尊严等多种有利身心健康的情绪，帮助老人找回自尊和荣耀的一种工作手法。怀旧是人类的重要心理活动之一。根据埃里克森的心理社会发展理论，老年阶段的发展危机是完整对失望。老年人可以通过对以往人生经历的回顾寻求一种完善和满足感。社会工作者运用怀旧技巧可以帮助老年人提高自尊、获得更加积极的自我形象，增强自我认同感，提高解决问题的能力。

案例 5-3

王婆婆是位75岁的孤寡老人，两年前她的老伴去世，儿子早已在国外定居，她就把房子卖了，住进了当地一家养老院。她热情、开朗、乐于助人，善与人交往，深受养老院老人们的喜欢。但是，她却患有轻度的抑郁症。社会工作者小李每周都要去探访她，帮助她处理复发的抑郁症。药物对于她的这个病几乎没有任何效果。每次王婆婆与小李面谈时，都会讲同样一个故事，描述她和她老伴一起在话剧团表演话剧《茶馆》的日子。她历数他们从辛苦地排练到登台表演以及获奖的过程。尽管小李已经听了十多遍这个故事，不想再听，但是，她决定每次用怀旧的方法对老人进行引导，从老人不断重复的故事中识别老人想要诉说的内容，并引导老人追溯过去美好的记忆，获得快乐，改善当前的情绪，营造良好的情绪适应现实的生活。

（3）生命回顾

它是指通过生动地缅怀过去一生成功或失败的经历，让老人重建完整的自我的一种工作手法。生命回顾和怀旧不同的是，前者是对整个人生的回顾，而不只是回顾生命中最重要的事件和时刻。这种技巧的目的是通过老年案主的内省来重新体味人生的价值和意义。

在运用怀旧和生命回顾的老年个案辅导技巧时需要注意的几个方面：①建立相互信任的工作关系；②鼓励老年案主诉说往事，初期可集中于较为愉快的人生经历，然后才慢慢过渡到较为消沉的往事；③侧重聆听老年案主在诉说经历时的感受，尤其注意他们喜怒哀乐的情绪，对那些被抑压的感受应该帮助他们抒发出来；④对有子女的老年案主，把他们作为父母的经历及感受需要表达出来，以协助个案的诊断和治疗；⑤对于有丧偶的经历，加上因病或意外而导致伤残的老年案主，社会工作者要协助他们把痛苦的感觉宣泄出来，尤其是配偶对案主生命的意义；⑥当怀旧情绪抒发后，社会工作者可以采用“时间紧迫”技巧，协助老年案主从过往生活重回现实中；⑦生命回顾是协助老年案主中肯地评价自己一生的经历，而不是让其过分自责。如果遇到这种情形，社会工作员应帮助案主分析导致自己失败的外在因素，以避免案主把所有责任担在自己的身上。

（二）老年小组工作方法

1. 老年小组工作的概念

老年小组工作是指在社会工作者的协助和指导下，利用老年组员之间的互动和小组凝聚力，帮助老年组员学习他人的经验，改变自己的行为，正确面对困难，恢复自己的社会功能和促进自己成长的专业服务活动。

2. 老年小组工作的主要类型

在开展老年小组工作时，应根据老人的身心状况，人格特征、需求、兴趣和期望等而组建小组。适合老人的小组主要有以下几种类型：老人社交康乐小组、老人支援小组、老人治疗小组、老人服务小组、护老者小组等。这些小组的组合、目的、工作重点、沟通方式以及运作模式等不一样。表 5－1 对不同类型的老人小组以及及其特性进行了比较，可以为我们开展老人小组工作提供参考。

表5-1 不同类型老人小组的特性比较①

老人小组类别					
小组特性	支援小组	治疗小组	社交康乐教育小组	服务小组	护老者小组
目的	帮助组员应付日常生活压力	帮助组员改变行为及康复	帮助组员与同辈积极参与身心健康的活动	帮助组员共同合作为他人提供服务	帮助家庭成员扮演及发挥护老者功能
社工角色	促使相互之间的支持	专家、权威人物、改编者、促使者	促进活动程序，提供架构	协调者，帮助组织行动计划	教育者、支持者、使能者、倡导者
重点	组员分享和共同关注	组员的问题，关注及目标	小组程序成为活动参与、学校等媒介	完成任务	护老者的需要及老人的需要
维系的因素	共同困难和相同经历	可以不同背景或拥有共同关系的组员	不同人士或类似技术水平，有能力参与获得者	因任务及角色而不同	组员之间以及与小组领袖或社会工作者的沟通
组合	曾经遭遇相同困难的组员	可以不同背景或拥有共同关注的组员	不同人士或类似技能水平，有能力参与活动者	人数多，背景不一，鼓励分工	不同人士组合，但都是护老者，正承受护老压力
沟通	高度互动公开沟通	社会工作者或小组领袖对组员或相反	在活动上通过语言及非语言相互沟通	因任务及角色而不同	组员之间以及小组领袖或社会工作者的沟通
自我披露程度	中度及高度，主要分享适应技巧	高度	低度	低度	中度及高度，主要分享适应技巧
运作	非正式，平等参与共同讨论	组员互助解决问题	决定于程序活动性质、团队精神及语言和非语言参与	形式化程序参与	一般非正式及平等参与，也包括正式的演讲

由于老年人的年龄以及生理、心理特点明显不同于青少年，因此，老年小组工作的活动设计以及技巧运用必须注意以下几点：

（1）摒弃批判的态度而多接纳老年案主。

① 范明林，张钟汝．老年社会工作［M］．上海：上海大学出版社，2005：116－117.

（2）相信老年人能够改变。

（3）小组活动正式开始之前，社会工作者应该充分了解参加小组的老年人的需要、期望及兴趣，在充分的沟通前提下事先与老年组员建立初步的良好关系。

（4）每次小组聚会，社会工作者要预先准备好活动内容和所需物资，并用示范的方式具体及简单地教老年组员如何参与。

（5）每次聚会最后，社会工作者要多用启发的方式协助老年人把参与活动的感受表述出来，并把这些体会与小组宗旨联结起来，加速老年人对小组的认同。

（6）社会工作者对老年人要多用称赞的技巧，以鼓励他们的自信心和参与小组的积极性。

（7）小组聚会切忌选用过于复杂和抽象游戏或程序，以免对老年人造成负面效果。

（8）社会工作者要妥适地处理好小组结束时老人临别的情绪问题，否则老年人会产生一种被遗弃的感觉。一个好的处理方式是，让老年组员在较早的阶段就知道结束的一天终将来临，然后，把最后一次活动安排成一次有意义的结束聚会，如茶会、旅行等，让全体老年组员共享小组完毕之成长。当然，社会工作者也可鼓励老年组员参与小组以外的活动，使他们能够从其他资源满足需要。社会工作者还可以安排跟进聚会。

（三）老年社区工作方法

1. 老年社区工作的概念

老年社区工作是指通过社会工作者运用各种工作方法，改善老人与社区的关系，提高老人的自助、互助能力，促进老人的社区参与，通过老人的集体参与去改善他们的生活质量的一种服务活动和服务过程。

2. 老年社区工作的开展

在我国，老年社区工作包括以下的重要内容：老人的民主参与、能力建设、社区服务、社区康乐、社区教育和社区照顾等。以下着重介绍老年社区服务和老年社区照顾的相关内容。

（1）老年社区服务

老年社区服务就是指政府或非政府团体通过社区组织和社区所在的福利机构，为解决社区老年人的实际困难与满足各类需求，而有针对性地提供设施与服务的福利性项目的活动。在我国，在社区开展的老年服务主要包括贫困老人慰问和物资服务、老人各项有关权益的争取以及老人文体康乐活动的推展等。

（2）老年社区照顾

老年社区照顾是指通过非制度性的方式对老年人进行照料和安置。最初，它是由政府及非政府组织在社区里建立小型化、专业化的服务机构，发展以社区为基础的服务设施，以提供更贴近人们正常生活的养老服务。

老人社区照顾主要分为两大类：一是由社区照顾；二是社区内照顾。

由社区照顾是指非机构、非住宿、非隔离式的照顾方式，是受助人在家庭接受政府、社会、家人等社区内专业和非专业服务人员组成的综合性照顾，是一系列的支援性服务。

这是一种发展性和预防性的服务。这种类型的服务主要包括家庭照顾、居家照顾和日托照顾。社区内照顾是指机构形式的照顾，是指受助人需要依赖社区内的专业机构或获得受过训练的专业工作人员的照顾。这是一种补救性的服务。

从社会学及心理学的角度分析，“由社区照顾”要优先于“社区内照顾”，并且，从经济学的成本效益角度分析，前者的成本要低于后者。

此外，社会工作者还可以协助老年人建立广泛的社区支援网络。老年人的社区支援网络是指当老年人需要求助时，其家人、亲属、朋友和邻居等能够及时地向他们提供援助和照顾。社区支援网络有助于老年人维持其社会身份，获得情绪、情感及物质支持，并且能够得到需要的信息和服务。社会工作者可以帮助老年人建立的社区支援网络主要有：个人网络、志愿者联系网络、互助网络、邻舍协助网、社区授权网等。

第四节　残障人士社会工作

残障人士是一个特别需要帮助和关爱的社会特殊群体。关爱残疾人是经济发展和社会进步的重要标志，对构建和谐社会具有重要的意义。我国有8300多万残障人士，涉及2.6亿家庭人口。党和政府历来十分关心残障人士民生和福祉问题，高度重视发展残障人士事业发展，推动我国残障人士事业取得了长足进步。2007年，中国就签署了《残疾人权利公约》，近年来，为了加强对残疾人发展权利保护、实施精准政策和措施以及支持残疾人事业的持续发展，我国政府出台了《关于加快推进残疾人小康进程的意见》和《关于全面建立困难残疾人生活补贴和重度残疾人护理补贴制度的意见》。但是，残障人士事业发展仍然面临许多问题和挑战，如残障人士社会保障政策措施还不够完善，歧视和侵害残障人士权益现象还时有发生，残障人士的基本生活、医疗卫生、康复、教育、就业、社会参与等方面还存在诸多困难，残障人士总体生活状况与社会平均水平还存在较大差距等。为了能促进全社会更加理解、关心残疾人，需要在全社会营造关爱残疾人的良好氛围，从而实现残疾人与健全人的“平等、参与、共享”，共创美好生活。

残障人士社会工作就是将社会工作的价值理念，专业方法技巧用于为残障人士服务的助人过程，通过维护残障人士的合法权益，倡导全社会理解、尊重、关心、帮助残障人士，激励残障人士自尊、自信、自强、自立，融入社会，参与发展，以维护社会的公平和正义，促进社会全面发展。

一、残障人士社会工作概述

（一）残障人士的界定

1991年，我国颁布实施了《中华人民共和国残障人士保障法》。该法第二条对残障人士做出了如下的界定：残障人士是指在心理、生理、人体结构上、某种组织、功能丧失或者不正常，全部丧失或部分丧失以正常方式从事某种活动能力的人。

根据我国残疾人联合会颁布的《中国残障人士实用评定标准》，将残障人士分为智力残障、肢体残障、听力残障、视力残障、言语残障等5种。

（1）智力残障：指智力明显低于一般人的水平（通常是指智商在70以下），并表现出适应行为的障碍的现象。智力障碍通常以智能不足程度的轻重予以分类，多数国家将智力残障者分为三种：轻度、中度、重度。

（2）肢体残障：指人的肢体残缺、畸形、麻痹所致人体运动功能障碍。肢体残障的种类分为上肢、躯干或下肢残障。三类残障程度，又各分为重度、中度、轻度。

（3）听力残障：指由于各种原因导致双耳不同程度的听力丧失，听不到或听不清周围环境声及言语声（经治疗一年以上不愈者）。听力残障包括：聋（听力完全丧失）及重听（有残留听力但辨音不清，不能进行听说交往）两类。

（4）视力残障：指由于各种原因导致双眼视力障碍或视野缩小，通过各种药物、手术及其他疗法而不能恢复功能者（或暂时不能通过上述疗法恢复视力功能者），以致不能进行一般人所能从事的工作、学习或其他活动。视力残障包括盲和低视力两类。

（5）言语残障：指各种原因导致的言语障碍（经治疗一年以上不愈者），而不能进行正常的言语交往活动。言语残障包括言语能力完全丧失和言语能力部分丧失，不能进行正常言语交往两类。

如果一个人同时患有上述两种或两种以上的残障则为多重残障。

（二）残障人士的需要及问题

残障人士处于不同的生命历程，其需求和面临的问题是不一样的，具体见表5－2：

表5－2　残障人士不同人生阶段的需要及可能遇到的问题

人生阶段	需要	可能遇到的主要问题
0～3岁	1. 稳定情绪的需求 2. 得到父母的接纳 3. 需要得到父母对待孩子的正确方法 4. 需要得到和了解外部资源	1. 父母不接受残障孩子 2. 父母不知道该怎样对待和帮助残障孩子 3. 父母过度保护残障孩子
3～6岁	1. 掌握沟通技巧的需求 2. 改善生存环境的需求 3. 接触社会的需求 4. 接受早期康复的需求	1. 沟通障碍 2. 缺乏社会接触 3. 意外伤害
6～12岁	1. 接受学校教育、适应学校环境的需求 2. 建立各种社会关系的需求 3. 身份认同的需求 4. 危机处理的需求	1. 受教育障碍 2. 学校适应困难 3. 难以接纳身体形象 4. 意外伤害

续表

人生阶段	需要	可能遇到的主要问题
12～18 岁	1. 独立生活的需求 2. 完成父母角色转变的需求 3. 接受角色文化和残障角色的需求 4. 接受性别角色教育的需求 5. 协助危机处理的需求	1. 脱离父母，建立个人身份 2. 无法接受残障身份，特别是这一阶段致残的孩子 3. 缺乏角色榜样 4. 性别角色上的困惑 5. 意外伤残
年轻成人期	1. 了解、发展残障文化的需求 2. 接受职业教育或者高等教育的需求 3. 了解恋爱、生殖、亲子教育的需求 4. 就业的需求 5. 社区参与的需求 6. 协助危机处理的需求	1. 继续教育障碍 2. 恋爱、婚姻障碍 3. 生儿育女困惑 4. 就业压力 5. 意外伤残
中年期	1. 婚姻家庭和谐以及亲子教育的需求 2. 缓解情绪、压力的需求 3. 发展残障文化的需求 4. 协助危机处理的需求	1. 婚姻冲突 2. 亲子冲突 3. 工作压力 4. 自我实现 5. 意外伤残
老年期	1. 获得社会支持 2. 获得家庭康复、社区康复的需求 3. 改善生活环境的需求	1. 多重残障 2. 社会隔离 3. 各种丧失

（三）残障人士社会工作的含义

残障人士社会工作不同于一般的残障人士服务，是指社会工作者运用社会工作方法帮助残障人士补偿自身缺陷，克服环境障碍，使他们平等地参与社会生活、分享社会发展成果的专业活动。残障人士社会工作的理念：平等、参与、共享。

（四）残障人士社会工作的特点

与其他群体的社会工作相比，残障人士社会工作具有它的特殊性和特点，这种特殊性和特点表现在以下 3 个方面：

1. 工作对象的特殊性

残障人士社会工作的对象是残障人士，残障人士由于其身心缺陷或损伤使他们除了具有与一般人共有的心理特点外，他们还有其独特的心理表现和认知特点，并且其生活环境也有一定的特殊性。与普通人相比，残障人士起居、生活、言语交流、日常行动等有诸多不便。

2. 服务需求的多样性

残障人士，除了需要有健全人一样的社会服务需求外，由于自身的障碍还有一些特殊服务需求，如基本生活照料、医疗康复、心理卫生、特殊教育、劳动就业、无障碍环境服务和辅助器具服务等，因此，服务需求具有多样性。

3. 工作过程的艰难性

一般情况下，残障人士社会工作者都是身心健全的人，由于没有经历过类似于残障人士的生活境遇，因而对残障人士的理解以及与他们的沟通难度会大大增加。因此，社会工作者对于平等、尊重、同理心和关怀等专业技巧，需要针对这个特殊群体的身心特点恰当灵活地运用。并且，由于残障人士需求的特殊性和多样性以及社会对残障人士的理解和认识还存在许多偏颇，残障人士社会工作者会面临更多的问题和挑战，因此，残障人士社会工作者需要更多的爱心、耐心、细心、恒心和责任心迎接挑战和解决问题。

二、残障人士社会工作的内容

由于残障人士社会工作的特殊性，残障人士社会工作的内容更为广泛、复杂和繁琐，因而要求也更高。迈克尔·奥立弗认为，残障人士社会工作的介入内容应该与残障人士经历与生命周期事件结合起来。卡弗等人认为，“残障经历”指的是从遭遇与致残有关的问题或产生身心障碍的事件开始，持续到残障人士整个一生的发展过程。“生命周期事件”则是指每个人的一生都有几个关键转变时期，如诞生、入学、升学、青春期、工作、结婚、生子、退休和死亡。在这些关键的转变时期，常常伴随很多不确定度因素，会引起各种变化以及相应的调整，不仅涉及个人自身，还会涉及与个人有关的其他人。

与身心健全的人一样，残障人士也要经历关键的生命周期事件，只是这些关键的生命周期事件可能会伴随着更多的不确定因素，需要做更多的调整，有许多特殊的表现。因此，这更需要包括社会工作者在内的专业人员给予干预。具体来讲，残障人士社会工作的主要内容包括：

（一）康复

康复是指最大限度地恢复残障人士的生物机体的功能或进行功能补偿，以提高他们的生存质量，增强他们参与社会生活的能力。康复是残障人士应享有的基本权利，也是残障人士的基本需求。它是残障人士就学、就业、全面参与社会生活的前提与基础。社会工作者帮助残障人士的康复服务工作应以残障人士的基本康复需求为出发点，了解和掌握基本的康复知识，根据残障人士不同的需求，提供知识普及、咨询服务、心理疏导等；其次，社会工作者应以社区为基础、家庭为依托，整合和协调各医疗卫生机构、社区服务机构、学校、单位、残障人士活动场所等康复服务资源，帮助残障人士充分有效地利用这些资源，促进残障人士的康复。

（二）教育

教育是残障人士全面实现人身价值的重要基础。社会工作者应促进各级政府和教育部门加强对特殊教育事业发展的规划与管理，发展残障儿学前教育，普及残障儿童义务教育和中等教育，加快发展残障人士高等教育，满足残障人士对各级各类教育的需求，逐步建立残障人士终身教育体系，保障每个残障人士平等、公正地享有受教育的权利，提高其受教育水平。

残障人士的教育分为两种情况：一是对肢体功能障碍的残障人士进行普通教育，包括九年义务教育及中高等教育；二是对盲、聋哑、精神障碍等类型的残障人士进行特殊教育或融合教育，如：盲校、聋哑学校、特殊教育学校、普通教育学校的融合教育等。

（三）劳动就业

就业是残障人士全面参与社会生活的基础，也是残障人士劳动权利得以实现的体现。社会工作者应整合和协调全社会的资源，为残障人士提供就业的信息和咨询，提供残障人士就业的政策信息，针对残障人士的自身特点开展相应的职业技能培训，提供辅助器具，促进残障人士适应工作环境和满足工作要求，使残障人士能够平等地参与就业，在适宜的劳动岗位发挥所长，实现自我价值，为社会作贡献。

（四）婚姻和家庭生活

家庭是残障人士生活的重要场所，对于重度残障人士来说甚至是他们赖以生存的唯一依靠。然而，残障人士在婚姻家庭生活中通常会比身心健全人面临更多的问题和困难，如结婚的自由权、子女的抚养和监护、离婚、养老等问题。社会工作者一方面可以通过促进残障人士婚姻家庭法律法规的建立和完善保障残障人士的合法权益，另一方面可以通过咨询、辅导等专业技巧帮助残障人士更好地建立、调适婚姻关系与家庭生活。

（五）倡导和社会预防

在宏观层面上，社会工作者可以努力改善残障人士生存的各种环境，尽量消除社会对残障人士的歧视和不平等待遇。在这一点上，社会工作者和其他专业人员具有不同的功能和职责。西方学者伦纳德曾经把残障人士预防工作划分为三级。第一级预防的目的在于防止某些产生事件的原因的出现，医药工作者、保健工作者和教育工作者在第一级预防中负有很大的责任，如，减少有障碍的婴儿出生，提供在工作中预防事故的知识等。第二级预防的目的在于防止事件直接影响的形成，这项工作主要落在护理人员和康复工作人员身上。第三级预防的目的在于防止事件后果的形成，减少社会强加给有损伤的人的限制。因此，社会工作者一是承担残障预防知识的宣传与普及，引导社会大众对残障的成因、特点、需求形成正确的认识，以减少残障的发生和正确对待身边的残障人士；二是通过资源链接，构建残障人士的支持网络，实现社会共融。

总之，残障人士社会工作涉及残障人士生活的各个方面，其范围相当广泛，涉及残障人士的康复、生存、生活、发展等各方面内容。

三、残障人士社会工作的主要方法

残障类型不同、残障程度不同、家庭和社会用于解决残障问题的资源不同，解决残障人士问题的方式、方法也不同。从解决残障人士问题的场所（也是一种理念）的角度来看。残障人士工作方法可分为院舍取向的和社区取向的。从所要解决的具体问题的角度看，残障人士工作的方法包括治疗（康复）、发展（教育、培训和支持就业等）。

（一）医疗康复

医疗康复是指通过治疗、改善、回顾　残障者的各项身体功能，以减轻能力障碍并获得最大限度的日常生活能力，为其重新参与社会生活提供身体方面的必要条件。残障人士社会工作者应密切配合医务工作人员的工作，加强残障人士及其家属与医院的沟通和协调，整合资源，促进残障人士恢复身体和社会功能。

社会工作者在其中的主要任务和职责是：

（1）协助康复医务人员，观察了解残障人士的障碍情况，做好诊治和康复。

（2）协助残障人士及其家属，了解与其康复有关的社会经济和情绪的关系，以促使残障人士及其家属善于利用康复设施。

（3）鼓励残障人士及其家属振作精神，发挥自我潜能，使其积极地寻求资助。

（4）协助康复医疗部门有效使用各种设施，为残障人士提供充分的服务。

（5）参与康复医务人员的教育、训练，推广康复工作计划，讲授有关人类行为、家庭动力以及社会资源方面的知识。

（6）参与康复医疗部门重要的行政决策，参加各项康复调查研究工作，以提高康复服务的范围和水平。

（7）开发和运用社会各种资源，开展社区康复工作训练计划，指导社区康复工作，以充分满足残障人士及其家属的需要。

（8）协助康复医师正确地诊断、有效地医治，以维持残障人士康复后的健康状况和自我照顾能力。

（9）与有关机构协调，开展一切必要的和可能的社会服务项目，促使残障人士有效运用医疗设施，同时补充医疗服务的不足。

（10）考虑残障人士康复后应有的基本医疗设施，包括地方性的医疗单位、老弱残障人士的疗养场所及福利机构的设施。

（11）家庭照顾方案的实施。康复工作者与康复医师、护士等定期到残障人士家庭探访，提供康复指导。

（12）提供专业服务，解决残障人士社会适应问题，满足残障人士社会福利需求。

社会工作者在帮助残障人士医疗康复时应同时考虑残障人士的社会康复、教育康复和职业康复等，促进残障人士的全面康复。

（二）社区康复

社区康复（community based rehabilitation，简称 CBR）是近些年来在世界上广泛流行的残障人士工作模式和方法。1967 年世界卫生组织倡导社区康复，得到了许多国家和地区的响应。1979 年，世界卫生组织在专业技术上加强了对社区康复的管理，并发行了《在社区中训练残障人士》一书，以指导各国专业人员。20 世纪 80 年代中期，随着“联合国残障人士十年”活动的展开，社区康复在世界范围内迅速发展。由于社区康复是以社区为基础的综合性康复模式，需要各方面合作共同批准，于是不同组织、机构之间的合作成为必然。在这种情况下，联合国的国际劳工组织、联合国教科文组织、世界卫生组织于 1994 年联合发表了《关于社区康复的联合意见书》，总结了过去十几年的经验，进一步规范了社区康复的组织、方法与目标，使社区康复进入了一个新的发展阶段。

实际上，社区康复的理念可以追溯到更远。英国早期的社区照顾实际上是社区康复的实践。在发达国家，由于院舍照顾的康复模式带来许多意想不到的弊端，所以他们转向更富人道主义、更能使残障人士融入社会的社区康复。社区康复显然与关于残障人士的全面康复和发展的观念有关。但是在发展中国家，社区康复却是与这些国家用于残障人士福利经费的短缺有直接关系。发展中国家经济落后但社区资源丰富，而且发展中国家的社区尚未受到西方工业国家那么严重的冲击。因此，这些国家的社区康复有较强的社会支持条件。社区康复的基本点是社区支持、社区参与，其结果也是社区受益。进行社区康复，关键是要形成尊重残障人士、帮助残障人士的社会风气，并在物质上和精神上对残障人士给予支持。在社区资源的组织、动员方面，重要的是将有利于残障人士生存和发展的自然网络提供的资源、社会机构提供的资源和正式组织（政府）提供的资源结合起来，共同支持残障人士的康复。在这方面，社会工作者应该发挥重要的作用，即要通过社区宣传、社区教育、社区组织等工作形式支持残障人士的社会环境。

（三）社会康复

社会康复是指从社会的角度，通过建立有利于残障人士康复的社会条件使残障人士回归社会，能够真正平等地参与社会，享有应有的社会权益的活动。社会康复与医疗康复、职业康复、教育康复共同形成全面康复的基本内容。

1. 保障残障人士的合法权益

残障人士虽然是一个特殊群体，但也是普通公民。因此，作为普通公民，他们和健全人一样享有法律所规定的所有权利。同时，作为特殊群体，他们还享有国家为保障他们平等参与社会而制定的专门法律、法规中的合法权益。作为社会工作者，一方面要协助政府和相关部门制定和完善有关残障人士的法律、法规与各种政策措施，保障残障人士享有各种合法权益；另一方面还要向残障人士宣传和普及法律知识，帮助他们提升运用法律武器维护自身权益的意识。

2. 为残障人士创建无障碍环境

无障碍环境是残障人士参与社会生活的基本条件。无障碍环境包括两个方面：一是整个生存物质环境的无障碍；二是信息和交流的无障碍。社会工作者应呼吁和倡导整个社会在城市道路、公共建筑物和居住社区的规划、设计时，如在办公大楼、图书馆、机场、车站、医院、商场、公园、城市道路、过街行人天桥等，普遍设立无障碍设施；公共传媒如影视作品、节目字幕、解说、电视手语、盲人有声读物等，应使听力语言和视力残障者能够无障碍地获得信息进行交流，为残障人士创造或提供无障碍环境，使他们能够平等参与社会、共享人类文明成果的权利。

3. 消除对残障人士的歧视和偏见

对残障人士的歧视是指由于残障的原因，社会中在政治、经济、文化、生活等各方面对残障人士的排斥、限制和区别对待现象。歧视残障人士是一种不文明的社会现象，既不利于维护残障人士的合法权益，也不利于人类社会的共同进步。社会工作者可以通过以下的努力，帮助消除对残障人士的歧视和偏见：一是在全社会广泛开展宣传教育，弘扬人道主义精神，开展扶残助残活动，营造尊重、理解、关心和帮助残障人士的良好社会氛围，使现代文明社会对残障人士的观念日益深入人心；二是激励残障人士自尊、自信、自立、自强，积极参与社会生活，展现自身能力，创造社会财富，为社会做贡献，树立自强不息、积极向上的形象。

4. 为残障人士自身发展提供帮助

由于受公众对残障人士的不正确地认识以及残障人士自身的悲观心理影响，许多残障人士未能充分认识自身的力量，常常放弃努力，影响自身的发展。社会工作者应对残障人士多关心、多鼓励、多引导，激发他们自身的潜能，以提高其生活自理能力、就业能力和全面参与社会的能力。

5. 鼓励残障人士参与社会文化、体育和娱乐活动

社会工作者应积极鼓励残障人士参加各种社会文化、体育和休闲娱乐活动，丰富其精神生活。社会工作者还应提倡和积极促进公共文化场所、体育、旅游和娱乐设施免费或优惠向残障人士开放；鼓励和促进各级残联和文化等部门组织开展形式多样的适合残障人士特点的文化娱乐活动；重视培养残障人士特殊艺术人才；鼓励和促进残障人士因地制宜地参加群众性体育运动。

6. 帮助残障人士获得经济自立能力

虽然残障人士未能完全像健全人一样工作，但是大多数残障人士具有劳动能力。社会工作者应保证残障人士平等地参与就业，消除其“等、要、靠”等懒惰和依赖思想，增强其自主能力，从而实现经济独立；对于完全丧失劳动力和生活自理能力的残障人士，帮助其获得社会经济保障。

7. 鼓励和促进残障人士参与社会政治生活

随着全社会对残障人士的共同关怀，残障人士的生活、生产和生存状况已发生了巨大的改变。目前，残障人士不仅仅关心自身的温饱问题，更加关心国家大事和社会的发展，因而要求参政议政的呼声也越来越高。社会工作者应保障残障人士参政议政的政治权利，鼓励和积极促进残障人士参与社会政治生活，代表残障人士的利益，表达残障人士的诉求，加强与社会的沟通，为社会献计献策，共同促进社会和谐发展。

（四）职业康复

职业康复是通过帮助残障人士就业来促进他们康复和发展的方法。通过就业，残障人士不仅能获得独立的经济地位和收入，而且可以通过劳动使残障人士原已失去的某些器官的能力得以某种程度的恢复。此外，就业还可增强残障人士的效能感和自信心，使他们融入社会生活。因此，职业康复是一种有综合意义的对残障人士进行康复和帮助其发展的方法，在方法取向上也是治疗和发展的统一或整合。

在一个社会中，特别是在社会劳动力相对富余的社会中，残障人士的职业康复并不那么容易。帮助他们找到（或创造）合适的劳动岗位不但需要社会工作者的努力，也需要政府的社会政策的支持。在政府社会政策的支持下，社会工作者在残障人士的职业康复中要做如下一些工作：残障人士就业前的咨询和评估，残障人士的治疗和训练，就业后的随访和持续支持。就业咨询是就残障人士的从业心理、他们对职业和岗位的兴趣、残障人士对从业后的劳动报酬及保护条件进行咨询，解答他们的问题，使其有充分的信心。评估则要对残障人士的身体状况、技能素质与可能从事的职业的要求进行比较，看残障人士是否适合这些工作。一旦确认残障人士适于某项工作，还要对他们进行适应性培训。这不但包括对残障人士的心理训练，也包括技能训练，目的是使能较为顺利地适应岗位的要求，增强残障人士的工作信心。当残障人士上岗工作之后，社会工作者还应进行跟踪式随访，及时了解残障人士就业后遇到的问题，并设法解决。这既包括继续对残障人士做发展性工作，也包括帮助他们建立良好的工作环境，还包括解决某些制度上的问题。

（五）教育康复

教育康复是指对肢残人进行普通教育，对听力障碍、语言障碍的人士、视力障碍的人士、智力障碍人士进行特殊教育而采取的一切措施。它为残障人士重新参与社会生活提供文化素质方面的条件。

对残障人士进行教育工作，是社会进步的表现，是衡量一个国家教育发展水平的标志之一。从残障人士的角度看，接受特殊教育是他们应该享有的一项基本权利。通过接受“代偿性”训练，可以在一定程度上补偿丧失的那部分感官功能，为进一步接受教育创造条件，以便积极参加正常的社会生活。从社会的角度看，对残障人士进行社会生存技能训练，使他们获得基本的生活能力和一定的谋生能力，对于社会有益。

残障人士教育工作的内容包括：学前教育、基础教育、以康复为目的的行为教育、职业教育及培训等。根据残障人士的特性，其教育康复工作主要采取以下两种方式：

（1）普通教育方式，对具有接受普通教育能力的残障人士实施。为了在普通教育体系中安排残障人士教育，应做到：①宣传国家的有关教育政策，并使之得到学校和社会的广泛理解和接受。②教学课程灵活运用或做出适当的增补和修改。③提供高质量的教材、经常性的老师培训和扶助教员。

（2）特殊教育方式，对不具备接受普通教育能力的残障人士实施。要依据残障人士的身心特性和特殊需要实施教育。对听力障碍、语言障碍、视力障碍和智力障碍学生的课程设置、教育教具、教学方法及入学年龄等，都要依据其特性和实际需要而定。

案例5－5

老王，45岁，因公出差遇车祸，颈椎受损，四肢瘫痪，进入医院治疗。医院主管医生将他介绍给社会工作者。社会工作者小华通过与他及家人接触，了解到老王受伤后，家人及单位同事对他很关心，为了使他安心治疗，向他隐瞒了病情。他也一度认为经过治疗能够康复出院，继续以前的工作和生活。但是，随着时间推移，老王发现自己的病情并没有好转，而且腿部肌肉一天天萎缩，在他的追问下，家人不得不告诉他情况，以后只能在轮椅上度过。此后，老王情绪就一直不稳定，脾气越来越怪。为此，社会工作者小华确定了介入的目标：一是帮助案主逐渐接受残障的现实；二是帮助案主正确认识疾病并投入康复训练中；三是帮助案主重新认识自身价值，建立自信；四是帮助案主建立社会支持网络，鼓励其主动求助。经过社会工作者的服务，老王的情绪逐渐稳定，能够接受残障的现实，并且积极配合医生参与康复训练，积极寻求朋友和同事的帮助。

本章小结

根据社会工作服务领域中的常见人群的生理、心理特征，可以将常见人群社会工作划分为儿童社会工作、青少年社会工作、老年社会工作和残障人士社会工作。

儿童社会工作是指以全体儿童为工作对象，在有关儿童发展理论的指引下，运用科学的方法和技术，帮助解决儿童问题、满足儿童需求、促进儿童全面发展，进而促进社会和谐发展的专业服务活动。儿童社会工作的内容主要包括宏观层次和微观层次的儿童社会工作，方法主要包括儿童辅导工作、小组工作和亲子教育等。

青少年社会工作有广义和狭义之分，广义的青少年工作是指为青少年健康成长所采取的一切措施，工作对象是所有的青少年，在内容上包括青少年发展的各个方面。狭义的青少年社会工作是指一种事后补救性工作，以一般青少年，特别是发展发生偏差的青少年为对象，采取多种服务手段，纠正青少年发展偏差，促进青少年健康成长。青少年社会工作的内容包括宏观和微观层次的青少年社会工作，方法包括个案、小组和社区青少年社会工作。

老年社会工作是指运用社会工作的专业知识，以老年人及其相关人员和系统为工作对象，帮助老年人特别是处境困难的老年人，改善社会功能，提高生活质量，使老年人有更好的社会适应和福利。老年社会工作的内容主要涉及两大方面，一是老年人困难的帮助；二是老年人发展需要的服务。老年社会工作的方法包括个案、小组和社区老人社会工作。

残障人士社会工作是指社会工作者运用社会工作方法帮助残障人士恢复身体和社会功能，克服环境障碍，使他们平等地参与社会生活、分享社会发展成果的专业活动。残障人士社会工作的主要内容包括康复、教育、劳动就业、婚姻家庭生活、倡导社会和预防等。残障人士社会工作方法包括医疗康复、社区康复、社会康复、职业康复和教育康复等。

参考文献：

[1] 吕青. 社会工作实务 [M]. 上海：华东理工大学出版社，2010.

[2] 陆士祯，任伟，常晶晶. 儿童社会工作 [M]. 北京：社会科学文献出版社，2003.

[3] 陆士祯，王玥. 青少年社会工作 [M]. 北京：社会科学文献出版社，2005.

[4] 王思斌. 社会工作概论 [M]. 北京：高等教育出版社，2006.

[5] 全利民. 老年社会工作 [M]. 上海：华东理工大学出版社，2006.

[6] 范明林，张钟汝. 老年社会工作 [M]. 上海：上海大学出版社，2005.

[7] Dennis Saleebey. 优势视角——社会工作实践的新模式 [M]. 李亚文，杜立婕，译. 上海：华东理工大学出版社，2004.

[8] 韦克难. 社会工作理论方法与实务 [M]. 成都：四川人民出版社，2008.

[9] (英) 奥利弗，萨佩. 残疾人社会工作（第二版）[M]. 高巍，尹明，译. 北京：中国人民大学出版社，2009.

[10] 李翠英. 残疾人社会工作 [M]. 天津：天津大学出版社，2009.

[11] 王辅贤. 残疾人社会工作 [M]. 北京：北京大学出版社，2008.

[12] 莫晓春. 关于"青少年"年龄界定问题的思考 [J]. 广西青年干部学院学报，2009 (2).

[13] 陈玉禅，齐铱，徐玲. 老年学理论与实践 [M]. 北京：社会科学文献出版社，2004.

[14] 高文斌，陈祉妍. 网络成瘾病理心理机制及综合心理干预研究 [J]. 心理科学进展，2006，14 (4).

[15] 程福财. 青少年网络成瘾与社会工作的介入 [J]. 当代青年研究，2009 (9).

[16] 邓晨曦. 青少年网络成瘾研究进展 [J]. 社会心理科学，2011 (8).

［17］陈立行，柳中权．向社会福祉跨越［M］．北京：社会科学文献出版社．2007.

［18］范明林．社会工作实务（下）（上海市社会工作者资格考核培训试用教材，内部资料），2007.

［19］张文新．青少年发展心理学［M］．济南：山东人民出版社，2002.

［20］陈杏铁．老年生活工作［M］．北京：中国人民大学出版社，2003.

［21］史柏年．社会工作实务（中级）［M］．北京：中国社会出版社，2007.

［22］叶敬忠．留守儿童的监护现状与特点［J］．人口学刊，2006（3）．

［23］龚正涛，杨勤．湖北省农村留守儿童营养供给状况及影响因素配对调查［J］．中国妇幼保健，2010（26）．

［24］刘志军．留守儿童的定义检讨与规模估算［J］．广西民族大学学报（哲学社会科学版），2008（3）．

［25］卓彩琴．残疾人社会工作［M］．广州：华南理工大学出版社，2008.

［26］姚尚满．我国残疾人社会工作的理论及方法探讨［J］．山西高等学校社会科学学报，2006（9）．

［27］张宇莲．社会工作实务（下册）［M］．上海：上海社会科学院出版社，2005.

［28］马洪路．残疾人社会工作［M］．北京：中国社会出版社，2010.

［29］中国互联网络发展状况统计报告（2011 年 1 月），北京：中国互联网络信息中心，2011.

模拟题

一、单项选择题（每小题列出的四个备选项中，只有一个最符合题目要求，错选、多选或未选均无分）

1. 在老年社会工作方法中，让老人回顾过往生活中最重要、最难忘的时刻，从回顾中让老年案主重新体验快乐、成就、尊严等多种有利身心健康的情绪，帮助老人找回自尊和荣耀的一种工作方法，称之为（　　）。

A. 生命回顾　　B. 生命重塑　　C. 怀旧　　D. 生命教育

2. 在我国，儿童的年龄一般界定在（　　）岁。

A. 0 ~ 12　　B. 6 ~ 14　　C. 0 ~ 14　　D. 6 ~ 12

3. 在对生活境遇不良的儿童实施救助的过程中，通过提高家庭的功能，强化父母的责任，促进儿童福利，属于（　　）服务。

A. 支持性　　B. 保护性　　C. 补充性　　D. 替代性

4. 虐待老人指的是恶意对待老年人，在身体上、（　　）上、性方面或经济方面对老年人构成非人道对待。

A. 情感或心理　　B. 行为　　C. 家庭　　D. 社会生活

5. 儿童在（　　）时期，其思维发展的一个主要特点是抽象逻辑思维渐占主要地位。

A. 少年期　　B. 婴儿期　　C. 幼儿期　　D. 童年期

6. 青少年福利政策宣传，属于（　　）层面的青少年社会工作。

A. 系统　　B. 中观　　C. 宏观　　D. 微观

7. 老年人社会工作中，社会工作者在做丧亲辅导时，提供的支持服务不包括（　　）。

A. 个人或家庭辅导　　B. 房屋修缮和维护

C. 提供支持性小组　　D. 提供感情支持

8. 下列各项属于莫塞的性别需求理论中妇女的战略性社会性别需求的是（　　）。

A. 发言权　　B. 育儿经验　　C. 提高生活条件　　D. 就业

9. 从一个个家庭暴力中受虐妇女的个案中发现，很多妇女受到家庭暴力不报案，或者是没有得到及时的救助和干预，以至于演变成严重的致伤、致残或致死案件。究其原因，是因为人们普遍缺少对家庭暴力的认识，而法律中又没有制裁家庭暴力的具体条文规定。如果针对妇女的家庭暴力开展干预，通常需要妇联、公检法司、医院卫生等多机构的合作，采取综合干预和解决问题的策略。但是，各方的合作到目前为止缺少相应的政策和法律的保障。为此，社会工作需要加强的工作环节是（　　）。

A. 宣传教育　　B. 倡导　　C. 资源链接　　D. 小组工作

10. 在某社区中有一些行为偏差甚至有过罪错的青少年，该社区居委会的个别工作人员在开展有关活动时，认为不必对这些青少年“仁慈”，态度需要严厉些。上述行为主要违背了青少年社会工作中的（　　）原则。

A. 尊重青少年的价值与尊严　　B. 接纳与关爱青少年

C. 注重青少年的个别需求　　D. 保密

二、多项选择题（每题备选项中，有 2 个或 2 个以上符合题意，错选、少选不得分）

1. 青少年社会工作一般分为（　　）几个层面。

A. 微观　　B. 中观　　C. 宏观　　D. 国内

E. 国际

2. 老年人的老化主要表现在（　　）几个方面。

A. 生理　　B. 社会经验　　C. 心理　　D. 家庭

E. 社会

3. 青少年社会工作者工作时需要秉持和运用的社会工作价值原则包括（　　）。

A. 接纳　　B. 不批判　　C. 保密　　D. 尊重

E. 关爱

4. 下列哪些方法属于老年社会工作方法（　　）。

A. 个案工作　B. 小组工作　C. 养老机构照顾　D. 社区建设
E. 老年社区照顾

5. 残障人士社会工作的理念是（　　）。
A. 平等　B. 参与　C. 共享　D. 整合
E. 个性化

6. 青少年的需求是一个复杂多元的概念。从发展的角度看，青少年的需求包括(　　)。
A. 为未来的生涯做准备　B. 获得基本生活照顾
C. 自食其力，追求经济独立　D. 个体与同伴发展适当的人际关系
E. 为未来的婚姻和家庭做准备

7. 老年社区工作方案的服务类型包括（　　）。
A. 社区教育　B. 小组服务
C. 社区服务　D. 社区入住设施服务
E. 社区照顾

8. 残障人士社会工作的主要方法包括（　　）。
A. 社会康复　B. 社区康复　C. 医疗康复　D. 职业康复
E. 教育康复

9. 宏观儿童社会工作包括（　　）。
A. 推动有关儿童的立法　B. 促进对儿童的养育
C. 推动儿童教育事业　D. 对孤儿、弃儿的救助
E. 加强儿童卫生保健

10. 社会工作者在对儿童进行想象互动游戏治疗时，应具备的技巧有（　　）。
A. 言辞表达口语化　B. 刺激化　C. 设定限制　D. 相对游戏
E. 减少自身的参与和干涉

参考答案

一、单项选择题

1. C　2. C　3. A　4. A　5. A　6. C　7. B　8. A　9. B　10. B

二、多项选择题

1. AC　2. ACE　3. ABCDE　4. ABE　5. ABC　6. ACDE　7. ACE
8. ABCDE　9. ABCE　10. ABCD

第六章　常见组织的社会工作

本章学习要点

✧ 家庭社会工作的含义与特征、家庭社会工作的原则与假设、家庭社会工作的主要内容、家庭社会工作的主要方法。

✧ 学校社会工作的含义与特征、学校社会工作的原则与功能、学校社会工作的主要内容、学校社会工作的主要方法。

✧ 企业社会工作的含义与特征、企业社会工作的原则与功能、企业社会工作的主要内容、企业社会工作的主要方法。

社会工作的服务领域和服务对象都十分广泛。本章主要介绍常见组织的社会工作，包括家庭社会工作、学校社会工作和企业社会工作的含义、特点、主要内容及基本方法。

第一节　家庭社会工作

一个人从出生起就生活在家庭里，一方面接受父母对其的照顾和抚养，一方面接受社会化的训练，接受适应社会的生活方式、社会规范。虽然每个人都离不开家庭，但家庭到底是什么，当家庭出现问题时社会工作介入可以发挥什么样的作用，家庭社会工作者又有哪些主要方法，本节将逐一介绍。

一、家庭与家庭社会工作

（一）家庭的含义与特征

1. 家庭的含义

家庭通常与“婚姻”、“性”、“血缘”等词语关联。长期以来，人们从不同的角度对家庭有着不同的解读。结合当代家庭发展的新趋势，我们认为，家庭是以婚姻、血缘、收养或情感等关系为纽带联结起来的，以比较持久的共同生活和一定程度上的经济共有、共享为主要特征的社会群体，是社会最基本的组织形式。

2. 家庭的特征

（1）家庭是初级社会群体

家庭是一种最典型的初级群体，它具有初级群体的一些特征：如家庭成员在家庭中往往扮演多种角色，他们对家庭的投入是全面的，涉及经济的、身体的、情感的各个层面；家庭成员之间的互动频繁，具有直接性、面对面的特点，并且往往带有强烈的个人情感因素，受到亲密关系的影响；其间的情感联系通常涉及家庭成员的整个人格，家庭成员的情感投入，等等。因为家庭涉及每个人的各个方面，特别是涉及情感，所以家庭的良好运转需要成员的全面合作、互助和互谅。当家庭中出现矛盾时，不能武断地以道德或法律来评判孰是孰非，更不应简单地以对某一方当事人的批评或解散家庭来解决家庭危机。

（2）家庭是一个靠某种纽带紧密联系在一起的系统

连接家庭成员的纽带一般是婚姻和血缘，但也可能是其他，如法律规定的收养关系，以爱情或性为基础的同居关系等。维系家庭的纽带不同，家庭的脆弱性和稳定性也不同。一般来说，血缘关系最稳定，婚姻关系和收养关系次之，爱情和性的关系最脆弱。作为系统，家庭具有牵一发而动全身的性质，家庭成员之间的联系紧密，每个人的情绪和行为都与他人息息相关，在受他人影响的同时也影响他人。因此，对家庭关系的适时调整有助于维持一个家庭的稳定和幸福，家庭的良性运转是一个人健康成长和幸福生活的关键。

（3）家庭成员有着较长时间的共同生活和经济上某种程度上的共有、共享

一般来说，一个家庭就是一个独立核算的经济单位，不但具有一定的经济资源，而且这些资源大部分为全体家庭成员所共有和共享。如家庭成员同住共食，共享家庭消费品，同享日常生活的场所等。由于长期的共同生活，家庭成员往往对家庭有着强烈的认同感和归属感；同时也有可能因家庭琐事、性格、习惯、对彼此的期望等方面的不协调而产生冲突。因此，家庭问题的解决要着眼于调整家庭的结构，协调家庭成员之间的关系，促进家庭的良性沟通，必要时调整家庭收入结构和消费结构。

（4）家庭有足够的韧性和稳定性

一般而言，人人都向往有一个幸福而稳定的家庭，尽管有矛盾和纷争，但都倾向于尽力维系家庭的存在，不到迫不得已家庭不会解体。虽然现代家庭在许多方面面临困难，其稳定性受到越来越多的挑战，但相对于其他社会群体或组织来讲，家庭仍有巨大的适应性和顽强的生命力，其基础是相对稳定的。

（5）家庭是一个动态的历史性范畴

从人类社会而言，家庭是人类社会发展到一定历史阶段的产物，可以说是人类社会中最具普遍性的一种社会制度和文化现象。家庭的形态、动能和关系等方面的特征都具有历

史性，其变迁与社会经济的发展水平以及社会经济制度具有某种关联性。在不同的时代、不同的文化中，家庭各方面的规定是不同的。与其他社会制度和文化形式一样，家庭的种种具体形态和规定也会经历产生、变迁、乃至消亡的历程。

（二）家庭社会工作的含义与特征

1. 家庭社会工作的含义

关于什么是家庭社会工作，不同的学者提出了不同的界定。香港学者马丽庄指出，家庭社会工作就是指帮助求助的家庭发展，并运用自身以及社会的资源，增强家庭日常功能，改善家庭关系和解决家庭问题。徐震、林万亿认为，家庭社会工作是指社会工作人员应用社会工作的原则与方法，为增进家庭生活，扩大家庭功能，而对家庭所提供的服务与治疗。结合我国家庭社会工作的发展现状，我们认为，家庭社会工作是指运用社会工作的专业理念和方法帮助家庭解决面临的困难，发挥家庭的社会功能，以满足所有家庭成员的发展和情感需要的专业服务活动。

2. 家庭社会工作的特征

（1）从家庭整体的角度去观察个人、理解个人

家庭社会工作是以家庭整体为取向，将家庭中每一个成员的问题都看成是整个家庭的问题，所有家庭成员都是社会工作的服务对象。家庭作为一个有机整体，其成员之间是相互联系、相互影响的。当个别成员出现困难或问题时，其原因可能不仅仅在个人，而可能与整个家庭有关。例如，许多子女的行为问题常常与夫妻之间的婚姻关系不和睦有关。因此，家庭社会工作者并非只对子女的行为问题提供服务，还要协助夫妻双方协调婚姻关系，进而改善家庭关系，加强子女教育工作。再比如，一个儿童受到家庭暴力的侵害，家庭社会工作者的任务就不单是把遭受虐待的儿童带走，而应该找出儿童受虐待的原因，并寻找解决这一问题的途径，这时候儿童的父母或者监护人就牵涉其中了。

（2）服务目标是协助家庭正常运转

由于在日常生活、社会变革和社会转型中，常常会打破家庭内部原有的均衡关系，致使其陷入困境，因此需要社会给予帮助，以帮助家庭恢复积极的功能。家庭社会工作的目标正是协助家庭发掘自身及社会资源，增进家庭功能，改善家庭关系，引导家庭自动、自主地解决所面临的问题和困难，从而实现家庭正常运转的目标。家庭社会工作者应充分相信家庭自身的能力和潜能，相信家庭在调整自身系统的过程中自己解决自己的问题，并适时对家庭给予社会支持。

（3）强调多元方法的融合运用

在家庭社会工作中，社会工作者往往整合个案工作、小组工作和社区工作等方法来提供服务。例如，运用个案方法从有问题的个体成员入手来发现和获取信息，然后运用小组工作方法对家庭成员进行治疗和服务，同时鼓励家庭参与社区活动，协助家庭加强与社区资源的连接，从而增强家庭功能。

（4）强调建立平等、尊重和互信的工作关系

社会工作者不是完全的“救世主”，他们不能完全代替家庭来进行决定，也不能包办所有的事务。家庭社会工作者在服务过程中持守平等理念，尊重人，一切为了服务对象。他们不是出于怜悯，而是出于责任，不是施舍而是服务，这样能最大限度地调动服务对象的能动性，从而实现其自身的发展。

二、家庭社会工作的原则与假设

（一）家庭社会工作的原则

1. 家庭处境化原则

家庭处境化原则假设，家庭是其成员日常生活的场景。它要求社会工作者在观察和评估家庭成员的需求时把家庭成员放在家庭的日常生活中，观察和了解家庭成员之间以及家庭成员与周围环境之间的互动交流状况，关注家庭成员的日常生活。只有建立在家庭自然生活场景中的观察和评估，社会工作者才能准确把握家庭成员的真实需求，并且提供符合实际家庭处境的解决方案。

2. 家庭成员增能原则

家庭成员增能原则假设，每个家庭成员都有自己解决困难的能力，帮助家庭成员克服困难的有效方式是增强他们克服困难的能力。因此，指出家庭成员的问题并且提供直接的解决方法，这样解决问题的方式虽然能够克服家庭成员的困难，但并不能增强家庭成员的能力以应对未来生活中的挑战。家庭成员增能原则要求社会工作者在帮助家庭成员解决问题过程中，鼓励家庭成员积极参与问题的解决过程，增强家庭成员自身的能力，提高家庭成员的自信心和独立性。当然每个家庭成员都有自己的能力和不足，只有准确评估家庭成员的能力和不足，才能设计有效的服务介入计划。

3. 家庭个别化原则

家庭个别化原则认为，每个家庭都是独特的，都有自己的生活环境和沟通交流的方式，社会工作者只有从受助家庭所处的特殊处境着手，才有可能把握受助家庭成员的真实需求，提供符合受助家庭成员要求的服务。家庭个别化原则不是要求社会工作者避免通过裁减受助家庭成员的需求以适合预先安排的服务模式，而是要求直接从受助家庭的日常生活处境出发，准确评估受助家庭成员的要求，并且根据受助家庭的实际需要设计服务介入的计划。

4. 家庭成员需求满足原则

家庭成员需求满足原则是指社会工作者既要关注受助家庭成员的目前需要，也要关注受助家庭成员的长远要求，并且跟随受助家庭成员需求的变化将问题的解决和预防以及发展结合起来。如果仅仅关注受助家庭成员问题的解决，就会忽视受助家庭成员的预防和发

展的长远要求；而如果仅仅关注受助家庭成员的预防和发展的要求，就会无视受助家庭成员希望解决目前问题的需要，无法与受助家庭建立良好的合作信任关系。只有将受助家庭成员的问题解决的需要与长远的预防和发展的需要结合起来，才能保证社会工作的服务活动真正满足家庭成员的要求。

（二）家庭社会工作的假设

1. 家庭支持是家庭成员社会生活的基础

家庭支持是家庭成员社会生活的基础。这里的家庭支持包含两个层面的内涵：一是在社会工作者看来，家庭是家庭成员生活的基本生活场所，涉及家庭成员生活的各个方面，为家庭成员的健康成长提供必不可少的支持，家庭也是孩子学习基本生活技能和知识的重要场所，帮助孩子学习掌握基本的人际沟通技巧和生活原则，提升孩子的社会适应能力；二是家庭生活的改善离不开家庭成员的投入和参与，需要家庭成员间的相互支持。只有为家庭成员建立和提供必要的以家庭为基础的支持，才能满足家庭成员的基本需要，真正改善家庭成员的社会生活状况。

2. 家庭中心视角是把握家庭成员需求的关键

社会工作者认为，家庭是家庭成员成长的重要场所，尤其对于孩子来说，家庭是影响其健康成长的重要因素。运用以家庭为中心的视角就能把受助家庭成员放在家庭的日常生活环境中进行考察，了解家庭成员与家庭环境之间的相互影响过程，从而才能更为准确地掌握家庭成员的需要。某个家庭成员遇到困扰，不仅与个别家庭成员相关联，往往还同时与整个家庭成员之间的互动交流密切相关。只有把遇到困扰的家庭成员放到整个家庭的互动关系中去理解，才能真正了解受助家庭成员的要求。此外，运用家庭为中心的视角能够让社会工作者在关注受助家庭成员面临困难的同时，了解受助家庭成员与其他家庭成员在互动交流中形成的相互支持关系，充分运用家庭的资源推动受助家庭成员改变。

3. 家庭危机是促使家庭成员改变的重要契机

家庭成员常常在日常生活出现危机的时候才会主动寻找专业人员的帮助。此时，社会工作者才有可能与家庭成员建立必要的信任合作关系。对于家庭成员来说，危机既是妨碍家庭日常生活顺利进行的障碍，同时也是家庭生活改善的重要契机。因为只有在这个时候，家庭成员才愿意关注相互之间的沟通交流，反思和调整自己的生活。对于社会工作者而言，准确把握危机介入的时机，能够保证顺利走进家庭成员的日常生活中，并且结合危机在家庭成员的日常生活中寻找危机解决的方式，才能对家庭成员的日常生活产生直接的影响。当然，采取危机介入的策略并不意味着社会工作者仅仅关注危机的解决，而是首先关注危机的解决，并且通过危机的解决过程进一步开展危机预防的服务活动，将短期的目标和长期的目标结合起来，更有效地发挥社会工作的作用。

4. 生态视角是理解家庭内外部环境的重要依据

家庭成员生活在家庭中，而家庭又受到周围社会环境的影响。运用生态视角不仅要求社会工作者把受助家庭成员放在家庭环境中考察，同时也要把家庭放在更大的社会环境中去理解。尤其对于处于弱势的家庭来说，社会环境的影响非常突出，而且又常常与家庭环境的影响交错在一起。另外，生态视角还特别强调社会环境中重要他人的影响，社会工作者应挖掘和邀请重要他人来协助开展服务。

三、家庭社会工作的主要内容

家庭社会工作在我国起步较晚，但发展较快，尤其是随着政府购买社会工作服务以来，家庭社会工作取得了快速发展。根据重庆市近 3 年来的家庭社会工作实践，家庭社会工作的主要内容包括以下几个方面：

（一）家庭救助与帮扶

家庭的救助与帮扶是以整个家庭为帮助对象，其目的是为了保障整个家庭的基本生活水平。例如，对于家庭收入低于城市最低生活水平保障线的家庭，政府给予一定数额的经济补助和相关的优惠。此外，如果家庭因生活变故或者意外灾害引发特殊困难，政府也会向这些困难家庭发放救济金，提高困难家庭应对生活困境的能力，保障困难家庭基本的生活水平。

（二）家庭咨询与治疗

家庭咨询与治疗主要是针对出现婚姻和家庭问题或困扰的居民及家人提供专业咨询和辅导。在日常生活中，很多家庭在不同时期可能遭遇亲子冲突、夫妻情感危机、家庭关系紧张等种种问题或困扰，当家庭自身无力解决这些问题时，可以寻求专业工作者（社会工作者、心理医生、家庭治疗师）的帮助，通过面谈咨询或家庭治疗的方式，改善家庭成员的沟通交流，调解家庭的矛盾冲突，及时、有效地进行家庭危机的干预，更好地帮助家庭成员走出困境，重建家庭的安宁与和谐。

（三）家庭教育与培训

家庭教育与培训，如婚姻家庭讲座、家长学校等，帮助人们了解婚姻不同阶段常面临的问题和相关的生理、心理、法律知识，更加科学理智地处理婚姻中的矛盾和冲突，向人们传授科学育儿和家庭教育的方法，提供家政方面的培训等。

（四）家庭生活服务

家庭生活服务主要针对家庭多方面需要，尤其是帮助那些有老人、病人、残障人士的家庭，社会工作者通过组织社区资源或提供相应的家庭照料服务，以减轻家庭的生活和照顾压力。如为老人和学生提供早餐、午餐服务，为行动不便的病人提供上门服务，儿童托管服务等。

（五）婚姻辅导服务

婚姻辅导，顾名思义，就是针对夫妻的婚姻状况而开展的家庭服务活动，涉及夫妻角色的界定、扮演以及相互之间沟通交流方式的改善等。由于婚姻辅导涉及的内容较多，不同的问题可以采取不同的方法。例如，关注夫妻角色学习的，可以运用行为学习理论作为指导；注重夫妻沟通交流方式改善的，可以运用家庭系统理论；强调夫妻平等关系的，可以采用性别视角。

（六）亲职辅导服务

亲职辅导主要是针对家长开展的专业辅导服务，以帮助家长学习有关儿童青少年发展及相应教养方面的知识，从而调整对待子女的态度和方法，更好地担当好亲职的角色。如很多家长在教育孩子的理念、方式方面常常面临困惑，对子女的高期望和宠爱包办式教育，有时恰恰成为亲子矛盾冲突的根源，且随着孩子的成长，家长如何与孩子调适关系、如何才能帮助孩子身心健康地成长，是很多家长关注的焦点，并需要不断学习和调整教养方法。

（七）家庭暴力干预

家庭暴力的干预是针对家庭中的暴力现象而开展的服务活动，通常涉及妇女、儿童的权益保护，如妇女权益的援助、妇女平等意识的提升等。此外，还包括对家庭施暴者的心理辅导等内容，如愤怒情绪控制小组，就是通过帮助家庭施暴者学习控制自己的情绪而改善冲突处理的方式。

四、家庭社会工作的主要方法

社会工作的主要方法包括个案工作、小组工作（团体工作）和社区工作三种，这三种方法也被广泛运用在家庭社会服务中。传统的家庭社会工作主要是以个案工作为主，而现代的家庭社会工作除了依然强调个案工作方法的重要性以外，也越来越重视小组工作、社区工作，并试图把多种方法融会贯通起来解决问题。

（一）个案工作方法

在家庭社会工作中，很多家庭问题是以家庭成员的个别问题形式表现出来的，因此个案工作方法是家庭社会工作实务中经常运用的方法之一。

在协助过程中，个案工作者与案主之间维持着面对面或一对一的专业关系，运用专业知识、理论、方法与技巧协助失调的个人改善环境，增进生活适应能力；协调社会关系，建立良性互动网络；调适自我功能，促进人格发展；以健康、成熟的心态，来认识及面对问题，充分发挥自己的潜能，善用社会资源和机会来解决问题，以提升自我信心和生活质量。

在工作方式上，用于家庭服务中的个案工作方法，更为强调个人与家庭的联系以及家庭整体的观点。一般来说，个案社会工作的运作程序大致分为申请或接案、调查与研究、评量与诊断、治疗与服务、评估与结案等几个阶段。在整个过程中，个案社会工作者应该遵守和把握保密、接纳、沟通、重视个别差异、案主参与自决、妥善处理情感转移、自我认识、资源运用等原则。

（二）小组工作方法

小组工作在家庭社会工作中有着广泛的运用，由夫妻、单亲母亲、家长、老人等组成的团体，有针对性地开展一些团体活动，可以很好地起到减缓家庭紧张、增强家庭应变能力、促进家庭间互相扶持、共渡难关的效果。例如，重庆某社会工作机构在实施婚姻家庭社会工作服务项目时，开展“绽放吧，玫瑰”为主题的女性支持小组，让在婚姻中遇到问题或者表示困惑的女性排除不良情绪，重新审视自我，增强自信心，理清了自我在婚姻关系中的角色与定位，并以积极的态度去面对婚姻生活。开展单亲妈妈成长小组，探索单亲妈妈自己的成长之路，更好地反思自我、认识自我，分享在爱情、婚姻、育儿之路上的经验与伤痛，探讨未来如何正确面对的方法。

（三）社区工作方法

家庭社会工作离不开社区社会工作方法，比如，提供婚姻与家庭关系咨询和家庭生活教育，鼓励家庭参与社区组织活动，协助家庭改善其社会环境等。同时家庭社会工作也强调家庭与社区资源的链接，以增强家庭功能。例如，在 2016 年 3 月 8 日，黔江区某社会工作服务机构深入社区，开展了“珍惜幸福生活，从反家暴开始”的主题活动，向社区居民发放反家暴宣传单、婚姻家庭报纸、婚姻辅导服务推介手册、婚姻家庭经营常识等资料 1300 余份，讲解婚姻法、反家暴法等，增进居民对有关法律的认识和了解，提升妇女的维权意识。再如，万州某社会工作机构请专家深入社区开展“别让爱的天平失衡”二胎家庭亲子关系为主题的讲座，帮助二胎妈妈与家庭成员正确处理因头孩反对生二胎带来的一系列问题，以及温馨提示二胎家庭应做好物质准备和心理准备，学会处理头孩与二孩之间的关系等。

第二节　学校社会工作

学校是儿童和青少年社会化最重要的场所，是专门为儿童和青少年社会化而设立的正规化的学习机构。学校对儿童和青少年的影响主要表现在两个方面：一方面，学校对儿童和青少年通过长期和系统的正规教育，传授现代社会所需要的科学文化知识；另一方面，学校向儿童和青少年灌输特定社会的价值规范，教育他们学会必须服从的规章制度。那么，什么是学校社会工作？学校社会工作的目的是什么？学校社会工作有些什么内容？又有哪些主要方法呢？本节将逐一介绍。

一、学校社会工作的含义与特征

（一）学校社会工作的含义

学校社会工作最早出现于19世纪末20世纪初的美国。当时，美国的教育机构为解决因工业化、城市化浪潮带来的大批移民教育问题，派出专职教育工作者到社区开展教育普及活动，即所谓的“访问教师运动”。这一运动被视为学校社会工作的开端。那么，什么是学校社会工作？目前并没有一个统一的定义，我们比较认同《中国社会工作百科全书》的定义是：学校社会工作是政府、社会各方面力量或私人经由专业工作者运用社会工作的理论、方法与技术，对正规或非正规教育体系中全体学生，特别是处境困难学生提供的专业服务。其目的在于帮助学生或学校解决所遇到的某些问题，调整学校、家庭及社区之间的关系，发挥学生的潜能和学校、家庭及社区的教育功能，以实现教育的目的乃至若干社会目标。

（二）学校社会工作的特征

1. 专业性

社会工作是一门专业性很强的学科。学校社会工作作为社会工作具体实务的一个分支方向，也同样要求开展学校社会工作的人员具备社会工作共有的专业知识、原则和价值观。除此之外，学校社会工作作为一个专门的实务领域，有自身独特的要求，从事学校社会工作的服务人员要具有良好的专业素养和扎实的专业基础。

2. 科学性

学校社会工作与社会工作一样是由科学的知识所指导。由于学校社会工作是在学校开展服务的，因此，有关学校的知识就十分重要，如教育哲学和价值、社会规范及社会的目标、青少年的人格发展特点、青少年的社会化等。

3. 艺术性

学校社会工作者提供的服务能够使学生的需求和人格特点得到发展，充分考虑每个学生的内在差异、心理感受和情绪体验，使每个学生能够最大限度地展示自我，不再一味地只是从教师那里接受知识而忽视了个性的发展。因此，学校社会工作是塑造青少年发展一门艺术。

4. 实践性

学校社会工作是做出来的，深入实际，联系实际。为学生的现实需要服务，为学生和社会公众的利益服务是每一个学校社会工作者义不容辞的责任。学校社会工作一定要根植于校园，深入了解学生的需要，深刻感受学生的内心，全面体验教师的需求，从需要出发，搭建学校社会工作的组织构架、人员结构和工作关系，形成亲密、灵活、系统、反应敏锐的社会工作网络，联结学生、家长、教师、社区资源，协调各方面关系，积极构建一个服务于青年人成长的社会工作平台。

二、学校社会工作的原则与功能

（一）学校社会工作的原则

1. 个别化

个别化的原则是与社会工作坚信“每个人都是独特的”信仰是相通的。每个人都是一个独特的个体，有着与其他人不同的遗传、个性、经历、环境、知识等特点。这些差异导致每个人即使在相同的境况下，也会有不同的思想、感受和行为。因此，社会工作者不能用同样的一种方法、同样的一种视角来为千差万别的服务对象开展服务，恰恰相反，社会工作者必须理解受助人、小组、社区以及小组和社区内的各个成员的个别特征和个别需要，灵活地运用社会工作的原则、方法和技巧，以提供相应而有效的服务。

2. 有目的的表达情绪

表达情绪是受助人的需要。心理学告诉我们，人如果处于极度焦虑、悲伤、无助的心理状况下，是没有能力去思考、分析与处理问题的，“有目的的表达情绪”能够让受助者借助情绪表达去克服消极情绪、从内在释放受助人解决问题的能力。此外，“有目的的表达情绪”也是一个社会工作的工具。要建立专业关系，一定要有思想的情绪交流，那么，与受助人讨论其情绪或感受，是社会工作与受助人关系建立的重要工具。

3. 控制的情感投入

这个原则是指社会工作者同时把自己投入及抽离受助人的经历、处境、思维、感知、价值观和情绪之中的过程。这里的“投入”是指社会工作者要站在受助人的立场和境况中，设身处地去感受受助人的需要、困扰、期望和反应。只有这样，社会工作者才能与受助人产生共鸣，让受助人感受到社会工作者确实是在真心实意地帮助他。而“抽离”则指社会工作者在助人的过程中，十分清楚地明白自己的角色，准确地履行自己作为社会工作者的任务，合适地运用自己的自我、知识和技巧，冷静、客观地辅助受助人解决问题。“控制的情感投入”，就是要求社会工作者在“投入”与“抽离”两者之间，把握尺度。过分投入，会令社会工作者处于受助人相同的处境，从而丧失清醒的头脑、客观的判断和解决问题的能力；但是过分抽离，也会使社会工作者失去帮助受助人所必须具有的感同身受，同样无助于受助人问题的解决。

4. 接纳

无论受助人是怎样的一个人，社会工作者都应尊重这个人，竭尽全力去帮助他。坚持接纳的原则，意味着社会工作者相信每个人都有与生俱来的尊严和价值。因此，社会工作者在面对受助人的时候，无论其有什么经历、背景，无论他们的问题因何而产生，无论其对自己的问题必须承担多少责任，都应认为受助人是有尊严和价值、有能力去改善自己和改善生命，都是值得我们帮助的。

5. 自决

社会工作坚信，每个人都有能力和动力去改善自己，而且每个人都应该对自己的行为负责任。在这些信念的基础之上，社会工作认为人有权利和能力去决定自己的事务。因此，社会工作者帮助受助人的责任，是协助受助人为自己的事做出选择和决定，而绝非替受助人选择和决定。

（二）学校社会工作的功能

1. 协助处境不利的学生，促进教育机会均等

所谓教育机会均等，最初是指每个人都有相同的机会接受教育，不因性别、种族、宗教、家庭、社会、经济、地区等背景而有所差异。实践领域中，由于部分学生家庭贫困、社会经济地位低下、不能充分享用教育机会，从而影响其学习成绩，甚至滋生困扰，形成不良影响。对此，学校社会工作者采用社会工作专业的理论与方法，对于困境学生作深入而客观的了解，给予适当的接纳、支持与鼓励，并提供专业服务，以弥补其处境不利的缺陷，协助他们获得应有的教育资源，从而促进教育机会均等的实现。

2. 协助学生与“家庭—学校—社区”的良好关系，以增进教育的功能

众所周知，家庭、学校、社区三者都会影响学生的学习成绩与人格发展。家庭文化和父母对子女的价值观具有重要影响；社区的生活环境对学生的价值观念与行为模式有直接或间接的影响。在急剧的社会变迁过程中，家庭、学校与社区之间的关系难免发生失调的现象，必须设法去调整。因此，要增进教育的功能，达成学校目的，必须从改善“家庭—学校—社区”之间的关系着手，而学校社会工作的实施，便是协调此等关系以增进学生学习效果的一项有效策略。

3. 协助学生获得一种实用的知能，以适应现代生活的需要

学校各种教学活动的主要目的是协助学生获得一种实用的知识与能力，以便适应现代社会生活的需要。因此，学校社会工作者必须与学校其他教育人员协力合作，使学校能为青少年学生提供适当而且生动的学校经验。

4. 协助学生获得一种适应变化的能力，以便继续学习

教育是一种社会化的过程，社会化是一种继续不断的变化过程，学校教育的目的不仅在培养学生具备现代社会生活的知识与能力，更应培养学生具有适应社会变化的知识与能力。学校社会工作的专业服务即在配合社会发展，以适应儿童和青少年不断变化的需要。

5. 促进学生社会化人格的正常发展

青少年时期是人格培育和形成的重要时期。人格的培育和形成，除了家庭之外，大部分是在学校教育中完成的。学生生命成长中的“重要他人”，如校长、老师、家长等，他

们的各项决策和活动，都会在学生的人格形成中留下印记，影响学生发展和社会功能的实现。因此，作为学生目标体系中的相关人物，学校社会工作者的功能即在促进学校发挥教育的社会功能，提高学生适应社会的能力，造就一种健全的社会化人格。

三、学校社会工作的主要内容

（一）学校社会工作的一般内容

1. 生活辅导

生活辅导指协助学生建立正确的生活态度与健康的生活方式，其具体的内容有：帮助学生明确生活的目的，树立正确的价值观与人生观；培养学生对社会角色的认同，成为合格的社会成员；培养与锻炼学生的生活技能；丰富学生的生活及提高学生的生活质量等。

2. 学业与职业生涯辅导

学习知识与掌握技能是学生的重要任务，也是学校的教育职责，学校社会工作者有责任引导与帮助全体学生更好地学习。不仅如此，针对学生的学业发展与生涯规划的需要，学校社会工作者可以运用社会工作的专业方法展开实务介入。

3. 人际关系辅导

人际交往是青少年重要生活内容，主要包括家庭关系、同伴关系、网络人际关系、其他人际关系等。这些人际关系对青少年的成长产生着重要作用。学校社会工作者，需要培养学生良好的交往动机与交往品质，促使他们尽早养成良好的人际交往能力。

4. 自我认知与自我探索的辅导

自我认知又称自我意识，或叫自我，是个体对自己存在的觉察，包括对自己的行为与心理状态的认知。心理学一般从自我评价、自我体验与自我控制三个方面来分析青少年自我意识发展的特点。学校社会工作者协助青少年开展自我认识与自我探索，以此实现青少年自我接纳、自我完成乃至自我实现。

5. 情绪觉察与情绪管理的辅导

著名的心理学家霍尔把青春期说成是情绪情感的暴风骤雨期，这就是说青少年很容易情感冲动，其情绪情感变化强烈。同时，此时的青少年情绪情感最突出的特点是两极性的表现。比如，强烈、狂暴与温和、细腻并存；可变性与固执性共存；内向性与表现性共存。学校社会工作者在对学生进行情绪管理辅导，帮助学生认识、掌握及正确处理情绪，做情绪的主人，顺利度过青春的暴风骤雨时期。

（二）学校社会工作的特殊议题

1. 针对学业困境学生

在学校中，遭遇学业困境的学生往往容易衍生出情绪问题、行为偏差问题和社会适应不良问题等。学校社会工作者在对学业困境学生展开辅导时，不仅要了解学生本身的基本情况，还要和学校老师、学生家长及社区人员进行积极沟通和接触，通过多方面的调查和了解，发现影响学生成绩的深层原因，这样才能对症下药，帮助学生走出困境。

在方法上，对于一般原因引起的学业问题，通过学生的家长、老师、同学等收集资料，判断其问题形成的原因，并通过与学生沟通、协调，协助其制订出解决此问题的方案。也可把面临同样问题的学生组成一个小组，让他们彼此分享经验，分享感受，从而达到互相鼓励、互相促进的效果。

2. 针对人际关系困境的学生

人际关系困难主要是指那些渴望与人沟通、得到别人理解却因为种种原因难以实现的一种状态。学生的人际关系困境主要有以下几种类型：

（1）沉默寡言型。这部分学生通常自我封闭，不爱说话，也不喜欢与人打交道。

（2）遭人排挤型。这部分学生通常自我意识强烈，对人对事坚持己见，容易与人产生误会和争执。

（3）行为偏激型。这部分学生通常态度傲慢，一意孤行，且不服管教，经常与同学、老师、家长发生冲突。

（4）专横霸道型。这类学生往往凭借自己健壮的体魄、优越的背景、出格的言行或是特有的技能欺负弱小，拉帮结派，与人为敌，以此达到其扩大影响、彰显个性、抵制权威、表达自我的内在目的。

针对这部分学生，学校社会工作者应先对这些学生的人际关系困境进行评估，发掘他们产生这些问题的深层次原因，再根据他们各自的特点对其进行辅导。

3. 针对家庭生活困境学生

生活状况困境学生主要是指家庭贫困的学生和特殊家庭的学生。其中特殊家庭学生主要是指单亲家庭、再婚家庭、服刑人员家庭、残疾人家庭的学生。这部分学生主要面临的困境有：一是情绪问题。这些特殊家庭里的学生都容易遭人歧视，不被社会认可，因而容易产生自卑心理，从而有很大的精神压力。二是经济压力问题。这些特殊家庭，尤其是单亲家庭、服刑人员家庭和残疾人家庭，一般都会面临一定程度的经济问题。三是照顾的问题。由于缺少亲人照顾，或者由于生理原因、精力有限，这些家庭的学生获得的关注相对较少，孩子的适应和发展存在一定问题。以上三种问题都有可能影响孩子的社会适应和人格发展，导致孩子孤僻、自卑、焦虑，以致影响学习成绩或导致其他行为问题。

学校社会工作者在面对生活状况困境的学生时，可以从以下几个方面开展工作：一是情感支持。即通过个案会谈予以情绪支持，并协助学生表达心声，宣泄情绪，增强自信，发现自己的能力与资源。二是发展支持系统。即采用小组工作方法，把相似家庭背景的孩子组成一个互助小组或成长小组，让他们相互支持，共同探讨解决问题的方法，并挖掘学生与家庭的潜力与资源，以形成社会支持系统，用积极的心态面对生活。三是挖掘社会资源。即运用社区资源协助家长解决子女照顾问题、经济困难问题。利用学校资源为家长开办文化补习与就业培训，协助社会为家长提供工作机会。四是开发学生潜能。即从优势视角出发，协助这些学生在家庭困难中发现自己的优势与抗逆力，激发其生命力量，挖掘成长的潜能，以此达到自我引导与自我实现的目标。

4. 针对心理状况困境学生

学生的心理困境有沮丧、压抑、抑郁、冷漠、嫉妒、焦虑、孤独和浮躁。对那些一时存在心理困扰的学生，可以通过个案工作的方式，与他们沟通交流，帮助他们缓解内心的压力，舒缓其情绪，从而使其恢复正常的学校生活。对于那些有着相同问题的学生，可以把他们组成一个小组，使他们相互沟通，交流心事，同时也以他人为镜，发现并改正自己的问题，从而达到彼此相互促进的效果。学校社会工作者应与学校老师合作，对这些学生给予区别对待。同时，对那些确实存在严重心理障碍的学生，可以转介给专业的心理老师或医生。

5. 针对特殊行为群体学生

“特殊行为”主要包括厌学行为、校园暴力行为、网络成瘾行为和违纪行为。一般而言，具有特殊行为问题的学生，往往都有特别的个人经历、失败的家庭教育或不良的社会影响。因此，学校社会工作者在对这些特殊行为群体学生进行辅导时应尽量不用教育者的口气对他们进行训话，而应以朋友的身份，先了解他们行为背后的深层次原因，并对他们的行为表示理解，在这个基础上再开展专业的社会工作方法进行辅导，才能取得较好的效果。

四、学校社会工作的主要方法

（一）学校个案工作

1. 学校个案工作的定义

学校个案工作是个案工作在学校范围内的细化和延伸。对于学校个案工作的定义，不同的学者有不同的看法。比如，范明林认为学校个案工作是有着专业训练背景的工作人员秉承社会工作的理念和价值，在专业理论和技巧的指导下，为学生提供解决问题和全面发展的服务活动和服务过程。① 此外，李晓凤认为，学校个案工作主要是针对适应不良、遭遇重大挫折，从而出现情绪和行为问题的学生，但应视学生问题是发展中的正常议题，并在此基础上为学生提供服务。② 综合各家看法，我们认为学校个案工作应包括以下三个方

---

① 范明林，张洁．学校社会工作［M］．上海：上海大学出版社，2005：179.

② 李晓凤．学校社会工作［M］．北京：中国社会出版社，2010：231.

面的内容：一是它的服务对象是学校里的在校学生；二是它是一项个别化的助人活动，既包括对适应不良学生的矫正工作，也包括对普通学生的预防性和发展性的工作；三是它是一项专业的助人活动，既需要由专业的人才来实施，也需要专业的理论和技术来支撑。

2. 学校个案工作的步骤

学校个案工作包括接案、预估、计划、介入、评估和结案等六个阶段。

（1）接案。所谓接案是社会工作者和有可能成为案主的人开始沟通，并初步达成协议一起来解决问题的过程。在这个阶段，学校社会工作者主要的工作有：

①准备工作。包括查阅学生的基本资料和相关信息，做好面谈前的心理准备（如准备好面谈时学生可能的抗拒、准备好运用同理心来感受学生的处境以及准备好在面谈中对自我的反思等），拟订初次面谈的纲要。

②面谈。向学生明确面谈的目的和角色，介绍机构的规定和工作的伦理原则，充分运用鼓励、重复、澄清、自我披露等技巧来引导学生表达思想和情感，以便实现有效的交流。

③收集资料。包括向学生提问、阅读文件和记录，运用心理测试以及通过家庭探访等多种方法和途径收集学生的资料：问题、人、环境。即：学生存在哪些问题？这些问题又涉及哪些人？所处的环境有哪些潜在资源？哪些是可以利用的资源？又有哪些限制？等等。

（2）预估。所谓预估就是指在收集案主资料的基础上，社会工作者对案主存在的问题，以及案主与环境互动等方面进行综合的分析判断，形成一个暂时性的结论的过程。在这个阶段，学校社会工作者主要的工作有：

①确定预估内容。包括了解学生存在的问题、问题的性质、成因、程度及对学生案主的影响；了解学生个人的生活经历及行为特征、学生案主和周围环境的关系，以及学生案主对自身问题的认识和实现改变的动力；了解学生案主所处的环境以及从这些环境中寻找有利和不利其改变的因素。

②界定和确认问题。社会工作者需要着力从澄清学生可能存在并关心的问题入手，全面评估学生。一般而言，对学生案主的分析主要包括学生生理、认知、情绪、行为和动机等方面的因素，以及学生的长处与弱点。对学生案主所处的环境分析包括：学生的家庭状况、社会支持网络及互动的影响等。

③选择预估的方法。包括问卷调查、心理测试、角色扮演、行为检测表、游戏、社区需要预测，等等。其中，社会历史报告、家庭结构图和生态图是学生预估中常见的几种方法。

④撰写预估报告。它是通过预估而提出的一份整合事实和理论的学生个人、家庭及其生态系统的摘要报告，涉及的内容包括学生的基本资料、问题状况、个人系统、家庭系统、社会环境等。

（3）计划。所谓计划是指在预估的基础上，为解决问题和达到目标而制订一系列解决方案的思考和决策的过程。在这个阶段，社会工作者主要有以下几项工作：

①设定总目标和具体目标。总目标是社会工作者和学生通过共同努力最终期望达到的某种境界的一种宽泛的和总体的陈述。而具体目标是指为了逐步接近总目标，学生在其行为和情境方面希望发生的具体变化的清楚表述，它是可以观察到的，并且具有可测量性。

②构建行动计划。在这个过程中，社会工作者和学生排出实施具体目标的先后顺序、选择有效的策略、发展可能的工作途径等，尤其是在时间、地点、期限、任务、角色、责任等各个方面作出清晰和明确的规定。

③签订服务协议。至少包括学生案主的基本情况、需要介入的问题、服务目标、服务途径与方法以及双方签名和日期等内容。

（4）介入。所谓介入是指行动计划付诸实施的过程。在这个阶段，社会工作者主要有以下几项工作：

①增强案主的力量。社会工作者对学生进行面对面的辅导，通过直接服务尝试让学生学习解决问题的技巧、改善自己的认识和行为，以及提高处理压力的能力，增强学生的力量。

②修正环境与拓展资源。从环境的角度而言，主要是强化学生的社会支持系统，它包括学生的家庭成员、朋友、老师、亲戚、邻居等自然支持系统，以及学校、社区有关机构等正式支持系统。就资源的角度而言，社会工作者在工作中还要扮演个案管理者的角色充分利用社会工作行政的知识和有关技巧与其他机构或专业人员结成联盟共同来帮助学生案主。

③社会倡导与社会行动。帮助学生争取他们所需的资源和服务，倡导社会公平与正义。为达成这些目标，社会工作者常用的社会行动有：与机构进行协商；向监督部门投诉；联合其他单位；采取法律行动；提供专家意见；广泛收集信息和签名，联络社会各界人士尤其是新闻媒体；游说政府官员和人民代表。

（5）评估。所谓评估就是对介入过程及其结果进行效果和效率评判的过程。在这个阶段，社会工作者主要工作有：

①确定评估的内容。包括实务评估和项目评估，通过评估掌握介入的结果以及提升社会工作的服务品质。

②选择评估的方法。包括个案记录、录像和电子记录、单个对象设计、目标实现程度的测量、任务完成情况的评分、案主满意度的调查，以及需求评估、过程分析、项目结果分析等。

（6）结案。所谓结案是指社会工作者与案主一起计划结束他们之间的工作关系的过程。在这个阶段，社会工作者主要工作有：

①完成结案任务。包括确定结案的时间、检查目标完成的程度、促进学生案主不断成

长、与学生一同解决结案过程中可能出现的情绪反应、邀请学生对社会工作者进行评估等。

②处理结案的反应。学生案主对结案的正面和负面的感受。正面反应包括：对成长的喜悦、对社会工作者介入的经验、有更多的空间和独立感、对社会工作者的感激、对未来生活的信心感等。负面反应主要表现为悲伤、失落、矛盾、痛苦、愤怒和拒绝等。社会工作者需要采取一些方法来处理学生案主的负面反应，如过程回顾、巩固改变、讨论以后的成长目标等。

③安排跟进服务。即社会工作者和学生案主商定在结案后一段时间内，对学生进行回访的服务，以了解学生的进展和提供必要的咨询。

（二）学校小组工作

1. 学校小组工作的概念

学校小组工作是小组社会工作在学校领域中的运用，主要是运用小组工作的方法，如治疗小组、发展小组、互助小组等，以团队活动和团体支持等形式，对学生偏差行为的矫正和预防，或者提供发展性服务。学校小组工作通过学校社会工作者的参与、组织小组活动以及小组成员之间的互动，促使参与小组的学生个体获得情感上的支持、行为方式的改变、社会功能的恢复和能力的提升，并在此过程中达成小组的目标，促进整个班级甚至学校的发展。

2. 学校小组的类型

学校是青少年聚集的场所，也是青少年发展社会化的重要空间。因此，在学校以学生或相关人员为服务对象而适合开展小组工作的小组类型有许多。概括而言，常见的有以下四种：

（1）休闲性小组。休闲性小组主要是通过提供团体活动，让成员学习到休闲的技术，从中体会到休闲的乐趣，如阅读小组、摄影小组、歌舞小组、足球小组、户外活动小组等。一般而言，此类小组的自发性较强，社会工作者只需在团体中培养适当的团体领袖，就可以带领小组成员及时有效地组织团体活动及完成团体目标。

（2）教育性小组。从某种程度上来说，学校里的班级团体就是一种教育性小组，它的主要作用是提供各种领域内学习知识的机会。即具有相同受教育需求的团体或成员，可以经由相互激励而引发更多的互动，从而促进更快更好地掌握知识。比如诗词兴趣小组、烹饪技术学习小组等。在这类小组中，社会工作者的主要任务是提供安全和资源丰富的环境，引领组员做有目的的讨论和开发可利用的资源等。

（3）支持性小组。支持性小组一般是由有着共同经历的成员志愿参加并且通过互帮互助、提供情感支持而组成的小组。在此类小组中，组员经常带有特定的目标，如减肥小组、专升本小组、单亲家庭自强小组等。社会工作者的主要任务是指导和协助小组组员讨论自己生命中的重要事件，表达经历这些事件的情绪感受，建立相互理解的共同体关系，达到相互支持的目的。

（4）治疗性小组。治疗性小组主要针对学生的情绪、行为、人际关系以及心灵成长等方面的问题进行治疗。在此类小组中，需要社会工作者掌握一定的心理学、医学方面的知识，帮助组员了解自己的问题及其背后的社会原因，利用小组的经验交流和分享，辅以一定的资源整合或社会支持网络，以达到对小组组员的心理和行为问题的治疗，改变组员的行为，重塑其人格。

3. 学校小组工作的基本过程

学校小组工作的基本过程可以划分为五个阶段，即计划阶段、开始阶段、中期阶段、结束阶段、评估阶段。

（1）计划阶段。社会工作者的主要任务有确立小组目标与目的；招募小组成员，组建小组；了解组员的问题所在及真实需求；准备相关资源（包括物质、资金、环境等）；制订工作计划。

（2）开始阶段。社会工作者的工作重点是帮助小组组员建立信任关系。如协助组员彼此认识消除陌生感；帮助组员厘清对小组的期望，提高组员对小组目标的认识；引导组员讨论小组规矩，制订小组规范，建立契约；讨论保密原则，营造信任的小组氛围，等等。

（3）中期阶段。社会工作者的主要任务是，根据小组及其成员的需求适当调整团队的目标；按照小组的性质和目标来完善小组结构和活动安排，建立小组成员之间的沟通和互动模式并确定介入方式；增强小组成员的归属感，帮助小组成员实现目标；调控与检讨小组工作的进度，等等。

（4）结束阶段。当整个小组达成了预定目标、小组成员基本实现了各自需求时，小组则需要进入结束阶段。在这一阶段，社会工作者的主要任务是处理好组员的离别情绪，帮助组员保持获得的小组经验。

（5）评估阶段。分为主观评估和客观评估两个部分。其中，主观评估主要由三部分组成，即小组成员的评估、小组成员的监护人（对于学生小组而言）或子女（对家庭小组而言）的评估以及工作人员自己的评估。而客观评估则是借助各种测量方法和手段来比较小组开始前和结束后成员自身所发生的变化。

（三）学校社区工作

1. 学校社区工作的概念

学校社区工作，顾名思义就是把学校和社区连接起来，跨越学校地理位置的限制，一方面将对学生的辅导工作扩展到社区中进行；另一方面将社区资源引入学校，以此形成教育的合力，并在推动学校和社区发展的同时促进学生的成长①。

---

① 李晓凤．学校社会工作［M］．北京：中国社会出版社，2010：253.

2. 学校社区工作的任务

（1）协助学生通过服务社区来促进自我成长。学生的发展并非只来自学校教师或者社会工作者的协助，也来自学生的自我培养与训练。所以，社会工作者可以鼓励学生组织社区服务团队，为社区中有需要的人群（如老人、儿童、残疾人等）服务，并在服务过程中带动自我成长与自我训练。学校社区工作寓教于服务之中，强调学生生活与社区活动的相互结合，通过利用社区资源，既服务社区，又促进学生成长。

（2）强化"问题学生"的管理和引导。"问题学生"的提法虽然有些贴标签的意味，也多少有些不符合学校社会工作的基本原则与价值，但是，在现实生活中确实有些学生有行为上的问题，甚至有比较严重的偏差，如偷窃、斗殴、敲诈以及欺负弱小同学等。因此，对这些学生的帮教以及行为纠偏不应只限于学校范围，还应延伸到社区；不应局限于学校里教师的工作，还应有社区青少年管理部门及社区青少年工作人员共同参与。在这个过程中，学校社会工作者起着联络和桥梁的作用，甚至直接从事对"问题学生"的帮助和教育工作。

（3）联系学生家长，支持学校政策。随着经济发展，学生家长越来越对现代学校的决策，如办学方针、学生培养、设施建设等各个方面产生重大影响。因而，联系学生家长参与家长会、争取他们支持学校政策或对学校政策做出建设性的反应，也是学校社区工作的主要方向之一。

（4）组织学生家长，提高家长对子女的教育水平。学校社会工作者可以通过社区教育活动、亲子小组等途径，提高家长的素质，尤其是与子女沟通的水平与能力，为学生成长塑造一个健康的家庭环境。

（5）协调社区机构，推行社区教育。学校往往是社区中拥有资源较多的机构。所以，中外学者都倡导"学校是社区组织发展的中心"。但是，在现有的学校教育制度下，行政人员与任课教师很难从事社区教育或社区建设活动，只有学校中的专职社会工作者才能承担此责。学校社会工作者应通过自己的努力去实现改进社区和培养大批人才的双重目标。

3. 学校社区工作的基本过程

（1）建立关系。学校社会工作者进入社区，探访社区机构（如街道青少年保护办公室、居民委员会、社区社会工作站或其他和社区发展相关的组织等），访问社区重要人士，如街道办事处主任、党工委书记、青少年保护办公室主任、居委会书记和主任、社区社会工作站站长等。

在这一阶段，学校社会工作者通常需要解决以下问题，即让居民了解谁是学校社会工作者、他们能做什么、学校社会工作者了解到社区居民的需要是什么。同时学校社会工作者还要寻求未来的支持者，以便促进学校与社区的合作及二者的发展。

（2）收集资料。学校社会工作者在进入一个社区开展工作前必须对该社区进行研究，收集一些必需的资料，为今后的工作奠定基础。收集的资料主要包括社区概况和社区的需要，并在此基础上对社区进行简单评估。

了解社区概况。包括了解社区名称及其由来；社区发展的简史、地理位置及周边环境，还有环境对青少年学生的影响；社区人口结构尤其是青少年学生的人口结构；社区资源、社区问题，社区内亟待解决的问题是什么，居民对这一问题的看法是什么，尤其是社区是否存在一些不良的青少年团伙，以及青少年犯罪情况等；社区文化，包括社区的哪些价值观主导社区青少年的生活、哪些团体支持或反对这些价值观，是否发生过价值冲突，社区青少年对社区的归属感如何，以及社区范围内影响青少年成长的其他问题。

了解社区需要。在了解社区需要时，可以将重点放在社区居民对教育方面的需要以及社区青少年群体的需要，即对社区进行需求评估。对于学校社会工作者而言，可以通过社区访谈、社区调查、社区观察、文献分析等方法收集社区资料。

（3）制订计划。有效的社区工作计划应该是工作人员一起进行团体规划，甚至让社区服务对象也参与进来，从而形成最终计划。计划的形成应尽力避免单独一人或少数几人为之。一个有效的社区工作计划必须考虑社区居民在子女教育、成长和发展等方面的愿望与需求。

（4）执行计划。执行社区计划与方案即学校社会工作者激发社区居民，使之行动起来，将制订的计划付诸实施。执行社区计划与方案是社区工作中非常复杂的一个环节，它需要动用资源，运用多种技术，考虑亦应非常全面，环环相扣，方能成功。对学校社会工作者而言，是一个重大的考验。

（5）社区工作评估。评估的方法可以采取定量或定性方式：定量的方式，即通过问卷调查、量表应用等方式了解学校社区工作的成效；定性的方式，主要是通过深度访谈、观察研究等方法进行评估。当然，在一次评估中，也可以同时使用定量和定性这两种方式。

评估也可以采取外部评估或内部评估方式：外部评估是从社区和学校外聘请专家对社区式学校社会工作的进展进行评估；内部评估则由学校社会工作者自己对其工作情况进行评估。通常而言，外部评估显得更为正式和客观。

第三节　企业社会工作

近年来，随着员工的福利服务需求越来越多元化和个性化，传统的福利服务越来越难以妥善地应对员工的需求，有些企业开始设置专门的企业社会工作岗位，采取和借鉴社会工作的方法参与员工福利服务，这些专业方法和人性化服务得到越来越多的员工认可。那么，什么是企业社会工作？企业社会工作的服务内容是什么？有哪些区别于企业管理者的专业手法呢？本节将逐一介绍。

一、企业社会工作的含义与特征

（一）企业社会工作的定义

企业社会工作是指社会工作者运用社会工作的专业理论与方法，以工业、农业、商业、建筑运输业以及其他行业的企业单位及其职工为服务对象，以预防和解决企业及其职工问题为目标，以企业员工全面发展和企业组织科学管理为宗旨，以培养和发扬员工互助精神和自助能力为追求，调动和利用各种资源，增进员工福利，提升企业效率，促进员工与企业和谐发展的专业化介入手法与工作过程。①

在我国，企业社会工作是社会工作实务中一个相对新颖的领域，也是当前中国社会福利发展中一个亟待加强专业介入的新领域。在对这一概念进行理解时要注意三点：第一，企业社会工作是由工业社会工作发展而来，是随着企业人本化管理逐步发展并得以完善的产物。第二，企业社会工作是专业社会工作在企业机构内的介入与应用，是服务于企业与企业职工的专业性手法。其主体是专业社会工作者，客体是企业员工及企业管理者，手法是专业性的介入与服务。第三，企业社会工作的目标是帮助员工舒缓压力，提供福利，缓解劳资矛盾，提高员工的劳动积极性，最终提高企业的劳动效率。

（二）企业社会工作的特征

1. 复杂性和多样性

企业的运行面临着多种多样的内外部制约因素，企业员工也面对着自身和非自身原因的各式问题，针对相对封闭、复杂的企业及其职工，企业社会工作在案主对象、工作内容、工作方法、资源整合等方面都具有复杂性和多样性的特征。比如，企业社会工作大多在职工空闲时间介入，但不同业务工种职工的上下班时间不尽一致，这无疑给企业社会工作者客观上增加了难度。

2. 协调性和激励性

增进员工福利、激发员工劳动积极性、提高企业运行效率，是企业社会工作的基本目标追求，也是企业社会工作的基本功能，更是企业社会工作协调性和激励性的特征表现。员工福利的增进需要企业的发展和推进，企业劳动效率的提高需要员工的支持和辛勤劳动，两者缺一不可。但是，在员工和企业之间、员工福利和企业效率之间，必然存在着一定的矛盾和冲突，由于利益视角的不同，仅仅靠员工和企业双方的自我沟通，很难达到理想的效果，而企业社会工作则能在企业和员工之间建立有效的沟通、理解的桥梁，能很好地解决或缓解两者之间的利益冲突。

3. 服务性和福利性

企业社会工作的实务过程是为案主服务的过程，为员工争取权益、增进福利的过程。

---

① 周沛，高钟．企业社会工作［M］．上海：复旦大学出版社，2010：9.

企业是生产性和经营性的部门，这一性质决定了企业不可能把对员工的服务放在第一位，而企业社会工作在介入的过程中，结合企业工会组织，对员工的生活、工作提供多方位的专业性服务，在很大程度上弥补了企业员工服务的缺失。通过企业社会工作者和企业及企业员工的协调合作、共同努力，可以不断为员工提供和提高物质、精神和服务上的福利。

二、企业社会工作的原则与功能

（一）企业社会工作的原则

1. 增进员工福利原则

员工福利是企业作为供给主体，提供给企业员工的工资奖金、保险保障、带薪假日等，是为改善员工生活和工作条件，激发员工劳动积极性的一切物质性、精神性和服务性待遇的总和。但是，企业对福利的提供和员工对福利的获取并不是十分顺畅的，由于各种原因，企业提供的福利往往大打折扣，员工的福利获取得不到保证。因此，在劳资双方存在着“利益冲突”。在这种情况下，企业社会工作者应从维护职工权益入手，为员工福利获得建立良好的内外部环境，最大限度地争取员工的合法权益。

2. 促进企业发展原则

尽管企业社会工作有帮助员工争取和维护合法权益的职责，但这并不代表企业社会工作者是站在员工一面与企业及企业管理层“作对”，并不是制造和扩大“劳资矛盾”，而是通过专业的介入，缓解“劳资矛盾”，以提高员工的积极性，促进企业的良性运行和健康发展。换句话说，企业发展好了，员工的福利才会更好，才更有保障。

3. 真诚和尊重原则

真诚是指个体在人际交往和沟通中能够把真正的自我呈现给对方，表现为表里如一、言行一致、内外相应。尊重是对他人包括心理和情感在内的接纳和理解，表现为关心、关注、非批判等。企业员工一般工作时间较长，体力和心理压力较大，可支配的自由时间相对较少；而企业社会工作一般需要在员工休息的时间开展。在这种情形下，企业社会工作者只有坚持真诚和尊重的原则，才能更好地获得员工的配合和支持，才能更好地发挥企业社会工作的功能。

4. 案主自决原则

企业社会工作是为了使广大企业员工能够对置身于其中的企业内外环境有较大的自决能力，即在提高自身能力的条件下，能够通过自己理顺各种关系，处理好各种矛盾。因此，企业社会工作者不能以先入为主的主观主义作风要求员工应该做什么、不应该做什么，而是要充分尊重员工的意见、观点和选择，真正做到“案主自决”。

（二）企业社会工作的功能

1. 提供物质帮助，协助困难职工摆脱困境

扶弱、济贫、帮困是现代社会工作的重要职责之一，也是企业社会工作的重要功能。

随着经济体制改革的进一步深化，原有的宏观利益格局进一步重新整合，社会各阶层之间的贫富差距越来越大，企业中因此出现了贫困问题。企业贫困人员主要包括失业、下岗工人以及因各种疾病、意外事故伤残，或个人生存、劳动和发展等方面能力障碍而导致的贫困人员等。一些亏损和双停企业效益日益下降，一些职工家庭出现各种灾难事件，一些职工失业和提前下岗——这些问题的存在严重影响了社会主义和谐社会的建设成效，成为全面建设小康社会进程中的不和谐因素。要有效解决这些问题，仅仅依靠政府机构及其工作人员的力量已经显得不足，需要广泛动员社区组织、非营利机构、志愿者组织等多个层面的力量共同参与。

2. 为企业职工提供心理疏导和支持

某些企业职工的工作压力大，紧张度比较高，加之企业在资源与权限以及利益分布上存在事实上的不对称，职工处在明显的不利地位，为此，他们必然会面临因工作环境和条件恶劣、劳资冲突、工资待遇偏低以及其他问题导致的身心不适等。疲劳、头疼、胸闷、焦虑、紧张、情绪低落、注意力下降、记忆力下降、爱发脾气、对子女漠不关心等都是职工可能出现的心理问题。弱势的地位与处境使得他们很难单独通过自己的力量或者企业的力量来解决问题，而企业社会工作的介入则能够帮助他们提升解决问题的能力和效果。

3. 协调内外关系，增强企业组织的凝聚力

企业社会工作的一个突出功能就是促进企业良好的内部沟通，加强对外传播，塑造企业形象，推动实现从业人员的全面发展。从企业外部关系的角度看，企业必须履行社会责任，提供就业机会，资助公益事业，保护生态环境，支持社会保障体系，妥善处理好与股东、媒体、社区、政府、交易伙伴、消费者等特定对象的社会关系的建立与发展问题。从现实情况看，许多企业未能够有效履行社会责任，主要表现为经常裁减工人，随意排放污染物质，作虚假的广告宣传，不尽社区义务，违章经营作业，搞不正当竞争，制售假冒伪劣产品坑害消费者，等等。作为解决企业内外各种冲突问题的专业活动，企业社会工作不仅可以有效解决企业组织的外部关系失衡问题，而且可以促进内部关系协调，增强组织的凝聚力。企业社会工作能够有效通畅职工之间的信息沟通渠道，并营造出群体内的民主气氛，使职工产生集体感、归属感、荣誉感和价值感，愿意为企业发展承担责任和义务。

4. 维护职工合法权益，体现社会公平正义

维护企业职工合法权益是企业社会工作的重要职责。当前，职工权益受侵害的事实大量存在，劳资纠纷事件也日益增多。在这一社会背景下，社会工作者可以以《中华人民共和国工会法》《中华人民共和国劳动法》等相关的法律文献为依据，在民政部门、劳动和社会保障部门、企业党团、工会组织、社区机构及社会服务机构广泛开展面向企业职工的维权服务，并通过个案工作、小组工作、社区工作、社会行政、社会政策等方法来提升实际工作的效果。

5. 预防问题产生，保障社会和谐均衡稳定

企业社会工作能够以积极主动的态度对待组织内外产生的各种问题，及早预测、发现、控制和消除那些可能妨碍社会稳定的因素，以实现人与社会环境的持久和谐。在企业结构要素变动活跃、动荡不定的条件下，形形色色的问题不断涌现，必须建立用于预防、抑制、化解矛盾的专业工作机制，保障企业的良性运行状态。社会工作的预防功能通常在两个不同领域中实现：一是预防可能在个人之间、个人与小组之间以及群体之间出现的问题；二是预防组织中可能出现的病态现象。企业社会工作还可以通过制度建设来发挥作用，即提出社会政策的修订建议，促进合理社会政策的出台，在制度层面弥补政策缺欠，有效预防企业问题的产生。

6. 促进能力发展，实现社会的持续创新

人们要想从事或完成某种活动，必须具备相应的实际或潜在能力，因而能力的缺乏会使个人陷入生活与工作的困境之中，使企业发展与创新失去相应的主体条件。帮助服务对象实现自身发展，并不断促进改革与创新，已经成为构建社会主义和谐社会视域下企业社会工作的重要任务。企业社会工作作为当代社会中重要的专业活动，应充分挖掘社会资源，积极发挥个人和制度潜能，以确保社会的稳定、社会的发展。

三、企业社会工作的主要内容

（一）员工福利服务

员工福利是企业薪酬体系的一个重要组成部分，是企业以福利的形式提供给员工的报酬。员工福利不仅具有保障功能，能提高员工的生活质量，更重要的是它的激励功能。它对企业改善和丰富职工物质和精神生活、提高职工素质、激励员工、增强凝聚力，有着巨大的促进作用。员工福利的范围主要有：

1. 物质性福利

物质性福利是以实物或货币给付方式提供的、旨在维持员工基本生活和恢复其基本社会功能的一种经济福利支持方式。它是除了工资和奖金外，对员工提供的其他经济性补助的福利项目。如各类补充保险、住房援助计划（住房补贴、无息低息借贷款）、各种现金福利（交通补贴、通信补贴及膳食补贴等）、利润分享和员工持股计划、假期福利、带薪休假制度等。经济性福利项目可以减轻员工的负担或增加额外收入（现期收入或未来收入），进而提高士气和工作效率。

2. 支持性福利

支持性福利是指适应家庭结构变迁与自我保障功能弱化的变化，为员工提供各种行为服务方式的福利项目。如家庭援助福利、员工生活服务福利、员工健康服务福利等。

3. 发展性福利

发展性福利即教育援助计划，是企业通过一定的教育或培训手段使员工获得素质提升

和能力提高的福利计划。这是针对那些想接受继续教育或完成教育并希望能够实现个人发展的员工实施的一种很普遍的福利计划。相对其他福利而言，发展性福利是一种积极的福利。这是因为教育培训会使员工的能力得到提升，在相应岗位上学有所用，发挥所长；在使企业效益大幅提高的同时更会使员工个人的收益得到大幅增长；即使员工离开了本企业，他在本企业学到的知识和能力也将使他终生受益。

发展性福利属于非法定性福利，由于非法定性福利具有非强制性和自愿性，是企业根据自身的能力及财务状况而实施的，因此，在实际运行过程中，许多企业连员工基本的物质福利都难以保证，更别说服务福利和发展性福利。鉴于此，企业社会工作者要在资方和员工两者间架起福利的桥梁，积极为员工争取发展性福利，并为企业员工设计、实施、监督与评估企业福利，为企业员工提供物质性福利服务、支持性福利服务，以增强企业员工的归属感，最终提高企业的管理水平和生产效率。

（二）职工职业生涯规划

个人发展是企业发展和社会发展的基础，只有充分发挥个人的主观能动性，在企业建立以人为本的职业生涯开发与管理的目标体系，帮助职工实现自我价值，通过做好职工的职业生涯开发与管理，把企业的人力资源最大限度地变成人力资本，企业才能最终实现未来的愿景。社会工作者可以通过为职工提供职业生涯辅导，帮助职工进行自我职业生涯设计，促进职工职业生涯的发展。

（三）职工情绪管理

职工情绪对企业来说是职工心理资本的重要组成部分，它同其他资本一样，对企业的发展起着至关重要的作用。每个人都有情绪，但人们大都对情绪缺乏必要的了解和关注。消极情绪若不适时疏导，轻则导致心情不舒坦，重则使人走向崩溃；而积极的情绪则会激发人们工作的热情和潜力——各种情绪不同程度地影响着职工的工作和生活。社会工作者可以通过识别职工的不良情绪，对存在着不良情绪的职工提供情绪疏导，以达到缓和其不良情绪、改善心情的目的，促进劳动关系和谐。

（四）职工素质提升

职工素质的提升是企业健康可持续发展的基础，也是企业社会工作应有的内容之一。在职工素质提升方面，社会工作服务有三类：第一类，对职工通过不同形式的教育和引导，促使职工能够认识到争取自己合法权益的手段和途径，以达到增权的目的，实现自我权利意识的提升；第二类，引导职工参与职业（技术）教育，为职工提供充实和提高自己技术技能，以胜任工作的机会；第三类，组织开展多种激励职工在工作上精益求精、开拓创新的活动，培养职工健康的工作态度和提高工作效率的能力，促进企业整体劳动生产力的提升和经济效益的增长。

（五）职业安全与健康

（1）在职场消除或减少影响职业安全与健康的因素。

（2）在职工因工受伤或患病时提供多方援助，如提供尽可能好的医治和康复训练条件，并改善现有的工作环境，从而减少对其本人和相关人员的损伤。

（3）协助因工受伤或患病的职工争取合理的补偿，维护合法权益。

（4）对因工受伤或患病职工的社区康复工作，协助他们回归社会、重返社区生活，增加社区共融及减少因职业伤病而产生的社会排斥现象。

社会工作者可以通过为职工个体提供咨询、辅导和多种社会资源，对因工受伤或患病的职工进行慰问和落实补偿，为他们的康复提供全方位支持；利用小组工作方法对职工进行培训，培育职工的健康意识、权益意识，教给职工自我保护及应对伤病的知识和方法；利用社区工作方法，向广大职工宣传劳动法及劳动安全与卫生方面的法规，在企业内进行职业安全健康、预防工伤和职业病的宣传教育，推动企业管理方改善工作环境、健全制度体系，促进职工养成维护职业安全健康的行为习惯。

（六）职工休闲生活与服务

休闲时间也称为自由支配时间，指为了满足个人精神文化以及发展需要所花费的时间，包括学习科学文化知识、阅读报纸以及文艺书刊、看电视、体育锻炼、休息及其他娱乐等自由支配时间。休闲时间是一种宝贵的社会财富，社会工作者带领职工合理地利用休闲时间，可以使他们得到愉快的娱乐和休息，发展丰富多样的兴趣，取得智力、体力和心理上的全面健康，有利于企业经济的发展和劳动关系的和谐。

（七）职工工作与生活平衡的服务

企业社会工作力求为职工创造条件和营造环境，使职工工作与生活更有幸福感。企业社会工作关注职工的婚姻家庭、职工在工作以外的生活，女职工的特殊权益、职工的家庭成员、职工生活中的不便和困难等。为了让职工生活得更好，社会工作者要协助企业制定政策，提供设施，采取具体措施解决职工的实际困难，解除其后顾之忧，既节省职工的时间和精力、体力，又使职工能够充分享受生活，更使职工对企业有归属感，为职工献身企业发展、提高工作效率创造条件。

（八）劳动关系协调

社会工作可以协助和促进在企业内建立职工关系调解机制，协助解决职工之间发生的矛盾、冲突，以建立和谐职工关系，提升职工对企业的满意度和改善企业管理方式，促进企业更快、更好地发展，实现企业与职工的双赢。

（九）企业文化和职工文化建设

企业文化是企业核心竞争力的重要组成部分。企业社会工作把企业文化建设当作自己的服务内容，主要是在企业组织内部传播平等、公正、和谐的理念和尊重、理解、合作的工作态度以及团结、互助、友爱的组织氛围，以促进企业提高管理水平，增强凝聚力；促使企业使命、愿景、核心价值观的进一步清晰，激发职工的主动性、积极性和创造性，以产生更大的经济和社会效益。就此而言，企业社会工作者在企业文化建设方面能够发挥积极的作用。

（十）困难群体关怀

企业职工队伍中的困难群体包括老、弱、病、残、孕妇等，也包括下岗职工、进城农民工、较早退休的"体制内"人员。企业社会工作关爱困难群体，向困难群体提供社会支持和社会保护，反映了以人为本的价值理念，体现了对社会稳定和社会公正的追求，也是践行社会工作的崇高使命。

（十一）企业履行社会责任

企业社会责任是指企业在创造利润、对股东负责的同时，还应承担起对劳动者、消费者、环境、社区等利益相关方的责任，其核心是保护劳动者合法权益，包括不歧视职工、不使用童工、不使用强迫性劳动，创造安全卫生的工作环境等。企业社会工作者所开展的工作内容在很大程度上属于企业社会责任的工作内容。企业社会工作与企业社会责任的最大差别是出发点不同，企业社会工作的出发点是通过社会工作专业服务来帮助企业中有困难的目标群体解决问题，提升生活品质，实现社会正义；企业社会责任的目标是为了维护企业的长远发展而必须担负的利益相关方责任。

四、企业社会工作的主要方法

（一）员工福利服务的方法

在企业社会工作福利服务领域，个案工作、小组工作、社区工作等社会工作方法也得到广泛的运用，是员工福利服务的直接援助技术与方法。

1. 个案工作的应用

员工福利服务中的个案工作方法则是企业社会工作者以员工及其家庭为对象，以专业社会工作价值理念为基础，运用各种专业知识和技术（提供经济援助与行为服务、咨询与辅导、家庭治疗等），针对员工的福利需求及所遇困难，以个别化的方式帮助员工和家庭获得各类福利权益、调适社会关系，利用社会资源促进员工恢复社会功能，从而提高其生活质量和工作满意度。个案工作方法的运用，可以使得法定福利及企业福利更好地传递给员工，并随着福利政策及企业经营状况的变化及时提升员工的整体福利水平。

企业社会工作者需要考虑员工因性别、年龄、工龄、民族、种族、文化程度等个体的差异性，对福利的需求具有差异性，员工在遇到困难时所表现的行为及心理特征也不尽相同，故对员工进行福利服务的时候完全可以运用个案工作来帮助企业员工。具体步骤包括：

（1）接案。企业社会工作实务过程的开始，重点在于通过有效的沟通了解企业员工潜在福利需要或问题，与其建立起信任和合作的关系，确认能否提供相应的服务，最终达成初步共识。在与员工的面谈中，可以运用尊重、真诚、倾听、同情心等技巧来建立良好的专业关系。

（2）收集资料与分析。资料除了从案主及其相关人员处直接获得外，还可以通过阅读过往辅导记录、该人群研究文献等获得，以及可以利用调查问卷、电话、计算机网络等获得员工福利需求的各种资料。在获得资料后，社会工作者要整合信息，通过对员工、家庭、企业等进行预估，形成初步服务介入计划。

（3）制订服务计划。制订服务计划是建立在案主的福利需要之上的，其过程是企业社会工作者与案主合作、达成共识的结果。同时，明确福利服务任务与责任也是构建整体行动方案的过程，它规定了一定时间内企业社会工作者、案主及相关人员所承担的角色、任务及所运用的方法、模式和技巧，进而形成一个整体性的行动架构，以实现先前设定的总体目标与具体目标。

（4）实施服务。实施员工福利服务计划是企业社会工作者对案主的具体介入和干预过程，是企业社会工作个案工作过程最重要的阶段。个案工作有许多介入模式，根据案主的不同特征以及企业不同的特点，服务模式的选择可能会灵活调整，这就要求企业社会工作者不能简单生搬硬套，而应融会贯通适时选择使用。

（5）评估。评估的目的是检查和评估企业社会工作者福利服务实现预定目标的情况。企业社会工作者评估的时候，一般需要经历明确评估目的、制订或选择评估指标、选择适当的评估方式和方法、实施评估以及最后得出评估结论等具体步骤。

（6）结案。结案是企业社会工作者进行福利服务的最后阶段，伴随着评估的结束而来。在评估的前提下，做出明确的结案决定：继续服务或中断专业关系。企业社会工作者还可以在结案一段时间后对案主提供跟进服务，进行后续跟踪和联络，了解其进展情况，以评估介入的真正效果，并适时向案主提供必要的咨询。

2. 小组工作的应用

企业社会工作福利服务中的小组工作可以建立处于困境员工之间的互助网络，促进其成长，并增加其参与社会活动的机会，帮助他们解决共同的福利需求问题和提升企业整体的福利水平。在员工福利服务中，对于有困难和某种福利需求的员工，可以通过建立自助和互助小组来解决。该小组应以组员自己的资源作为支持，以达到态度和行为转变的目的，或者达到解决社会问题的目的。

在小组工作的初期，企业社会工作者可以把不同背景下有共同成长和发展需要的员工组织起来成立小组。企业社会工作者要促进员工之间彼此交谈，鼓励他们大胆地开口说话，在此基础上让大家消除顾虑，彼此认识。

可以将那些有过相似问题，但目前已取得成效的员工加入小组中，通过他们对亲身经验的讲述，强化其他员工的自我发展意识和行动。

随着组员认识能力的提升，小组的形式也应该相应地发生改变，从低级不断地向高级转变，更好地适应组员的发展，最终达到助人自助的根本目的。通过有目的的团体活动，让他们分享经验，发展面对问题和解决问题的能力，学习如何改变环境，增强适应能力，恢复和提高自信，协助个人增强社会功能。

3. 社区工作的应用

员工福利社区工作是企业社会工作者以企业社区中的员工及其管理者为对象，充分了解和分析企业社区中员工的需要及其相关问题，利用社区内外资源，有计划、有步骤地解决在企业社区范围内与员工有关的福利问题。发动和组织企业社区中的员工参与到改善自身所处的外部环境的行动中来，在此过程中积极培养企业社区中的员工领袖，以此促成员工福利权益的获得和提升。企业社会工作者要善于利用社区资源以满足员工的需要，并与这些资源单位随时保持联系；向在职员工或退休员工介绍社区有关健康、福利、休闲娱乐、教育等活动；企业社会工作者可以动员企业利用本地社区居家养老机构、社区日间照料等，为退休员工及员工家属提供养老服务。

（二）员工心理服务的方法

员工心理问题可以通过多种渠道进行，其中，社会工作三大方法就是专业性的服务手段。

1. 个案工作方法在员工心理服务中的应用

个案社会工作在员工心理服务中的工作流程包括：

（1）申请和接案。当案主前来申请帮助时，社会工作者和案主之间就开始建立起关系。对于初次申请帮助的案主可以设置专门的接待人员负责接案。接案时进行约 1 小时的会谈，重点了解求助职员或管理者的基本情况、生活状况、个人特质，是本人前来求助，还是由部门主管或其他人员介绍而来的；求助的问题是什么，问题的来龙去脉及案主对问题的看法。

（2）调查与研究。针对申请帮助的职员的问题和情况，深入了解案主的经济状况、与同事之间的关系、人际关系网络、工作态度、生活适应能力、成长历程、感情经历、可用的资源等。涉及的人群可以是案主所在部门的主管及员工、宿舍里的室友、老乡、关系亲密的朋友、恋人或配偶及家人等。社会工作者在调查过程中必须谨慎客观，避免偏见。

（3）预估与诊断。预估的作用主要是分辨案主问题的性质，估计案主需要帮助的程度和时间。诊断主要是探究问题的真相、特质、原因及症结所在，判断问题与案主的人格之间的相互关系，以了解案主的能力、态度和改变的可能性；同时确定可供利用和调配的社会资源，拟订治疗的计划和目标。

（4）治疗与服务。它是个案工作方法在员工心理服务中的重心。社会工作者可以从以下几个方面着手：协助案主排解积压的情绪；协助案主澄清不合理的观点；协助案主修正偏差行为；支持案主肯定自我，发挥潜能，调整社会关系；寻求社会资源，改善环境；在治疗和干预过程中继续预估，修正和补充治疗计划与策略。

（5）评估与结案。项目包括治疗与服务的目标是否达到、社会工作者的服务方式是否合适、案主改变程度是否令人满意。评估可以促使社会工作者修改过去所作的诊断，使服务达到令人满意的结果。

2. 小组工作方法在心理服务中的应用

工作过程中所遇到的各种冲突和矛盾以及工作压力、心理疲劳等问题，对员工的发展造成很多困扰。通过团体咨询的方式，帮助员工了解自己的情绪和心理状态，学习情绪管理的方法、有效沟通的方法，以及减压和放松的技巧等，可以使员工在短期内调整并恢复良好的工作状态。具体可以由心理咨询师带领，针对企业中较为普遍存在的员工职业心理问题，开展系列小组活动，为员工进行健康职业心理辅导，通过小组工作期间的经验分享和互助交流，使员工学会正确对待工作中的问题，并能保持积极愉悦的心情投入工作中。在企业中可以组建的小组类型很多，以团体的性质为分类标准，可以对企业中小组进行分类。

（1）成长小组。企业员工成长小组，旨在让员工了解或改变自己及他人的思想、感觉、行为，洞察自己，即通过小组体验，促进员工的成长。强调“自我改善”、“人类的潜能”，特别强调改善与他人的关系。着重促进成员在社会情绪上的健康，而不是要治疗社会情绪方面的疾病。

（2）兴趣、娱乐小组。目标是丰富员工的休闲生活、增加员工生活乐趣，而且让员工学习一套自己感兴趣的娱乐技巧，陶冶性情。如由社会工作者领导为员工组织插花、剪纸、跳舞、健美操等娱乐小组。

（3）支持小组。主要目标是协助成员应对充满压力的生活事件，并恢复原有的应对能力。小组领导者运用同情心的技巧，扮演催化员的角色。小组的焦点集中在成员应对压力的能力，成员间的沟通及相互帮助，分享有压力的或创伤的经验。例如，为失恋的员工组成的小组，为尚不能适应新环境的员工组成的小组，为处于职业倦怠中的员工组成的小组等。

（4）教育小组。教育小组最主要的目标是帮助成员学习新的知识与技巧，教育者一般是受过系统训练并且在某一领域具有专长的专业人员，也可以是社会工作者。例如，对企业中层管理人员进行的管理技能的教育训练，对基层管理人员进行的会议技巧训练，对操作工进行的专项技能培训，对一般员工进行的自我发展训练和沟通技巧训练等。

（5）治疗小组。治疗小组的目标是协助成员改变他们的行为，改善个人问题，治疗生理、心理和情绪上的创伤。虽然也强调支持，但是与支持团体不同，它更注重改变、治疗与恢复。小组领导担任专家、权威人物或催化者，要求成员有中度至高度的自我揭露。例如，为那些有长期情绪问题的员工、有酗酒行为的员工等组成心理治疗小组。

3. 社区工作方法在心理服务中的应用

企业社会工作把企业当成一个整体，运用社区工作的方法对企业这个社区内的事务和人际关系进行有效有序的协调，使企业保持健康的状态和良性发展。社区工作在企业中运用的领域与功能有：改善问题及满足员工的需要、促进企业人性化管理等。社会工作者在企业中可以促进企业改善管理方式，建立人性化的管理方式，能够帮助制订企业内部的合理政策，让政策更好地为员工服务，维护员工合理的权益。

（三）员工职业生涯服务的方法

通过对员工职业生涯发展需要的满足，为实现组织目标打基础，结合企业社会工作的专业方法，实现职业生涯的有效管理。

1. 个案工作在员工职业生涯服务中的应用

企业社会工作对员工职业生涯服务的个案工作，指的是针对企业员工的职业发展和职业转换等职业生涯问题进行的个别辅导服务。这里以员工职业生涯发展计划为例，说明员工职业生涯服务个案工作的一般步骤。

（1）企业现有人力资源及职业规划管理评估。收集资料，全面了解企业现有人力资源和职业发展体系，具体内容包括：收集企业的行业背景、战略目标、组织文化等信息，对这些资料进行深入的分析，了解本企业和本行业的信息，将这些作为整体项目执行的指导。收集企业人力资源结构资料，多角度了解企业人力资源结构、职级结构、晋升途径、组织结构以及人员需求等情况。以此为背景，帮助员工建立其在企业内部的职业生涯规划。

（2）员工的满意度和建议。考察员工对企业内部现有组织结构、人力资源管理的满意度和建议。找到现有结构的不足和优势，了解同类企业内部成功有效的职业生涯规划管理方案，以作借鉴。分析本组织与同类企业的同质与异质，有选择地、有针对地设计适合自身的职业生涯管理体系。

（3）员工个人能力综合评定。从性格、能力、职业兴趣等多个方面对员工进行综合测量和评估，并收集其同事和领导的建议，得到每个员工的综合评定。具体内容包括：员工自陈式评定，利用多种量表，以及测评专家和员工的一对一访谈，对员工个人的性格、能力、职业兴趣等各个方面进行测定，分析员工的优势和不足，形成整体的个人能力评估意见，形成员工个人综合评定；测评专家根据上述资料，进行深入的分析挖掘，最终形成员工个人综合评定，并出具综合评定报告。

（4）制订员工个人职业发展计划。根据以上阶段所收集到的资料，对员工的优势和不足进行评定，根据组织内部的职级体系和晋升方式，初步设计员工的职业发展计划书。

（5）跟踪、评估、建立个案档案。当个人职业发展计划明确之后，员工将根据计划书的内容和目标进行努力，企业社会工作者将根据员工的工作绩效定期对员工的职业发展计划进行回顾，并结合与员工的面谈对其职业发展计划进行修正。同时，需要对一个阶段的员工职业生涯发展辅导进行评估，考察员工职业生涯发展辅导的效果。最后，需要为每一位参加职业生涯辅导的员工建立个案档案，以保持职业生涯辅导的延续性。

2. 小组工作在员工职业生涯服务中的应用

企业社会工作之员工职业生涯服务的小组工作，指的是针对企业员工所共有的一些职业生涯问题进行的团体培训和辅导服务。具体内容可以包括：职业生涯规划培训、职业成长小组、退休前讨论会等。

（1）职业生涯规划培训。通过培训的形式，使员工更好地了解职业生涯规划的含义，促使员工对个人职业发展进行深入的思考。同时通过职业生涯规划培训，向员工说明企业给予员工的发展通道和发展期望，使员工明白企业的用人之道，增强对企业的信任和认同。具体可以由职业生涯规划培训师带领，为员工进行职业生涯规划的课程。课程内容从员工的自我认知出发，探讨员工如何找到适合的职业道路，将自我实现的目标与企业战略规划结合起来，利用各种资源使自我得到提升，最终完成自我潜能的实现。

（2）职业成长小组。定期为新员工或需要帮助的员工开展成长小组活动，员工参与该活动，可了解自己的优缺点、价值观、职业目标及相关信息，为个人发展提供方向，并掌握实现目标的策略和方法。具体可以由企业社会工作者来策划和组织，通过新员工和需要帮助员工的访谈，了解他们职业成长中的困惑，帮助他们建立职业成长小组，以小组活动的方式，让他们在讨论中相互启发。同时邀请职业成功人士讲解其奋斗经历等，以给新员工和需要帮助的员工一些启发，帮助他们尽快实现职业发展和成长。也可以借助拓展训练的方式，给员工一种全新体验，获得职业成长的体会和启发。

（3）退休前讨论会。目的是为退休员工很好地适应退休后的生活而进行的职业辅导活动。可以由企业社会工作者来策划和组织，通过小组活动的形式，帮助员工了解人生发展阶段理论，了解退休之后可能遇到的情感和情绪问题，学习退休之后的心理自我调适方法。让员工畅所欲言，进行自我情感暴露，然后结合各自不同的人生目标，帮助他们制订退休后的计划，为圆满的职业生涯画上一个句号。

3. 社区工作在员工职业生涯服务中的应用

企业社会工作通过介入社区，做好直接面对职工的劳动保护、社会福利、社会服务、社区教育、专业培训以及其他文化体育活动，可以激发职工的生产热情和劳动积极性，有利于员工职业生涯辅导与方案的实施。

（四）员工劳动关系服务的方法

在参与调解劳动关系方面，社会工作者不但要发挥缓冲和化解矛盾的作用，而且要在调解冲突的过程中保持社会工作者的理性良知，坚持社会工作的伦理价值观，把处于弱势地位的员工利益放在首位，在不得不牺牲某些利益的时候，首先应考虑最大限度维护员工利益；在冲突双方的矛盾无法调和的时候，必须从公平正义的立场做出决断。社会工作者介入劳动关系服务，是通过三大专业方法，即个案工作、小组工作、社区工作进行的。

1. 个案工作在员工劳动关系服务中的应用

个案工作中的危机介入模式和任务中心模式都适用于员工劳动关系服务。通过深入到劳动者中间，了解其劳动冲突的原因、历程和后果，并且通过面对面的互动、交谈和其他有效的联系方式，化解其劳动冲突，缓解其心理困境。

2. 小组工作在员工劳动关系服务中的应用

在小组工作的具体过程中，可以按照不同的标准成立不同类型的小组。对于劳动冲突的处理，可以建立教育小组宣传劳动法律法规，增进劳动者的法律知识和行动技巧；可以建立治疗小组，来抚平遭遇劳动冲突的劳动者的心灵创伤；可以建立自助小组，利用小组成员的资源作为支持，在沟通和互动中影响对方，使案主实现态度和行为的改变，从而积极面对和有效解决环境问题。

3. 社区工作在员工劳动关系服务中的应用

社区工作是以社区或者社区中的居民为案主，可以帮助开展企业文化建设，建立健康、和谐的企业氛围；发动和组织社区居民参与集体行动，动员社区资源，争取外力援助，可以帮助缓和劳资矛盾与纠纷，促进雇主与雇员之间的交流，帮助建立劳资沟通的机制，促进社区进步，缓和劳资纠纷。

综上所述，对于劳动冲突中的弱势群体来说，不仅在经济地位上处于底层，而且在工作和交往中往往也会受到冷遇，使本来就遭受伤害的弱势群体，又要承受来自社会各个方面的压力。因此，劳动冲突的彻底解决，不仅需要通过个案工作方法抚平其内心的创伤，致力于案主本身问题的解决，还需要采用小组工作方法使劳动者之间相互沟通和交流，以最大限度地整合资源，为整个群体赋权，增强法律意识和维权意识，扩大自身行动能力。社区工作方法则是针对整个劳动者群体生活的社区而言的，它在劳动冲突的处理中是一种极为重要的工作方法；它可以促进劳动者参与解决自己的问题，调整和改善社会关系，寻求社区需要和社会资源的有效配合，追求权力和资源的公平分配，发挥劳动者的潜能，培养相互关怀的美德，增强劳动者社区的凝聚力。

本章小结

家庭社会工作是指运用社会工作的专业理念和方法帮助家庭解决面临的困难，发挥家庭的社会功能，以满足所有家庭成员的发展和情感需要的专业服务活动。家庭社会工作的主要内容包括家庭救助与帮扶、家庭咨询与治疗、家庭教育与培训、婚姻辅导服务、家庭生活服务、亲职辅导服务、家庭暴力干预等。

学校社会工作是社会工作的专业价值观、理论、知识和方法在学校领域的全面应用。学校社会工作的主要内容包括满足全部学生一般需要的学生社会工作和满足部分学生特殊需要的学校社会工作。学校社会工作的主要方法有学校个案社会工作、学校小组社会工作、学校社区工作。

企业社会工作是运用社会工作的专业理念与方法，在企业内外开展与职工的工作岗位适应、劳动环境协调、职业福利保障、职业生涯发展以及劳动关系协调等有关的服务工作与管理工作。其目的在于促进职工发展和福利目标实现的基础上，保障职工利益、提升劳动效率、促进企业和职工共同发展。

参考文献：

［1］张文霞，朱冬亮．家庭社会工作［M］．北京：社会科学文献出版社，2005.

［2］邓伟志，徐新．家庭社会学导论［M］．上海：上海大学出版社，2006.

［3］许莉娅．学校社会工作［M］．北京：高等教育出版社，2009.

［4］石彤，彭君芳．学校社会工作实务教程［M］．北京：中国人民大学出版社，2010.

［5］李晓凤．学校社会工作［M］．北京：中国社会出版社，2010.

［6］范明林，张洁．学校社会工作［M］．上海：上海大学出版社，2005.

［7］高钟．企业社会工作概论［M］．北京：社会科学文献出版社，2007.

［8］钱宁，张默．工业社会工作［M］．北京：高等教育出版社，2007.

［9］周沛，高钟．企业社会工作［M］．上海：复旦大学出版社，2010.

［10］全国社会工作者职业水平考试教材编写组．社会工作实务［M］．北京：中国社会出版社，2016.

模拟题

一、单项选择题（每小题列出的四个备选项中，只有一个最符合题目要求，错选、多选或未选均无分）

1. 社会工作者在观察和评估家庭成员的需求时，把家庭成员放在家庭的日常生活中，观察和了解家庭成员之间以及家庭成员与周围环境之间的互动交流状况，关注家庭成员的日常生活。这体现了家庭社会工作哪个原则（　　）。

A. 家庭成员增能原则　　B. 家庭处境化原则

C. 家庭个别化原则　　D. 家庭成员需求满足原则

2. 家庭社会工作的服务目标是（　　）。

A. 从家庭整体的角度去观察个人、理解个人　　B. 融合运用多元方法

C. 建立平等、相互尊重和相互信任的工作关系　　D. 协助家庭正常运转

3. 学校社会工作是塑造青少年发展的一门艺术。这体现了学校社会工作的哪个特征（　　）。

A. 专业性　　B. 科学性　　C. 艺术性　　D. 实践性

4. 小刘是某学校四年级的学生，经常凭借自己健壮的体魄和优越的家庭背景欺负其他同学，其他同学因而避而远之。从人际关系困难的类型看，小刘属于（　　）。

A. 沉默寡言型　　B. 遭人排挤型　　C. 行为偏激型　　D. 专横霸道型

5. 企业社会工作通过缓解“劳资矛盾”，提高员工的积极性，促进企业的良性运行和健康发展。这体现了企业社会工作的哪一原则（　　）。

A. 案主自决原则　　B. 真诚和尊重原则

C. 促进企业发展原则　　D. 增进员工福利原则

6. 下列关于家庭的特征表述错误的是（　　）。

A. 家庭是初级社会群体

B. 家庭是一个靠某种纽带紧密联系在一起的系统

C. 家庭成员有着短暂时间的共同生活和经济上某种程度上的共有、共享

D. 家庭有足够的韧性和稳定性

7. 下列关于家庭社会工作的特征表述错误的是（　　）。

A. 从家庭成员的角度去观察个人、理解个人

B. 服务目标是协助家庭正常运转

C. 强调多元方法的融合运用

D. 强调建立平等、尊重和互信的工作关系

8. （　　）是企业社会工作实务过程的开始，重点在于通过有效的沟通了解潜在企业员工福利需要或问题，与其建立起信任和合作的关系，确认能否提供相应的服务，最终达成初步共识。

A. 结案　　B. 收集资料　　C. 预估　　D. 接案

9. （　　）主要目标是协助成员应对充满压力的生活事件，并恢复原有的应对能力。

A. 成长小组　　B. 治疗小组　　C. 支持小组　　D. 学习小组

10. 下列哪一项不属于学校社区工作的基本过程（　　）。

A. 建立关系　　B. 收集资料　　C. 制订计划　　D. 社区评估

二、多项选择题（每题备选项中，有 2 个或 2 个以上符合题意，错选、少选不得分）

1. 下列关于家庭社会工作的假设正确的是（　　）。

A. 家庭支持是家庭成员社会生活的基础

B. 家庭中心视角是把握家庭成员需求的关键

C. 家庭危机是促使家庭成员改变的重要契机

D. 生态视角是理解家庭内外部环境的重要依据

E. 满足问题成员需求是解决家庭矛盾的重要条件

2. 家庭社会工作的原则包括（　　）。

A. 家庭成员增能原则　　B. 家庭处境化原则

C. 家庭个别化原则　　D. 家庭成员需求满足原则

E. 家庭社会化原则

3. 接案是社会工作者和有可能成为案主的人开始沟通，并初步达成协议一起来解决问题的过程。在这个阶段，学校社会工作者主要的工作有（　　）。

A. 收集资料　　B. 准备工作　　C. 面谈　　D. 界定和确认问题

E. 制订服务计划

4. 学校小组工作的基本过程可以分为计划、开始、中期、结束、评估5个阶段。在开始阶段。社会工作者的主要任务是（　　）。

A. 协助组员彼此认识消除陌生感

B. 帮助组员厘清对小组的期望，提高组员对小组目标的认识

C. 引导组员讨论小组规矩，制订小组规范，建立契约

D. 讨论保密原则，营造信任的小组氛围等

E. 协助组员重新建构小组

5. 员工福利服务主要包括（　　）。

A. 物质性福利　　B. 支持性福利

C. 发展性福利　　D. 精神性福利

E. 生活性福利

6. 自我认知又称自我意识，或叫自我，是个体对自己存在的觉察，包括对自己的行为与心理状态的认知，一般从哪几个方面来分析青少年自我意识发展的特点（　　）。

A. 自我评价　　B. 自我体验　　C. 自我控制　　D. 自我反省

E. 自我感觉

7. 下列关于企业社会工作的功能表述正确的是（　　）。

A. 提供物质帮助，协助困难职工摆脱困境

B. 为企业职工提供心理疏导和支持

C. 协调内外关系，增强企业组织的凝聚力

D. 维护职工合法权益，体现社会公平正义

E. 预防问题产生，保障社会和谐均衡稳定

8. 学校社会工作者在面对生活状况困境的学生时，可以从哪几个方面开展工作(　　)。

A. 开发学生潜能　　B. 发展支持系统

C. 挖掘社会资源　　D. 情感支持

E. 物质援助

9. 学校社区工作的任务主要包括（　　）。

A. 协助学生通过服务社区来促进自我成长

B. 强化“问题学生”的管理和引导

C. 联系学生家长，支持学校政策

D. 组织学生家长，提高家长对子女的教育水平

E. 协调社区机构，推行社区教育

10. 关于学校个案工作的内涵表述正确的有（　　）。

A. 以学校里的在校学生为服务对象

B. 是一项专业的助人活动

C. 是一项个别化的助人活动

D. 是一项思想政治教育与心理咨询相结合的活动

E. 是一项行政辅导与思想政治教育相结合的活动

参考答案

一、单项选择题

1. B　2. D　3. C　4. D　5. C　6. C　7. A　8. D　9. C　10. D

二、多项选择题

1. ABCD　2. ABCD　3. ABC　4. ABCD　5. ABC　6. ABC　7. ABCDE
8. ABCD　9. ABCDE　10. ABC

第七章　特定对象的社会工作

本章学习要点

✧ 救助社会工作的含义及特点；救助社会工作的内容；救助社会工作的主要方法及其运用。

✧ 优抚安置社会工作的含义及分类；优抚安置社会工作及其服务对象的特点；优抚安置社会工作服务对象的需要及问题；优抚安置社会工作的主要内容；优抚安置社会工作的主要方法及其运用。

✧ 矫正社会工作的含义及特点；矫正社会工作服务对象的需要及问题；矫正社会工作的主要内容；矫正社会工作的主要方法及其运用。

社会工作的服务领域和服务对象都十分广泛，除了要关注一些常见人群外，更要关注那些有着特殊困难或需求的特定人群。不同的服务领域具有不同的特点，不同的服务对象有不同的需求和问题存在，因而，各个领域的工作内容和工作方法在具体的服务过程中的运用是有所不同的。本章主要介绍针对救助社会工作、优抚安置社会工作和矫正社会工作等特定对象的社会工作。

第一节　社会救助社会工作

社会救助作为现代社会福利体系的重要组成部分，对解决陷入困境的社会成员的基本生活和维护社会稳定具有重要的保障作用，被誉为社会保障的最后一道防线和安全网。社会工作介入社会救助领域，能够更加有效地依据救助对象的不同需求，达成社会救助的社会功能。

一、社会救助社会工作的含义

（一）社会救助的含义及特点

1. 社会救助的含义

社会救助是指国家和其他社会主体对那些因遭受自然灾害、意外事故和个人生理、心理等因素而导致生存困难的社会成员给予物质帮助或精神救助，以维持其基本生活需求，保障其最低生活水平的各种措施。

2. 社会救助的特点

社会救助对配置社会资源，实现社会公平，维护社会稳定有非常重要的作用，体现了浓厚的人道主义思想。社会救助主要是向社会成员提供最低生活保障，其目标是扶危济贫，救助社会脆弱群体，对象是社会的低收入人群和困难人群。因而具有以下特点：第一，权利和义务的非直接对应性；第二，救助对象的限制性；第三，救助标准的低层次性；第四，救助手段的多样性；第五，社会救助的时限性。

（二）社会救助的类型和一般流程

1. 社会救助的类型

社会救助的类型一般包括基本生活救助、专项社会救助、灾难救助、生活无着的流浪乞讨人员救助等内容。

（1）基本生活救助

基本生活救助是社会救助的核心内容，主要解决贫困个人与家庭的基本生存问题。目前基本生活救助主要有两个方面，一是城乡低保，二是农村五保供养。城乡低保是一种收入补充型救助制度，凡共同生活的家庭成员人均收入低于当地居民最低生活保障标准的，均有权利从政府获得直接的现金帮助，使其家庭人均收入达到当地低保标准。其中，持有非农业户口的城市居民，享受城市低保待遇，持有农业户口的农村居民，享受农村低保待遇。随着我国社会经济的发展、户籍制度改革的深化及城乡统筹发展的推进，城乡低保及其差别将会逐步淡化，如2016年3月修订的《重庆市城乡居民最低生活保障条例》就将“城乡居民最低生活保障”的表述一致修改为“居民最低生活保障”。农村五保供养主要针对老年、残疾或者未满16周岁的村民，他们无劳动能力、无生活来源又无法定赡养、抚养、扶养义务人，或者其法定赡养、抚养、扶养义务人无赡养、抚养、扶养能力，国家通过建立农村敬老院、社会福利院，或发放供养经费的方法，为他们提供吃、穿、住、医、葬（救）等方面的供养服务。

（2）专项社会救助

专项社会救助是针对困难家庭的特定问题开展的救助，是对基本生活救助的补充。专项社会救助主要包括教育救助、医疗救助、住房救助和司法救助等。

①教育救助，是指政府通过现金或者实物救助的形式，帮助困难家庭的学生完成学业。救助对象包括中小学生以及大学生和研究生。教育救助分现金救助和实物救助两类。现金救助主要是给学生减免学杂费，发放特别奖学金、助学金等，实物救助主要是发给学生学习用品、校服，或提供免费午餐等。

②医疗救助，是指政府和社会通过资金、政策和技术上的支持，帮助贫困人群获得医疗卫生服务，改善健康状况的一种机制。医疗救助能够帮助贫困群体满足最低健康需求，以避免疾病困扰。医疗救助分两种形式：一是资助城乡困难家庭的成员参加新型农村合作医疗（农村居民）或城镇居民基本医疗保险（城镇居民）；二是给予城乡困难家庭成员直接的医疗费用补助或减免。

③住房救助，是指政府通过发放租房补贴或实物配租廉租房的方式为城市低收入家庭提供住房方面的帮助，通过现金补助的方式帮助农村贫困家庭改造危旧住房。住房救助目前采用的形式主要有租金减免、租金补贴、廉租住房实物配租、危旧房改造补助等。

（3）灾难救助

灾难救助是指国家和社会对遇到自然灾害或意外事故而造成生活贫困的社会成员提供一定的物质帮助，使之维持基本生活水平，并逐步恢复和提高生产、生活能力的一项救助制度。灾难救助具有突发性、紧急性、临时性等特点。

（4）流浪乞讨人员救助

流浪乞讨人员是对“在城市生活无着的流浪、乞讨人员”的简称，对他们的救助是我国社会救助制度的重要内容。为了对流浪乞讨人员实行救助，保障其基本生活权益，完善社会救助制度，国务院在2003年颁布实施了《城市生活无着的流浪乞讨人员救助管理办法》，同年民政部发布了《城市生活无着的流浪乞讨人员救助管理办法实施细则》。2009年，民政部联合有关部委发布《关于进一步加强城市街头流浪乞讨人员救助管理和流浪未成年人解救保护工作的通知》，要求各地注意引导街头流浪乞讨人员进入救助管理站接受救助，不愿入站的，根据其实际情况提供必要的饮食、衣被等服务；对街头流浪乞讨人员中的危重病人、精神病人、危险传染病人等，要坚持“先救治，后救助”的原则，配合医疗机构做好救治工作。

2. 社会救助的一般流程

社会救助的实施有一套基本的程序，这些程序因救助对象、救助类别的不同在具体实施时有所差异。

（1）测算和公布社会救助标准

无论是基本生活救助，还是专项社会救助，都需要在科学测算的基础上，制定并发布社会救助标准。这些救助标准既是实施社会救助的依据，也是划定救助范围的依据。如《城市居民最低生活保障条例》规定，城市居民最低生活保障标准“按照当地维持城市居民基本生活所必需的衣、食、住费用，并适当考虑水电燃煤（燃气）费用以及未成年人的义务教育费用确定”。一般情况下，制定社会救助标准需考虑城市居民的人均可支配收入或农村居民人均纯收入、当地居民人均生活消费支出、消费物价指数（CPI）、当地城镇职工最低工资、维持当地最低生活水平的必需消费支出等因素。同时，社会救助标准制定时还需要考虑与其他社会保障标准的衔接等。

（2）救助申请的受理

城乡困难家庭希望申请最低生活保障或者专项社会救助的，首先需要向所在街道或者乡镇人民政府提出书面申请。有些地方的街道或乡镇人民政府委托社区居民委员会或者村民委员会代为受理居民的社会救助申请。基层人民政府在受理居民的社会救助申请后，应当对申请材料是否合格作初步审查，不合格的将要求申请人补充材料。

（3）审查申请人家庭收入及财产状况

基层人民政府收到社会救助申请后，将组织人员对社会救助申请人的家庭收入和家庭财产状况进行审查，以确定其家庭经济状况是否符合某项社会救助所规定的条件。这种审查一般称为“家庭经济状况调查”。调查方式一般有入户查看、信函索证、邻里访问、单位证明以及相关机构信息核对等。基层政府查审后提出初审意见，然后将有关材料和初审意见报送县级人民政府民政部门审批。

（4）救助审批

民政部门在收到街道或乡镇人民政府送交的申请材料及初审意见后，应在一定的工作期限内进行审核。经审核符合条件的要在社区范围内进行公示，公示无异议或者异议不成立的，予以审批。管理审批机关应当自接到申请人提出申请之日起的30日内办结审批手续。

（5）救助款物发放

救助申请批准后，社会救助部门按规定将各类救助款物及时、充足地发放到城乡困难群众手中，解决他们的生活困难。救助款物发放应做到资金到位及时，发放快捷。目前现金救助一般都采取社会化形式发放，即通过金融机构发放。比如县级民政部门在批准低保申请的同时会及时办理低保和银行存折，低保户从申请批准的次月就可以到银行领取低保金。

（6）动态管理和日常服务

根据救助对象家庭收入的变化以及社会经济发展状况，社会救助采取动态管理。这里的动态包括两层含义，一是救助对象有出有进，二是救助资金有高有低。还必须建立科学的进入和退出的机制，定期复核，该进则进，该退则退。针对一些特殊的社会救助群体，如“三无”人员、重病、重残人员、未成年人等，应通过“分类施保”的办法，使他们获得高于一般救助对象的救助款物，以维持基本生活水平。

（7）申诉

社会救助对象在获得救助的过程中如果感到自身权益没有得到保障，或者发现有漏保、骗保现象时，都可以按规定向当地民政部门、纪检部门反映和申诉。社会救助部门要及时查处、纠正，以维护弱势群体的利益，保证救助制度的公平实施。

（三）社会救助社会工作的含义及特点

1. 社会救助社会工作的含义

社会救助社会工作是指在社会救助领域，社会工作者根据社会救助的性质和特点，以社会工作价值理念为指导，以社会工作的专业理论为依据，采用社会工作专业方法与技巧，为社会救助对象提供专业服务的过程。

2. 社会救助社会工作的特点

（1）服务对象及救助类型的复杂性

社会救助社会工作的服务对象范围广泛，有贫困无依的老人和儿童，有下岗职工和失业人员，有残疾人、重病人等失能人士，有因为突发事件而临时陷入困境的家庭，还有因自然灾害所致的受灾群众等。

（2）工作过程的持续性

社会救助社会工作的过程具有持续性。社会救助通过发放救助款物，及时解决困难群众的生存问题，使他们脱离险境，同时还要设法逐渐增强他们生活的能力和战胜困难的信心。这一服务过程必须有一个持续的时间过程。

（3）工作模式的整合性

依据社会救助服务对象的不同、所遇困难类型的不同以及困难产生原因的不同，社会救助社会工作所采取的工作模式是不一样的。如，针对一位因为身体残疾而导致经济贫困的救助对象，可以采取的工作模式是针对个体的微观的工作方法；针对一个因为自然灾害导致经济贫困的社区可能要用到小组和社区社会工作方法；如果救助对象是流浪乞讨人员，需要考虑运用社会工作干预、心理辅导、行为矫治和教育培训等方法。当然，各类方法的运用不是割裂的，在实施救助的过程中要强调各种方法的整合运用。这样，救助社会工作的实效性才能得到更好的展现。

（4）工作方法的政策性

社会救助的体系比较复杂，相关的各类政策非常多。社会工作者在参与社会救助过程中，需要认真分析服务对象的贫困程度、致贫的原因以及可能获得的救助类型等，这些都必须依据相应的政策法规。不同的服务对象需要依据不同的救助政策，申请不同的社会救助项目，有针对性地解决服务对象的困难和问题。

二、社会救助社会工作的主要内容

社会救助社会工作的主要内容主要围绕社会救助的内容展开，由此形成以基本生活救助为主的救助社会工作、专项救助社会工作、灾害救助社会工作、流浪乞讨救助社会工作等工作领域。

（一）以基本生活救助为主的救助社会工作的主要内容

基本生活救助是救助社会工作的基本内容，社会工作者可以从两方面开展工作。

1. 参与社会救助政策的制定、实施和评估

（1）社会救助政策的制定。作为城市社会救助的核心，城市居民最低生活保障制度的建立和发展是在我国社会转型和经济变革的时代背景下进行的。国务院 1999 年颁布的《城市居民最低生活保障条例》规定了低保对象的人群特点、低保标准的制度依据、低保制度实施的基本程序以及低保资金来源等。低保制度在实施过程中，需要细化的、操作性强的政策规定作保证。这就需要社会救助社会工作者依据当地实际情况，积极参与社会救助制度有关政策的制定，使之更有利于贫困人口收入的增加。随着我国贫困人口、贫困问题以及贫困状况的发展变化，救助政策和有关实施规定也需要适时的修订和调整，同时需要填补社会救助现有政策尚未涉及的领域。社会工作的社会责任之一就是参与社会政策的制定，促进社会的公平发展，维护弱势群体的法定权利。

（2）政策实施与评估。社会救助政策的实施是将救助理念和救助规定转化为具体救助行为的过程。社会工作者是救助政策实施的具体执行者。从审查贫困家庭的救助申请到家庭经济状况调查，从邻里访问到单位走访，从帮助申请到救助款物发放，每一个环节都需要救助社会工作者去落实。救助社会工作者需要熟悉并掌握相关政策，并按照相应的国家和地方标准实施救助，同时还要考虑贫困群体的个性化差异，运用分类施保等特殊规定保障其基本生活。除了现金给付外，救助社会工作者还需要协调各类救助资源，综合使用政府救助、慈善捐赠、企业减免等方法，多角度、多层面满足救助对象的实际生活需要。

评估是对社会救助政策的合理性和政策实施的公平性的检验，是促进社会政策更加科学、更加完备的重要手段。我国的社会救助政策起步晚，目前正向着综合性、制度化的方向发展，救助政策的功能、目的、手段，救助行为的标准、方法、形式等，都在不断发生变化。救助社会工作者必须通过对救助政策的评估，查找政策制定和政策实施中的不足之处，进而为政策的修订、完善提供依据。

2. 以社区为基础推动生活救助各项政策的实施

（1）物质救助与能力发展并重。社区是社会救助的主要平台，是困难群体日常生活和赖以生存的重要场所。许多与困难群体相关联的救助政策都需要在社区层面实施。比如最低生活保障的申请、家计调查、低保对象的日常管理、社区公益劳动的组织以及为弱势群体提供的社区服务等。推动以反贫困为主旨的生活救助各项政策在社区层面的实施主要包括两个方面：一是提供物质帮助，利用国家救助政策为贫困个人和贫困家庭提供所需的现金和物质援助；二是提供就业机会，为贫困家庭的发展和贫困个人的能力展示创造条件，使有劳动能力的低保对象减少并脱离对社会救助的依赖。因此，救助社会工作者应积极为社区困难群体寻找就业信息，协调就业资源，争取培训机会，向社会用人单位积极推荐，维护困难群众的就业权益。同时，针对困难群众工作技能和知识水平较低的现实情况，社

会工作者应当在当地劳动行政管理部门的帮助下，在社区努力开发保洁、保安、绿化、家政服务、日常服务、日常维修等公益岗位，促进社区就业。这样既有利于社区服务的发展，也能够增加困难群体的收入，提升他们的自信力。

（2）整合社会资源，动员社会力量。社会救助的主体除了政府，还有各类社会组织。在社区层面，社会工作者要积极开发和整合各类单位、社会组织的资源，将政府支持与社会力量相结合，形成社会救助合力。如建立邻里支持网络、整合驻区单位资源、充分发挥社区各类组织力量等。

（二）专项救助社会工作的主要内容

专项社会救助制度的目的在于解决贫困群体遇到的基本生存之外的专门困难，如儿童的教育问题、家庭的住房问题、看病就医的问题等。专项救助社会工作应围绕专项社会救助制度，根据不同类别，有针对性地开展相关工作。

1. 教育救助

（1）参与政策制定，促进政府加大对教育救助的投入。我国政府为家庭贫困而无法入学的学生建立了教育救助制度。通过教育救助，政府为低收入家庭的孩子提供公平的接受教育机会和参与竞争机会，从而为避免贫困的代际传递、从根本上消除城乡贫困提供了可能。从当前的情况看，虽然各级政府都加大了教育救助的投入，但从总体上看，还难以满足贫困学生救助需求。因此，社会工作者应认真调查当前教育救助政策存在的问题，深入了解困难家庭学生的教育需求，利用一切机会向政府有关部门呼吁，并积极参与教育救助政策的制定，提出科学可行的建议，促使政府不断加大资金投入，使更多的寒门学子能够接受公平教育。

（2）动员社会力量参与教育救助，整合社会资源。各类社会组织和热心人士也是教育救助资源的重要来源。中国青少年基金会实施的“希望工程”和“春蕾计划”等项目就是我国重大的社会教育救助举措。随着国家经济实力的增强，越来越多的企业、慈善组织、公益组织以及个人都加入到教育救助的行列中来。社会工作者要积极向这些潜在的教育救助资源介绍本地区教育救助现状、贫困家庭子女教育需求，动员他们支持本地区教育救助事业发展，将社会力量和最需要教育救助的地区、组织、学校和个人联系起来，使资源能够最大化地得到利用，使更多的贫困家庭学生减少受教育的成本，获得受教育的机会。

（3）针对学生个人需求，开展分层分类救助。针对困难家庭学生教育救助在内的教育资助体系共分五个层次，即“奖、贷、助、补、减”。所有这些措施，困难家庭的大、中专学生都可以接受。奖，即学校设立奖学金支持家庭困难且学习成绩优秀的学生。贷，即金融机构针对高校困难学生开展的各种助学贷款。助，即政府通过学校发放助学金，同时学校设立勤工俭学岗位，学生可以通过工作获得一些收入。补，即政府每年拨出一定的专款和高校从所收学费中提取一定比例的资金用于对困难学生的生活补助。减，即针对不同专业和经济困难程度不同的学生减少或者免收学费。因此，从事教育救助的社会工作者要认真甄别学生的经济困难状况，熟悉不同类型的救助标准和内容，帮助困难家庭的学生申请最适合的救助项目，保证他们的学习生涯不因经济困难而中断。

（4）提高救助效果，健全救助网络。教育救助涉及部门多，包括教育、民政以及一些社会组织、企业等，且有严格规范的操作程序。如果部门间配合不好，政策不能有效衔接，或者申请程序太过复杂，都有可能影响教育救助的效果。社会工作者在开展教育救助过程中，要主动协助教育和民政部门建立起科学、高效的运行机制，掌握辖区内教育救助需求详情，建立完善救助网络，提高资源的使用率。

2. 医疗救助

（1）寻找社会工作与医疗救助的结合点。医疗救助就是为了解决城乡贫困人口的看病难、看病贵问题，减轻病人及其家属的经济压力。社会工作者要根据医疗救助的特点，帮助贫困人士了解、运用医疗救助政策。一方面连接社会保障部门，通过医疗救助为城乡贫困群众参加新型农村合作医疗和城镇居民基本医疗保险提供资助，并帮助患者通过社会保险机构报销相应的医疗费用；另一方面连接医疗机构和民政部门，帮助符合条件的患者准备各种申请材料，及时就医和诊治，并协助办理二次救助。同时，救助社会工作者还应当同医务机构的医务社会工作者合作，采用社会工作专业的方法为患者提供专业服务，减轻患者的精神和心理压力。

（2）参与救助政策的制定，改进医疗救助程序。医疗救助对于维持贫困群众健康、提高生命质量发挥着非常重要的作用。因为我国城乡二元结构和各地经济发展状况不一，医疗救助政策的制定和实施还存在着一些问题，在救助对象的识别、救助申请、救助管理、审批报销等环节还不尽完善。社会工作者要根据实际工作，认真分析存在的问题，积极建言献策，促进医疗救助政策的改进和改善，规范申请程序，提高医疗救助的效果。

3. 住房救助

（1）帮助困难家庭申请住房救助。住房救助是由政府直接投资建造或以一定的优惠政策鼓励投资方建造廉租住房，并以较低的价格或免费出租给贫困家庭的一种制度。和其他社会救助政策一样，贫困群体获得住房救助，也需要严格规范的申请审批程序。社会工作者要帮助贫困家庭熟悉当地住房救助政策和申请程序，并与相关机构进行协调，使服务范围内符合条件的贫困家庭都能获得住房救助。

（2）参与住房救助的管理和监督，帮助建立有效的退出机制。住房救助涉及的部门多，申请程序复杂，受理时间较长。为了确保住房救助政策的公正性和严肃性，社会工作者需要参与住房救助的管理和监督，协助住房管理部门和低收入家庭认定部门建立动态跟踪机制，协助有关机构建立申请人家庭收入申报和核查制度，并及时掌握享受住房救助家庭的人口、经济状况变化情况，帮助建立有效的退出机制。

（三）灾难救助社会工作的主要内容

灾难救助社会工作是社会工作者秉持社会工作专业理念，遵循社会工作专业伦理，综合运用社会工作专业知识和方法，帮助受灾难事件影响的个人、群体和社区走出困境、重建社会关系、调适社会心理、恢复社会功能的过程。

灾难救助社会工作的介入通常可以分为三个阶段，即灾难预防、灾难救援和灾后重建。

1. 灾难预防阶段

中国是世界上自然灾害最为严重的国家之一，又处于各种突发性事件比较集中发生的社会转型非稳定期，在社会治理尚不够成熟的情况下更容易发生自然灾害与人为灾难事故交叉影响，因而建立完整通畅的灾难预警体系具有重要意义。经国务院批准，从2009年起，每年5月12日为全国“防灾减灾日”，把预防灾害放在了优先地位。社会工作者介入灾难预防可以把以下几方面作为重点：

（1）组织开展各类防灾减灾宣传教育活动。

（2）组织开展形式多样的防灾减灾演练。

（3）协助政府部门和社会组织开展备灾工作。

2. 灾害紧急救援阶段

（1）紧急救援，减少财产损失。灾害紧急救援最主要的任务就是保护生命，减少财产损失。当发生重大自然灾害，如地震、洪水、山体滑坡、火灾时，社会工作者应在当地政府的统一领导下，与有关人员配合，积极参与到救灾工作中，帮助转移、安置受灾群众，减少人员伤亡。

（2）为受灾群众提供基本的生活保障。灾害发生时，使人们正常的衣食住行遭到破坏，群众的基本生活遇到困难。在这种情况下，社会工作者应当协助政府部门和社会组织，统筹安排好社会救助生活物资的筹集、发放和使用，解决好受灾群众的吃、穿、住、饮水及医疗等基本生活问题。

（3）安抚受灾群众情绪，进行心理疏导。灾害应急救援期间，受灾群众的精神和心理也承受巨大的压力，会出现绝望、焦虑、委屈、郁闷等非正常心理感受。社会工作者应当采取措施稳定受灾群众情绪，及时介入心理救助，运用专业手法给予受灾群众适度干预和心理疏导。

3. 灾后社区重建阶段

社会工作者在灾后社区重建中可以在以下几方面开展工作：

（1）参与灾后社区生计重建，协助恢复灾区生产发展和经济秩序。

（2）参与灾后社区环境重建，调适灾区民众与环境的关系。

（3）参与灾后心理重建，疏导灾区民众心理，重建灾区精神家园。

（4）参与灾后社会重建，恢复社区正常的社会网络与生活秩序。

（四）流浪乞讨救助社会工作的主要内容

社会工作介入城市无着的流浪乞讨人员的救助与管理，其服务目标是协助流浪乞讨人员获得及时的物质帮助，同时逐步恢复社会功能，改善精神面貌，摆脱生活困难，建立稳定的社会关系，恢复正常的社会生活。

1. 参与救助政策的修订

社会工作者在参与对城市生活无着流浪乞讨人员的救助，在执行国务院《城市生活无着的流浪乞讨人员救助管理办法》和民政部《城市生活无着的流浪乞讨人员救助管理办法实施细则》过程中，要客观分析存在的问题，一方面参与当地具体政策的制定；另一方面积极向有关部门反映，为改善流浪乞讨人员的救助政策提供建议。

2. 救助机构的建立与管理

救助机构是指分布在城市各处的流浪乞讨人员救助站或救助中心等专门的机构和设施。根据民政部门提供的数据，目前全国共有一千多家救助管理站承担着对城市流浪乞讨人员的直接救助服务工作。2006 年 7 月民政部印发的《救助管理机构基本规范》和《流浪未成年救助保护机构基本规范》，明确了救助管理工作中服务内容、评价指标、工作流程、机构设置、岗位资质等方面的标准。社会工作者要积极引入专业方法，在救助管理机构和设施建设上发挥主导作用，优化布局，改进服务，提高救助效能。

3. 流浪乞讨人员的个别化服务

针对流浪乞讨人员的不同实际情况，开展有差别的个性服务应注意两点：

（1）主动救助。包括街头救助和全天候救助。街头救助是指借助巡逻车和救助亭对街头的流浪人员实施救助。全天候救助就是各个城市的救助站 24 小时开放接待流浪人员。

（2）机构救助。包括基本生活安置及思想引导与行为矫正。流浪乞讨人员没有基本的生活条件，生存缺乏保障。救助机构的社会工作者首先要做的就是给予生活的合理安排。除了物质上的救助，还要开展教育，对其心理进行疏导，消除其懒惰和依赖社会的想法，纠正偏差行为，帮助其分析自身的长处和弱点，鼓励他们独立自强，走出困境。

4. 流浪儿童

流浪儿童是流浪乞讨人群中的弱势群体，是特殊的救助对象。由于儿童的特殊性，对流浪儿童的救助应特别注意以下两个方面的内容：

（1）要动员社会力量，预防流浪儿童的出现。社会工作者应该从社会、学校、家庭、个人四个层面分析流浪儿童产生的原因，找出应对之策。比如流浪儿童因为家庭暴力而出走的占一定比例，社会工作者就应该在学校、社区广泛宣传反对家庭暴力，建立针对儿童家庭暴力的预防体系。

（2）要根据儿童身心特点，建立全方位的救助体系。流浪儿童救助体系应该包括从物质救助到教育救助、从机构救助到回归家庭与社会以及安置与跟踪服务三个方面。

①从物质救助到教育救助。在救助站中的儿童，正处在身体生长发育的阶段，也是价值观和人生观形成的重要时期。社会工作者一方面要给予充分的生活救助，保证其身体所需；另一方面，由于流浪儿童脱离正常的家庭和学校环境，在社会上游荡，没有接受人际交往和知识技能方面的教育，所以对于流浪儿童要进行知识和思想行为方面的教育。

②从机构救助到回归家庭与社会。救助站是对流浪儿童的临时性救助，为儿童回归家庭和社会创造机会和条件，是为儿童成长着想的长久之计。在回归过程中，社会工作者可以采用家庭或家庭寄养等方式，为流浪儿童创造家庭环境，使他们更快学会人际交往，熟悉家庭规范。对年龄较大的儿童或青少年，还可以进行技术培训，使他们能有一技之长，增强生存能力。

③安置与跟踪服务。流浪儿童流浪的原因各异，儿童个人的身体、健康、智力等因素也各不相同。在对流浪儿童救助过程中，不同类型的儿童需要不同的救助方法。对刚刚回归家庭的流浪儿童要展开安置服务，了解其生活状况，解决生活困难。对一些因特殊原因，如暴力、歧视等造成的流浪儿童，救助机构和社会工作者要坚持跟踪服务，切实为儿童创造安全和健康的生活环境。

三、社会救助社会工作的主要方法

社会救助社会工作可运用的主要专业工作方法有个案工作、小组工作、社区工作以及社会工作行政、社会工作研究等。社会救助社会工作方法具有两个特点：一是符合社会救助政策规定的工作程序和标准，二是社会工作专业方法和技巧的选择性使用。下面通过具体的案例来说明这两个特点。

（一）基本生活救助的工作方法

案例 7－1

晓月社区是老旧社区。社区里老人多，贫困家庭多，下岗失业居民多。社会工作者小刘来到这个社区工作后，很快就认识了前来申请低保的老李。

老李曾经是国有企业的工人，工作认真，获得过不少奖励。企业改制后，夫妻双方都下岗了。妻子身体残疾，孩子正在上大学，花费很大，家庭生活比较困难，夫妻之间经常吵架，影响了孩子的成长和学习。老李家长期不交清洁费，且到社区申请低保时态度相当蛮横。

小刘分析了老李的家庭情况，认为老李符合申请低保的条件，帮助老李一家成功申请到了低保。但是小刘发现，老李本人一直想找一份工作，但是对工作挑剔，对收入要求较高。小刘多次给他介绍工作，不是对方相不中他，就是他对工作不满意。但是小刘并没有放弃。他多次与老李交流，帮助老李一起分析自身条件和面临的就业压力，让他降低就业要求。经过居委会与协管员的共同努力，小刘终于帮助老李在酒店找到了一份保洁工作，使其家庭经济状况有所好转。同时小刘为老李的妻子联系了一家社区的康复机构，有专门的工作人员上门指导她康复。一年后，老李退出了低保，还特意到居委会表示感谢。

小刘以老李为例，联系了几位和老李情况类似的家庭困难户定期举行小组活动，大家商量如何重新就业，如何改变自己和家庭的生活状况。小刘还为这些困难群众举办了一些面试技巧的培训，介绍国家的就业政策等。同时，小刘在社区的宣传栏里发布关于社区再就业的信息、政策，鼓励居民积极关注社区活动。

小刘和街道办事处积极沟通，并且与社区里的商场联系，和附近的一家物业公司协商，在社区的一块空地上划定了临时停车场，让这些下岗职工成为停车管理员。这样一来，小区停车秩序好了，下岗人员也有了一份收入。

在这个案例中，社会工作者主要的服务对象是社区内下岗失业家庭为主的困难群体，主要的工作目标是帮助生活有困难的居民和家庭摆脱贫困，加强社区困难居民的能力建设。在开展工作的过程中，社会工作者综合运用了个案、小组和社区的工作方法。

1. 针对个人开展的个案工作

社会工作者通过协调、沟通等方法帮助解决老李家里的经济困难，消除他的就业障碍，协助他改善家庭成员之间的关系，使他面临的难题得到化解。本案例中，社会工作者采用的个案工作有这样几个特点：一是社会工作者直接助人；二是服务对象是有需要的个人以及家庭；三是社会工作者采用的是一对一、面对面的工作方式；四是帮助服务对象适应外部环境；五是工作目标是帮助服务对象解决现实问题，提高自身能力。根据社会工作的一般过程，这个案例包括了如下几个阶段：

（1）做好接案工作——接触服务对象，了解问题和需求

这是社会工作者开展工作的第一步。社会工作者要和前来寻求救助的服务对象进行初步的接触，询问服务对象的问题和需求，了解服务对象的社会支持和社会资源的拥有情况。在此基础上建立与服务对象之间的信任关系，以有利于后续工作的开展。

在接案时，社会工作者应通过什么方法和技巧来建立与服务对象之间的相互信任关系呢？一是要准备服务对象的有关资料。尽可能多地了解服务对象的各种背景资料，关注有没有什么需要特别留意的地方，比如精神或者身体方面是否有残疾，或者服务对象是不是刑满释放人员，以及家庭结构是否存在特殊性等。充分了解服务对象的资料后，社会工作者就需要列出一个初次访谈的提纲，准备好与服务对象谈什么、怎么谈、要注意的问题等。二是要准备并善于与服务对象会谈。社会工作者要善于和服务对象沟通，能够有意愿倾听服务对象的各种诉说。通过交谈，了解服务对象存在的问题、需求、对自己的评价以及对社会工作者的看法和期望等。要让服务对象对双方的角色和责任产生认同，这对于建

立专业的信任关系是极为重要的。同时，会谈中社会工作者还要注意和服务对象积极沟通并认真聆听其表述。此外，社会工作者还要敏锐地观察和感受服务对象的反应，并予以积极的、及时的回应。

（2）详细预估——确定需要，研究提供服务的方式

社会工作的出发点和落脚点都要根据服务对象的具体需求来确定。面对服务对象的求助，社会工作者需要考虑以下几个问题。一是社会工作者自己以及自己所在的团队或者机构是否有合适的工作人员，如果没有足够的人手，或是没有专业人员，就需要考虑是否接受服务对象的求助或转介。二是自己的团队和机构是否能够解决服务对象提出的问题，该问题是不是在自己的机构原则和服务范围内可以解决，是否拥有解决服务对象问题所需要的资源。三是服务对象对于社会工作者的帮助是不是期望太高，与自身的现实条件是否相符，是不是超过了社会工作者的能力范围。

（3）精心规划——考虑工作方法，制订工作方案

社会工作者在清楚地了解了服务对象的需求后，就要和服务对象一起商讨并制订相应的工作方案。一是根据“最容易接触、最容易改变、最容易产生影响”的原则选择介入角度。每个服务对象的生活环境和社会关系都是复杂的和多样的，但在复杂和多样的环境和人际关系中总有一些要素是比较关键的。如果能找到这些关键要素，并能从这些方面入手，就可能收到事半功倍的效果。在上面的案例中，老李容易接触，自己有强烈改变生活困境的愿望，对他的帮助就容易发挥作用。二是根据服务对象选取适当工作方法。在这个案例中，社会工作者既可以和老李做一对一的单独会谈，了解他的心理状况；也可以和老李的妻子、儿子一起讨论，增进家庭成员之间的了解，增强家庭的凝聚力。三是制订并实施规划。根据老李的实际情况，运用社会工作的专业知识和技巧，制订计划并实施。

（4）科学评估——分析工作过程和效果

评估是社会工作服务过程中的重要环节。评估发生在社会工作者与服务对象和潜在服务对象之间，其目的是通过收集、分析和整理相关信息，研究、评价工作过程以及实现目标的程度，以决定下一步的工作方法和方向。如何收集评估所需要的信息？社会工作者收集有关服务对象资料的方法有很多，既可以直接接触了解服务对象，如倾听服务对象的表述、观察服务对象的行为，或者运用专业的量表进行测试，也可以运用间接的方法获得有关的资料，如家庭访问和社区走访等。

（5）结案与善后——总结并结束工作

总结并结束工作是个案工作方法的最后一个环节，也就是结案。结案阶段的主要任务：一是情绪与反应的处理。服务对象与社会工作者的工作过程是一个互相交往、不断加深彼此了解的过程。在本案例中，社会工作者热心细致的帮助给了老李许多安慰和鼓励。在工作结束的时候，最主要的任务就是处理服务对象的情绪。如果服务对象对社会工作者提供的服务比较满意，需要处理的是正向的情绪，比如，感激、满意、自信等；相反就是

负面的情绪，比如，悲伤、失落、痛苦等。二是巩固工作成果。社会工作者一定要知道结束是一个过程，所以需要提前有计划地为结束工作进行准备。一方面要对已经完成的工作作一个回顾、总结，对服务过程中各方的收获和能力进行总结；另一方面要表达开放性的意愿，要鼓励服务对象确定未来的良好预期。开放式的结束是社会工作的结案特色。比如在本案例中，如果老李遇到新的问题，社区和社会工作者还会一如既往提供帮助。但是，社会工作者还是要强调，通过上面的工作，服务对象能积累更多的社会资源和社会支持网络，能获得稳定的支持，而且提升了自己解决问题的能力。

2. 针对困难群体的小组工作

在本案例中，老李及其家庭是社区低保人群中的一个缩影。为了鼓励更多的家庭走出困境，社会工作者采用了小组工作方法。

小组工作的服务对象不是一个人，而是某一个群体。小组工作是社会工作方法之一，透过面对面的互动，在小组中协助个人增强社会的功能，帮助组员利用小组来应对和解决个人在社会和心理方面存在的困扰，预防问题的产生，或者保持一种功能性水平，防止问题的进一步恶化。在本案例中，社会工作者专门为生活困难的低保家庭开展小组活动，建立了一个发展性、支持性的小组。在小组活动过程中，困难居民之间增进了了解，互相分享工作和生活经验，彼此支持，提高了再就业的信心和能力，为摆脱贫困提供了动力和资源。

（1）小组工作的原则

针对社区困难家庭和群体运用小组工作方法开展救助工作时，社会工作者需要考虑一些基本的工作原则。一是个别化原则。即使都是由低保人员组成的小组，各个成员也都是独立的个体，要根据每个人在小组活动中的角色和表现，区别对待。比如了解组员致贫的原因、家庭结构、对待失业的态度等，观察这些因素对组员产生的影响，进而有针对性地开展小组工作。二是接纳原则。社会工作者要认真了解小组成员的基本情况，理解他们的处境和感受，不给予任何价值性的评价。三是鼓励合作原则。在小组工作中，成员之间、成员与社会工作者之间的关系非常重要。社会工作者要强化这种关系，并使之成为正向的、健康的合作关系。四是参与解决问题原则。社会工作者的职责不是要解决困难群体中存在的各种问题，而是要协助小组成员参与问题的解决过程，提升小组成员自身解决问题的能力。

（2）小组工作的过程

小组的组成、发展、结束的过程有自己的规律和特点，每个阶段都有不同的特点和需要解决的问题，而且社会工作者在其中扮演的角色也不尽相同。

（3）小组活动计划的设计

小组活动计划是社会工作者设计的具体工作程序，是开展工作的依据。在本案例中，社会工作者设计了以“阳光晓月，自强晓月”为题的小组活动计划（参见表7-1）。

表7-1　小组活动计划

小组名称	阳光晓月，自强晓月
小组活动的时间	每周六下午，共六次
小组活动的地点	社区居委会会议室、社区中心花园
小组目标	通过小组活动，使低保人员了解相关救助政策，认识自我问题，分享组员之间工作和生活的经验，提高应对生活困境的能力，讨论解决问题的方法
准备工作	1. 制订活动目标及目的 2. 小组规划设计，包括活动内容、招募成员计划、如何宣传，草拟活动时间、地点，确定所需人力、物力资源，财政预算，评估方法等 3. 拟定小组活动建议书 4. 提出问题，预计可能出现的困难，讨论解决方案，修改活动内容细节部分及各部分的时间分配 5. 撰写正式小组活动建议书 6. 宣传活动，招募组员 7. 准备所需物品 8. 再次确定组员出席人数 9. 布置场地
小组内容/过程	第一次至第六次（略）
评估与结束	组员可自由表达对本次活动的感受，提出想法和意见，促进社会工作者服务水平进一步提高

3. 针对社区开展的社会工作

依据本案例的社区，社会工作者了解了老李以及其他居民的需求之后，敏锐地发现这个社区的需求，开展了面向社区、提升社区反贫困能力的工作。其工作包括：为整个社区的居民提供服务，争取居民集体权益，鼓励社区居民广泛参与，改善社区社会经济条件，提高居民的整体素质和能力，创造适合居民生活成长的社区环境。

（1）在社区开展反贫困救助工作的基本原则

社会工作者运用社区工作方法开展社会救助，要注重居民个人发展与社区发展相结合，鼓励居民积极参与，倡导居民互助，制定符合社区情况的目标，提升社区的能力。在具体实施过程中，需要把握以下原则：一是注重救助对象个人的发展。社区工作要注重人的发展，包括居民公民意识的提升、参与意识的培养、解决贫困问题能力的提高等。二是根据社区实际制订救助和发展目标。社会工作者应以社区各自的特点以及经济水平、物质条件、居民的年龄和结构等因素制订切实可行的反贫困目标。三是注重救助对象的参与和互动。社区居民之间的互动有利于培养居民的凝聚力和归属感。社会工作者要为居民参与创造条件和机会，并提倡居民之间的互助行为。这是衡量社区工作成功与否的重要标志。

（2）社区社会救助工作的主要模式

社区工作的模式有地区发展、社会策划、社会行动、社区照顾等多种模式。在开展社区社会救助工作时，一般采用多种模式综合运用的方法。

本案例中，社会工作者采用了地区发展与社会策划相结合的工作模式。地区发展模式以社区为基础，强调居民共同参与，强调有效利用和整合资源，以及通过自下而上的民主方式决定社区事务和社区发展方向。社会策划强调解决社区内部的实质性问题，比如下岗失业人员就业、住房、精神健康、停车难等问题。社会工作者分析了本社区的具体情况，制订了社区反贫困的工作目标后，就可以鼓励居民，尤其是救助对象积极参与讨论，提出解决问题的思路。社区的资源有限，因此社会工作者应积极与街道办事处协商并利用驻社区单位的资源，制订相关方案。本案例中，社会工作者设计的停车场方案，既规范了停车秩序，又为救助对象开发了新的工作岗位，是一个成功的社会策划。

（3）社会工作者的主要任务

在社区社会救助中，社会工作者有以下主要任务：一是改善社区环境。这里的环境不仅仅包括社区的基础设施建设、自然环境，还包括社会环境。比如，社区拥有的资源、社区与周边单位的合作、社区内社会组织的作用是否充分发挥、救助政策和制度是否合理等。二是发展社会网络。社会救助对象自身素质较低，社会关系不健全，获取社会资源的能力差。社会工作者除了给予政策范围内的积极救助外，还要帮助救助对象拓展社会交往，修复或建立各类社会关系，比如邻里、朋友、亲戚的关系等，使得救助对象能获得一些物质和感情的支持。社会工作者还需要联系一些专业组织、志愿者组织等，尽量为救助对象提供更多的服务、资源和信息等。三是促进能力建设。提升社区反贫困能力是指社会工作者拓展救助对象参与社区发展的渠道，培养救助对象的社区参与意识，促进他们参与社区活动，并且协助他们为社区发展提出积极有效的建议。社会工作者还要积极发现和培养救助对象的骨干和精英人物，使贫困群体能自我教育、自我发展和自我管理。

（二）专项社会救助的工作方法

社会工作者开展专项社会救助中的教育救助、医疗救助、住房救助时，要根据各个专项救助的工作内容，有针对性地选择社会工作的专业方法。我们以教育救助为例，探讨如何选择专业的工作方法。

大学生中的贫困学生是一个较为特殊的群体。通过调查发现，家庭贫困给这些学生的精神、心理、学业、就业、人际交往带来不少负面的影响，对个人成长及社会发展都很不利。针对这个群体，某高校开展了以“助力青春”为主题的综合救助活动，侧重绿色救助、心理健康、能力培养三个方面。

案例7-2

某高校开展了面向贫困学生的系列救助活动，这些活动由学生工作处、团委、勤工俭学办公室、学生心理咨询室、社会工作系联合开展。通过实施教育救助的具体措施，达到教育救助的目的。系列活动由社会工作专业的老师和同学直接介入，运用专业知识，并结合学校社会工作、青少年社会工作的内容，灵活运用了心理咨询、个案辅导、小组工作等方法，使得这次活动取得很大的成功。

1. 开展工作前，首先进行调查，了解救助对象的问题和需求

老师对学生的家庭状况、学习情况、心理情况等进行调查，发现不少贫困生反映自己压力大、焦虑、失眠，不能很好地适应学校的环境，与同学的交往也受限制。同时，调查还发现贫困生的家庭状况令人担忧，不少学生是负债上学的，家庭很难提供更多的学费和生活费。学生迫切需要的是给予直接的物质救助以及更多的校内勤工俭学的机会。

2. 根据“奖、贷、助、补、减”等救助政策，开启绿色通道，为符合条件的贫困生提供救助

学校设立奖学金，奖励贫困生中学习成绩优秀的学生；勤工俭学办公室在学校食堂、图书馆、各学院办公室、资料室等部门开拓出岗位提供给贫困学生，使学生在不影响学习的前提下，通过自己的劳动获得一些报酬，缓解生活压力；学校联系银行给学生发放助学贷款。

3. 心理咨询与个案辅导

针对调查中发现的学生精神压力大、焦虑、人际交往存在障碍等问题，社会工作者进行了分析，除了将有些同学转介给心理咨询中心外，还安排了个案辅导，帮助有需要的同学解决学习和生活中遇到的问题。

4. 开展不同形式的小组活动

调查发现，贫困学生有一些共同的问题和需求，利用小组工作的形式是非常适合的。因此，社会工作者开展了不同性质的小组，设计了不同主题，比如增强人际交往能力的小组、提高学习能力的小组、增强适应能力的小组等。

（三）灾难救助的工作方法

灾难救助社会工作的目标是协助政府妥善安排受灾群众生活，运用个案、小组等专业方法帮组受灾群众缓解压力，干预并疏导心理问题，重建社会关系。由于灾难救助的对象是受灾群众而不是贫困人士，因此所采用的方法也与其他救助有所区别。

1. 灾难救助社会工作的个案工作

灾难救助社会工作的个案工作服务是针对在灾难过程中面临多重问题的案主需求而提供的一系列服务，包括建立档案，评估需求，积极寻找资源帮助他们摆脱灾难的影响等。

（1）灾难个案工作的原则

①案主参与原则。强调案主与个案社会工作者一起工作，共同做出决定，参与整个个案工作服务过程。

②照顾协调原则。灾难个案社会工作者不仅要提供直接的服务，充当照顾者的角色，更要协调各方资源为灾难案主提供“全人”或全方位服务。

③资源整合原则。灾难个案社会工作者需要尽可能寻求和掌握案主需要的、来自于各方的各类资源，甚至包括案主自身所具有的能力，并加以整合运用，才能有效帮助在灾难中受到创伤的案主。

④包裹式服务原则。这是为了协助在灾难中受到创伤的案主获得妥善的照顾和服务而通过联结各个服务环节和服务资源形成的服务。包裹式服务原则主要包括服务的完整性和时间上的连续性，以保障案主所获得的各项服务之间的衔接性和紧密性。

（2）灾难个案工作的程序

①需求评估。评估对象包括案主需求及其生理状况、社会环境、非正式网络甚至个人偏好，目的是确保案主获得切合需求的服务并维持服务的公平性。

②个案辅导与管理。灾难发生后，对许多人来说心灵伤害才刚刚开始，因此，对需要深入辅导的灾区民众应该由社会工作者开案并进行辅导。社会工作者要根据个案服务与管理方法，结合必需的资源以确保案主权益，社会工作者可以采用一对一的方式对受灾群众进行心理援助，这是针对受灾比较严重的受灾群众而单独进行的辅导。“个案管理”是灾难社会工作者富有特色的服务方法之一。

③咨询与转介。社会工作者对于在灾难中遭遇创伤的案主开展个案咨询和辅导，协助其克服心理障碍和重塑生活信心，通过调适家庭环境、重整社会功能和重建社会关系，使其能够重新融入社区与社会生活中。同时，对灾区民众社会救助的询问和无法提供服务的个案应给予咨询或转介，并加以追踪确认其获得适当和迫切的服务。另外，在鉴于服务时间有限，为了帮助案主彻底解决问题，或者社会工作者与案主发生有影响专业服务关系的非正式关系存在时，社会工作组织和社会工作者应根据实际情况将个案转介给专业服务机构或下一批社会工作者和志愿者。

④服务监督与评估。评估与监督是灾难救助社会工作个案工作的重要组成部分。为了确保所提供服务的质量能达到案主可接受的标准，并且检视资源运用是否充分、有效及干预所产生的影响以作为结案的参考，需要对个案方案及行动进行评估，以体现个案服务的责任和信誉，确保服务体系的协调和功能的发挥，使案主进一步持续获得所需的服务。

（3）灾难个案工作方法的内容

以地震灾害为例，社会工作者的灾难个案服务具体内容可以体现在以下几个方面：

①儿童托育与青少年课业辅导。针对学龄前儿童提供托育服务或对中小学生进行课业辅导服务，如协助开展“板房学校”。

②老人问安关怀服务。对受灾社区行动不便或不常外出的老人，以志愿者电话问安或关怀访问探视的方式，定期与老人接触，建立互信友好的关系。

③送餐服务。针对受灾社区中没有能力自行准备饮食的失能者提供送餐到家服务，并在利用送餐建立的关系基础上开展心理支持、精神慰藉等其他专业服务。

④临时照顾服务。针对身心障碍者或老人家庭提供到家临时照顾服务，使家庭照顾者在沉重的照顾工作中得到休息，以保障照顾者自身的生活品质。

⑤居家照顾服务。服务对象主要包括受灾居家老人、身心障碍者和母亲因故无法照顾的儿童等，社会工作者应针对这些遭到破坏的家庭和个人给予疏导和帮助，使之重新走向正常与和谐的生活。

2. 灾难救助社会工作的小组工作

小组工作是灾难社会工作服务中采取的主要模式之一，它是把有相似受灾情况的受灾群众集中在一起进行心理援助，同时，根据灾难服务的需要，开展不同主题的小组，而且在具有同质性的成员组成的小组内，围绕主题开展各种形式的活动（如角色扮演、历奇、分享、成长树和游戏等)，小组工作可以有效帮助案主走出灾难阴影，安然渡过人生重大转折期，并发展和适应新的社会角色，从而积极健康地成长。它的主要形式如下：

（1）青少年成长小组

根据灾后青少年的安置情况，理论上可以设计和实施全面的青少年正面成长计划。但是，由于专业力量和资源有限，一般只能根据正面成长的理念先开展以提升自信心为目的的青少年成长小组活动，等待时机成熟再逐步推进。社会工作者针对正处于青春期的初中和高中生成立成长小组，协助青少年通过同辈群体建立正向自我认同，学习良好的人际互动方式，这一部分的成效也许需要较长时期进行观察。例如，夏令营和游戏的方法在灾后青少年社会工作服务中就是两种较好的办法，同孩子们玩熟悉的游戏可以化解其抵触情绪，有利于尽快建立专业服务关系。同时，青少年成长小组的举办面向对象从儿童到大学生，目的是增强青少年学习和社交能力，这种小组活动方式在实践中也取得了不错的效果。

（2）单亲妇女支持小组

这种方法主要协助单亲妇女以互助小组的方式形成支持网络，强化她们的社会支持体系，动员内在力量面对多重角色冲突下产生的压力。在灾难服务过程中，单亲妇女的需求非常特别，失去孩子与家庭后，她们的心理非常脆弱，精神压力大。由于境况相似，她们能够互相倾诉心声，不仅可以获得情感性支持，而且也能够得到情绪释放，还能获得生计上的部分来源，从而形成单亲妇女支持小组，影响并改变自身的负向情绪，从而采取积极的生活态度和工作行动。如广东绿耕社会工作者在四川汶川地震灾后在映秀发展的“映秀母亲”。

（3）悲伤辅导小组

在组建悲伤小组时，社会工作者要善于动用创伤治疗方法。遭遇亲人伤亡的受灾群众，其内心伤痛很难在短期时间被抚平，心理关怀及创伤治疗服务应该持续。社会工作者可以通过组织受灾群众进行创伤治疗，例如成立悲伤辅导小组，协助灾难中失去亲友的受灾群众以定期聚会方式说出失去亲人的悲伤经验，从而缓解心中抑郁的情绪，调整不良的社会回应方式而发展出正向的人生态度。

3. 灾难救助社会工作的社区工作

社区工作是以整个社区及其居民为服务对象的专业工作方法与过程，它强调社会工作者需要通过实地调查来评估社区共同需求，与社区居民共同发掘社区问题并与社区居民一起面对和解决这些问题，也是社会工作组织在灾后重建中常采用的一种服务方法。国外有学者认为，在灾后重建中，社会工作者不能只针对个体提供支持，还应运用社区工作方法，协助社区走出灾变历程。

（1）灾难服务中社区工作的重要性

以“社区为本”的工作模式也是社会工作介入灾难服务的主要途径，虽然在灾后重建和社区发展中社区工作常常被忽视，但它作为灾害恢复的一个核心阶段和重要任务是不容置疑的。

①通过社区工作，开展灾后社区生计重建，可以迅速改变灾区民众“生计归零”的现实，恢复和发展生产，满足民众生计需求。

②通过社区工作，以开展社区能力建设为重点，帮助灾区民众逐渐走出灾害心理阴霾和重塑未来生活的信心。

③通过社区工作，提高社区居民的社会资本获得率和使用率，从而恢复和加强居民的社会支持和社会网络。

④通过社区工作，在促进社区公共参与、社区互助和团结的基础上，协助村民树立积极的社区发展意识，推进社区建设和持续发展。

（2）灾难服务中社区工作的内容

社区工作的方法可以使用于灾难服务的整个过程，但相对来说，在灾后重建服务中显得尤为重要，其具体内容和形式可以从以下几个方面进行考虑和设计。

①重新建构社区组织。大的灾难事件容易使灾区原有的社会组织遭到严重破坏甚至功能丧失，因此，组建社区组织就成为灾区社会关系恢复与重建的基本内容，社会工作服务的目标既是对社会工作者的培养，更是在有效链接社区资源的基础上为灾区创建非正式的社会支持，为民众提供更具针对性的服务。如建立社会暨心理关怀站、社区服务中心、自发性社区服务体系等。

②住房与社区自治辅导。住宅重建是灾后重建中最棘手的问题，也是受灾群众最为重视的现实问题。但在住宅受到严重破坏的灾后重建中，因不同的住宅重建方案可能造成或加剧灾区民众缘由的社会资本和社会支持的损失，进而衍生出许多社会问题，因此，受灾群众住宅重建不仅需要政府部门的协助，也需要社会工作组织提供非正式社会支持，以统

一受灾群众的重建认识。在统一重建认识中，社会工作者应主要致力于协助受灾社区发展出自治组织来反映受灾群众的意见，促进社区共识的形成和提高社区共同解决问题的能力。

③社区资源链接服务。在灾后重建中，原有社区被破坏，居民进入安置点后面临一个陌生的社会空间，这对社区网络建设提出了更高的要求。社会工作者需要社会资源的支持来回应居民的需求，因此，社会工作者除了所属机构资源支持外，更要重视社区资源的发掘，通过社区正式与非正式资源的联结与运用，建构完整的社区社会服务网络。

④社区教育服务。在灾后重建过程中，社区教育是其中的重要环节和主要目标之一。由于灾后安置社区的管理机构是临时组建的，人员是临时抽调或者招募来的，即使是居民组长等也是社区内的志愿者担任的，因此，管理人员普遍缺乏社区工作经验和能力。对此，外地社会工作者需要通过专业培训培养和发展当地社会工作者及志愿者，使其形成自我发展的社会工作人力资源体系，共同参与灾后重建工作。同时，从社区管理的角度来说，通过对管理者进行增能培训，让他们在灾后成为居民生活秩序化的有力推动者，这一措施在服务过程中尤为重要。

⑤社区信息平台建设服务。由于灾难事件可能造成社区各类信息缺失、失真、不畅等情形，从而加剧灾区社会不稳和社区不团结以及受灾群众的心理不安，影响灾难救助和灾后重建。社会工作者通过社区信息平台建设不仅可以在居民之间以及居民与政府之间架起沟通桥梁，而且能够发挥其在舆论导向、文化建设和优化社区人文环境等方面的显著作用。

此外，社会工作者还可以运用社区工作方法，开展社区意识培养服务、社区营造模式探索和各类社区减灾服务。

（四）流浪乞讨人员救助的工作方法

流浪乞讨人员救助的工作方法主要包括：

1. 外展服务

外展社会工作是一套系统的服务模式，它通过由社会工作者主动到流浪乞讨人员经常出现和活动频繁的地方，然后与他们保持紧密接触，通过提供辅导、咨询及转介服务，使这些流浪乞讨人员，尤其是流浪儿童得到妥善安置，发挥其潜能并预防不良影响的产生。有些地方在外展工作中发放联系卡或优惠卡，鼓励目标人群主动寻求救助和咨询以及需要的其他信息和服务等。

在外展服务中，掌握流浪儿童的心理和行为特征对发现流浪儿童非常重要，其基本技巧在于：一看，观察儿童的衣着、表情、行为特点；二听，通过和儿童交流，发现其语言表达的特点和内容；三说，学会和流浪儿童打招呼，才能进行有效沟通，获得儿童的信任；四感，要感同身受儿童所遭遇的困难和痛苦，才能为服务对象所接受。

2. 机构服务

（1）思想转化。流浪乞讨人员常年背井离乡，颠沛流离，过不上正常人的生活，被社会排斥，遭到社会冷遇，他们的思想观念会出现与社会主流价值观念不相符甚至背离的倾向，比如冷漠、多疑、仇视、嫉妒等。社会工作者要通过个案辅导或者小组活动转变其不正确的思想观念。

（2）行为矫治。流浪人员因其生活环境的恶劣和生活方式的特殊性，造成他们有偏差行为，有的好逸恶劳，有的坑蒙拐骗，这些行为方式对于社会和其本人来说都是危险的。社会工作者要采用专业方法纠正他们的行为，为他们能顺利回归社会创造条件。有些救助机构的社会工作者采用艺术治疗的方式对流浪儿童进行思想转化和行为矫治，通过绘画、手工剪纸、雕塑等形式，引导流浪儿童参与艺术实践和创造，效果很好。

（3）继续教育。流浪成年人和儿童在教育上是严重缺失的。社会工作者需要根据流浪人员的具体情况，为他们提供法律、健康、人际交往等方面的知识。如重庆救助管理站的社会工作者组织开展的防骗小组就受到了入站受助对象的欢迎。针对流浪儿童，还可以根据其原有的学习基础和年龄、接受程度等，提供与学校教育相配套的课程教育。

（4）技能培训

主要是面向流浪成年人以及年龄较大的儿童，以培训职业技能为主，以促进就业为目的。

第二节　优抚安置社会工作

优抚安置工作是我国军民在长期的革命和建设实践中逐步形成并发展起来的一项传统工作，是我国社会保障和社会福利事业中一个比较特殊的领域，特别是它所具有的补偿性、褒扬性和优待性，使得社会工作介入优抚安置服务领域时，不仅要保持专业的严谨，更要兼顾其特殊性。

一、优抚安置社会工作的含义

优抚安置工作在我国开展较早。尽管专业化、职业化的优抚安置社会工作刚刚起步，但实际从业者提供的各项福利服务已经渗透到了优抚安置领域的方方面面。

（一）优抚安置与优抚安置社会工作

1. 优抚安置工作

优抚安置工作是指国家依据法定的形式对现役军人、退役军人及其家属提供优待、抚恤和安置，以确保其生活水平不低于所在地平均生活水平的一项“补偿性社会保障制度”。它具有褒扬性和优待性两个鲜明的特点。

（1）褒扬性

褒扬性是基于优抚安置对象为国家、民族和社会做出的努力、贡献，甚至牺牲给予的褒奖和表扬，注重精神、荣誉和社会评价的肯定。

（2）优待性

优待性是指按照国家规定对优抚对象从政治上、经济上给予的优厚待遇。优待有广义和狭义之分，广义的优待是指国家和社会对服现役的义务兵家属和抚恤补助对象发给优待金，以及在治病、交通、住房、就业、入学、入托、生活困难补助、救济、贷款、邮政、参观游览等方面提供的优惠待遇。狭义的优待仅指国家发给义务兵家属和抚恤补助对象的优待金。

2. 优抚安置社会工作

（1）优抚安置社会工作的界定

优抚安置社会工作是军队社会工作的重要组成部分，它是在优抚安置领域，综合运用社会工作的专业知识、技能和方法，以优抚安置社会工作服务对象及其相关人员和系统为工作对象，协助有需要的优抚安置社会工作服务对象，整合社会资源，协调社会关系，预防和解决问题，恢复和改善社会功能，使优抚安置社会工作服务对象有更好的社会适应和福祉的活动。

（2）优抚安置社会工作的分类

按照不同的服务载体分类，优抚安置社会工作主要包括优抚医院社会工作、光荣院社会工作、复员退伍军人安置社会工作及军休社会工作等。

①优抚医院社会工作。优抚医院社会工作属于医务社会工作的范畴，是指社会工作者将社会工作的知识、技术、态度与价值应用于优抚医院当中，从生理—心理—社会层面评估并处理服务对象的问题，以医疗团队一员的身份共同协助服务对象及其家属排除医疗过程中的障碍，尤其侧重对于服务对象因社会或环境紧张而导致的社会功能缺失和社会关系失调的干预，以使服务对象早日痊愈、达到身心平衡，并使因伤病残而产生的各种社会问题得以解决。优抚医院社会工作又可以分为复员军人慢性病医院社会工作、荣誉军人康复医院社会工作和复员退伍军人精神病院社会工作。

②光荣院社会工作。光荣院社会工作属于老年社会工作的范畴，是指社会工作者将社会工作的知识、技术、态度与价值应用于光荣院中，以孤老优抚对象及其相关人员和系统为工作对象，帮助孤老优抚对象，改善社会功能，提高生活质量，使孤老优抚对象有更好的社会适应和福祉的活动。

③复员退伍军人安置社会工作。复员退伍军人安置社会工作是指在复员退伍安置领域所开展的社会工作，社会工作者将社会工作的知识、技巧、态度以及价值观应用于复员退伍安置工作中，协助复员退伍军人实现角色的转变，更好地适应环境，顺利地度过军地转化的过渡期。

④军休社会工作。军休社会工作是在接收安置和服务管理领域，运用社会工作的专业知识、技巧、态度及价值观，以移交政府安置的军队离休退休干部、退休士官、退休志愿兵（以下简称军休干部）及其相关人员和系统为工作对象，以影响军休干部发挥正常角色功能的生理、心理、社会因素为切入点，帮助军休干部，改善社会功能，提高生活质量，使军休干部有更好的社会适应和福祉的活动。

（二）优抚安置社会工作及其服务对象的特点

1. 优抚安置社会工作的特点

优抚安置社会工作概括起来，其比较鲜明的特点主要有 5 个方面。

（1）政治性

优抚安置社会工作因直接服务于国防和军队现代化建设，直接服务于为中国革命和建设作出贡献的功臣，直接关系到部队和社会的稳定，有利于促进社会的公平正义，因而具有很强的政治性。

（2）政策性

优抚安置社会工作基本是在既定的政策框架体系内运行，能否落实好政策，直接牵动着军心、民心，直接关系到军心稳定和社会安宁。而现行的有关法律、行政法规、部门规章中，优抚安置政策法规约占 1/4，居各方面业务之首，基本形成了与市场经济相适应、与国防建设相协调、与国家法律相衔接、与优良传统相承接的政策法规体系。因此，优抚安置社会工作具有很强的政策性。

（3）协调性

优抚安置社会工作横跨党、政、军三大系统，既需要与地方组织、编制、发改、教育、公安、财政、人力资源和社会保障、卫生、建设、工商、税务等三十多个部门相联系，又需要与军队军务、干部、组织、宣传、群工、财务、营房、卫生、人事劳动等十多个部门相配合，涉及社会保障各个方面，触及经费、住房、医疗、就业、上学、户籍等诸多内容，关联各个阶层、行业、年龄层的人群，因而协调的难度大、任务重。

（4）特殊性

优抚安置社会工作服务对象身份特殊，主要是涉军群体，大多当过兵、打过仗，是国家和社会的有功之臣。加上服务对象的需求多样，服务保障环节复杂，因而较之其他人群和领域的社会工作服务显得特殊。

（5）矛盾性

优抚安置工作具有强烈的直接政治目的，政府负有无限的责任，必须无条件“埋单”。而在市场经济条件下，优抚安置工作运行机制日益受制于市场经济规律的制约，市场与非市场之间的张力使得“政治任务的市场化”面临考验，直接影响优抚安置社会工作的开展。当优抚安置工作的支撑基础依然是计划体制，而操作层面的要求越来越走向市场的时候，各种矛盾就不可避免地以各种形式显现出来，增加了优抚安置社会工作的难度。

2. 优抚安置社会工作服务对象的特点

优抚安置社会工作的服务对象是一个相对特殊的群体，地位突出，特点鲜明，具有如下特征。

（1）覆盖范围广

服务对象分优抚和安置两大部分，五类，二十多种。当中既有正在献身国防的现役军人及其家属、退出现役需要安置的士兵，又有回到地方休养的军队离退休干部、需要照顾的伤病残军人、复员退伍军人患者、孤老优抚对象、革命英烈和他们的遗属，几乎涵盖了各个年龄层次的人群。

（2）军队情结深

这个群体当中多数人具有较长的军旅生涯经历，有着根深蒂固的军队情结。军队和地方截然不同的工作和生活环境使得他们在军地转化的过程中面临很大的社会适应压力和很强的情绪诉求。

（3）需要层次多

服务对象构成的复杂性决定了服务对象的需要几乎涵盖了马斯洛有关人类需要的所有层次：生理需要（健康维护、治疗康复）；安全需要（生活保障、居家安全、后事安排）；归属与爱的需要（婚姻家庭、社会交往、社会适应）；尊重需要（社会承认）；自我实现的需要（职业发展、社会参与）。

（4）问题压力重

服务对象的问题主要包括：老龄化问题，生活困难问题，医疗保障问题，就业难问题，隐性失业问题，合法权益维护问题，社会地位维护问题等。其中，退役士兵安置难、重点优抚对象生活水平和生活质量偏低、医疗难问题尤为突出。

（三）优抚安置社会工作服务对象的需要及问题

优抚安置社会工作的服务对象覆盖范围广泛，不同的对象有不同的需要和问题。

1. 服务对象的需要

（1）优抚医院社会工作服务对象的需要。优抚医院社会工作的服务对象主要包括伤病残军人、带病回乡复员退伍军人、患严重精神病的复员退伍军人。其中，复员军人慢性病医院的服务对象主要是：患有严重慢性病的带病回乡的复员军人；患有严重慢性病的在乡革命残疾军人；在部队立有三等功以上、病情特别严重的带病回乡的退伍军人。荣誉军人康复医院的服务对象必须是特等、一等残疾军人中具有下列条件之一者：因伤残后遗症需要经常医疗处置的；生活需人经常护理，回乡安置不便照顾的；独身一人，无依无靠，不便回乡安置的。复员退伍军人精神病院的服务对象必须是带病回乡的复员、退伍军人中的严重精神病患者。总体来说，优抚医院社会工作服务对象的需要大致包括治疗康复需要、基本生存需要、家庭生活需要以及社会交往和社会尊重的需要等。

（2）光荣院社会工作服务对象的需要。光荣院主要接收自愿入院的下列优抚对象：孤老烈属；孤老退伍红军老战士（含西路红军老战士）；孤老残疾军人；孤老复员军人；未满16周岁的烈士遗孤和患有残病生活不能自理、家中无人照顾的烈士子女。光荣院社会工作的服务对象主要有健康维护、婚姻家庭、社会参与和社会尊重等方面的需要。

（3）复员退伍军人安置社会工作服务对象的需要。复员退伍军人安置社会工作的服务对象主要包括退出现役的义务兵（含伤病残义务兵）、复员士官、转业士官、复员干部等。复员退伍军人安置社会工作的服务对象的需要主要有就业权益的保障需要和社会再适应的心理调适需要。

（4）军休社会工作服务对象的需要。军休社会工作的服务对象主要为移交政府安置的军休干部，具体包括：抗日战争时期入伍的营职以下军队离休干部；解放战争时期入伍的团职以下军队离休干部；新中国成立后入伍的师职以下军队退休干部；军队退休士官（含退休志愿兵）。军休社会工作服务对象的需要主要体现在军队情结、社会尊重、健康维护、居家养老、社会参与等方面。

2. 服务对象的问题

（1）优抚医院社会工作服务对象的问题。一是生活适应困难，缺乏病理常识和自理、护理知识。住院伤病残军人大部分为高位截瘫和卧床等重残人员，生活半自理甚至完全不能自理，日常生活需要护理人员的帮助才能完成。二是心理障碍严重，难以接受伤病残导致的障碍。服务对象大多长期生活在相对隔绝的环境下，性格比较孤僻，人际沟通和日常生活规范存在某些障碍，往往有着强烈的被遗弃感，自尊心非常脆弱。三是生活保障问题。由于相关政策的调整相对滞后于经济社会的发展，导致服务对象的抚恤补助标准偏低，部分服务对象、尤其是在乡老复员退伍军人慢性病患者出现了生活困难等问题。四是家庭婚姻障碍，生儿育女困惑。服务对象大多没有家庭、一些服务对象婚后离婚率很高，但他们也有结婚成家生儿育女的需要。五是社会隔离，缺乏社交网络，孤独感强烈。

（2）光荣院社会工作服务对象的问题。一是老化问题。光荣院社会工作服务对象中老同志居多，老化问题严重。如嗅觉或味觉等生理系统的变化、记忆力衰退、老年慢性病增加等，都会严重影响他们的生活质量。二是社会地位下降，心理失衡。由于长期处于和平环境，一些人的国防意识，拥军观念有所淡化，光荣院社会工作服务对象的社会地位有所下降。有的觉得现在的待遇与其曾经的贡献不相符，有的觉得现在的生活不是年轻时憧憬的，尤其是与同辈群体相比，有很强的失落感。三是社会隔离。相对封闭的院舍式照顾，使光荣院社会工作服务对象与外界接触较少。

（3）复员退伍军人安置社会工作服务对象问题。一是就业难。随着企业实行减员增效，就业形势日趋严峻，现实的就业状况与服务对象的择业标准存在很大反差，有的复员退伍军人长期得不到安置。二是隐性失业。随着社会主义市场经济体制改革的推进，20世纪七八十年代安排到企业的复员退伍军人，已有相当一部分下岗，他们的生活来源已无承担主体。另有一些复员退伍军人还不同程度存在着隐性失业现象，少数被安置复员退伍军人的工作、工资、福利待遇无法得到有效保障。三是延迟上岗。一些部门和单位在接收安置复员退伍军人问题上，存在推诿、扯皮现象，有的甚至故意拖延上岗时间，使部分复员退伍军人不能及时上岗就业。

（4）军休社会工作服务对象的问题。一是角色失调。由军队到社会、由军人到老百姓、由在职到离职，在实现角色模式转换的过程中，由于心理上、行为上的惯性，军休干部不太容易适应新的角色模式要求。二是社会地位下降。军休干部在离开职位、退出现役之时，也就相应地离开了职位和职业所赋予的各种权利和义务。尽管在政策上可以通过较高的政治待遇和生活待遇尽力维持其原有的社会地位，但社会结构的正常错动是不可避免的，从而造成事实上、更多是心理上社会地位向下流动的现象。三是心理失衡。随着社会地位的变动，军休干部将自己的利益得失与同辈群体（比如军队和地方管理的离退休干部）进行对比时产生一种不平衡心态。

二、优抚安置社会工作的主要内容

（一）优抚医院社会工作的内容

优抚医院社会工作主要是为服务对象提供社会服务，预防和减轻他们因伤、病、残所带来的种种社交和情绪上的困扰，协助服务对象及其家庭处理因伤、病、残而出现的，在情绪、经济、康复、出院安置以及其他适应方面的问题，促进医疗过程顺利进行，增强服务对象的自我照顾能力，回归社区，融入社会，促进社会稳定与和谐，增加社会资本与促进社会协调发展。

1. 协助处置服务对象及家庭的问题

（1）参与入院时的评估，疏导因伤病残而引起的心理及情绪方面的问题。

（2）协助处理不良的家庭关系，促进服务对象与家庭沟通，加强互相支持。

（3）增强对病情或医疗程序的了解与适应。可联合医护人员，采取讲座方式，对有关伤、病、残所引起的心理、生理、社会影响开展宣传教育。

（4）手术或特别治疗之前及之后的心理辅导。

（5）纠正不当的行为，如已婚荣誉军人不愿回原籍安置，因婚姻家庭引发的一些问题；复员退伍军人慢性病患者短期重复住院率高或不愿出院的问题。

（6）增进与医护人员的沟通，建立适当关系。

（7）对遭遇紧急或突发事件的服务对象进行危机介入。

2. 协助增强服务对象对医院环境的适应

（1）解释医院的有关规定。

（2）帮助服务对象善于运用医院的设备，充分利用医院提供的医疗、康复服务，从而尽量控制病情的发展和复发。

3. 协助处理服务对象与医疗系统的关系

（1）提供相关的医疗资讯。

（2）协助及联络医疗团队的各专业同仁，为服务对象提供包括生理、心理方面的全面诊疗。

（3）协助服务对象及其家庭运用有关的社会资源。

（4）提供相关的医疗及福利的电话咨询。

（5）个案处理及转介。

（6）疏导医疗纠纷，妥善处理服务对象及其家属的投诉，进行相关的医务纠纷调解，营造良好的就医环境，构建和谐的医患关系。

4. 出院及跟进服务

（1）与医护人员一起商讨病情，作好出院评估、订立离院计划，尤其要做好离院前的适应性方面的工作。

（2）教导家庭照顾服务对象。

（3）协助家庭与服务对象一起设计跟进及检讨方案。

（4）运用家居照顾及社区康复护理或志愿者服务等。

（二）光荣院社会工作的内容

光荣院社会工作是运用社会工作个案、小组、社区等直接服务方法与社会行政、研究、督导等间接服务方法，去推行与孤老优抚对象生理或心理健康有关的社会政策或措施的一种工作过程。其目的是协助孤老优抚对象维持身心健康，保障老年生活各项必需的福利服务，使孤老优抚对象过上正常、安全的生活。

光荣院社会工作的内容主要包括：

（1）基于生理变化与身体健康原因需要提供的服务。

（2）基于心理变化与社会生活调整原因需要提供的服务。

（3）基于认知和情绪问题处理需要提供的服务。

（4）基于药物滥用与预防药物依赖问题需要提供的服务。

（5）基于精神问题的解决需要提供的服务。

（6）基于疏于照顾问题需要提供的服务。

（7）基于死亡与濒临死亡问题需要提供的服务。

（8）基于照顾者的压力问题需要提供的服务。

（三）复员退伍军人安置社会工作内容

复员退伍军人安置社会工作涉及面广，需要民政部门主动与劳动、人事、编办、监察、财政等部门密切配合，协商安置的渠道和措施。安置社会工作新老问题交织，具有复杂性和多面性。社会工作者所承担的责任往往超出了其权力范围和可以利用的资源范围，难以改变现状。因此，复员退伍军人安置社会工作主要是在贯彻落实政策的同时，充分发挥社会工作行政的作用，积极获取社会资源，协助服务对象发挥社会功能、增强自我能力，实现角色转变，从容应对新的工作和生活环境。

复员退伍军人安置社会工作的主要内容包括：

（1）协助服务对象适应新工作和新生活，顺利渡过军地转化的过渡期，调适其社会再适应过程中的压力和各种不良情绪。

（2）协助服务对象充分利用和发掘自身和外部的正式和非正式社会支持网络，促进其社会融入。

（3）加强协调沟通，推进政府主导、部门协作、社会参与的安置格局形成，保障其各项权益特别是就业权益，促进其就业难问题得到及时妥善解决。

（4）积极推进有关复员退伍军人安置工作的社会政策获得良性改变。

（四）军休社会工作的内容

军休社会工作主要是协助军休干部实现角色的转变，减少对生活和环境的负面感受，顺利渡过军地转化的过渡期；促进军休干部充分发掘和利用资源，更好地发挥其社会功能，建立并发展积极的社会关系；实现“六个老有”目标；促进社会政策的良性改变，推进接受安置稳步进展，促进服务管理水平的整体提高。

军休社会工作的内容，基于工作程序，在不同的阶段应有所侧重。

1. 接受安置前

主要是收集、分析列入交接计划的军休干部的相关资料，做好需求的预估和预诊断；帮助军休干部了解移交地方后的相关政策。

2. 接受安置中

主要是协调移交部队解决具体问题，共同做好交接中军休干部的思想工作；审核军休干部档案时，要及时发现可能存在的问题，做好评估工作；利用上门家访机会，有针对性地开展个案工作服务；利用移交部队、服务管理机构、军休干部见面会做好群体性的政策解答和心理疏导；协调相关部门为军休干部办理医疗、落户、组织关系、档案移交等方面的手续。

3. 接受安置后

主要是提供服务管理，包括积极引导军休干部进行平民化角色转换，做好心理补偿和精神慰藉，协助适应新生活、发展人际关系、融入社区和社会，提高幸福指数；协助有关部门落实军休干部的政治待遇和生活待遇，实现“老有所养”；协助策划、组织形式多样的文体活动，丰富精神文化生活，实现“老有所乐”；协助做好军休干部的医疗保障工作，实现“老有所医”；协助推进军休社区建设，整合社区资源，推进服务管理社会化，方便军休干部居家生活；协助军休干部力所能及发挥余热，实现“老有所教”、“老有所为”；协助军休干部学习新知识，实现“老有所学”；做好高危军休干部的临终关怀工作，引导正确面对生命的终点；培训工作人员，促进专业服务的发展和服务质量的提高；组织、训练、督导志愿者；倡导促进军休社会政策的良性改变。

三、优抚安置社会工作的主要方法

社会工作的方法在优抚安置领域有非常广阔的应用空间，针对不同的优抚安置社会工作服务人群又有着不同的切入点和着重点。

（一）优抚安置社会工作各领域需掌握的共性方法

如何协助服务对象适应角色转变、引导服务对象找到当下生命的意义、介入服务对象面临的严重情境性事件、帮助工作人员进行压力释放和情绪调适，是优抚安置各领域社会工作者面临的共性问题。下面的案例带出了服务对象问题的共性和解决问题的共通方法。

案例7－3

小张，A省B市C乡人。1977年9月出生，1997年12月入伍。家有父母和两个姐姐，均在C乡务农。2004年9月，小张在一次为部队运输军用物资任务途中，因遇暴雨在遮盖车顶保护物资时遭遇高压电致下肢伤残，被鉴定为二级残疾。2005年1月小张退役，移交政府安置，入住A省荣誉军人康复医院，由国家集中供养。入院以来，小张情绪不稳，自我排斥，抵触他人，有强烈的失落感和被部队抛弃感。家人一直未曾探视。2005年年底，小张想回家与亲人团圆过年。在两名工作人员的护送下，小张回到了久别的村庄，但家人拒绝小张进屋。回医院后，小张思虑后半生不得不在医院的轮椅上孤独渡过，顿觉万念俱灰，拒绝治疗康复，开始绝食轻生，虽经工作人员做工作，但情绪依旧极度低落。如何让小张跨越人生的障碍、重拾生命的意义，如何让小张家人接纳小张身体残疾的现实、给予家庭的温暖和关怀，成为优抚安置社会工作的重要任务。

1. 认知和情绪问题的处理方法——引导服务对象树立豁达的人生态度

优抚安置社会工作服务对象的身份阶层在社会转型中产生了前所未有的分化。由现职到离职、由军队到地方、由军人到老百姓，尤其是由健全人到残疾退役军人，在实现角色模式转换的过程中，由于对新旧角色认识不清、理解不一，往往造成心理失衡、角色失调、行为失范。对个人身份地位的敏感、焦虑、紧张、失落与无奈是优抚安置社会工作服务对象比较普遍的心态特征。运用认知行为理论的视角可以帮助服务对象识别导致情绪不适和问题行为的有缺陷的思维模式，推进适应角色转变。

认知行为模型的焦点在于重构认知、改变行为，其中比较有影响的是艾利斯（Albert Ellis）的理性情绪行为疗法（rational－emotive behavior therapy，简称REBT）。

在REBT过程中，社会工作者充当着咨询者和教育者的角色，其实质是要引导服务对象树立豁达的人生态度：

（1）要让服务对象明白，不是个人遭遇的事件而是个人的非理性信念造成了情绪和行为上的困扰，以及如何通过认知改变来改善情绪和行为。

（2）认知干预是 REBT 的重要内容。由现职到离职、军队到地方、军人到百姓，符合国家大政方针，有明确政策依据，优抚安置社会工作服务对象一般不会明确对此表示异议，往往通过遗留问题等事件表现出来。所以在问题探索阶段，社会工作者要帮助服务对象探查隐藏在情绪困扰后面的“自语”（比如有的服务对象一再强调自己对得起党、对得起国家、对得起人民），借此明确问题的所在。社会工作者要激励服务对象反省自己在感到焦虑、抑郁或愤懑时对自己“说”了些什么（比如有的服务对象认为自己一生走错了两个门，一个是进部队的门，一个是进军休服务管理机构的门），检查非理性信念所在。

（3）与非理性信念辩论是 REBT 的核心，社会工作者可以运用认知技术帮助服务对象质疑非理性信念和思维，认识其对当前和今后生活的影响，进而产生放弃这些不合理信念的愿望和行动。

（4）社会工作者引导服务对象对军队到地方这个环境事件作出适宜的理性反应，接受组织安排的现实，树立积极健康的生活观，积极参与社会，提高生活质量。

2. 精神问题的解决方法——寻求当下生命的意义

精神要素（对自我的超越、对意义的求索和与他人的联结感）在许多方面是优抚安置社会工作服务对象面临的主要心理和社会挑战。优抚安置社会工作服务对象不少属于老年群体，而埃里克森（Erikson）认为老年阶段的发展任务是实现自我整合，避免自我绝望，其核心是要有能力处理并接受人生中发生的所有事情，把这些人生事件当成是令生命有意义的东西。这里的精神问题涉及的并不仅仅是准备后事或者解决关于来世的信念，还涉及活着时候要处理的“未了事宜”，找到当下生命的意义以及探索和表达对生命的信念的方法。精神问题不是有待解决的事情，而是一个当事人和专业人员都要以各种不同的方式走过的旅程。

社会工作者在为优抚安置对象提供社会工作服务时，按照费希尔（Fischer）在观察和描述精神对于老人的重要性时总结的五个共同主题：

（1）要引导服务对象珍惜“现在”的重要性，包括欣赏时间的珍贵，以及真实地活在离开部队后的当下，“学习享受活着”。

（2）要引导服务对象找到往事的意义，以曾经的军旅生涯经历来建构生命的意义，这是人生回顾过程的重要作用。

（3）在人生回顾的过程中，帮助服务对象直面自己的局限。

（4）引导服务对象坦然接受生活中好的一面和不好的一面，重新激活疏远的关系，寻求与自己、与他人的和解。

（5）引导服务对象力所能及地关怀他人、服务社会。

3. 危机干预方法——最小的努力产生最大的效果

危机是由于个人生活中的紧急或突发事件使个人原有的满意状态有所改变，导致出现不平衡，或者失去稳定的一种状态。优抚安置领域常见的危机情境有多种情况，如离开部队、突发性伤残、长期的慢性病折磨、面临新的人际关系、艰难的事业选择、缺乏社会支持、相对封闭的环境、失业、死亡。每一种危机情境虽有所差异，但都需要社会工作者去注意与关心，并予以专业的介入与处理。尤其是对于小张这样的优抚医院社会工作服务对象，时时处处都处在危机情境：如何面对突发伤残？如何看待家人怕受连累而回避、拒绝的态度？如何面对今后的生活？

实际上，一个危机不是一个突如其来或灾难性的事件，而是一个过程，其焦点在于人们如何对突发性危险事件做出反应。

詹姆斯和吉利兰提出了三种危机干预模型，即：平衡模型，认知模型，心理转折模型。危机干预模型是围绕服务对象的危机而展开的调适和治疗工作，注重不同服务介入技巧的综合运用，目的是在有限的时间内快速、有效地帮助服务对象摆脱危机的影响。社会工作者需要迅速了解服务对象的主要问题，快速做出危险性判断，有效稳定服务对象的情绪，积极协助服务对象解决当前的问题，帮助服务对象增强自主能力。实际上，在危机的节骨眼上，最小的努力能够产生最大的效果。

4. 工作人员压力问题的处理方法——建立支持性小组

优抚安置社会工作的服务对象，大多数是要从接管之日直至死亡，甚至包括遗属问题，都需要得到保障。工作人员与服务对象朝夕相处，面临着许多压力，如工作人员与服务对象之间缺乏互惠性，且经常受到不被服务对象理解的困扰；随着优抚安置社会工作服务对象日益高龄化、工作任务更加繁重，工作人员面临与社会隔离的危险；长期枯燥单调的工作产生的工作“倦怠”：有的甚至出现了抑郁症状，需要专业人员帮助进行压力释放和情绪调适。

社会工作者可以开办工作人员支持小组，给他们提供情绪上的支持和具体的建议，让工作效率更高，更有收获。支持性小组可以围绕特定的主题开展活动，诸如时间管理、冲突化解、满足工作人员谈论工作的努力和磨难方面的需要等。不管工作人员支持小组的重点是什么，特别重要的是小组成员能有足够的时间相互交谈，有机会从有同样经历的人那里获得支持和理解。

（二）优抚医院和光荣院的介入重点和方法

优抚医院和光荣院社会工作服务对象大多在院变老、终老，且以孤身一人居多。在变老、终老的过程中，不可避免地遇到生理、心理和精神方面的问题。

1. 处理死亡与濒临死亡问题的方法

直接面对死亡和濒临死亡的现实是优抚安置社会工作不可回避的一部分。在服务于濒临死亡的服务对象方面，社会工作者所做的带有个人性或专业性的人生回顾过程的目的，就是帮助处理未了的事宜，找到获得心灵安宁的方法。对服务对象来说，死亡并不是突如其来的事，大多数人思考这一问题已有很长时间。因此，临终关怀在优抚医院和光荣院社会工作中占有重要地位。

临终关怀是指向临终服务对象及其家属提供一种全面的照料，包括生理、心理、社会等方面，使临终服务对象的生命得到尊重，症状得到控制，生命质量得到提高，家属的身心健康得到维护和增强，使临终服务对象在临终时能无痛苦、安宁、舒适地走完人生的最后旅程。

2. 对体恤性与亲密关系需要的处理方法

由于在院伤残、孤老优抚对象大多无亲无故、无儿无女，且以男性居多（有的优抚医院和光荣院的服务对象清一色是男性），优抚安置领域的工作人员倾向于避免与他们讨论性和亲密关系。如何敏锐地察觉和体恤服务对象在性和亲密关系方面的需要，对社会工作者是一个特殊的挑战。社会工作者应该组织尽可能多的社交联谊活动，以满足服务对象对归属与爱的需要。当他们成家的需要不太现实或不可能时，工作人员和朋友可以通过拥抱给服务对象更多身体上的关爱，满足他们对情感的需要。

3. 对药物滥用与药物依赖问题的预防方法

在优抚医院和光荣院，不少服务对象有多拿药、藏药、“比着吃药”的现象。服务对象的药物滥用和药物依赖分为两类，第一类是服用违禁药物，第二类是滥用处方药，最常见的是后一种。服务对象滥用药物的情况大多发生在治疗抑郁症、焦虑症、慢性病引起的病痛和失眠症的时候。针对这些病痛所开的抗抑郁类药物、镇静剂、镇痛剂和安眠药属于精神调节类药物，对中枢神经系统有直接的化学作用，会改变情绪状态或感觉状态。这类药物中，某些能造成生理上切实的药物依赖，另一些会造成心理上的依赖。持续服用或误用这些药物会导致服务对象与药物间形成不健康的关系。

依赖处方药是一个隐性过程。服务对象或许缺乏知识，不了解剂量多大才合适、服了会不会让人上瘾。他们可能一开始服的剂量就不对。如果药效不像自己想的那样好，服务对象可能会倾向多服一些就会好一点，并逐步增加服药的剂量。另外，服务对象可能会同时接受几个医生的治疗，并从多个药方拿药，因而服务对象重复开药、药物发生交叉反应或剂量有致命危险的情况不太容易被发现。在少数情况下，服务对象会有意从不同的途径拿同一种药，以保证得到自己想要的剂量。

社会工作者要把查看服务对象的服药情况纳入评估工作，使之成为固定的一部分。要与医护人员携手工作，教育服务对象，防止因不当用药造成致命后果。

4. 处理疏于照顾问题的方法

服务对象疏于照顾问题具有一定的隐秘性，相关资料比较少，有待继续调查和研究。但究其根源主要有两方面的原因：一方面是他们生活在一个相对封闭的空间；另一方面，可能在工作人员看来，给服务对象特别是那些认知有损伤的退役军人精神病患者服药和实行约束，是控制他们行为的唯一手段，而家人或专业助人者可能会认为这是虐待服务对象。

在优抚医院和光荣院中最常发生三种隐蔽性的疏于照顾。第一种是服务对象丧失基本日常活动的选择权，诸如强迫服务对象按机构的需要而不是个人的需要进餐、洗澡和就寝。第二种形式是隔离，有攻击性的服务对象受到排斥，不能参加社会或娱乐性活动，因为他们的行为不符合群体活动的标准，因而可能被罚待在自己的房间里或者被推到电视机前。第三种形式称之为“贴标签”。某些服务对象被认为是“刺儿头”后，工作人员就不大会尽力了解为什么这个人跟人作对或有攻击性，不会尝试解决这一难题。如果服务对象被视为“大好人”，工作人员可能会认为他的棘手行为是不正常的，会跟别的服务对象一起想办法做些什么来消除这样的行为。这种区别对待既加重了服务对象的行为问题，也强化了机构用强硬措施或隔离方法对付服务对象的问题。

社会工作者要对服务对象疏于照顾的迹象保持警惕，运用自己的专业知识识别可能会遇到这一问题的高风险服务对象，并给行政管理人员提供建议。社会工作者应当充当特别脆弱、容易被疏于照顾，或者由于身心问题自己不能采取行动的服务对象的代言人，并发挥重要作用。这里需要强调的是，在制订避免服务对象以后受伤害的干预策略时，做服务对象和工作人员双方的工作十分重要。给双方提供情感上的支持、介绍支持性服务缓解工作人员承受的负担，以及在环境上作些调整，都是重要的步骤，可以解决造成疏于照顾的起因。

5. 建立专门小组的工作方法

（1）基本原则

①不要先行假设某些服务对象喜欢参加小组活动，抑或不喜欢参加小组活动，或者对某类小组活动不感兴趣。

②社会工作者一定要有耐心、细致、周到的工作态度，要尽可能周到地考虑每个服务对象的特殊需要。

③小组组员的选择要恰当。

④不强求的原则。

⑤尊重服务对象的自决权。

（2）具体方法

①社会工作者在小组活动之前，要做好充足的准备工作。

②所组织的活动或游戏一定要简单易学。

③社会工作者要不失时机地赞赏组员的能力。

④要关心每个组员对活动的感受，发现一些组员对活动反应冷淡时，要适当调整活动程序，以避免冷场。

⑤在小组活动行程过半时，社会工作者应协助组员真实表述对小组活动的感受，从中发现问题，总结经验，以使下一阶段的活动更符合组员的兴趣爱好。

⑥小组行将结束时，社会工作者应评价小组活动的成败及每个组员的发展。

⑦要尤为关注那些经常不参加小组活动的服务对象，了解背后的原因和隐情，开展针对性服务。

（3）专门小组的类型和方法

①现实辨识小组。现实辨识是一个过程，在这一过程中，轻度到中度认知混乱的服务对象会在环境中获得一些提示。现实辨识小组提供了结构性的方法，既帮助老人辨识身边的环境，也帮助他们学习一些技巧，以便在迷失的时候为自己导航。在现实辨识小组中，社会工作者既要扮演支持者角色，也要扮演指导者角色。下表是对开办现实辨识小组活动的一些建议。

表7－2　现实辨识小组的活动

1. 玩简单的互动性游戏，如跳棋
2. 讨论时事新闻
3. 听现代的音乐或过去熟悉的音乐
4. 为节日开办主题联欢会
5. 请健康护理人员或学者等做专题讲座
6. 坐车在本地游览，观看所在地变化
7. 用录像机或数码相机拍照，让服务对象马上能看到结果
8. 放映服务对象喜爱的电影

②动机激发小组。动机激发小组针对的是仍然有良好的辨识能力，却对现在和将来的事情失去了兴趣的服务对象。通过刺激他们的感官，帮助他们建立社会关系，在现有能力的基础上学习新技能，如此，可以使服务对象焕发活力，重新加入到主流生活中。在动机激发小组里，社会工作者的首要责任就是找出适合小组的活动，并密切观察组员对每个活动主题有什么反应。社会工作者要体谅服务对象尝试新事物时的犹豫不决，也要鼓励服务对象。下表列举了一些激发动机的活动建议。

表7-3　动机激发小组的活动

1. 园艺（小菜园、小果园等）
2. 准备过节
3. 艺术和手工制作
4. 简单的、花费不多的装饰屋子的点子
5. 学习目前的计算机技术
6. 轮流大声读报
7. 教育性的电视节目
8. 充当志愿者的机会

③社交与娱乐性小组。社交与娱乐性小组通过让服务对象参与乐在其中的活动进行社会交往，从中取得治疗性效果。大多优抚医院和光荣院都专门制定了文体健身活动制度，引导组建各类社交娱乐小组，有的还明确了活动“五要五不要”规则，即：大型活动要少不要多，活动要近不要远，活动要松不要紧，活动要实不要虚，活动要短不要长。在社交与娱乐性小组中，社会工作者的角色指导性较弱，催化性较强。

④支持性小组。支持性小组用来帮助服务对象在富于支持性的小组环境中度过生活转变带来的不适，诸如突发伤残、确诊患了慢性病或者变换居住的地方、身边院友的离世。服务对象可以学会把负面的感受表达出来，同时建立新的应对技巧，处理由生活转变带来的一些新的挑战。社会工作者的主要角色是通过鼓励成员间建立纽带，给他们提供支持，促进他们互助。

（三）复员退伍军人安置社会工作的介入重点和方法

随着市场在人力资源配置上的基础作用不断增强，政府运用行政调控手段安置复员退伍军人的能力越来越弱，复员退伍军人的就业压力越来越大，亟待社会工作者协助做好压力预防与减压，构建支持网络。

1. 压力预防与减压的方法

在复员退伍军人安置社会工作中，要综合运用增权与倡导、优势视角、社会再适应、社会支持的理论视角，以增强复员退伍军人应对新工作和新生活的能力。

针对大多数服务对象，社会工作者都扮演着心理调适辅导员的角色。首先，社会工作者要协助服务对象做好压力预防工作。在工作中，社会工作者应力图获得安置接受单位全面而翔实的资讯，并准确地向服务对象描述。这种对预期的引导和现实的展望，是一剂心理上的预防针。其次，社会工作者要协助服务对象做好减压的工作。出于种种原因，部分服务对象不愿意向他人讲述自己所承受的压力，担心自己这样做会造成不利的影响。社会工作者应该在个案工作中帮助服务对象说出隐情，并协助服务对象认清其中的危险信号，从而预防这一类压力的产生。此外，社会工作者通过与服务对象以尊重、关注和接纳的方式进行沟通，也可以达到预防压力和减压的目的。

2. 构建支持网络的方法

面对日益严峻的就业形势，现实的就业状况与自己的择业标准反差很大，不少服务对象都会感到焦虑和紧张，甚至会出现情绪失控的情况。开展小组工作，不仅可以协助服务对象充分利用正式的社会支持网络（了解更多的相关政策、认识安置机构的功能和运作方式等），更重要的是，小组工作还能为小组成员提供一个非正式的社会支持网络。

社会工作者要积极协调有关部门，通过上下协调、横向沟通，广泛而深入地了解用人单位的需求。同时要积极推进安置渠道多元化，引导国有企业、集体企业、私人企业、合资企业、外资企业主动安置复员退伍军人，充分调动和发挥他们参与社会公益事业、承担企业社会责任的积极性，利用社会财力、人力、物力以及管理服务的优势，拓宽安置渠道。这样既能增强非公有制经济组织的成就感和责任感，又能分担国家和政府的负担，形成政府主导、部门协作、社会参与的退伍安置工作新格局。

（四）军休社会工作的介入技巧

军休社会工作兼具军队社会工作和老年社会工作的特点，而且多数情况下是在院舍（军休中心、干休所等）里面开展，因此，在介入的时候应充分考虑“人在环境中”的实务取向，灵活运用个案工作、小组工作和社区工作等方法和技巧。

1. 个案工作

军休社会工作的个案服务要结合服务对象是有着严重军队情结的老人来考虑和设计。

（1）充分利用军休老人的生活经历来实现增权

增权意味着我们承认并相信军休老人有能力去做出选择，采取行动来满足个人需要，解决个人问题，组织各种必要的资源来控制个人的生活。军休老人的生活经历往往更具神秘和传奇色彩，能够提供了各种联系方式，是军休老人活力的积累。社会工作者在个案服务过程中，应充分挖掘和利用这些生活经历实现军休老人在面对各种需要和问题时能够自己决定和选择，满足他们军队情结、社会尊重、人生价值等方面的需要。

（2）使用回忆来增强军休老人的能力

回忆就是讲述和缅怀过去的往事，整理过往经验的过程，通过回忆，当事人能够加强对过去生活的理解，重新认识自己，使自己的生活和自我感觉保持一致，提供生活意义和生活的连续性，而且通过这种一致性，在情感上获得保护感。社会工作者在军休个案服务中，可以通过使用回忆增强军休老人的能力，缓解和弱化他们角色失调、地位下降和心理失衡等问题。

2. 小组工作

鉴于多数军休老人患有各种不同程度的疾病，维护健康的需求度较高，过去在部队的医疗服务比较周到便捷，而到了地方后，维护健康和医疗服务往往需要家人或自己亲力亲为，这样，组织和开展军休老人的自助互助小组来互相支持和鼓励自我照顾，分享共同的关注或他们面对的医疗、健康问题就显得非常重要。通过自我照顾和自我帮助，可以充分发现、调动和保留军休老人的优势和价值。

3. 社区工作

军休老人虽然从部队转到了地方，由军人变成了百姓，但他们居住的社区通常还是自成系统，不仅与部队联系减少，而且与地方的联系也不多，因而更容易产生隔离和孤立感。社会工作者可以从军休社区内外两个方面开展工作。一是从军休社区内部，通过提供切合军休特点和老年需求的服务，打造和谐幸福营院社区。二是通过打通军休社区与外部社区的联系和通道，搭建军休老人发挥余热、奉献社会的活动平台，实现“军民”互助，推动和谐社会建设。

第三节　矫正社会工作

矫正社会工作属于司法社会工作的范畴，是社会工作介入的一个比较独特的领域，其特殊性与优抚安置社会工作有很大的不同，尤其是它的服务对象是罪犯（或具有犯罪危险性的人员）及其家属。因此，社会工作者在开展服务时更应该了解这种服务对象及其需求的特殊性，灵活运用专业方法进行介入。

一、矫正社会工作的含义

（一）矫正及矫正社会工作的含义

1. 矫正的原意及司法含义

矫正，也称矫治，原是医学上的专门用语，意指通过手术或药物治疗，使身体部位的形状或机能方面发生畸形的患者得到康复，以重新过上和正常人一样的生活的过程。“矫正”概念引入社会领域，成为司法方面的专门用语，指国家司法机构和工作人员通过各种措施和手段，使犯罪者或具有犯罪倾向的违法人员得到思想上、心理上和行为上的矫治治疗，从而重新融入社会，成为其中正常成员的过程。

2. 矫正社会工作的定义

矫正社会工作在一些国家和地区也称感化工作（如我国香港地区），它是矫正制度中非常重要的组成部分，是社会工作实务的一个重要领域。

矫正社会工作是专业人员或志愿人士在社会工作专业价值观指引下，运用社会工作的理论、知识、方法和技术，为罪犯（或具有犯罪危险性的人员）及其家人，在审判、监禁、社区矫正或刑释期间，提供思想教育、心理辅导、行为矫正、信息咨询、就业培训、生活照顾，以及社会环境改善等方面服务，使罪犯消除犯罪心理结构，修正行为模式，适应新的社会生活。

（二）矫正对象的需要及问题

矫正社会工作是社会工作实务中一个较为特殊的领域，其特殊性表现在它的服务对象具有其他领域服务对象所不具有的需要和问题。

1. 矫正对象的需要

（1）满足其基本生存条件的需要

矫正对象面临困难重重的生活压力，为其提供基本生存的条件，既是基本人权的体现，也是对其实施矫正计划措施的前提。基本生存条件包括：维持基本生活所需的经济收入或最低生活保障；维持基本生活所需的住房条件；维持身体健康的卫生医疗待遇等。

（2）获得教育、就业权益的需要

矫正社会工作的目标是帮助矫正对象能够通过自身能力来维持其基本生存条件，因此，教育、就业权益的保障就尤为重要，要通过帮助其接受较好教育，实现有效就业，帮助其建立自新、自强、自立的目标。

（3）接受再社会化服务的需要

矫正社会工作的又一目标是通过计划的实施，促进矫正对象恢复和重建其严重缺失的社会功能，成为社会正常的成员。

2. 矫正对象的问题

（1）加害社会与他人的行为使其较难取得社会民众的同情

矫正社会工作的服务对象是罪犯，虽然一定意义上说他们也是社会弱势群体，但他们过去的行为曾经给社会和他人造成过伤害。因此，一般的民众鄙视和厌恶他们，不会像对待社会工作其他领域的服务对象（如儿童、老人、残疾人等）一样给予同情与帮助。

（2）社会功能缺失的严重程度增加其功能恢复与重建的难度

作为“助人自助”的专业活动，社会工作关注服务对象社会功能的恢复和重建。矫正社会工作的服务对象的特点之一，就是其社会功能严重缺失，这是其之所以犯罪的原因所在、也决定了矫正社会工作的艰难程度，社会工作者要从生理、心理、思想、行为、生活方式、社会交往等多方面给予矫正服务，才能达到恢复和重建的目的。

（3）服刑者的身份使其处于社会资源网络的边缘地位

不管是在监狱还是在社区接受矫正服务，矫正对象的身份是刑罚被执行者。服刑者的身份使矫正对象处于社会资源网络的边缘地位，使他们无法得到或很少得到一般民众可以得到的经济、物质、生活保障资源，在生活、教育、就业、卫生、住房、家庭婚姻、社会交往等方面，都将面临比一般民众更大的压力。

（三）矫正社会工作的特点

1. 它是一种社会福利服务

矫正社会工作和其他类型的社会工作一样，是在社会福利制度内的一种专业化的服务和社会福利载体，同时也是通过组织动员社会资源，改变处在违法犯罪情境中的人员的心理结构、行为方式和生活方式，使之适应社会生活的一种带有福利性的社会服务。

2. 它和司法矫治体系具有密切的联系

矫正社会工作所施行的专业服务建立在国家颁布的相应的法律基础之上；同时，矫正社会工作还贯穿于对矫正对象进行司法矫正的各个方面和整个过程。此外，矫正社会工作和司法工作的最终目的一致，即预防犯罪，维护社会安全。

3. 它需要灵活运用专业的理论和方法

在同其他专业人士的密切合作中，矫正社会工作者在专业理念和理论的指导下，运用个案工作、小组工作和社区工作等专业方法，为罪犯或其他越轨人员提供专业服务。

二、矫正社会工作的主要内容

（一）司法判决前的社会工作

司法判决前的社会工作服务对象主要包括犯罪嫌疑人和犯罪嫌疑人的亲友。

1. 针对犯罪嫌疑人的社会工作介入

社会工作者介入司法过程，自司法判决前的案件审理阶段就已经开始。这时的主要工作对象是已被拘押或保释的、尚未被判定有罪的犯罪嫌疑人。

矫正社会工作者在案件审理过程中的主要工作职责是通过与受助者（犯罪嫌疑人）及其家属和周围社区的接触了解，写出一份有关犯罪嫌疑人背景的调查报告，提交法庭作为审判参考。

（1）犯罪嫌疑人调查报告的性质和作用

社会工作者在司法判决前提交的调查报告的目的不是像律师一样为被告作无罪或轻罪辩护，而是在罪犯承认犯罪事实的基础上为法庭判决提出参考建议。在一些国家和地区，法庭对矫正社会工作者的调查报告是十分重视和尊重的，因为法庭调查一般注重于犯罪事实本身，以此作出是否有罪和罪行严重程度的判断。而矫正社会工作者的调查报告所提供的罪犯的社会背景和性格特征等资料，有助于法庭作出适用何种刑罚处置的判定，有利于罪犯的改过自新。例如，许多免予处罚、缓刑、社会服务等判决，就是法庭在充分考虑矫正社会工作者的建议基础上作出的。

（2）犯罪嫌疑人调查报告的撰写

由于判决前的调查报告对于法庭的判决有重要影响，所以它受到相关矫正机构的高度重视。如，1955 年，美国“犯罪与违法的全美会议”为下属机构所颁布的《量刑指南》

规定，制作此类报告的缓刑官必须经过专门训练。

判决前的调查报告包括三个部分：

①犯罪事实的记录。其中，犯罪嫌疑人自己对缓刑官关于犯罪供述和辩解，以及警察或被害人的陈述等都要加以记载。

②前科。要求对以前被逮捕及犯罪情况的详尽说明及评价。

③本人的生活史。记载家庭、受教育、工作经历、身体精神状况、宗教、兴趣、社会活动、服役、财产状况等。

缓刑官要客观准确地写出报告，除了与犯罪嫌疑人交谈外，还要对与其相关的许多人，如家人、邻居、同学、同事、朋友、警察、受害人等进行广泛交谈。

近年来，我国的一些地方法院在审判青少年犯罪案件时，也要求相关部门为青少年案件的犯罪嫌疑人提供类似的服务。

2. 针对犯罪嫌疑人亲友的社会工作介入

犯罪嫌疑人被拘押审判期间，其家人亲友会因此受到冲击和拖累，尤其是犯罪嫌疑人家中年迈的父母和年幼的子女，其生活会因事件的发生而陷入困境。矫正社会工作者此时的工作介入，主要是针对这些陷入困境的犯罪嫌疑人的家人提供帮助。

（1）家庭关系协调及家庭成员心理、情绪疏导

犯罪嫌疑人被拘押和等待审判，会给其家庭和家庭成员的心理、情绪带来严重影响。如夫妻关系失和，婚姻关系破裂，家庭成员心理自卑，情绪失控，在邻里、亲友面前抬不起头，等等。提供心理、情绪方面的辅导服务和家庭关系的调适服务，目的是协助家庭成员将事件造成的负面影响降到最低程度。

（2）社区资源链接以应对生活困难

犯罪嫌疑人如果是家庭收入的主要甚至唯一的提供者，其被收押和等待审判会使家庭经济陷入困难境地。矫正社会工作者此时的重要工作任务，是依据当地的相关法律法规，为犯罪嫌疑人的家人寻找社会资源以维持生计，如帮助申请社会救助，帮助寻找暂时性工作，等等。

（3）为失去依靠的家庭成员提供生活照料

因事件发生而失去依靠的家庭成员，如未成年的儿童少年，或年迈又无人照料的老人，也是矫正社会工作者需要关注的服务对象。社会工作者此时的工作任务，是为这些因事件发生而失去依靠的家庭成员提供生活照料方面的服务。如寻找替代家庭或收养机构；与学校老师联系以关注学业等。

（二）监禁场所中的社会工作

对违法犯罪人员实施监禁的场所包括戒毒所、看管所、劳改劳教场所及监狱等。事实上，这里所说的监禁场所主要是指监狱。社会工作者为在监狱服刑人员提供的服务，主要是调动罪犯自身的潜能以及生活资源，引导犯罪向积极的方向转化，以达到改过自新、回

归社会的目的。在监禁场所中，矫正社会工作者提供的服务主要包括：

1. 协助服刑人员适应监禁场所生活

（1）帮助服刑人员熟悉监狱环境

矫正社会工作者对于刚刚进入监狱（尤其是初次进入监狱）服刑的人员提供的服务，主要是协助他们适应监禁场所的生活，减少或消除对法院判决和监禁生活的抗拒。内容包括向服刑人员介绍监狱的环境、监狱的作息制度、监狱的监管措施、监狱的奖惩办法等。

（2）协助服刑人员戒除不健康的生活习惯

许多犯罪和违法人员有酗酒、吸食毒品等生活恶习，在监狱环境中，此类行为被严禁禁止。矫正社会工作者要帮助初入监禁场所的“瘾君子”戒除酒瘾、毒瘾，以更好地遵守监禁场所的规定。

（3）协助服刑人员解决生活困难

有些服刑人员没有家庭支持，在经济方面比较困难；有些服刑人员体弱多病，无法适应监狱生活。矫正社会工作者可以在法律允许的范围内，帮助服刑人员得到经济和医疗方面的帮助，如换季衣被的添置、疾病医治等，条件许可的还可以协助服刑人员申请保外就医。

（4）预防服刑人员间犯罪观念和行为的交叉感染

在监狱中，各种罪犯混杂居住，一些长期监禁的重犯、惯犯对于新近入监的初犯、轻犯、青少年犯往往实施控制，施加影响。矫正社会工作者一方面可以依据判决文书及心理、行为测评结果，配合监管人员对服刑人员进行严格的分类管理；另一方面，要提醒新近入监服刑人员善交狱友，保持行为端正，预防犯罪思想观念和行为的交叉感染。

2. 为服刑人员提供专业咨询服务

许多服刑人员之所以犯罪，是因为其思想观念、心理人格、行为模式、生活方式等方面发生了障碍和偏差。矫正社会工作者作为矫正团队中的专业人员，其最重要的工作内容，是为服刑人员提供思想观念、心理人格、行为模式、生活方式等方面治疗和矫正性质的专业咨询服务。主要专业咨询服务有：

（1）公民教育。通过公民的权利、义务教育和公民的行为规范教育，帮助服刑人员逐步了解并习得合法公民的基本素养。

（2）心理、情绪辅导。通过心理咨询、情绪辅导等方式，改变服刑人员偏差扭曲的心理结构和敏感过激的情绪反应。

（3）职业技能训练。通过专门知识技能的培训，使得服刑人员掌握一门或多门职业技能，使其出狱后可以用社会认可的方式和途径谋生。

（4）人际交往意识与能力提升。通过自我认知能力训练、人际沟通能力训练、人与社会相互关系知识的学习等，提升服刑人员人际交往的意识和能力。

3. 帮助服刑人员加强与社会的联系

监狱环境的特点是使服刑人员与社会和他人保持一种隔绝状况。这种做法一方面是通过剥夺罪犯一定程度的自由的方式，使其为自己的犯罪行为作出补偿；另一方面是防止其在未改造更新之前对社会和他人实施再犯罪。但是，除了被判处死刑并立即执行的罪犯之外，其他大多数服刑人员，都注定或可能要重返社会。而监狱的环境其实并不利于服刑人员的再社会化。所以，矫正社会工作者在监禁场所提供的服务内容之一，是帮助服刑人员加强与社会的联系，以恢复重建其社会功能。

（1）帮助服刑人员了解外面社会的变化。邀请知名社会人士，如学者、官员、文艺体育社会工作者等到监狱开讲座、作报告、开展文艺演出和体育比赛等，使在监服刑人员加强与社会的联系，以恢复重建其社会功能。

（2）帮助服刑人员加强与家庭的联系。通过开通电话、组织家属探访、走访罪犯家庭、倡导放假制度等方式，尽可能保持和加强服刑人员与家庭的联系，利用家庭的有利资源促进服刑人员的正面转化。

（3）帮助服刑人员构建支持性社会网络。如动员社会志愿人士，与在监服刑人员建立结对帮教关系，用真情感化在监服刑罪犯，同时也为其日后重返社会构建良好的社会网络。

（三）社区矫正中的社会工作

社区矫正是与监禁矫正相对的行刑方式，是指将符合社区矫正条件的罪犯置于社区内，由专门的国家机关，在相关社会团体和民间组织以及社会志愿者的协助下，在判决或裁定规定的期限内，矫正其犯罪意识和行为恶习，并促进其顺利回归社会的非监禁刑罚执行活动。社区矫正是矫正社会工作者最主要的工作领域，其工作主要包括以下内容：

1. 缓刑、假释、监外执行人员的观护

缓刑是被判处拘役 3 年以下有期徒刑的罪犯，如适用缓刑确实不致再危害社会，规定一定的考验期，暂缓刑罚执行。假释是指被判处有期或无期徒刑的罪犯，在刑罚执行一定时间后，如确有悔改，不致再危害社会，依法将其附条件提前释放。监外执行是对被判处无期或有期徒刑的罪犯，在服刑期间，因有严重疾病需要保外就医的，或因怀孕或处于哺乳期的妇女，依法放到监外执行刑罚。

矫正社会工作者对缓刑、假释、监外执行人员的观护要督促其在观护期间做到：

（1）保持品行良好，不得与品行不端者来往。

（2）服从检察官及观护人命令。

（3）接受观护人辅导。

（4）及时向观护人汇报工作、生活和居住情况，不经批准不得离开居住地等。

2. 院舍训练的组织管理

社区矫正社会工作领域的院舍训练，通常是为违法犯罪的青少年而设置的，在不同国家和地区有不同的名称，主要有以下几种类型：

（1）中途家庭。收容犯罪者或者无家可归的受刑人，并通过各种社会服务活动，使犯罪者及早适应社会生活。

（2）寄养家庭。收容观护少年，主要是为了避免其沾染犯罪恶习，以及缺乏家庭照顾而再犯罪。

（3）教养院。收容具有不良行为和可能发生不良行为的少年，通过生活指导、职业训练和学校教育，使之在较为自由开放的环境中得到改造，提高适应社会的能力。

3. 社会服务计划的执行

社会服务也称社区服务或社区劳役，是近年来西方国家较为盛行的一种替代短期自由刑的非监禁化的社会处遇措施，是通过判定罪犯在社会福利机构从事规定时间的无偿劳动或服务，以此赎罪悔过的刑罚形式。其益处是通过从事公益劳动和服务以培养罪犯的劳动习惯和社会责任感；在服务过程中学会生产、生活技能以增强就业能力；在社会交往中学会处理人际关系的本领以增强社会适应能力。这种方式最大限度地避免了监禁刑罚造成的隔绝和恶习交叉感染。在社会服务计划的实施中，社会工作者及志愿人士的督促和引导是成功的重要因素。

社会服务计划在许多国家和地区是一种被社会公众接受的行之有效的刑罚措施，其重点不在于监督服刑罪犯做满若干小时的社区劳动，因为许多罪犯并不缺乏劳动的经历和习惯，单纯的无偿劳动虽然能迫使服刑罪犯为其损害社会和他人的行为作出一些补偿。但是，社会服务计划的矫正功能在于通过无偿的社区服务，使服刑人员的心理结构和行为方式发生正向的变化。

（四）刑满释放后的社会工作

刑满释放人员虽已不是罪犯，但与正常人群也有所不同。尤其是刚从监狱获释的人员，往往受到社会歧视、家庭拒绝、同伴疏远、就业困难、学习中断等多重压力和困扰，所以，这部分人能否顺利渡过释放后的最初阶段，对于今后的生活及社会的安定关系重大。

矫正社会工作者对刑释人员提供的服务称为更生保护。这是一项起源于美国费城、面向刑满释放等人员的社会福利措施，其主要工作有：

1. 提供住宿场所

为暂时不被家庭接纳或无家可归的刑释人员解决安身问题，同时在住宿中提供监管和辅导服务，帮助刑释人员顺利完成由监禁环境向开放社会的过渡。

2. 提供就业、学业辅导

寻找工作或继续求学是刑释人员回归社会的重要途径和手段，社会工作机构和人员在这方面的服务包括对刑释人员进行工作技能培训，帮助联系职业，帮助联系就读学校等，同时还要通过监管督促养成工作学习的意识和习惯。

3. 提供医疗保健服务和生活辅导

刑释人员有相当部分人具有不良生活习惯，社会工作者的职责也包括为其提供生活辅导和医疗保障服务，帮助其养成良好的生活习惯。

4. 提供物质援助

刑释人员往往较缺乏生活工作的物质条件，为帮助其尽快建立起正常的生活工作秩序，社会工作者应协调和利用社会资源对其进行物质援助。

三、矫正社会工作的主要方法

社会工作的方法在矫正社会工作领域有非常广阔的应用空间。矫正社会工作领域的工作方法可以分为两大类：矫正社会工作的直接方法和矫正社会工作的间接方法。

（一）矫正社会工作的直接方法

1. 个案工作方法

个案工作是一个助人的历程，是以个人或家庭为服务对象，让其更好发挥社会功能。其目的是帮助人们解决本身能力和资源无法解决的问题。在协助过程中，个案工作者与案主之间维持着面对面或一对一的专业关系，运用专业知识、理论、方法与技巧协助失调的个人改善环境，增进生活适应能力；协调社会关系，建立良性互动网络；调适自我功能，促进人格发展；以健康、成熟的心态，来认识及面对问题，充分发挥自己的潜能，善用社会资源和机会，来解决问题，以提升自我信心和生活质量。矫正社会工作是社会工作实务中的一个特殊领域，其服务对象是一群社会功能缺失严重、服务需求广泛且多元，但是处于社会资源边缘地位的违法犯罪人员。对这些人员的矫正工作内容，包括监管、矫正和服务等多个方面，需要多个部门、多机构、多方人员的配合协作，如果由单一机构和人员提供服务，极有可能造成服务缺失和重复并存、服务资源不足和资源浪费同在的局面，需要由矫正社会工作者出面进行个案工作，以协调整合的方式提供服务。

运用个案工作运作于矫正社会工作中要注意以下方面的问题。

（1）要重视和善于与矫正对象建立良好的专业关系

矫正社会工作的对象与其他社会工作实务领域（如婚姻家庭社会工作、残疾人社会工作等）的工作对象不同，一般不是通过主动求助的途径来到矫正社会工作者面前的。因此，他们中的很多人具有被动、不配合，甚至抗拒的心理和行为特点。矫正社会工作者要采取更为主动的姿态去和矫正对象建立关系，这是矫正社会工作是否成功的第一步。

但是在有些矫正社会工作者看来，与矫正对象的关系能否维持，决定权不在对方而在自己一边，在法律规定的矫正期内，无论矫正对象愿意与否，矫正对象都必须按照矫正社会工作者的要求去行动。因此，他们并不重视和善于与矫正对象建立良好的专业关系，在工作过程中，不依照矫正社会工作的专业价值理念，用接纳、尊重、平等的态度来对待矫正对象，而是用一种居高临下的、强势的姿态来处理与矫正对象的关系。这种做法，很难达到矫正的目的。

（2）要有重点分步骤地制订矫正工作计划

矫正是一个长期的工作过程，矫正社会工作需要协助矫正对象解决许多复杂和艰难的问题，诸如服刑态度的端正问题、矫正计划安排的配合问题、心理和行为方式的改变问题、学习和工作安排问题、基本生活的保障问题、身体疾病的治疗问题、家庭关系的调适问题、社会交往的恢复问题、重新犯罪的预防问题等。所有这些问题很难在一个短时期内全部解决，所以矫正社会工作者必须引导矫正对象共同参与，有重点分步骤地制订矫正工作计划，逐步实现矫正工作的最终目标。

（3）要善于协调多部门、多机构提供整合性的服务

个案工作是一种资源之联系和整合的服务，其服务计划可能涉及许多部门和机构的人员、物资和财力的配合。个案社会工作者在此时要扮演协调者的角色，必要的时候要召集包括服务使用者在内的各相关人员进行协商，既能为矫正对象提供所需的充足服务，又尽量避免服务的重复和资源的浪费。

（4）要着眼于矫正对象的潜能发掘和自己解决问题，切忌包办代替

矫正对象是被判处不同刑罚的罪犯，由于“标签化”的自我认同，矫正对象一般比较自卑和消极，加之社会对罪犯的歧视和恐惧，矫正对象通过正常途径获得社会资源的机会比较贫乏和困难。矫正社会工作者的工作目标之一是帮助矫正对象获得应有的社会资源，以利于他们重新回归社会，成为正常的社会成员。但是，“帮助”获得并不是“包办代替”，矫正工作计划的目的是帮助矫正对象恢复或重建通过正常途径获得社会资源的意识与能力。因为矫正过程终究有结束的时候，矫正社会工作者不可能包办代替一辈子，矫正的工作成果，最终要以是否恢复和重建社会功能作为衡量标准。

2. 小组工作方法

小组工作是在社会工作者的协助下，通过小组成员之间有目的的互动互助，使参加小组的个人获得行为的改变、社会功能的恢复和发展的工作方法。其目的是促进团体或小组及其成员的发展，使个人能借助集体生活加快自身的社会化；协调和发展个人与个人、个人与团体、团体与团体之间的社会关系；发挥团体或组织的社会功能，促进社会的进步与健康发展。

运用小组工作于矫正社会工作中需要注意以下方面的问题：

（1）要针对矫正对象带有共性的问题和困惑设计小组活动的主题。

（2）要从矫正对象的特点出发选择小组工作实施模式。

（3）小组活动的时间安排宜与矫正工作的制度要求相结合。

（4）要善于从矫正对象中发现和培育小组工作的领袖。

（二）矫正社会工作的间接方法

1. 社区工作方法

社区工作是以社区为对象的社会工作介入手法。它通过组织社区成员参与集体行动去界定社区需要，合力解决社区问题，改善生活环境及生活质量；在参与的过程中，让社区成员建立对社区的归属感，培养自助、互助与自决的精神，加强他们在社区参与及影响决策方面的能力和意识，发挥其潜能，以构建更加公平、公正、民主及和谐的社会。

在矫正社会工作领域，运用社区工作方法，应该注意以下几个方面的问题。

（1）进行综合治理，以改善矫正对象的生活环境

矫正对象过去之所以犯罪，除了自身的原因外，外部社会环境的影响也是不可忽视的因素。这些因素如贫穷、失业、居所肮脏、人口混杂、毒品泛滥、色情充斥、黑恶势力猖獗、社会风气低下等。在这样的社区居住生活，矫正对象迫于生活压力或难以抵制周围的诱惑而重新犯罪的可能性极大。要实现社区矫正的目标，除了针对矫正对象个人的直接介入外，还应该整合社区资源进行综合治理，以改善矫正对象的生活环境。

（2）开展社区教育，培育社区居民接纳、尊重矫正对象的意识和习惯

社区矫正的功能发挥要靠社区居民的共同参与，以形成有利于罪犯改过自新的社会氛围。但是，由于矫正对象过去的行为造成对社会和他人的伤害，社区居民对矫正对象还有戒备、恐惧、防范、排斥等情绪以及行为，这是正常的反应。但是这些反应对于矫正对象而言，却是融入社区成为正常社会成员的障碍。矫正社会工作者的一个重要的工作任务，就是通过社区教育的途径，改变居民对矫正对象的偏见，培育社区居民接纳、尊重矫正对象的意识和习惯，使矫正对象顺利回归社会。

（3）挖掘社区志愿力量，共同参与社区矫正工作

社区矫正工作的工作主体是专职的社会工作者，但是因为专职社会工作者人手少、任务重、工作复杂，因此，还需要大量志愿者参与。专职社会工作者在社区层面上的一个重要任务，就是挖掘社区志愿力量，共同参与社区矫正工作。

2. 社会工作行政

社会工作行政也称社会行政，它是将社会政策变为社会服务的活动。在矫正社会工作领域，可以从宏观和微观两个角度发挥社会工作行政的作用。

从宏观上讲，社会工作行政与政府的社区矫正政策实施相联系，即把社区矫正的政策法规变成社区矫正的服务活动。这种政策变动过程应该是双向的：将社区矫正的政策法规变成具体的针对矫正对象的社会服务，又将服务经验上升到理论层面以影响政策法规的修订。

从微观上讲，社会工作行政与社会服务机构从事的服务活动相联系，即通过加强对社区矫正服务机构内部管理的途径，以提高社区矫正的实施效果。这种内部管理的程序和内容包括规划、组织、人事管理、领导、督导训练、预算、公共关系、报告、评估和研究。

3. 社会工作研究

社会工作研究是获得知识和发现事实的过程。在此过程中，社会工作者及其他领域的理论和实务工作者使用社会研究方法，收集和分析与社会工作有关的资料，以协助实现社会工作目标。

社区矫正是一个注重理论与实际紧密结合的、涉及面广、政策性强、讲求操作的社会工作实务领域，综合了众多专业（如社会学、政治学、刑事法学、心理学、管理学等）的理论、知识和方法，其健康发展，需要加强这些理论、知识和方法的研究。

社区矫正在我国又是一个新兴的社会工作实务领域，其中的许多问题，如社区矫正的哲学基础、社区矫正的价值理念、社区矫正的理论依据、社区矫正的适用范围、社区矫正的责任主体、社区矫正的工作队伍、社区矫正的工作制度、社区矫正的项目实施、社区矫正的绩效评估、社区矫正的经费保障等，都需要我们逐一研究解决。

本章小结

特定对象的社会工作，包括社会救助社会工作、优抚安置社会工作和矫正社会工作等方面。

社会救助社会工作是指在社会救助领域，社会工作者根据社会救助的性质和特点，以社会工作价值理念为指导，以社会工作的专业理论为依据，采用社会工作专业方法与技巧，为社会救助对象提供专业服务的过程。

社会救助社会工作具有服务对象及救助类型的复杂性、工作过程的持续性、工作模式的融合性、工作方法的政策性等特点。

社会救助社会工作的主要内容根据社会救助的内容可以分为以基本生活救助为主的社会救助社会工作、专项救助社会工作、灾难救助社会工作、流浪乞讨救助社会工作等领域。

优抚安置社会工作是军队社会工作的重要组成部分，它是在优抚安置领域，综合运用社会工作的专业知识、技能和方法，以优抚安置社会工作服务对象及其相关人员和系统为工作对象，协助有需要的优抚安置社会工作服务对象，整合社会资源，协调社会关系，预防和解决问题，恢复和改善社会功能，使优抚安置社会工作服务对象有更好的社会适应和福祉的活动。

优抚安置社会工作具有政治性、政策性、协调性、特殊性、矛盾性等鲜明特点。

优抚安置社会工作主要包括优抚医院社会工作、光荣院社会工作、复员退伍军人安置社会工作及军休社会工作。

矫正社会工作是专业人员或志愿人士在社会工作专业价值观指引下，运用社会工作的理论、知识、方法和技术，为罪犯（或具有犯罪危险性的人员）及其家人，在审判、监禁、社区矫正或刑释期间，提供思想教育、心理辅导、行为矫正、信息咨询、就业培训、生活照顾，以及社会环境改善等方面服务，使罪犯消除犯罪心理结构，修正行为模式，适应社会生活的一种福利服务活动。

矫正社会工作具有三个方面的特征：第一，是一种社会福利服务；第二，和司法矫治体系具有密切的联系；第三，需要灵活运用专业的理论和方法。

矫正社会工作的内容主要包括司法判决前的社会工作、监禁场所中的社会工作、社区矫正中的社会工作和刑满释放后的社会工作。

社会救助社会工作、优抚安置社会工作和矫正社会工作都属于特定对象的社会工作，其服务对象特殊、复杂，覆盖面广，服务对象的需要和问题差异极大，因此，在工作方法上，无论是个案工作、小组工作、社区工作，还是社会工作行政与社会工作研究等方法，都需要注意加以灵活运用。

参考文献：

［1］史柏年．矫正社会工作［M］．北京：高等教育出版社，2006.

［2］张昱，费梅苹．社区矫正实务过程分析（第二版）［M］．上海：华东理工大学出版社，2005.

［3］王卫平，郭强．社会救助学［M］．北京：高等教育出版社，2006.

［4］扎斯特罗，等．社会工作实务——应用与提高（第7版）［M］．晏凤鸣，译．北京：中国人民大学出版社，2006.

［5］郭建安，郑霞泽．社区矫正通论［M］．北京：法律出版社，2004.

［6］范燕宁，席小华．矫正社会工作研究（2008年）［M］．北京：中国人民公安大学出版社，2009.

［7］王顺安．社区矫正研究［M］．山东：山东人民出版社，2008.

［8］胡务．社会救助概论［M］．北京：北京大学出版社，2010.

［9］张宇莲．社会工作实务（下）［M］．上海：上海社会科学院出版社，2005.

［10］梅陈玉婵，齐铱，徐玲．老年学——理论与实践［M］．北京：社会科学文献出版社，2004.

［11］民政部社会工作司．救助社会工作研究［M］．北京：中国社会出版社，2011.

［12］民政部社会工作司．优抚安置社会工作研究［M］．北京：中国社会出版社，2011.

［13］民政部社会工作司．矫正社会工作研究［M］．北京：中国社会出版社，2011.

［14］全国社会工作者职业水平考试教材编写组．社会工作实务（初级）［M］．北京：中国社会出版社，2010.

模拟题

一、单项选择题（每小题列出的四个备选项中，只有一个最符合题目要求，错选、多选或未选均无分）

1. 社会救助的核心内容是（　　）。

A. 基本生活救助　　B. 专项社会救助

C. 灾害救助　　D. 生活无着流浪乞讨人员救助

2. 社会救助的目的是（　　）。

A. 提高救助对象的生活水平和质量

B. 帮助生活难以为继的社会成员维持最低生活水平

C. 改善救助对象的住房环境

D. 促进救助对象和接受教育和就业

3. 依据社会救助服务对象的困难类型以及困难产生原因的不同，社会救助社会工作所采取的工作模式是不一样的。这体现了社会救助社会工作（　　）。

A. 工作方法的政策性　　B. 工作过程的持续性

C. 工作模式的整合性　　D. 服务对象及救助类型的复杂性

4. 在贫困救助领域社会工作中，下列不属于运用个案工作方法时应注意的问题的是（　　）。

A. 要尽可能主动地接触贫穷者，并对其说明何以要接受专业人员的帮助，说明这种帮助的性质与程序如何

B. 注重对服务对象的引导，从与贫穷者接触开始，就要向他们说明他的问题、所处的情况以及应努力的方向

C. 要正视救助对象实质需要的满足，也就是说对救助对象的一些生理、物质，以及精神方面的实质需求，要及时提供

D. 注重让救助对象学习与人交往和沟通的技巧

5. 伊丽莎白·库布勒·罗斯总结了个人在接受自己不可能避免的死亡或他人的死亡时会经历一个（　　）组成的心路历程。

A. 否认期—愤怒期—抑郁期—接受期—讨价还价期

B. 否认期—讨价还价期—愤怒期—抑郁期—接受期

C. 否认期—愤怒期—讨价还价期—抑郁期—接受期

D. 抑郁期—否认期—讨价还价期—愤怒期—接受期

6. 优抚安置社会工作可以为服务对象提供的服务是（　　）。

A. 提供住房　　B. 提供医疗保险

C. 指定就业　　D. 帮助他（她）们自主自立

7. 社区矫正是注重理论与实际紧密结合的、涉及面广、政策性强、讲求操作的社会工作实务领域，综合了众多专业学科的理论、知识和方法，其健康发展，需要加强这些理论、知识和方法的研究，指的是（　　）。

A. 社会工作研究在社区矫正中的运用

B. 社会工作行政在社区矫正中的运用

C. 社会工作方法在社区矫正中的运用

D. 个案工作方法在社区矫正中的运用

8. 社会工作者介入司法过程，自司法判决前的案件（　　）阶段就已经开始。

A. 监禁　　B. 执行　　C. 审理　　D. 调查

9. 矫正社会工作者对刑释人员提供的服务不包括（　　）。

A. 提供住宿场所　　B. 提供医疗保健服务和生活辅导

C. 提供物质援助　　D. 提供工作机会

10. 矫正社会工作者在案件审理过程中的主要工作职责是通过与受助者（犯罪嫌疑人）及其家属和周围社区的接触了解，写出一份有关犯罪嫌疑人背景的调查报告，提交法庭作为审判参考。判决前的调查报告不包括以下哪个部分（　　）。

A. 前科　　B. 犯罪事实的记录。

C. 本人的生活史　　D. 报告撰写者的背景

二、多项选择题（每题备选项中，有 2 个或 2 个以上符合题意，错选、少选不得分）

1. 社会救助社会工作的特点有（　　）。

A. 服务对象的复杂性　　B. 工作过程的持续性

C. 工作模式的整合性　　D. 工作方法的政策性

E. 救助类型的复杂性

2. 基本生活救助主要救助项目包括（　　）。

A. 城乡低保　　B. 农村五保供养

C. 现金救助　　D. 实物救助

E. 以工代赈

3. 在贫困救助中，为了改善救助对象就业环境，倡导救助对象通过劳动就业解除困难，可以采取（　　）。

A. 呼吁政府积极创造新的就业机会

B. 对于接受训练但技能仍较低的救助对象，政府可以通过购买岗位，为救助对象提供生活经费的就业机会

C. 鼓励救助对象自办企业和经济实体

D. 提高最低工资标准

E. 等待政府安排工作

4. 优抚安置社会工作服务对象的特点是（　　）。

A. 覆盖范围广　　B. 军队情结深　　C. 需要层次多　　D. 问题压力重

E. 伤病比例高

5. 复员退伍军人安置社会工作的服务对象的需要有（　　）。

A. 就业权益的保障需要　　B. 基本生活的保障需求

C. 医疗康复需求　　D. 社会再适应的心理调适需要

E. 学历提升需求

6. 优抚安置社会工作的内容有（　　）。

A. 协助安置对象适应新生活和新工作，发展新的积极的人际关系

B. 协助安置对象利用和发掘自身和外界资源

C. 做好来信来访的接待工作，倾听安置对象心声和疏导安置对象的情绪

D. 对于安置对象是第一次来到工作单位所在城市的，社会工作者要提供并发掘信息协助安置对象寻找合适的住房、医院、幼儿园等

E. 提供精神健康医疗服务

7. 矫正社会工作中，矫正对象的需要包括（　　）。

A. 满足其基本生存条件的需要　　B. 获得教育、就业权益的需要

C. 保障其人身自由的需要　　D. 接受再社会化服务的需要

E. 接受精神健康服务的需要

8. 社区矫正中的社会工作者的服务内容主要包括（　　）。

A. 缓刑、假释、监外执行人员的观护

B. 院舍训练的组织管理

C. 协助服刑人员解决生活困难

D. 社会服务计划的执行

E. 提供就业技术培训

9. 矫正社会工作者为服刑人员提供的专业咨询服务主要有（　　）。

A. 公民教育　　B. 心理、情绪辅导

C. 职业技能训练　　D. 人际交往意识与能力提升

E. 提高学历教育

10. 在社区矫正工作领域，运用社区工作方法，应该注意的问题（　　）。

A. 挖掘社区志愿力量，共同参与社区矫正工作

B. 开展社区教育，培育社区居民接纳、尊重矫正对象的意识和习惯

C. 活动的时间安排宜与矫正工作的制度要求相结合

D. 进行综合治理，以改善矫正对象的生活环境

E. 发动居民对矫正人员的行为进行严密监视

参考答案

一、单项选择题

1. A 2. B 3. C 4. D 5. C 6. D 7. A 8. C 9. D 10. D

二、多项选择题

1. ABCDE 2. AB 3. ABC 4. ABCD 5. AD 6. ABD 7. ABD
8. ABD 9. ABCD 10. ABD